国家出版基金项目
NATIONAL PUBLICATION FOUNDATION

“十三五”国家重点图书出版规划项目

中国兵学通史

三国两晋南北朝卷

黄朴民　主编

刘忠　孙建民　著

CNS 岳麓書社
·长沙·

图书在版编目(CIP)数据

中国兵学通史. 三国两晋南北朝卷/刘忠,孙建民著;黄朴民主编. —长沙:岳麓书社,2022. 1

ISBN 978-7-5538-1576-3

Ⅰ. ①中… Ⅱ. ①刘…②孙…③黄… Ⅲ. ①军事思想史—中国—三国时代②军事思想史—中国—魏晋南北朝时代 Ⅳ. ①E092. 2

中国版本图书馆 CIP 数据核字(2021)第 225630 号

ZHONGGUO BINGXUE TONGSHI · SAN GUO LIANG JIN NAN-BEI CHAO JUAN

中国兵学通史 · 三国两晋南北朝卷

主　　编:黄朴民
作　　者:刘　忠　孙建民
项目统筹:李业鹏
责任编辑:孙世杰　潘素雅
责任校对:舒　舍
书籍设计:萧睿子

岳麓书社出版发行
地址:湖南省长沙市爱民路 47 号
邮编:410006

版次:2022 年 1 月第 1 版
印次:2022 年 1 月第 1 次印刷
开本:640mm×960mm　1/16
印张:25. 25
字数:364 千字
书号:ISBN 978-7-5538-1576-3
定价:105. 00 元

承印:长沙超峰印刷有限公司
如有印装质量问题,请与本社印务部联系
电话:0731-88884129

《中国兵学通史》编委会

总　序

一、军事历史与兵学思想的地位和价值

孔子说“有文事者必有武备，有武事者必有文备”（《史记·孔子世家》），这充分揭示了一个基本事实，即军事始终是社会生活中的重要组成部分，与之相适应，就是军事历史与兵学思想理应成为历史学研究的主要对象之一。强化军事历史与兵学思想研究，对于推动整个历史研究，深化人们对历史现象的全面认识和历史发展规律的深刻把握，实具有不可替代的意义。

必须重视对军事历史与兵学思想的研究，这是由军事在社会生活与历史演进中具有决定性意义这一性质所决定的。就中国范围而言，军事往往是历史演进的最直观表现形态。国家的分裂与统一，新旧王朝的交替，政治势力之间的斗争倾轧，下层民众的反抗起义，中华民族内部的融汇，等等，绝大多数都是通过战争这个途径来实现的。战争是社会生活的焦点，是历史演进的外在表现形式。

更为重要的是，在中国历史上，军事渗透于社会生活的各个领域、各个层面，成为历史嬗变的指针。具体地说，最先进的生产力往往发源于军事领域，军事技术的进步在科技上呈现引导性的意义。换言之，最先进的工艺技术首先应用于军事方面，最优良的资源优先配置于军事领域，最突出的科技效率首先反映于军事实践。这种情况早在先秦时期便已出现，所谓“美金以铸剑戟，试诸狗马；恶金以铸锄夷斤劚，试诸壤土”（《国语·齐

语》)，“来天下之良工”(《管子·小问》)，“聚天下之精材，论百工之锐器”(《管子·七法》)，等等，都表明军事技术发展程度乃是整个社会生产力最高发展水平的一个标尺。秦汉以降，军事技术的这种标尺地位仍没有丝毫改变，战船制作水平的提高，筑城工艺技术的进步，火药、火器的使用，钢铁先进武器装备的铸造，等等，都是该历史时期先进生产力的集中体现，都毫无例外地起着带动其他生产领域工艺技术水平提高的重要作用。

军事在历史演进中的中心地位同样也体现在政治领域。“国之大事，在祀与戎”(《左传·成公十三年》)，这是一条被经常引用的史料，可谓耳熟能详。对一个国家来说，有两件核心的大事：第一是祭祀，借沟通天人之形式，表明政权的合法性和神圣性；第二就是战争，保卫自己的国家，开疆拓土，在激烈而残酷的竞争中生存下去。我们认为，这八个字是了解中国古代历史真相及其特色的一把钥匙，因为它简明扼要地道出了古代社会生活的两个根本要义。以祭祀为中心的巫觋系统与以作战为主体的政事系统，各司其职，相辅相成。这与世界上绝大多数民族和国家政治起源的情况相类似，从氏族社会晚期的军事民主制时代开始，权力机构的运作，是按两个系统的分工负责来具体实施的，这在西谚中被形象地概括为：将上帝的交给上帝，将恺撒的交给恺撒。当然，随着中国历史的演进，“祀”渐渐地更多成为仪式上的象征，而“戎”，即以军事为中心的政务，则打破平衡，成为国家事务的最大主体，在国家政治生活中逐步走向相对中心的位置，所谓“兵者，国之大事，死生之地，存亡之道，不可不察也”(《孙子兵法·计篇》)，反映的就是这个客观现实。

这种情况可谓贯穿于整个中国古代的历史。历史上中央集权的强化，各种制度建设的完善和重大改革举措的推行，往往以军事为主体内容。所谓的中央集权，首先是对军权的集中，这从先秦时期的虎符发兵制到宋太祖“杯酒释兵权”，到朱元璋以五军都督府代替大都督府，清代设置军机处等制度和行政措施可以看得十分清楚。国家法律制度与规章，也往往是在军队中首先推行，然后逐渐向社会推广。如军功爵制滥觞于春秋时期赵简子的铁地誓师辞：“克敌者，上大夫受县，下大夫受郡，士田十万，庶人工商遂，人臣隶圉免。”（《左传·哀公二年》）战国时期普遍流行的“什伍连坐法”、秦国的“二十等爵制”等，后来逐渐由单纯的军中制度演变为控制与管理整个社会的奖惩制度。从这个意义上说，军队是国家制度建设的先行者，军事在国家政治发展中起着引导作用。至于中国历史上的重大改革，也几乎无一例外以军事为改革的主要内容，如商鞅变法中“尚首功”的措施、大力推进的“耕战”政策，汉武帝“非常之事”中发展骑兵的战略方针，王安石变法中“保甲法”“将兵法”等强兵措施，张居正改革中强军与整饬边防的举措，均是具体的例证。而战国时期赵武灵王的“胡服骑射”，则更是完全以军事为中心带动社会政治全面改革与创新的运动。

在思想文化领域，军事同样占有重要地位。先秦时期，儒学其实并未享有后世那种崇高地位。当时，社会上真正崇拜的是赳赳武夫，所以《诗经·兔罝》中说“赳赳武夫，公侯干城”，赳赳武夫是国家的栋梁。现在国学中讲的经史子集图书分类法是隋唐以后出现的，在《汉书·艺文志》中，图书分为“六略”：“六艺”“诸子”“诗赋”“兵书”“术数”“方技”。其中，“兵书”是独立的一类，与“六艺”“诸子”等是并驾齐驱的。

就世界范围而言，军事历史与军事思想作为历史学的重要组成部分也是毋庸置疑的。西方早期的历史著作，如希罗多德的《历史》、修昔底德的《伯罗奔尼撒战争史》、恺撒的《高卢战记》、色诺芬的《长征记》、韦格蒂乌斯的《兵法简述》，大都是军事史著作，其中多有相关战争艺术的记载。这一传统长期得以延续，使得在当今欧美国家的历史学界，军事史仍然是人们研究的热点问题之一。有关战争、战略、军队编制、作战技术、武器装备、军事地理、军事人物、军事思想等各个方面的研究都比较成熟，并取得了丰硕的成果，杰弗里·帕克主编的《剑桥战争史》就是这方面的代表之一。与此相对应，军事历史以及军事理论的研究在历史学界甚至整个学术界都拥有较高的地位，产生了较大的影响。

总之，无论东方还是西方，军事历史与军事思想文化都是历史文化中的重要内容，不懂军事就无法全面地了解古今中外的历史。数千年的中西文明史，在某种意义上是一部军事活动史，一部军事思想文化发展史，抽掉了军事内容，就谈不上有完整意义的世界历史。

在整个军事史的研究体系中，军事思想史也即“兵学史”的研究占有核心的地位，具有指导性的意义。英国历史学家柯林武德指出：“一切历史都是思想史。”① 其言信然！我们认为，思想史是历史学研究的主要内容与主体对象，思想史的考察，是历史研究的主要方法。林德宏教授曾专门讨论了思想史在历史学研究中的关键作用：历史研究的顺序，是从直观的历史文物开始，展开对历史活动（以历史事件为中心）的认识，再进入对历史思想的探讨（叩问思想背景，寻觅思想动机，从事思想反思）。很显然，我们只有进入思想史这个层次，才可能对人类历史有完整而本质的理解与把握。②

总之，各个领域深层次的历史都是思想史，思想史研究是历史学研究的最终归宿。这一点，在军事史研究中也没有例外，兵学思想的研究，是整个军事史研究的主干与重心。换言之，在中国源远流长的军事史中，兵学思想无疑是其灵魂与核心之所在，它在很大程度上规范了整个军事的面貌，是丰富多姿、异彩纷呈的军事文化现象的精神浓缩和哲学升华，是具体军事问题的高度

---

① ［英］柯林武德著，何兆武、张文杰、陈新译：《历史的观念》（增补版），北京大学出版社，2010 年，第 212 页。

② 参见林德宏：《思想史与思想家》，《杰出人物与中国思想史》，江苏教育出版社，2000 年。

抽象，也是军事发展规律的普遍揭示。所以，兵学思想研究理应成为军事史研究的重点，也应该成为整个学术思想文化发展史认知中的重要一维。

二、中国历代兵学的内涵与主题

军事思想，用比较规范与传统的概念来表述，就是兵学。所谓中国古代兵学，指的是中国历史上探讨战争基本问题，阐述战争指导原则与一般方法，总结国防与军队建设普遍规律及其主要手段的思想学说。它萌芽于夏商周时期，在春秋战国时期形成独立的学术理论体系，充实提高于秦汉三国两晋南北朝至隋唐五代时期，丰富发展于两宋以迄明清时期，直至晚清让位于近代军事学。

先秦时期是中国军事思想发展的第一个高峰，其间分为四个阶段。第一个阶段是萌芽、初步发展期，包括甲骨文、金文、古代典籍如《尚书》《诗经》《周易》中的军事思想，代表作是古本《司马法》。它们体现了“军礼”的基本精神，提倡“以礼为固，以仁为胜”（《司马法·天子之义》），主张“九伐之法”（《周礼·夏官》），“不鼓不成列”（《左传·僖公二十二年》），“不杀黄口，不获二毛”（《淮南子·氾论训》），提倡“逐奔不过百步，纵绥不过三舍”（《司马法·仁本》），“战不逐奔，诛不填服”（《春秋穀梁传·隐公五年》），强调“军旅以舒为主，舒则民力足。虽交兵致刃，徒不趋，车不驰”（《司马法·天子之义》），贵“偏战”而贱“诈战”，“结日定地，各居一面，鸣鼓而战，不相诈”（《春秋公羊传注疏·桓公十年》何休注），出兵打仗还有很多其他的限制，“不加丧，不因凶”（《司马法·仁本》）等，凡此种种，不一而足。

第二个阶段是春秋后期，以《孙子兵法》为标志。春秋后期，战争发生重大改变。第一，战争性质由争霸变为兼并，战争更加残酷，如孟子讲的“争地以战，杀人盈野；争城以战，杀人盈城”(《孟子·离娄上》)。第二，军队成分发生改变，原来当兵的都是受过良好礼乐教育的贵族，此时是普通老百姓。第三，战争区域扩大了，由原来的黄河中下游大平原，扩大到南方的丘陵、沼泽、湖泊地区。第四，更重要的是武器装备变了，原来是原始社会就开始用的弓箭，此时有了弩机，准确率提高，射程加大。武器装备变化带来了整个作战样式、军队编制体制、军事理念和理论的变革。战争的变化带来军事的革命性变化。西周至春秋前期，军队行进比较缓慢，如《尚书·牧誓》所言：“不愆于六步、七步，乃止齐焉”“不愆于四伐、五伐、六伐、七伐，乃止齐焉”。而春秋后期成书的《孙子兵法》则强调“兵之情主速，乘人之不及，由不虞之道，攻其所不戒也”(《孙子兵法·九地篇》)，兵贵神速。原来讲礼貌和规则，“不以阻隘”“不鼓不成列”(《左传·僖公二十二年》)，现在则“兵以诈立，以利动，以分合为变”(《孙子兵法·军争篇》)，军队打仗靠诡诈、欺骗而取胜。毫无疑问，《孙子兵法》的诞生，是中国兵学文化史上的一次具有根本意义的变革与飞跃。后人评曰：“孙武之书十三篇，众家之说备矣。奇正、虚实、强弱、众寡、饥饱、劳逸、彼己、主客之情状，与夫山泽、水陆之阵，战守、攻围之法，无不尽也。微妙深密，千变万化而不可穷。用兵，从之者胜，违之者败，虽有智巧，必取则焉。可谓善之善者矣。”（戴溪《将鉴论断·孙武》）可谓恰如其分，洵非虚言！

第三个阶段是春秋后期到战国后期，是《孙子兵法》的延续、演变阶段。当时的兵书浩如烟海，有代表性的包括《尉缭子》《吴子》《孙膑兵法》及今本《司马法》，这些兵书立足于战国时期“争地以战，杀人盈野；争城以战，杀人盈城”(《孟子·离娄上》)的现实，沿着《孙子兵法》所开辟的道路前进，对自上古至战国的军事历史进行梳理与总结，对军事活动的一般规律加以揭示，大大深化了人们有关军队建设与治理要领的认识，从而使对战争指导原则与作战指挥艺术的理解与运用进入了崭新的阶段。

第四个阶段是总结、综合阶段，出现了《六韬》。《六韬》托名姜太公，但实际上至少是战国后期成书的，甚至有可能是秦汉时期的著作。它篇幅很大，有六十篇，内容庞杂，不光讲军事问题，还有先秦诸子的政治理念。《六韬》包括“兵权谋”“兵形势”“兵阴阳”“兵技巧”，体现了综合性，这与当时整个社会的思想趋于综合是相一致的。

从秦汉一直到隋唐五代是中国军事思想发展的过渡期，这个时期的兵书不多，但是大量的战争实践丰富了军事理论。比如之前是东西线作战，没有南北问题，不会出现“南船北马”的考虑。此外，军事思想更多地体现在对策上，如韩信的《汉中对》，诸葛亮的《隆中对》，羊祜的《平吴疏》，以及杜预和王濬的平吴思想，西汉张良与东汉邓禹、来歙等人的献计献策，高颎与贺若弼为隋文帝提出的军事建议等。这些对策是真正的精华，军事学的实用性大大提高了。除军事家外，政治家、思想家也普遍在关注军事问题。比如晁错的《言兵事疏》，王符《潜夫论》中的《边议》《劝将》《救边》《实边》诸篇，都是论兵的名篇佳作。

这一时期军事思想的发展有两个主要标志，一是兵学主题的转换，一是战略向战役、战斗层次的转换。兵学主题的转换在《黄石公三略》中有鲜明的体现。首先，《黄石公三略》是大一统兵学，这一主题与先秦兵学不一样。先秦兵学讲的是夺天下、取天下的问题，而《黄石公三略》讲的是安天下、治天下的问题。秦汉时期虽然也有战争，但总体上和平发展是主流，所以这时的兵学更多是为了维护安全，而不是讲攻城略地的问题。其次，这一时期的兵学主题由作战变为治军，所以《黄石公三略》很少涉及作战指挥的具体内容，都是强调如何治理军队，尤其是如何处理好君主和将帅的关系问题，这既可以说是兵学，也可以说是政治学。三国两晋南北朝到隋唐五代时期有丰富的战争实践，所以到《唐太宗李卫公问对》，就把原来《孙子兵法》中很抽象的东西，用真实的战例来印证，把孙子的原则具体化、细节化了，“分别奇正，指画攻守，变易主客，于兵家微意时有所得”（《四库全书总目·兵家类》）。所以，秦汉至隋唐五代的中国军事思想虽然是比较平稳地发展，但还是有其鲜明的特色。

宋元时期是中国军事思想发展的第三个大的阶段。元代军事思想主要体现在蒙古骑兵的军事实践中，具有鲜明的北方民族特色，但形诸文字的兵学论著很少。而宋代兵学则形成了中国传统兵学的一个高峰。宋代比较优待知识分子，但是，宋代实际上又处于“积弱”的状态，没有强大的军事实力，于是，在一定程度上只能靠军事谋略来加以必要的弥补。宋代的军事理论繁荣集中体现在以下几个方面。首先，宋代武学兴起，系统并规范地培养专业的军事人才，并使这一制度成为定制。其次，宋代颁定“武经七书”，成为武学的官方教科书。中国自古治国安邦文武并用，文是指儒家经典“十三经”或“四书五经”，武就是“武经七书”。更重要的是，宋代兵书分门别类，更加专业化。《孙子兵法》包括治军、作战、战略、军事观念等，是综合性的兵书。而宋代兵书有专门研究军事制度的，如《历代兵制》；有讨论守城问题的，如《守城录》；有大型的兵学类书，如曾公亮等人编撰的《武经总要》；有具体讨论各种战法战术的，如《百战奇法》；有对军事历史人物、事件进行评论的，如《何博士备论》等。宋代虽然兵书著述繁富，但在“崇文抑武”治国方略以及文人论兵思潮之下，兵学儒学化倾向严重，创新性不足，在总结火器初兴条件下新的战术战法、指导战争实践方面未能发挥应有作用，兵学在文献繁荣的表象之下已经蕴含着衰落的危机。

明清时期，中国军事思想发展进入守成阶段。这是中国古代兵学的终点，也是迈向新生的起点，有其显著特色。

就明代而言，当时的兵书数量众多，如《阵纪》《兵罍》《投笔肤谈》等。有些兵书在兵学文化上也不乏建树，表现为重视具体的军队战术要领总结，如戚继光的《纪效新书》和《练兵实纪》。又如，明代出现倭寇，遇到海防这一新问题，于是出现了海防兵书，如郑若曾的《筹海图编》。明代还引进了西洋火器，如佛郎机、红衣大炮等，火器的广泛运用催生了孙承宗的《车营叩答合编》。孙承宗关于新型战法的讨论，显然受到了传统兵学的深刻影响，即便是讨论车战的奇正，也未能在总体上跳出传统范式。但他也试图结合装备发展情况对车战的战法进行探讨，以求更好地发挥火器的威力，这一点显得难能可贵，传统兵学就此迎来转型良机。但令人遗憾的是，封建王朝的更替随即打断了这一转型进程。

清代兵书亦不少，但对兵学贡献最大的却不是兵书，而是有军事实践的曾国藩、胡林翼、左宗棠等人，他们提出了相对完整的治军和练兵思想，如“训有二，训打仗之法，训作人之道”①，“练有二端，一曰练技艺，二曰练阵法”②，在作战方法上创造了水陆相依、围城打援等经过实战检验的有效战法。但从根本上讲，曾国藩等人对兵学的主要贡献仍是在传统兵学框架之内，并未对兵学产生结构性的改变，而仅做了传统兵学思维的实践性转化等工作。所以总体上看，兵学在西方军事理论被引入到中国之前并无体系上的重大突破，亦未扭转步步沦落的局面。总之，明清军事思想有其一定的创新内容，但从根本上讲，并没有重大的突破，乃是中国古代兵学的终点。

19 世纪 60 年代以后，西方军事理论被大规模介绍到中国，传统兵学中的原生缺陷逐步被补足，中国军事学发生重大变革，传统的兵学逐步让位于近代军事学。如以军事教育取代传统的选将，装备保障与建设也逐步形成理论，兵学的内涵发生了较大变化。同时，伴随西方军事理论一同被引入的科学主义精神，推动

---

① 《曾国藩全集·批牍》，岳麓书社，1994 年，第 246 页。

② 《曾国藩全集·诗文》，岳麓书社，1986 年，第 438 页。

了兵学逐步从以经验主义为基础向以科学主义为基础的转变。其中，跳出传统兵学以“范畴”为核心与载体的术语体系，借鉴和应用西方近代军事学，使军事术语得以规范地使用，可谓是兵学趋向专业化和科学化的重要特征之一。这个进程使得传统兵学逐渐开始转型，并最终以军事学的面貌出现在历史舞台之上。但是，如果从深层次考察，这种转型还是保留有传统兵学的明显烙印，带有中国文化的鲜明特征。如，被人们视为按近代军事学体系编撰而就的《训练操法详晰图说》一书，依然不乏“训必师古，练必因时”“自古节制之师，存乎训练。训以固其心，练以精其技……权其轻重，训为最要”之类的言辞，与王守仁、戚继光、曾国藩、胡林翼等人的主张一脉相承，无本质上的区别。

综上所述，中国历代兵学的发展脉络清晰，逻辑结构完整，思想内容丰富，表现形式多样，在各个时代都有所丰富和发展，但其核心的内容与基本的原则没有本质上的变化。茅元仪说“后《孙子》者，不能遗《孙子》”（《武备志·兵诀评》），意谓后世的兵书不能绕开《孙子兵法》另起炉灶。作为中国古代兵学的最高成就，《孙子兵法》是难以超越的。茅元仪所说的，正是这个道理。

我们认为，中国古代兵学主要包括历史上丰富的军事实践活动所反映的战争观念、治军原则、战略原理、作战指导等内容，其主要文字载体是以《孙子兵法》为代表的卷帙浩繁、内容丰富、种类众多、哲理深刻的兵书。其他文献典籍中的论兵之作也是其重要的文字载体，这包括《尚书》《周易》《诗经》《周礼》等儒家经典中的有关军事内容，《墨子》《孟子》《老子》《管子》《吕氏春秋》《淮南子》等所载先秦两汉诸子的论兵文辞，正史、政书等典籍中的言兵之作，唐、宋、元、明、清诸多文集中的有关军事论述，它们和专门的兵书著作共同构筑起中国古代兵学思想这座巍峨瑰丽的文化殿堂。

毫无疑问，中国古代兵学的主要载体是卷帙浩繁的兵书典籍。民国时期陆达节编有《历代兵书目录》，著录兵书1304部，6831卷。据许保林《中国兵书知见录》《中国兵书通览》的统计，乃为3380部，23503卷（959部不知卷数，未计在内）。而按刘申宁《中国兵书总目》的说法，则更多达4221种。《汉书·艺文志·兵书略》曾对西汉以前的兵学流派做过系统的区分，将先秦两汉兵学划分为兵权谋家、兵形势家、兵阴阳家和兵技巧家四个大类。在四大类中，兵权谋家是最主要的一派，其基本特征是："权谋者，以正守国，以奇用兵，先计而后战，兼形势，包阴阳，用技巧者也。"显而易见，这是一个兼容各派之长的综合性学派，其关注的重点是战略问题。中国古代最重要的兵书，如《孙子兵法》《吴子》《六韬》《孙膑兵法》大都归入这一派。兵形势家也是比较重要的兵学流派，其特征是"雷动风举，后发而先至，离合背乡，变化无常，以轻疾制敌者也"，主要探讨军事行动的运动性与战术运用的灵活性、变化性。兵阴阳家，其特征是"顺时而发，推刑德，随斗击，因五胜，假鬼神而为助者也"，即注意天时、地理与战争胜负关系的研究。兵技巧家，其基本特征是"习手足，便器械，积机关，以立攻守之胜者也"，这表明该派所注重的是武器装备和作战技术、军事训练等。秦汉以降，中国兵学思想生生不息，代有发展，但其基本内容与学术特色基本没有逾越上述四大类的范围。

中国古代兵学内容丰富，博大精深，大体而言，它的基本内容是：在战争观上主张文事武备并重，提倡慎战善战，强调义兵必胜，有备无患，坚持以战止战，即以正义战争制止和消灭非正义战争，追求和平，反对穷兵黩武。从这样的战争观念出发，反映在国防建设上，古代兵家普遍主张奖励耕战，富国强兵，居安思危，文武并用。在治军思想方面，兵家提倡"令文齐武"，礼法互补。为此，历代兵家多主张以治为胜，制必先定，兵权贵一，教戒素行，器艺并重，赏罚分明，恩威兼施，励士练锐，精兵良器，将帅贤明，智勇双全，上下同欲，三军齐心。在后勤保障上，提倡积财聚力，足食强兵，取用于国，因粮于敌。在兵役思想上，坚持兵民结合，因势改制等。战略思想和作战指导理论是中国古代兵学思想的主体和精华，它的核心精神是先计后战，全胜为上，灵活用兵，因敌制胜。一些有关的命题或范畴，诸如知彼知己、因势定策、尽敌为上、伐谋伐交、兵不厌诈、出奇制胜、避实击虚、各个击破、造势任势、示形动敌、专我分敌、出其不意、攻其无备、善择战机、兵贵神速、先机制敌、后发制人、巧用地形、攻守皆宜等，都是围绕着“致人而不致于人”，即夺取战争主动权这一根本宗旨提出和展开的。

总之，以兵书为主要载体的中国古代兵学，内容丰富，哲理深刻，体大思精，可谓璀璨夺目，异彩纷呈，乃是中国传统文化的重要组成部分，无愧为一笔弥足珍贵的优秀文化遗产。

三、中国历代兵学研究中遭遇的“瓶颈”

与儒家、道家、释家乃至于墨家、法家等诸子学术的研究相比，有关兵学的研究，显然处于相对滞后的状态。成果为数不多姑且不论，在有限的研究成果中，质量上乘、体系严整、见解独到之作亦属凤毛麟角，更多的是词条的扩大与组合，可又缺少词条的科学与准确，犹如什锦拼盘，看不出兵学发展的脉络与规律，见不到兵学典籍所蕴含的时代特征与文化精神。这主要表现为：第一，兵学历史的研究被边缘化，长期不能进入历史学研究的主流，即陈寅恪先生所说的“预流”。与政治史、经济史、思想史、文化史、社会史等学科相比，军事史完全是一个敲边鼓的角色，研究成果数量单薄，质量恐怕也不尽如人意。第二，在有限的研究领域中，军事史不同分支的研究状况也不一样，发展很不平衡。相对而言，兵制的研究稍为成熟，如蓝永蔚《春秋时期的步兵》、谷霁光《府兵制度考释》、雷海宗《中国文化与中国的兵》等，均是学术价值重大、学术影响深远的著述。然而对于战争、军事技术、作战方式、兵要地理、兵学理论的研究，却显得远远不够。第三，战争史作为军事史的主体，研究思路与方法严重缺乏创意。研究者对许多战争的考察与评析，仅仅局限于宏观勾勒的层面，满足于战略的抽象概括，只讲到进步或落后这一性质层面的东西，很少能进入战术的解析层次，未能围绕战法这个核心展开研究。因此，得出的结论往往不够深入，不同的战争分析到最后，看上去似乎都大同小异。第四，学术研究的视野与角度不够开阔，对问题的认识与理解不够全面与辩证。如在充分肯定传统国家安全观为和平防御的同时，对历史上曾经大量存在的穷兵黩武现象缺乏足够的关注，仅看到“苟能制侵陵，岂在多杀伤”的一面，而忽略中国传统军事文化中还存在着“边庭流血成海水，武皇开边意未已”的另一种事实。

当然，兵学历史的研究不尽如人意的主要原因，还是在于兵学学科的自身性质。所谓“巧妇难为无米之炊”，就是这个道理。

在《汉书·艺文志》中，“兵书”虽然自成一类，但兵家并没有被列入“诸子”的范围，兵学著作没有被当作理论意识形态的著述来看待，它的性质实际上与“术数”“方技”相近。换言之，《汉书·艺文志》“六略”，前三“略”，“六艺”“诸子”“诗赋”属于同一性质，可归入“道”的层面；而后三“略”，“兵书”“术数”“方技”又是一个性质近似的大类，属于“术”的层面。“道”的层面，为“形而上”；“术”的层面，为“形而下”。“形而下”者，用今天的话来说，是讲求功能性的。它不尚抽象，不为玄虚，讲求实用，讲求效益，于思想而言，相对苍白，于学术而言，相对单薄。除了极个别的兵书，如《孙子兵法》之类外，绝大部分的兵学著作，都鲜有理论含量，缺乏思想的深度，因此，在学术思想的总结上，似乎很少有值得关注的兴奋点存在，而为人们所忽略。

这一点，不但古代如此，当今几乎也一样。目前流行的各种哲学史、思想史著作较少设立讨论兵学思想的专门章节，个别的著作即便设置，也往往篇幅有限，具体阐释未能充分展开，令人稍感遗憾。由此可见，中国兵学思想的研究，从学科性质上考察就有相当的难度，而要从工具技术性的学科中发掘“形而上”的抽象性质的思想与理论，则多少会令人感到失望。

此外，与儒家因应道家、释家的挑战，不断更新其机理，不断升华其形态的情况大不相同的是，兵学长期以来所面对的战争形态基本相似，战争的技术手段没有发生本质性的飞跃，大致是冷兵器时代的作战样式占主导。宋元以后尤其是明清时代出现火器，作战样式初步进入冷热兵器并用时期，但即便是在明清时代，冷兵器作战仍然占据着战场上的中心位置。这样的物质条件与军事背景，在很大程度上制约了兵学思想的更新与升华。即使有所变化与发展，也仅仅体现在战术手段的层面，如明代火器的使用，使战车重新受到关注，于是就产生了诸如《车营叩答合编》之类的兵书；同样是因为火器登上历史舞台，战争进入冷热兵器并用时期，就有了顺应这种变化而出现的《火攻挈要》等兵书和相应的冷热兵器并用的作战指导原则。但是需要指出的是，这种局部的、个别的、枝节性的发展变化，并没有实现兵学思想的本质性改变、革命性跨越。从这个意义上说，茅元仪《武备志·兵诀评》所称的“前《孙子》者，《孙子》不遗；后《孙子》者，不能遗《孙子》”，的确是准确地揭示了《孙子兵法》作为兵学最高经典的不可超越性，但同时也隐晦地说明了兵学思想的相对凝固性、守成性、内敛性。

没有研究对象的改变，就无法激发出更新的需求，而没有更新的需求，思想形态、学术体系就难以注入新的生机，就会处于自我封闭、不求进取的窘态。在这种情况下，我们今天要从学科发展的视野来考察兵学理论的递嬗，显然会遇到极大的障碍，而要总结、揭示这种演进的基本规律与主要特征，更是困难重重，充满挑战了。例如，某些大型军事类辞书，在各断代军事思想的词条中，也常常是横向地不断重复诸如战争观上区分了“义战”

与“非义战”的性质，作战指导上强调了“避实击虚”“因敌制胜”之类的表述。先秦词条这么讲，秦汉词条这么讲，到了明清的词条，还是这么讲，千篇一律，缺乏发展性和创新性。应该说，这一局面的形成，不是偶然的，而是其研究对象本身停滞不前、自我封闭所导致的。

如果说，以上的归纳总结是兵学思想发展存在的明显的“先天不足”的制约，那么我们还应该更清醒地注意到，这种归纳与总结，还有一个“后天失调”的重大缺陷。

从先秦时期“赳赳武夫，公侯干城”，到汉武帝时代，朝廷“彬彬多文学之士”，汉元帝“柔仁好儒”“纯任德教”，中国古代社会的风尚悄然发生了某种变化，阳刚之气似乎有所消退，军人的地位逐渐降低，普通士兵更成了一群可以随时“驱而往，驱而来”的“群羊”(参见《孙子兵法·九地篇》)，社会风气一改而成为“好铁不打钉，好男不当兵”。五代以降，兵士脸上刺字的现象时有发生，明代“军户”身份世袭，社会地位低下，就是这方面的例证。这样的群体，在文化知识的学习与掌握上自然属于“弱势群体”，他们文化程度不高，知识积贮贫乏，阅读能力有限，学习动力缺乏。如果兵书的理论性、抽象性太强，那么就会不适合他们阅读与领悟。所以，大部分的兵书只能走浅显、通俗的道路，以实用、普及为鹄的。由此可知，兵学受众群体的文化素质和精神需求上的特殊性，在很大程度上制约了兵学思想的精致化、哲理化提升。

这一点，从后世经典的注疏水平即可看出，与儒家、道家乃至法家经典相比，兵书注疏滞后、浅薄，实不可以道里计。兵家的著述在注疏方面，绝对无法出现诸如郑玄之于《诗经》、何休之于《公羊传》、杜预之于《左传》、王弼之于《老子》、郭象之于《庄子》这样具有高度学术性，注入了创新性思维与开拓性理论的著作，有的往往是像施子美《施氏七书讲义》、刘寅《武经七书直解》、朱墉《武经七书汇解》这样的通俗型注疏，仅仅立足于文字的疏通，章句的串讲而已。即便偶尔有曹操、杜牧、梅尧臣、张预等人注《孙子》聊备一格，但是他们的学术贡献与价值，依旧无法与郑玄、王弼等人的成就相媲美。而这种整体性的滞后与粗疏，自然严重影响到兵学思想的变革与升华，使兵学思想的呈现形态失去了值得人们激发热情、全力投入研究的兴奋点与推动力，往往只能在缺乏高度的平台之上做机械性的重复，这显然会导致兵学思想整体研究的严重滞后。

兵学思想史研究的“后天失调”，还表现在这一领域的研究者长期以来在专业素质构成上一直存在着种种局限，并不能很好地适应兵学思想发展史研究的特殊要求。从本质上讲，军事史是历史与军事两大学科彼此渗透、有机结合而形成的交叉学科。这一属性，决定了兵学思想史其实也是军事史与思想史的综合与贯通，这一学术特性，对研究者提出了特殊的要求，即他们最好能具备历史与军事两方面的专业素养。但是由于种种原因，这样的复合型队伍自古至今似乎并未能真正建立起来。熟谙军事者，历史知识、哲学思辨往往相对单薄，这不免导致其研究难以上升到理论思维的高度；而通习历史者，又往往缺乏军旅活动的实践经验，这当然会造成其所研究的结论多属门外谈兵，不着边际。如《礼书通故》一类典籍中有关“偏”的考据，就近乎盲人摸象，花费大量精力考证一“偏”的战车数量，提出莫衷一是的“九乘说”“十八乘说”“二十七乘说”“八十一乘说”等说法，除了徒增纷扰之外，实在看不出能真正解决什么问题。

正是因为兵学思想史的研究，让军事学界、历史学界两大界别的人士都不无困惑、深感棘手，所以一般的人都不愿意身陷这个泥淖。宋代著名兵学思想家、经典兵书《何博士备论》的作者何去非，尽管兵学造诣精深，又身为武学教授（后称武学博士），但自上任之日起就不安心本职工作，曾转求苏轼上书朝廷，请求“换文资”，即希望把他由武官改为文官。何去非的选择，就是这方面非常有代表性的例子。这种研究队伍的凋零没落、薪火难传，恰恰证明了兵学思想发展史研究确实存在着难以摆脱的困境，直至今天仍是亟待突破的“瓶颈”。

除上述困难之外，兵学研究所面临的挑战还包括以下两个因素：一是军事史研究范围与内涵的界定不够清晰。目前的学术界，经常把军事制度的研究混入政治制度研究之中（如商鞅变法中的军功爵制、王安石变法中的保甲法等等），把军事技术的研究归入科技史的研究范畴，把军事法规的研究并入法制史的研究架构，结果是有意无意地放弃了很多本应该是军事史研究的问题，只把目光对准兵役制度、军事谋略，导致内容过于空泛。这也制约了军事史研究的发展。二是受制于文献载体有关军事史内容记载上的固有不足。古代文献中有关军事史战术层面的内容十分单薄，这与西方军事史著作有很大差异。西方的军事史著作对战术层面的内容记载相当详尽，如在记述汉尼拔指挥的著名的坎尼之战时，曾详细描绘了双方怎样排兵布阵，步兵、骑兵如何配置，谁为主攻、谁作牵制，战斗的具体经过又是怎样。反之，我们的史书记述，则侧重于战争酝酿阶段的纵横捭阖、逐谋斗智，而真正描述战争过程的往往就简单的几个字，“大破之”“大败之”，一笔带过。我们既不知道是怎么胜的，也不知道是怎么败的，这就为我们从战术层面深化兵学历史的研究带来了重重障碍。

四、我们如何实现兵学研究的“突破”

危机也意味着转机，困境也意味着坦途。我们认为，中国兵学历史的研究固然存在着种种问题，但是，在大家的共同努力下，它的发展和繁荣也并非没有希望。换言之，使它走出困境的转机同样是可以争取和把握的，关键是我们如何寻找到赢得转机的途径与方法。

其一，寻求转机与实现突破，要求我们对兵学历史的研究予以主观上的更大重视，应该明确形成这样的一个基本共识：一个民族、一个国家、一支军队如果不尊重自己的悠久军事文化传统，不善于从以往的军事历史中借鉴得失，获得启迪，那么就难以拥有与理解完整的历史，就没有资格侈谈什么军事理论创新，也不能建立真正有价值的战略学、战术学、军制学，遑论在世界大变局中确立自己的地位，施展自己的影响。一句话，不珍惜传统，肯定不会有光明的未来；漠视历史，迟早会受到历史的惩罚。基于这样的共识，中国兵学历史的研究必将获得动力，因为研究者的责任感与成就之间实际上存在着共生的关系。更重要的是，我们应该通过对中国兵学发展历史的考察与总结，从中积极地汲取经验。众所周知，以史为鉴，可以知兴替。中国历代战争的战略决策、战略指导与作战指挥，以及建军、治军、用将、训练、治边等方面的经验教训，至今仍有给人以启迪和借鉴之处。兵学历史的研究，固然是学术性的探索与诠释，但是，研究者也应始终立足于当代，注重历史与现实的贯通，致力于从丰厚的历史文化资源中寻求有益的启示。我们认为：一部兵学发展史，其实就是一部军事变革史，更是一部军队发展、国防建设的启示录。我们虽然不能从历史博物馆里取出古人的“剑”同未来的敌人作战，但我们可以熔化古人的“剑”铸造新的“武器”。

其二，寻求转机与实现突破，要求我们在思维模式、研究范围、研究方法等方面进行扎实的工作，开辟新的道路，提升新的境界。这包括：对兵学历史学科的内涵和外延要有一个科学而清楚的界定，确立起兵学历史研究的主体性，树立问题意识、自觉意识，使兵学历史研究的独立性得以完全体现；对兵学历史研究人员专业素质提出更高的要求，彻底改变长期以来军事与历史“两张皮”，懂历史的不太熟悉军事，谙军事的在历史学基本训练方面偏弱的情况；尽量调整兵学历史研究领域内各个分支研究不平衡的局面，在继续加强兵制史、兵书著作研究的同时，积极开展以往相对薄弱的军事技术、作战方式、阵法战术、兵要地理等分支学科的研究，使整个兵学历史的研究能够得到均衡协调的发展，各个分支方向既独立推进，又互为补充、互为促进。其中，尤为重要的是调整与改善兵学史研究的基本范式，必须积极尝试研究角度的重新选择，转换习以为常的研究范式，改变陈陈相因的研究逻辑。具体地说，就是实现研究重心的转移，从以研究军事人物思想、兵书典籍理论为主导，变为以研究战法与思想共生互动为宗旨。这个共生互动的关系，可以用一个相对稳定的逻辑结构来描述，即武器装备的改进与发展，引发作战方式、战略战术的变革，同时也促成了军队编制体制的调整和变化，而这些变化，最终又推动了兵学理论的创新、军事思想的升华。而兵学思想的发展，同样要反作用于作战指导领域，使得战法的确立与变革能够在理论的指导下，更趋合理，更趋成熟，以适应军事斗争的需要，为达成一定的战略目标创造积极有利的条件。

在围绕“武器装备—作战方式—兵学理论”这一主线与结构展开叙述的同时，尤其要注意对兵学思想发展史上阶段性特点的概括与揭示。区分不同时期兵学思想的鲜明特征，探索产生这些特征背后的深层次政治、经济、社会、文化原因，观察和说明该时期兵学思想较之于前，传承了什么，又增益了什么，对于其后兵学思想的发展起到了哪些作用，产生了何种影响。换言之，我们今天对历代兵学思想的研究，其成功与否，就是看能不能跳出通常的兵学思想总结上的时代性格模糊、阶段性特点笼统的局限，而真正把握了兵学思想与文化的历史演进趋势和个性风貌。

其三，寻求转机与实现突破，要求我们在从事兵学历史研究过程中，在充分运用历史方法的同时，尽可能借助于军事的范畴、概念与方法，注重从军事的角度考察问题、解决问题。应该说，这正是兵学历史研究讲求科学性、学术性的必然要求。面对军事制度上的疑难问题，我们完全可以参考现代军制的原理与方法来协助解决，例如，释读先秦军队编制体制中“偏”的问题就是如此。我们知道“偏”是先秦时期车战的战车编组形式，但是一偏到底有几乘战车，文献记载说法各异，有“九乘说”“十八乘说”“二十七乘说”“八十一乘说”种种，可谓各有道理，莫衷一是。另外，像先秦军队既有“军、师、旅、卒、两、伍”六级编制，又有“三十人乘制”“七十五人乘制”，彼此关系又是怎样？如果花大力气去求证，结果很难如愿，但我们若了解现代军队编制特点的话，那么也许能掌握解决问题的钥匙，即理解军队编制上平时管理和战时配属是两种方式，一支军队可以有平时隶属体制、战时合成编制、临时战斗编组等多种编制。先秦军队就平时隶属体制而言，可以有六级；就战时合成编制而言，即为“乘”；就临时战斗编组而言，又可以有“九乘”“二十七乘”等不同的大小“偏”形式。这就是一个参照现代军队编制以深化军事史研究的重要例子。

再如，我们以往研究“韩信破赵”时部署的背水阵，一般只关注到军心士气问题，即韩信之所以部署背水阵，乃是为了激发士兵的战斗意志，置之死地而后生。这几乎是两千多年来人们的一致看法，韩信自己也是如此表白的。但是，我们如要从军事学的角度来分析，那么背水阵其实包含着十分丰富的战术作战要领。首先是变换主客。韩信设置背水阵的主要目的在于引诱赵军前来攻击，如此，本来是处于攻击地位的韩信军队反而变成了防御一方，而在军队作战中，防御和进攻所需的兵力相差是很大的，这叫作“客倍主人半”(《孙膑兵法·客主人分》)。韩信通过背水阵的设置，改变了双方的攻守地位，弥补了自己兵力的不足，在一次进攻性战役中，打了一场漂亮的防守作战，最终取得了胜利。这个主客变置的关键因素，再加上布列圆阵、兵分奇正、置之死地而后生等战术要领，背水阵达到了预期的目标。这个例子可谓极其生动而有力地证明了兵学历史研究离不开军事学要素与方法。总之，兵学历史研究过程中许多学术上的疑难问题，若能借助军事学的原理与方法，解决起来并非不可能。如用现代军事中的“战略预备队”概念诠释《握奇经》中“四为正，四为奇，余奇为握奇”的“余奇”含义，就能使人豁然开朗。又如，拿方阵战术的基本要领来观照“勇者不得独进，怯者不得独退”“不愆于六步、七步，乃止齐焉”等兵学指导原则的意义之所在，同样也是恰到好处。

其四，寻求转机与实现突破，我们还需要拓宽视野，以世界军事发展进程为参照，来考察中国兵学历史的演进规律、文化内涵与时代精神。英国军事学家富勒在其代表作《装甲战》一书中曾经这么说过：“世界上没有绝对新的东西。我曾说过，学员只要研究一下历史，就可看出，战争的许多阶段将再次采用基本相同的作战形式。只需进行一些研究和思考，就会认识到，过去所采用的所有战略和战术，自觉或不自觉地都是根据军事原则制定的。……无论军队是由徒步步兵、骑兵，还是由机械化步兵组成，节约兵力、集中、突然性、安全、进攻、机动和协调等原则总是适用的。总之，摩托化和机械化只是改变了战争的条件，即改变了将军使用的工具，而不是他的军事原则，这一点是显而易见的。”这是从时间的角度说明军事学基本原则的永恒性、稳定性。其实，从空间的视角考察，这种同一性、常态化又何尝不是如此！中西方军事著作在语言体例、逻辑概念梳理、形象描述等方面固然存在着很大的差异，是两类军事文明的产物。但是，《淮南子·氾论训》言：“百川异源而皆归于海，百家殊业而皆务于治。”万变不离其宗，中西方军事学的核心问题，如重视将帅、灵活多变、集中兵力、以攻为主、重视精神因素及士气的振奋等，完全可以说是旨趣一致、异曲同工的，这种一致与相似，远远胜过所谓的“差异”与“对立”。我们应该充分看到中西方军事学的这种同一性，从而更好地认识中西方军事思想文化中那些超越时空的价值，并从中获得有益的启迪。这一点，乃是我们在研究中国兵学历史时，必须予以充分留意与高度关注的。换言之，我们今天的兵学研究，既要立足本土，同时又要面向世界，从世界军事文明递嬗的视域把握中国兵学的精髓，揭示中国兵学的特色，认知中国兵学的价值。

总之，兵学历史的研究只要真正回归历史、回归军事，那么就可以超越过去僵化的模式与平庸的论调，把握住新的发展契机。

鉴于以上基本认识，我们这个兵学历史研究的小团队，不揣谫陋，砥砺而行，和衷共济，经过数年的积极努力，撰写了这套300余万言、7卷本的《中国兵学通史》，就中国兵学历史发展的时代背景、基本内涵、演变轨迹、主要特征、表现形式、重要地位与文化影响等加以全景式的回顾、梳理与总结。在此基础上，我们重点考察与揭示中国历史上的代表性兵学著作、诸子论兵之作、重大战争中所反映的兵学基本原则、四部典籍所蕴含的兵学思想要义及其对中国兵学文化发展的卓越贡献，并对影响与制约中国历史上兵学发展的基本要素，如武器技术装备、军队体制编制、作战样式与战法、军种兵种构成与变化、军事训练与军事法规等，进行必要而细致的考察与剖析。总之，我们的初衷，是要梳理中国古代兵学产生、发展及演变的历史轨迹，总结中国古代兵学的主要成就，揭示中国古代兵学的基本特征，阐释中国古代兵学的文化价值。

受水平所限，本书难免存在着一些值得商榷与改进之处，衷心欢迎诸位专家和广大读者不吝批评指正，以匡不逮，无任感谢。

是为序。

黄朴民

2021年10月26日于中国人民大学国学院

目 录

绪论　大分裂大融合时代兵学的传承与创新

三国两晋南北朝上承秦汉，下接隋唐，前后历时约400年。这一时期大致可分为三个历史阶段：一是汉献帝永汉元年（189）至晋武帝太康元年（280），为魏蜀吴三国的酝酿、对峙和结束期；二是晋泰始元年（265）晋武帝司马炎篡魏自立至元熙二年（420）晋恭帝司马德文禅位，为两晋时期，其中西晋实现了短暂的全国统一，而后再次分裂为江南的东晋和北方的五胡十六国；三是宋永初元年（420）刘裕代晋自立至隋开皇九年（589）杨坚灭陈，为南北朝大分裂时期。政治上长期分裂、经济上传统重心南移、军事地理上区域对抗和南北对峙，以及周边民族持续内迁，使这一时期呈现国家大分裂、制度和社会大转型、南北经济发展趋于平衡，以及民族间的竞争和融合加剧等多种变化，也为中国古代兵学的传承与发展注入了新的活力。

一、发展大势

作为中国古代兵学的有机组成部分，三国两晋南北朝兵学既延续了先秦两汉兵学的发展脉络，也有其自身的发展特色。这与当时的政治、经济、社会和文化面貌，尤其是战争实践，有着内在的关联。

（一）大一统秩序崩溃后割据战争长期化

东汉末年，中央王朝式微，黄巾大起义成为打破秦汉以来大一统局面的导火索，引发了中原地区的群雄割据、军阀混战，由此形成了长达数百年的大分裂局面。诚如唐人杜佑所总结：“若王纲解纽，主权外分，藩翰既崇，众力自盛，问鼎轻重，无代无之，如东汉之董卓、袁绍，晋之王敦、桓玄，宋谢晦、刘义宣，齐陈达、王敬则，梁侯景，陈华皎，后魏尔朱荣、高欢之类是矣。”① 魏文帝黄初元年（220），曹丕废汉献帝自立，随后魏蜀吴三国鼎立之局形成。西晋在成功伐吴后，维持了30多年的全国大统一。但皇室内斗与少数民族内迁，加之这一时期持续的自然灾害，从根本上动摇了西晋王朝的统一根基。晋愍帝建兴四年（316），匈奴贵族刘曜攻陷长安，西晋灭亡。翌年，督军江南的西晋宗室司马睿在建康重建政权，是为东晋。东晋政权建立后，仅能维持偏安江南的局面，北方则是匈奴、鲜卑、羯、氐、羌等周边民族趁机踏入中原腹地，渐成五胡十六国之乱局，前后混战长达130余年。东晋灭亡后，南方经历了宋、齐、梁、陈四代更迭，均为短命政权。北方则由北魏完成了统一，后又分裂为东魏和西魏，东魏被高氏的北齐取代，西魏则为宇文氏的北周取代。最终北周灭北齐，重新统一北方，为隋的统一奠定了基础。概言之，从189年董卓作乱到589年隋朝统一的400年里，统一政权存在的时间不过30多年，而国家分裂的时间前后长达300多年。诚如钱穆先生所言，与秦、汉时期“以中央统一为常态，以分崩割据为变态”相反，三国两晋南北朝是“以中央统一为变态，而以分崩割据为常态”。② 在这样一个长期分裂的时代，割据战争自然成为当时军事史的主流。

（二）中国传统政治经济重心南移

长期战乱导致的结果是百姓流离失所，土地大量荒芜，生产力遭到极大破坏。三国时期，中原已经户口锐减，千里荒芜，“自遭荒乱，率乏粮谷。诸军并起，无终岁之计，饥则寇略，饱则弃余，……民人相食，州里萧条”③。西晋虽实现了全国的短暂统一，但政局并不稳定。“晋武帝既废州郡兵制于前，八王之乱继其后，于是中

---

① 杜佑撰，王文锦等点校：《通典》卷一百四十八《兵一·兵序》，中华书局，1988年。

② 钱穆：《国史大纲》（修订本）（上），商务印书馆，1994年，第212页。

③ 陈寿：《三国志》卷一《武帝纪》注引《魏书》，中华书局，1959年。

枢失御，州郡又无控制之力，因而各地豪强，异族雄杰，皆乘时崛起，据地自雄。”① 西晋灭亡后，北方处于五胡十六国混战阶段，而同期南方的东晋政权则相对稳定。为躲避北方战乱，大批中原人士南下，形成中国历史上第一次大规模的南迁潮。“俄而洛京倾覆，中州士女避乱江左者十六七。”② 其中，黄河中下游的汉人多迁居江、淮之间或长江以南，黄河上游的汉人多避难汉水以南和巴蜀诸地。北方移民的生产技术和辛勤劳作加速了南方的大开发，北富南贫的经济格局渐趋改变。在此影响下，黄河流域的传统政治经济重心地位逐步被削弱，江南和四川几可与其鼎足，渐趋形成了三个区域性中心的发展态势，也使军事上南北分裂和区域割据得以维持。

（三）战争发展演变为南北长期对峙

这一时期的战争态势基本呈地方豪强的割据兼并、统治集团的内部争夺、少数民族政权间的混战，直至北方的区域统一和南北对峙的发展脉络。东汉末年的地方割据和豪强兼并，最后形成三国鼎立局面；“两晋之战争，多属内战，其间只有桓温、刘裕北伐，始为较具规模之对外作战”③。西晋“八王之乱”后，国家陷入四分五裂的局面，北方各少数民族乘机建立各自的割据政权并互相攻伐，他们之间的混战局面成为当时的常态。演变的结果，即北方的区域统一战争渐成主流，先后有匈奴族刘渊统一黄河流域的战争，羯族石勒统一中原的战争，以及氐族苻坚和鲜卑族拓跋焘统一北方的战争。直到北周宇文邕灭北齐统一北方，才为后来隋的大统一奠定了基础。在北方割据混战的同时，南北战争也一直在进行。石勒统一黄河流域虽然时间不长，但他仍然发动南征，与在南方重建的东晋政权争夺江淮地区。石勒的后赵灭亡后，桓温则乘北方分裂，先后三次北伐，长达 15 年。前秦统一北方后，立即南下发起统一全国的战争。

---

① 台湾三军大学编著：《中国历代战争史》第五册《两晋》，中信出版社，2013 年，第 6 页。

② 房玄龄等：《晋书》卷六十五《王导传》，中华书局，1974 年。

③ 《中国历代战争史》第五册《两晋》，第 31 页。

淝水之战后，东晋也乘北方再次分裂进行北伐，持续了 17 年，先后击灭山东的南燕和关中的后秦，恢复了黄河以南地区。北魏统一北方后，历史进入南北朝时期，南北战争成为主线，北方的拓跋焘几度南征，而南方的宋、齐、梁、陈也数次北伐。这一时期，南北战争一般以黄淮平原为主战场，以淮河到秦岭一线为对抗线，且随双方力量此消彼长而在长江、淮河之间有一定幅度的伸缩。

（四）长期的杂糅和战争推动了民族间的不断融合

对于中华文明的历史传承和发展而言，各少数民族与汉族相互的竞争与互动是一股重要的推动力量，而三国两晋南北朝是这种竞争与互动的剧烈期。就兵学而言，秦汉以前，战争主要在汉民族内部进行，以黄河以北为界、函谷关为中心呈东西对立的格局。少数民族偏居塞外，对中央政权的威胁并未触及根本，也不具有持续性。东汉末年，边疆少数民族开始大规模内迁，“下迄晋初，不惟塞下诸郡尽为戎居，即关、陇、汾、晋亦多胡踪”①。内迁的少数民族在不同的历史阶段或被胁迫，或主动参与到割据战争中来。三国时期，公孙瓒与袁绍都曾利用过北边的少数民族骑兵，曹操更是利用征讨乌桓得来的骑兵南征北伐。西晋爆发“八王之乱”后，一些少数民族趁机建立各自的政权。由此，产生了两个方面的深远影响：一是汉族政权与各边疆民族政权，以及各少数民族政权间的战争非常激烈，在农耕文明与草原部落文明的碰撞与交锋中，产生了巨大的张力；二是在这种张力的影响下，在长期的接触与杂糅互动中，少数民族的汉化与汉族的胡化同时进行，以前者为主流。这既为传统的兵学思想注入了新生机，更是不断夯实了民族融合的政治基础、社会基础和文化基础。

二、重大成就

这一历史时期的兵学聚焦“大一统”的政治目标和文化理念，在兵权的制度设计、军队建设思想和谋略思想、军事制度和战术创

---

① 史念海：《史念海全集》第一卷，人民出版社，2013 年，第 185 页。

新，以及统一战争的战略指导等方面，都有较大成就。

（一）聚焦“大一统”原则推动集中兵权的制度设计

中央集权的政治制度遭到极大破坏，中央对地方、皇权对兵权的控制减弱，州郡豪强拥兵自重，是这一历史时期政局动荡、战争频仍的主要原因。“而山东大者连郡国，中者婴城邑，小者聚阡陌，以还相吞灭。”① 为从制度上加强兵权控制，消除威胁，统治者们围绕“大一统”原则进行制度设计，从四个方面加强对兵权的控制，从而对这一时期的军队领导指挥体制和编制结构产生重大影响。首先是分权，通过分割军权来加强皇权。曹丕代汉后，将兵权分解为决策权、管理权和指挥权。其中，尚书省和中书省作为中央政务的总机构，协助皇帝决策，确保皇帝对所有军事事务的最高裁决权。设置最高武官太尉、大司马、大将军，以太尉主持全国日常军事，大司马、大将军掌征伐。晋武帝司马炎代魏立晋后，在中央另设尚书省作为行政中枢，协助皇帝处理军政事务。灭吴统一全国后，西晋在尚书省六曹尚书中设置五兵尚书一职，主管全国军事。此后直到东晋，五兵尚书历时相沿。南朝主要有中军和尚书省两大系统。中军的主力为六军（领军、护军、左卫、右卫、骁骑和游击），此外还包括四军、三将、五校尉和两将军。尚书省作为中枢行政机关，下设六曹八座分掌朝政。遇有战事，由皇帝下诏，尚书下符，调遣指挥全国军队。总体上看，南朝各代加强对军权集中控制的同时，也使得指挥系统过于复杂，比较混乱，“给出征将帅的临阵指挥带来很大的牵制和不利，直接影响了南朝一些战事的结局”②。其次是分级，实行最高统帅、战略区都督、地方州郡军政长官的三级体制。都督制创立于三国时期，主要是在全国各地划分辖区，指定主将统一负责辖区军务。都督作为辖区主将，对辖区军队有统一指挥权。西晋灭吴后，将都督制推行到江南。东晋时，都督、刺史又开始兼

---

① 《三国志》卷二《文帝纪》注引《典论》自叙。

② 朱大渭、张文强：《两晋南北朝军事史》，军事科学院主编：《中国军事通史》第八卷，军事科学出版社，1998 年，第 259 页。

民政，集地方行政、军事大权于一身，出现了刺史领兵制。两晋的地方州郡设有州郡兵，因此州郡行政系统也是一级军事机构。不过，州郡兵数量少，州郡行政系统地位也远低于都督府。再次是分兵，实行武装力量构成上的中、外军制度。三国开始逐渐改变两汉时中央军、地方军和边防军三位一体的体制，确立了中央军（包括中军、外军）和州郡兵的新体制。中央军为优先发展对象，精锐的军队皆归中央军管辖和调度，以此保证政权的稳定。中央军之外的州郡地方兵，则只负责地方治安。西晋的中军作为中央直属部队，分为驻扎于京城之内的宿卫军和周围拱卫京城的牙门军。外军是驻扎在京城之外重要地区的部队，也属主力部队，受中央直接领导指挥。同期，十六国和北朝各少数民族政权实行胡汉分将、分兵的制度。最后是监督，即监军制度的初步确立。为加强对在外将领的控制，三国时向军队委派监军的记载不在少数。如辛毗曾禀魏明帝之命"持节"节度司马懿的部队，"六军皆肃，准毗节度，莫敢犯违"①。又如魏国发动灭蜀之战时，特命散骑常侍、廷尉卫瓘代表朝廷行使监督权力。两晋南北朝期间，由皇帝委派亲信大臣到军中进行监控的做法依旧十分普遍。但总体上，这时候的监军尚无明确的定制，又无固定的员额，通常是临时因事而设，远没有固定化和制度化。

（二）适应战争长期化的军队建设思想

首先是持续进行兵制改革。东汉末年，战乱使社会经济遭到极大破坏，传统的以地域为基础的征兵制难以为继。到了三国时，"郡县人大批流亡，户口紊乱，大量失业到都市去，正是募兵之良机"②，因此广泛实行募兵制。三国后期，为保证持续稳定的兵源，更是发展演变成世兵制，并为两晋政权所沿用，这种变化是为了适应长期战争需要而进行的重大改革。北方少数民族政权的军队构成，是以本族为主体并吸纳其他民族，实行部落兵制，结果导致胡汉分离、兵民分离，兵用于战事，民从事耕桑。北魏统一北方后逐渐汉

---

① 《三国志》卷二十五《辛毗传》。

② 劳榦：《魏晋南北朝简史》，中华书局，2018年，第166页。

化，其兵役制度也相应发生变革。特别是到了西魏，宇文泰为了与兵力占优的高欢对抗，改行少数民族部落制的方法组织军队，是为府兵制。到了北周武帝时，为扩大兵源，增加了汉人从军的数量，由此开始向普遍征兵制的方向过渡，这就和唐代很相近了。其次是注重训练演习。曹魏沿用古代农闲讲武制度，定期检阅军队训练。建安二十一年（216）冬和建安二十三年（218）秋，曹操先后两次检阅军队。此后新君即位，大都举行军队检阅。蜀国也有严格的“讲武”制度。“三年春，亮率众南征，其秋悉平。军资所出，国以富饶，乃治戎讲武，以俟大举”①，第一次北伐失败后更是“厉兵讲武，以为后图，戎士简练，民忘其败矣”②。同期的东吴，也实行检阅制度。两晋时期，晋武帝数次亲临宣武观观看中军演习，东晋时的军事训练和演习主要在各方镇进行。南朝时，皇帝往往在京城亲自检阅中军训练。另外，南朝对水师极为重视，宋孝武帝时在玄武湖检阅水师训练，此后玄武湖成为南朝各代训练水军的场所。最后是加强优势兵种建设，发展对抗性兵种。北方政权将骑兵建设作为重点，当其志在统一南方时，则加强水军建设。南方政权以水军建设为重点，以抵御北方，当其志在恢复中原时，则加强骑兵建设。

（三）大战略与军事谋略思想交相辉映

在三足鼎立、多极角逐、南北对峙等复杂的战略环境中，各统治集团为生存和发展计，争相竞智逐谋、纵横捭阖，涌现出以诸葛亮和羊祜为代表的一大批战略家和谋略家，产生了《隆中对》《平吴疏》等战略经典，使这一时期成为春秋战国后中国传统谋略思想发展的第二个高峰期。《隆中对》是诸葛亮为刘备集团求生存、谋发展、取天下和致统一提出的系统战略方案，既具有全局观念，又兼具前瞻意识。一方面提出了“跨有荆、益”“两路出兵”的“三分割据纡筹策”，以便最终实现国家的统一；另一方面在具体谋划上，利用“天下思汉”的普遍心理，凭借刘备身为“帝室之胄，信义著

① 《三国志》卷三十五《诸葛亮传》。

② 《三国志》卷三十五《诸葛亮传》注引《汉晋春秋》。

于四海”的优越背景，争取政治上的主动；推行“西和诸戎，南抚夷越，外结好孙权，内修政理”① 的方针，为自己争取安定的战略后方和盟友。西晋初年，朝廷内部在统一战争问题上分歧严重，羊祜上《平吴疏》，通过对晋吴双方的经济、政治、军事等全面对比分析，系统论证西晋统一全国的必然趋势，体现了统筹全局、先算后胜的传统谋略思想特色。在战略判断上，羊祜将起兵灭吴，结束南北分裂达于一统，归于合乎天意人心的正义之举，强调“夫期运虽天所授，而功业必由人而成”②，天下一统乃是理有固宜，势所必然；在战略谋划上，羊祜全面分析了敌我双方的战略态势，阐说晋军灭吴的时机业已成熟，夺取统一战争的胜利具有极大可能；在战略指导上，羊祜在《平吴疏》中拟定了具体的作战部署，提出要多路进兵，水陆俱下，即从长江上、中、下游同时发起进攻。

（四）作战样式的丰富与战术创新

这一时期的主要兵种仍然是陆军和水师。陆军在数量上占有最大比重，但以骑兵最具战斗力，因而成为陆军主力部队，水师则为南方政权所倚重和极力发展。与兵种建设相适应，作战样式不断丰富。首先是重装甲骑兵驰骋中原。自三国起，骑兵的作战地域主要转移到北方内地，战场出现了重装甲骑兵，其最大特点是具有较强的防护力和集团冲击力，在与没有厚重装甲的轻骑或步兵作正面突击时，优势非常明显。其次是集团方阵战术的发展。军阵的基本形式普遍采用“八阵”，其为“五军阵”的变体，即四正四奇八阵合成的集团大方阵，“以前为后，以后为前，进无速奔，退无遽走，四头八尾，触处为首，敌冲其中，两头皆救”③，兼具机动性和攻击能力。阵内诸兵种——步、骑、车兵——的配置更趋合理，更能发挥整体攻防、协同作战的威力。再次是水战地位的提高。南北统一战

---

① 《三国志》卷三十五《诸葛亮传》。

② 《晋书》卷三十四《羊祜传》。

③ 李靖：《唐太宗李卫公问对》卷上，《中国兵书集成》编委会：《中国兵书集成》第二册，解放军出版社、辽沈书社，1988 年。

争的发动者普遍把建造战船、建设水军、提高江河作战能力作为军事准备的首要任务，这无疑大大提高了水军在整个军队中的地位。在实施横渡江河的战略行动时，水军的强弱无疑是战争胜败的关键因素。最后是火攻发展为一种战略性作战手段。赤壁之战中，孙刘联军采用火攻战术大破曹军，对后来鼎立形势的确立具有决定性的意义。猇亭之战中，陆逊的火烧连营也是火攻在战略应用上的杰作。

（五）统一战争的战略指导日益成熟

在纷繁复杂的区域统一和南北统一战争中，这一时期的战略指导思想具有明显的地域特征与民族特征。其中南方以水战思想为主，辅以城战理论，而北方则以骑战思想见长。南方政权所在地域河湖纵横，水战作为重要的作战方式，直接促成了水战思想的迅速发展。大致而言，南方的战略指导主要包括以下几方面。首先是以恢复中原相号召，并充分发挥水战优势。赤壁之战前夕，吴将周瑜对战胜曹操优势兵力信心百倍，原因就在于水战为南方作战的优势所在，而这恰恰又是北方军队的短板。魏文帝曹丕两次广陵观兵，临江而返，喟然叹道："魏虽有武骑千群，无所用也"①；"嗟乎！固天所以隔南北也"②。东晋时期，南方的战略指导者更是倡导利用水战之长，增加以弱胜强的信心。"今王士与贼，水陆异势，便习不同。寇若送死，虽开江延敌，以一当千，犹吞之有余，宜诱而致之，以保万全。"③ 其次是诱敌深入。南北双方相持不下时，为了扬长避短，采取诱而致之的战略战术。这实质上是主张将北军放进江淮附近，以便南军依托江淮水系抗击之。最后是控扼上流。南方战争指导者认为，控扼长江上流为江防之重点。如夷陵之战中，吴军主帅陆逊认为夷陵处在荆州之最上流，为东吴之大门，"夷陵要害，国之关限，虽为易得，亦复易失。失之非徒损一郡之地，荆州可忧"④。故

① 《三国志》卷五十五《徐盛传》注引《魏氏春秋》。

② 《三国志》卷四十七《吴主传》注引《吴录》。

③ 《晋书》卷七十七《蔡谟传》。

④ 《三国志》卷五十八《陆逊传》。

全力死守该地，挫败刘备重夺荆州的企图。整个六朝沿着这一思路，无不高度重视控扼其上流要地。与南方截然不同，北方的战争指导者注重发挥骑战优势，在与南军对抗中力主骑战，力避水战与城战，往往会引诱南军深入北方腹地，待其脱离水道依托后再发挥骑兵优势，展开大范围反击，由此北方战争指导逐渐形成了系统的骑战思想。“南船北马”的作战指导原则，是当时战争实践的产物，又为后世的统一战争提供了战略指导和借鉴。

三、基本特征

除西晋实现了30多年（280—316）的短暂统一外，这一历史时期战乱持续之长、卷入方之多、政权更迭之频繁，常给人以时光错乱、目不暇接之感。严酷复杂的军事斗争环境，激发了军事谋略思想的兴盛及技术装备的革新，作战的地域特征日益明显，各方势力在军事竞争和对抗中相互借鉴，显示出独具特色的时代特征。

（一）军事谋略思想大放异彩

国家分裂，多极并存，各方势力斗智斗勇、纵横捭阖，该时期堪称“军事教科书的时代”。三国鼎立战争、西晋统一战争、十六国更替战争、南北朝对峙战争，以战争指导和战略筹划而言，均在战争史上具有经典意义。而一些重大战役，如官渡之战、赤壁之战、吴袭江陵之战、猇亭之战、诸葛亮北伐和晋灭吴之战等，都体现了非常高的谋略水平。战略格局的复杂演化、南北战争的频繁上演，为时人提供了战略谋划的舞台，涌现出了诸葛亮、羊祜、王猛等一批战略家和军事思想家，产生了《隆中对》《出师表》和《王猛临终遗言》等战略谋划经典。

（二）技术装备不断革新

与战争发展相适应，此一时期的武器装备也有了新的进步，杂炼生鍒灌钢工艺的发明，使钢铁兵器的大量生产和应用成为可能，兵器的形制得到进一步改进，杀伤力也有较大增强。防护装备较前代更为完备，明光铠等铠甲被普遍采用，并逐渐规范化。装甲骑具的完善，特别是马镫的使用，使北方骑兵作战提高到一个新阶段。

水军得到迅速发展，在江汉、淮河流域的作战中扮演主要角色，与当时战船种类齐全、功能多样、实战能力提高的情况相一致。这一时期的战舰既有载重量大和船身高的楼船，以及载重量较大和冲击力强的蒙冲大舰，也有灵活轻便的各类快船小舰，它们在水战中相互配合，形成了水战船舰结构的完整体系。在攻守城作战中，一些新的攻坚与防御器械相继发明，如南朝时期经常使用的有云梯、轒辒车、冲车、尖头木驴、大蛤蟆车、抛车等，种类和性能较前代均有较大进步。

（三）战争的地域性特征日益明显

三国两晋南北朝时期，战争空间由秦汉时期的黄河流域为主开始逐步向淮河、长江流域拓展，地理条件的变化对战争方式和兵种建设产生了深远影响。早期的战争主要在黄河流域进行，平坦开阔的地形利于快速机动和冲击突破，车兵趋于式微，骑兵则成为战场第一主力。而随着战场由黄河向江淮一线南伸，水军在战争中地位越来越重要，在几次南北统一战争中，水战都起到了决定性作用。淝水之战中，擅长骑战的前秦军队，在北方所向无敌，但到了南方水泽地区则难逞其长，无法抵御南方水师精锐。同时，因地因敌发展和使用各兵种，并注重陆上和水上，骑兵和步兵、车兵的联合编组，成为后期战争的一个突出特征。如刘裕讨伐南燕的战争中，使用水道运输、步骑车编组联合方阵。晋武帝平吴之战中，利用长江水道，多路并举，水陆俱下，是该时期多兵种联合作战的典范。

（四）传统兵学在胡汉间的军事竞争与融合中不断丰富

这一时期的战争中，民族战争占有很大的比重，自西晋政权为匈奴刘渊所灭后，北方先后存续的十六个少数民族政权除相互攻伐外，与南方的东晋政权也多有战争，如前秦苻坚统一北方后的淝水之战，东晋祖逖、桓温的北伐等。南北朝时期，少数民族建立的北方政权与南方的宋、齐、梁、陈之间同样战争不断。这一时期的战争虽然较为残酷血腥，但客观上有利于消除民族畛域，推动民族大融合，促成了新的统一帝国隋唐的出现。同时，频繁的民族战争，为各少数民族检验和发展其军事思想和战略战术提供了舞台，战争的需要也逼迫少数民族统治者主动或被动地逾越“夷夏之别”的藩篱，重用有军事和政治经验的汉人谋士，如石勒重用张宾、苻坚重用王猛。在吸纳重用汉人谋士的过程中，汉族先进军事思想和战略战术不断为少数民族所接受。同时，少数民族“攻城而不有其人，略地而不有其土，翕尔云合，忽复星散”① 的骑战传统和机动战术，也为中国传统兵学注入了新鲜血液。

四、历史地位

历史上四次最重要的统一事件，有两次发生在这一时期，即由三国对峙鼎立到西晋统一，由东晋十六国到南北朝的长期分裂走向隋统一，而此一期间其他王朝在建立与巩固过程中，大多也经历了曲折与艰巨的统一斗争。纵观中国几千年的兵学发展史，这一时期占有独特的历史地位。

（一）揭示了中国历代统一战争的基本经验和一般规律

大一统帝国的建立、维持、分裂和重构，一直是中国古代兵学的核心主题。结束国家分裂局面，赢得统一战争，是三国两晋南北朝时期兵学发展的重要推力，也为此后历次统一战争提供了基本经验。具体来说，首先是建立稳固的经济基础。当时统一战争的战略实施者都把发展社会生产、增强经济实力作为统一战争的基本前提。如始于曹操的屯田制，解决了军粮供给的同时，也夯实了进行长期战争的物质基础。蜀汉为了“北定中原”，首先五月渡泸，深入不毛，平定南中地区的叛乱，然后又发展生产，整备兵甲，积蓄力量，欲以长计取胜，坐定天下。其次是争取政治优势和民众支持。三国时期，平定南方以后，诸葛亮在《出师表》中提出了“当奖率三军，北定中原，庶竭驽钝，攘除奸凶，兴复汉室，还于旧都”② 的主张。魏灭蜀、西晋灭吴前夕，司马昭与晋武帝司马炎均发布诏令晓谕众臣，申明兴师伐敌，以瓦解敌方的军心士气，争取敌方民众

① 《晋书》卷一百四《石勒载记上》。
② 《三国志》卷三十五《诸葛亮传》。

对统一大业的理解与支持，即所谓“吊民伐罪”“混一天下”。又如西晋发动灭吴之役前夕，重臣羊祜上疏奏请发兵，就正式提出“宜当时定，以一四海”①。王濬称孙皓为首的东吴政权“荒淫凶逆，荆扬贤愚无不怨嗟”②，使统一战争具备了政治舆论优势。再次，制定具体的统一战争方略。主要表现为根据统一战争的需要，有重点地配置军事资源，发展主力兵种。为适应江淮地区作战的特点，战争指导者普遍把建造战船，建设水师，提高江河作战能力作为军事准备的重点。如西晋王朝为统一全国，针对吴军水师实力较强，凭恃长江天险的实情，大力建设水军；晋武帝采纳羊祜的建议，委任王濬在蜀地修造各类战舰，训练士卒，终于组建起一支强大的水师，在灭吴战争中发挥了关键性的作用。同时，统治者知人善任，拔擢任用人才，注重遴选优秀将帅担当指挥战争的主角，使之在统一大业中发挥关键性作用，如晋武帝任用羊祜、杜预、王濬等人。

（二）军事地理上作战轴线的重大转移

秦汉以前的统一战争，战略作战的轴线一般为东西方向，其具体战役行动均环绕这一主轴线展开。比如公元前230年开始的秦统一六国的战争，就是从西部发动，首先灭韩、灭魏，完成了东渡黄河的战略展开；然后左翼朝东北方向灭赵、灭燕，右翼则指向东南方的楚国，而后一直向东，达成了统一全国的目标。公元前206年开始的楚汉战争，刘邦首先自巴蜀进入汉中地区，得形胜之利，然后出函谷关，兵锋东指；同时左翼东渡黄河，沿东北方向实行战略出击；右翼则以秦岭山脉为依托，东南方向出武关，最后在河南、山东之间的东西轴线上与楚军决战。进入魏晋时期以后，这种情况发生了重大的变化。统一战争战略作战的轴线不再以东西方向为主，而是变为了南北方向，大多为自北向南的进攻；作战地区也不再集中于黄河流域，而是集中于淮河和长江中、下游地带。这一变化最初开始于三国时期，曹操完成了对北方地区的统一以后，便开始了

---

① 《晋书》卷三十四《羊祜传》。

② 《晋书》卷四十二《王濬传》。

横渡长江对南方的征服与统一，于是孙权与刘备联合，在长江中、下游地区和曹操隔江对峙，著名的赤壁之战就是这样发生的。两晋时期屡次上演的北伐和南征，其战略作战方向，也都是跃马黄淮自北向南，或渡江北上自南向北的进军路线。[①] 对于北方游牧民族来说，淮河以南，密集的江河水网减缓了北方铁骑的冲击，而南方可利用江河水道构筑军事据点，控扼主要交通路线。南方若越过淮河向北深入，且不说缺乏擅长野战的骑兵，首先补给就甚为困难。从这个角度考察，军事地理上以淮河、长江为阻隔的南北作战轴线的形成，对于统一战争的影响和兵学的发展，确具有里程碑式的意义。

（三）为南北军事对抗提供了基本思路

该时期，主要兵种为步兵、骑兵和水军。作为传统兵种，步兵在该时期是主要兵种，人数最多。步兵中弩兵地位突出，是对付骑兵的主要力量。骑兵是该时期最重要的兵种，而且出现了重甲铁骑。骑兵行动疾速，冲击力强，便于机动，因此在与中原王朝的军事对抗中，游牧民族往往具有较大的优势。水军在该时期得到了快速发展，尤其是西晋和南朝水军空前强大，当战场在淮河和长江流域时，水军能够发挥出自身优势，成为决定战争进程和结局的主要兵种。若无强大的水军，北方政权一般很难渡过长江，更谈不上消灭南方政权。同时，北方政权普遍重视骑兵和步兵的建设，且以骑兵为主力，南方政权则普遍重视水军建设。在南北对峙、南方政权以长江为天堑设防的背景下，长江上游的战略地位凸显。“南方战争指导者认为，控扼长江上游为江防之重点”[②]，对荆州、夷陵这些长江中游要点的防守，历来为东吴政权所重视。同样，北军南伐，也以控制上游水道、顺江而下为进攻锁钥。晋武帝灭蜀后，占据了长江上游，立即命益州刺史王濬在长江上游地带修治战船，训练水师。7 年后，

---

① 参见蓝永蔚、黄朴民等：《五千年的征战：中国军事史》，华东师范大学出版社，2001 年，第 89—90 页。

② 黄朴民：《魏晋南北朝军事学术杂识》，《北方论丛》2009 年第 3 期。

“濬自发蜀，兵不血刃，攻无坚城，夏口、武昌，无相支抗。于是顺流鼓棹，径造三山”①。依托军事地理形势“控扼上流”的作战指导，也为后世的政治家和军事战略家所重视。

（四）引导兵学研究回归实用化导向

因应群雄竞立的政治环境和残酷战争的现实，一些军事思想家自觉不自觉地摆脱两汉沉闷的经学传统，吸收兵家、法家的经世致用思想，突出兵学研究实用化的导向和趋势。其中，以曹操的兵学研究最具代表性，这一方面源于他对兵学的深厚兴趣，另一方面则是为了满足作战的实际需要。曹操的《孙子略解》（又称《注孙子》），后世历来评价很高，《魏书》称其为“自统御海内，芟夷群丑，其行军用师，大较依孙、吴之法，而因事设奇，谲敌制胜，变化如神，自作兵书十万余言，诸将征伐，皆以新书从事”②。其贡献最主要有两点。一是删校。作为系统整理并为其作注的第一人，曹操还原和规范了《孙子兵法》的版本，确立了孙子研究的科学基础。二是注解。曹操的注解结合战争实践，修正了《孙子兵法》中已经不适应时代发展的具体结论，突出了孙子思想的重点，同时其根据自身作战经验得出的见解，实用价值更高。“仅凭此一贡献，即可奠定曹操在战略思想史中之不朽地位。”③另外，同一时期的诸葛亮广泛汲取儒、法、道、兵诸家学术精华，兼收并蓄，学以致用，其思想体系和行事风格体现出深厚的法家和兵家的痕迹。一些割据政权的建立者，以及谋士和统军将领，也注意学习古代兵学经验，并在战争实践中加以运用。如，后汉主刘渊“尤好《春秋左氏传》《孙吴兵法》，略皆诵之”④，苻坚“作教武堂，命太学生明阴阳兵法者教诸将”⑤，后赵主石勒虽然不识字，但礼请士人为其读历代史，并

---

① 《晋书》卷四十二《王濬传》。

② 《三国志》卷一《武帝纪》注引《魏书》。

③ 钮先钟：《中国历史中的决定性会战》，安徽教育出版社，2005年，第142页。

④ 《晋书》卷一百一《刘元海载记》。

⑤ 王夫之：《读通鉴论》卷十四《孝武帝》，中华书局，1975年。

灵活运用于战争实践。对以往战争经验进行总结，为争霸和统一战争提供指导，是这一时期兵学发展的突出特征，也为之后的兵学发展奠定了实用主义的传统。

第一章　三国两晋南北朝时期兵学发展的主要背景

作为中国古典兵学的有机组成部分，三国两晋南北朝时期的兵学上承秦汉、下启隋唐，有着自身的发展特色和发展成就。其受当时的政治、经济、文化面貌尤其是战争实践等多重影响，有着独特的时代烙印。

第一节　大一统帝国的崩溃与割据混战长期化

东汉一代，了无西汉王朝奋发有为、外向进取之势。东汉前期光武帝刘秀、明帝刘庄、章帝刘炟三位皇帝统治的六十余年间，政治稳定，国力还算强盛，但此后从汉和帝刘肇开始走下坡路，统一的中央政府逐渐衰落。导致东汉中央政府崩溃的，主要是外戚、宦官两种异己力量。

中央集权的官僚制度是封建国家治理所必不可少的一套行政机器。没有这套机器，君权即无法行使，君主绝对权威的地位也无从保障。但事实上，这套行政机器总是周期性地被打破，形成了中国历史上的一个皇权发展悖论：天子左右地位低的亲近之人，因为受到天子的宠信而逐渐获得权力，其权势高过政府的执政大臣，甚至最终取而代之。但取代之后，则又另有私臣变成握有实权者，再来取代现有的政府大臣。如此前后相接，循环往复。如汉代的丞相最初为“尚书”所取代，到曹魏时尚书省已正式成为丞相府，不久，尚书省又为中书长官所取代，再发展下去，实权又转入“门下”“侍中”等皇帝亲近者之手。唐代三省长官的权力后来就被拥有“同中书门下三品”或“同中书门下平章事”头衔的天子亲信所取代。到了晚唐，“同中书门下平章事”已正式成为朝廷重臣，其实权又转入翰林学士、枢密使或宦官之手。[①] 更有甚者，皇帝还往往最为相信外戚或宦官，进而导致外戚或宦官专政的局面。有学者认为，这是中国历史上皇权（私权力）和相权（公权力）相互斗争和妥协的结果。

外戚政治曾导致了西汉大一统王朝的灭亡。但号称“中兴”汉朝的刘秀，并没有杜绝外戚专政的问题。东汉王朝的一个特点，就是除了开国皇帝刘秀和第二代皇帝刘庄，其他皇帝继位时年龄都很小，且即位后不是夭折就是被换掉。皇帝没有直系继承人，必然要从皇室直系中再选新皇帝，甚至襁褓中的婴儿也被指定为皇帝。结果，东汉出现了像窦太后、邓太后、梁太后、何太后等通过控制皇权继承人掌握帝国最高权力的女人，来自她们家族的权臣（外戚）也干预到国家政治中来。

皇帝幼小，身为母亲的皇太后自然成为权力中心，这样就形成母后临朝的局面。但在儒家意识形态和一夫多妻的宫廷制度下，皇后长期处在深宫，并无从政和管理国家的经验，加之与社会有隔膜，与朝廷大臣没有机会接触，难以依赖国家的官僚体系，所以一旦掌握最高权力，就面临着十分生疏的政治，要她们作最高决策，其能力、心理状态都无法适应，为了保有权力，自然借重自己家族的人，从而造成外戚专政的局面。而外戚掌握大权后，为了独享权力，在选择皇位的继承人时，也优先选择年龄小的，以便控制。即使一些皇帝长大后想收回政权，但由于与朝廷大臣不易接近，只得把身边宦官当成亲密助手，宦官遂受重用，便出现宦官专政的情形。另一情形，则是竭力打击外朝大臣，搞得中央政府形同虚设，丧失威信。

---

① 参见余英时：《中国思想传统的现代诠释》，江苏人民出版社，1995 年，第 108 页。

相比于外戚，宦官的身份不过是皇帝身边的奴才，不是正常之人，且无治国经验，为以儒家文人士大夫为主体的朝臣所厌恶，于是朝臣转而与外戚合作，与宦官对抗。在外戚、宦官、士大夫三种势力的权力斗争中，皇帝反而成为最没威望之人，国家大事没有人操心，东汉朝廷已经了无权威。

宦官专政在中国历史上也源远流长。秦二世信任和重用赵高，导致秦朝二世而亡。东汉后期，皇帝在同外戚的斗争中得到宦官的支持，所以宦官被封王封侯，权倾一时。历代帝王也不是认识不到宦官专政的弊端，有些朝代甚至还制定了非常严格的规定，防止宦官参与政治。但宦官专政的情况在历史上还是屡屡出现，个中原因主要在于封建专制制度本身。封建皇帝要加强专制集权，对任何人都抱着猜忌之心，尤其不信任朝中大臣，最信任身边的私臣，而宦官作为生活在皇帝身边的特殊人群，有其自然的优势。在皇帝看来，这些人身处深宫，与外朝无从联系，又无子女，只能忠心事君，可以放心地将他们视为心腹，为了方便，也常常把一些事交给他们办理，甚至让他们掌握机要，监视军政大臣。从宦官方面来说，他们长期侍奉皇帝起居，与皇帝朝夕相处，对皇帝喜怒哀乐和生活习惯、脾气秉性等最为了解，因而更容易迎合皇帝的心理，取得皇帝的信任，进而参与政治。

东汉后期外戚、宦官的争斗，导致东汉末年政治腐败，阶级矛盾和统治集团内部的矛盾都极端尖锐，社会危机四伏。始于汉灵帝光和七年（184）的黄巾大起义，就是这种矛盾发展到一定阶段的必然结果。东汉统治者为了动员地主阶级力量镇压农民起义，采取了一系列措施：解除“党锢”之禁以缓和内部矛盾，调集军队并招募新军以分路“围剿”，扩大州郡地方的权限并组织各地方地主武装对抗农民军。结果是，黄巾起义虽然被镇压下去了，但东汉政权却在农民军的冲击下濒临崩溃。在镇压农民起义的过程中，地方行政长官，以及一些地方豪强，乘机招兵买马，增强自己的军事实力。汉灵帝中平五年（188），东汉中央把一些重要地区的州刺史改为州牧，导致地方首长集行政、军事大权于一身，成为地方的实力派。随着实力膨胀，他们对中央政府越来越产生离心倾向，形成强大的封建割据势力。这些势力，或是产生于世代相传的官僚地主和豪族中（如袁绍等），或是产生于边境地区的统兵将领里（如董卓等）。地方大员和边地将领普遍变成军阀，这在中国历史上恐怕是绝无仅有的一个时期。

到了东汉末年，桓帝、灵帝都被宦官杀掉，宦官成为国家大祸害。汉灵帝中平六年（189），外戚何进与袁绍合作，企图消灭宦官集团，但在密谋时因担心宦官势力强大，决定密诏凉州军阀董卓率部移防洛阳，希望靠这位边疆将领把宦官势力一网打尽。当时曹操认为袁绍见识太浅，劝他切不可引狼入室，认为仅靠司法程序就可将宦官灭掉。“太祖闻而笑之曰：‘阉竖之官，古今宜有，但世主不当假之权宠，使至于此。既治其罪，当诛元恶，一狱吏足矣，何必纷纷召外将乎？欲尽诛之，事必宣露，吾见其败也。’”① 但曹操的意见并没有被袁绍所采纳。董卓乘宫廷内乱进入洛阳后，废掉汉少帝刘辩，另立时年九岁的刘协为汉献帝，实际上自己独揽朝廷大权，东汉朝廷名存实亡。

董卓废掉汉少帝另立汉献帝独揽朝政的野蛮行径，引起朝野普遍不满，于是各地推举袁绍为盟主，共讨董卓，由此进入军阀混战阶段。各地军阀为了争夺土地资源和人口，相互攻伐征讨。前一时期是两种地方势力在相互对抗：一方是代表凉州豪强分子的董卓集团，另一方是关东的各州郡势力；后一时期是诸军阀争霸中原的斗争。斗争的结果是形成了割据一方的几大豪强，曹操集团占据兖、豫两州，袁绍集团占据青、冀、幽、并四州，吕布占据徐州，袁术占据淮南一带，孙策占据长江下游江南地区，刘表占据荆州，韩遂和马腾占据关中，刘璋占据益州。

东汉末年以来的军阀混战，直接开启了长达300多年的大分裂。

魏文帝黄初元年（220），曹丕废汉献帝自立，国号魏。次年，刘备在成都称帝，国号汉。黄龙元年（229），孙权在武昌称帝，九

---

① 《三国志》卷一《武帝纪》注引《魏书》。

月迁都建业（今江苏南京），建立吴国，号称吴大帝。到晋武帝太康元年（280）西晋灭吴，三国鼎立长达61年之久。西晋虽完成了统一，但这一局面也仅维持了30多年的时间，原因是皇族内乱和外部少数民族内迁压力两大方面。晋武帝灭吴统一全国后，仅过了10年就去世了。晋武帝一死，很快爆发了“八王之乱”，西晋统治集团内部相互残杀和混战更趋激烈。晋怀帝永嘉五年（311），匈奴贵族刘渊趁中原混战攻陷洛阳，5年后刘曜再陷长安，晋愍帝降，西晋灭亡。

西晋灭亡时，宗室司马睿正督军于江南。当时中原已陷于战乱，逃到江南避乱的中原权贵寄望于他的保护，而南方土著也担心北方游牧民族南下，于是共推司马睿于317年在江东重建政权，史称东晋。在东晋王朝统治的104年中，国家始终不得安宁。而此一时期的北方，已经成为各少数民族争夺统治权的竞技场，参与这场旷日持久的角逐方，主要有匈奴、鲜卑、羯、氐、羌。至鲜卑族建立的北魏统一北方之前的130余年时间里，各少数民族上层在混战中建立了十多个政权。其间虽有氐族苻坚建立的前秦一度统一北方，但经淝水一战很快就灭亡了，北方重新陷入混战。东晋王朝所代表的南方汉人政权理应北伐复国，其间也有数次收复中原的良机，但朝廷对此并无坚定的意志，以致几次北伐都虎头蛇尾，成效不大。即使四次取洛阳，也都无功而返。“大抵豪族清流，非主苟安，即谋抗命。寒士疏门，或王室近戚，始务功勤，有志远略。晋主虽有南面之尊，无统驭之实，遂使‘北伐’与‘内变’两种事态，更互迭起。”①

东晋王朝灭亡后，南方宋、齐、梁、陈四代政权先后替代，各自分别维持了60年、24年、56年和33年的统治。而与偏安江左的宋、齐、梁、陈形成南北对峙的是北朝。鲜卑族拓跋珪建立北魏，统一北方后，经96年后分裂为东魏、西魏。东魏政权历时短短17年就被高氏的北齐取代，而北齐政权也只存在了28年就被北周灭

---

① 《国史大纲》（修订本）（上），第240页。

亡。西魏方面，立国22年就被宇文氏夺权建立北周，北周虽灭了北齐重新统一北方，但25年后，杨坚灭北周建立隋朝。

概而言之，从189年董卓作乱到589年隋朝完成统一的401年时间里，统一政权存在的时间不过30多年，而国家分裂的时间前后长达360多年。在这样一个长期分裂的时代，军阀割据战争和民族战争俨然成为社会生活的主流。

第二节　民族矛盾激化

三国两晋南北朝时期，除了三国时代主要是汉族割据政权之间的战争外，其余大部分时间，是汉族与周边少数民族的战争为主。可以说，长期分裂割据既是民族矛盾激化的结果，也是南北对峙的肇始。

中国自古以来就是一个多民族地区，在民族构成、民族发展、民族关系、政治发展等问题上具有自己的特点。一是民族复杂，构成多元。民族关系以汉民族与其他多个边疆民族的关系为主轴展开，处理好汉民族与其他民族的关系，成为政治统一、边疆稳定和国家安全的关键。二是各民族社会发展极不平衡。汉民族长期处于中原腹地，政治、经济、军事和文化发展具有很强的连续性，属较为发达的农耕文明，并对周边少数民族产生辐射性影响。而少数民族多为游牧部落，逐水草而居，政治、经济和社会形态较为原始。

历史上，中国境内北方的高原和草原是欧亚大陆游牧民族生存圈的重要组成部分。匈奴、鲜卑、突厥、回纥、蒙古等几个在历史上有重大影响的民族，都在这一地区生活过，使这里成为少数民族活动最活跃的地区，中国历史上的紧张状态也与此息息相关。从公元前4世纪末开始，草原部落中就不时会出现一些强大的集团，“胡骑南下”，挺进和占据这一地区，并大规模地扑向中原，给中原王朝造成巨大压力。比如公元前3世纪到公元2世纪，有秦、两汉与匈奴的对抗，魏晋时，匈奴、鲜卑、羯、氐、羌等轮番进入中原，到了南北朝和隋唐，则有突厥、回纥和吐蕃相继登上历史舞台，成为隋唐二代边疆经营中的首要问题，此后则有契丹、女真、蒙古、满族从其在北方和东北的原居住地崛起。可以说，游牧民族此起彼伏，由秦汉时的“寇边”到后来据有半壁江山，甚至入主中原。所以，历代中原王朝无不苦于北部边疆问题。“匈奴之类，总谓之北狄。匈奴地南接燕赵，北暨沙漠，东连九夷，西距六戎。世世自相君臣，不禀中国正朔”①。即使边疆游牧民族入主中原实现了大一统，但因为亚洲内陆游牧民族的迁移不定，新入居其发祥地的游牧民族，会重新构成对中原王朝的威胁，中原王朝仍面临着所谓的“防虏”问题。

中原民族与边疆民族的内在紧张甚至矛盾，除了地缘条件之外，最主要的就是因为生产方式存在极大差异。中原的农业经济作为一种先进的经济方式，较之边疆各民族的游牧狩猎经济，更能有效地开发更多种类的资源。农业民族虽对游牧经济有需求，两种经济具有互补性，但总体而言，农业经济对游牧经济的依赖毕竟更小。游牧经济的生产条件比农业民族低，能够养活的人口相对较少，从而导致游牧民族对农业经济的依赖。这不是道德问题，而是生存法则。在建立部族政权后，游牧民族无一例外地将自己的统治中心南移，以缩短自己与中原财富之区的距离，尤其是发生自然灾害（如大雪、干旱等），就要大驱南牧之马，发动战争掠夺战利品而求生存。历史地理学者经研究发现，历史上民族之间的争雄、武力之间的抗衡，总是发生在今内蒙古西部、陕西北部、山西西部、宁夏和甘肃一带，这一地理地带正是年降雨量 400 毫米等降雨量线所处地带，即中国北方农牧交错带。② 这条等降雨量线就是农业生产需求量的底线，也是中原王朝与游牧民族争夺的前线。在气象学上，历史上发生大

---

① 《晋书》卷九十七《匈奴传》。

② 参见韩茂莉：《中国历史地理十五讲》，北京大学出版社，2015 年，第 49—50 页。

规模游牧民族南下的时期，即春秋末期至战国、秦汉、魏晋、辽宋金时期和明末，都是历史上气候变冷的时期，游牧民族在生存压力下持续南侵。这样，经济方式的不同导致了民族间的战争和掠夺，而对以中原为中心腹地的大一统政权来说，边疆经营的重要任务就是要防止这种侵袭以保护农业区的安全，传统的所谓的“边患”“防虏”，成为历代边疆经营的中心任务。

民族构成的多元和经济社会发展上的极不平衡，既导致各民族事实上的不平等，又造成民族之间隔阂的长期存在。边疆民族地区自然条件相对恶劣，加上各民族人口多少不同，历史有长有短，发展程度有高有低，所以历史上各民族之间的发展差距一直是客观存在的。尤其是，在阶级社会中，人与人之间的关系以及各种社会关系本来就是不平等的，从而民族间的关系也是不平等的，并导致民族矛盾的长期存在。而中国历史上无论哪个民族作为统治民族，它们为维护自己阶级和民族利益，都曾程度不同地进行过民族压迫，在民族政策上都有其局限性，各民族在事实上的不平等一直存在。

三国两晋南北朝时期，所谓的“五胡”，是指活跃于中国西北区域的五个少数民族，具体为：匈奴散布于并州，即今山西省境内；鲜卑族迁居于匈奴故地，生活于东起辽东西至甘肃的广大地区，且人数最众，部族最繁杂；羯族为匈奴别种，生活在上党武乡（今山西榆社北）；氐族本来居于武都（今甘肃成县西），曹操担心其为蜀国所用，迁其于关中；羌族主要活动于陕西的泾水、渭水流域。中原大一统政权因为权威的丧失，无力经营边疆，未能将边疆部族纳入大一统的政治秩序，结果导致民族矛盾的激化和长期存在。

首先，胡汉矛盾是这一历史时期的主要矛盾。中原的西晋与十六国的对峙和战争，东晋南朝与北朝（北魏、东魏、西魏、北齐和北周）的对峙和战争，南下与北伐，是这一时期胡汉矛盾激化的最直接体现。

两汉时期，中原政权凭借强大的实力，抗御乃至主动发兵讨伐匈奴等边疆游牧部族。尤其东汉时，匈奴分裂为南、北二部，东汉朝廷为阻止南、北两个匈奴集团的重新联合，曾积极地对实力较弱的南匈奴予以政治支持、经济援助，承认其为匈奴帝国的合法继承者，并在军事上协助南匈奴对付实力强大的北匈奴，这些举措直接促成了南匈奴对汉朝的归附。此后，北匈奴单于也到汉廷朝贡并请求和亲，光武帝刘秀趁机加以招抚，对南、北匈奴同施羁縻之术，使之互相牵制，无法威胁到中原的安全。尤其是将内附的南匈奴迁居于山西北部和陕北，加强控制。平定羌乱后，东汉朝廷又将羌族迁居于陕西，以加强控制。这样，东汉时已开始内迁的匈奴人、羌人和氐人，三国两晋时皆从边疆深入内地。更为严重的是，中原各政权强迫少数民族为民、为兵，行剥削压迫之实，激化了双方的矛盾。三国时，因为中原战乱，人口缺少，中原政权强迫一些少数民族内迁屯垦。到了西晋，中央政治腐败，官员贪污残暴，内迁的少数民族乘机起而反抗。西晋王室爆发“八王之乱”后，一些少数民族更起而角逐中原。这期间，最早举起反抗大旗的仍是氐族。氐族因生活所迫，辗转迁入四川定居，但西晋朝廷却强迫他们返回陇西，且必须留下家产，氐族部众于是起而反抗，夺取四川，建立独立王国，以汉为国号，史称成汉。建立汉赵帝国的刘渊，是匈奴的后代。316 年，南匈奴的单于晋见曹操，曹操为了对匈奴分而治之，留下单于当人质，而把匈奴划分为五部，每部一个都督。“八王之乱”时，被作为人质的匈奴部族领袖刘渊，乘机逃回山西，集结匈奴五部五万余人，宣布独立，定都平阳（今山西临汾）。建立后赵的石勒，是羯族人。石勒出身贫苦，自幼与寡母相依为命，在故乡今山西武乡给人做苦力。因为贫穷卑贱，连姓都没有。“八王之乱”和连年的旱灾，使西晋的地方驻军连粮饷都成了问题。地方政府为解决这一问题，大量抓捕胡人贩卖为奴，将他们像犯人一样押到山东，卖给当地的大地主和商人。21 岁的石勒被贩卖给一个地主家做奴隶，后来想办法逃跑，投奔当地的农民起义军，起义军领袖汲桑给他起了石勒这个名字。起义军失败后，石勒自己拉起了一支人马，汉赵的皇帝刘渊封其为将军，石勒于是在中原一带进攻西晋政府军。西晋灭亡后，石勒又推翻了残暴的汉赵政权，建立后赵。但石勒的继任者石弘、石聪步汉赵皇帝刘聪的后尘，以统治残暴著名，其家族也走上自相残杀的老路。尤其石鉴继任后，对统治地域内的汉族大开杀戒，引起众怒，汉人将领冉闵乘机杀了石鉴，并下令大杀胡人，结果人们对石氏家族暴政的怒火烧向整个羯民族，都城邺城地区被杀掉的羯族多达20余万，羯民族从此在历史上消失。“闵知胡之不为己用也，班令内外赵人，斩一胡首送凤阳门者，文官进位三等，武职悉拜牙门。一日之中，斩首数万。闵躬率赵人诛诸胡羯，无贵贱男女少长皆斩之，死者二十余万，尸诸城外，悉为野犬豺狼所食。屯据四方者，所在承闵书诛之，于时高鼻多须至有滥死者半。”①

即使北方游牧民族夺取中原建立了政权，但因胡汉冲突严重，在其统治地域内，仍然采取胡汉分治政策，所谓汉人课农桑，胡人习攻战。而且入主中原的游牧民族为抵御汉化，保持其劲悍之风以供征战，往往在胡汉之间采取隔离政策，不使其本民族与汉人杂处。反映在国家管理上，诸胡政权往往“以弟或子领大单于，专总六夷。其下所属官亦用杂种，自成系统，与皇帝系统下之汉官不相杂厕。以五胡豪杰统领，故能慑服诸部，获其拥戴。不与汉人杂厕，故得保持其劲悍之风，以供征战”②。北齐的皇帝高欢一方面对鲜卑族强调“汉民是汝奴，夫为汝耕，妇为汝织，输汝粟帛”③，一方面对汉人讲“鲜卑是汝作客，得汝一斛粟、一匹绢，为汝击贼，令汝安宁”④，借此调和胡汉矛盾。但终魏晋南北朝之世，胡汉矛盾并未能解决。

其次，民族隔阂长期存在。部族或民族之间的交往、各民族人民之间的接触和了解，无疑是形成多民族统一国家的重要前提。但社会的人往往又是隶属于一定的族群和政治共同体的，而每一个民族不论大小，在历史发展中，都有其自己的，属于本民族所有而为

---

① 《晋书》卷一百七《石季龙载记下》。

② 周一良：《魏晋南北朝史十二讲》，中华书局，2010年，第42页。

③ 司马光：《资治通鉴》卷一百五十七《梁纪十三》，武帝大同三年九月，中华书局，1956年。

④ 《资治通鉴》卷一百五十七《梁纪十三》，武帝大同三年九月。

他民族所无的本质特点，如各民族基于自己生活条件和传统，在语言、信仰、生活习俗以及生理上，存在一些差异。而民族差异的存在，客观上必然制约民族之间的了解、认同和感情，继而引发种种纠纷与冲突。在中国历史上，这种隔阂最突出的表现就是“华夷”有别的意识。在汉族方面，表现为大汉族主义，对少数民族不信任、怀疑，甚至是歧视，以及“非我族类，其心必异”的狭隘心态；在少数民族方面，“华夷之别”观念则表现为地方民族主义，某些边疆少数民族入主中原成为统治者时，也存在着大民族主义和民族优越感。三国两晋南北朝时，这种情况非常普遍。如，鲜卑族建立的政权，对本民族称“国人”，而对汉族称“汉儿”。再如关于发式和服装问题，我国北方民族习惯于辫发，将头发编成辫子，像绳索一样垂在背后。辫发的方法是，先把头顶四周头发剃光，只留下头顶正中的，使其生长，然后编起来，在文化水准高的民族看来，难以接受。汉族对头发的传统处理是束发，既不剃边，也不下垂，而是盘于头顶。因为鲜卑族有辫发的习俗，中原士人蔑称其为“索虏”。凡此皆不利于民族的融合，阻碍民族隔阂的消解。

即使少数民族之间，也种姓复杂，矛盾冲突乃至战争不断。陈寅恪先生在讨论北朝既然比南朝要强，为什么又不能很快统一南北两方的原因时，认为北朝所以不能一举并吞南朝，主要在于内部民族与文化问题没有解决。“北朝民族问题极为复杂。政治上的统治者为胡人中的少数胡人。除此极少数的胡人统治者以外，另有其他占绝大多数的胡人与汉人。问题的发生不仅在胡汉之间，而且在胡人与胡人之间。北朝整个胡族不及汉人多，统治者胡人又不及被统治者胡人多，以此极少数人统治大多数不同种族的民族，问题遂至无穷。”① 苻坚之所以不能成功统一南方，甚至前秦帝国淝水之战一败即土崩瓦解，也在于未将民族关系处理好。苻坚在灭前燕及北方其他割据政权后，曾迁徙鲜卑等族于长安，而且苻坚所属的氐族在游

---

① 万绳楠整理：《陈寅恪魏晋南北朝史讲演录》，贵州人民出版社，2007年，第229页。

牧民族中也算不上一个人数众多、文化先进的民族，对于征服的其他少数民族更无力同化、消化。所以淝水战败，鲜卑等族遂起。北魏的孝文帝也没有能够解决民族问题。北魏前期，鲜卑族拓跋部在统一北方过程中，曾与鲜卑族慕容氏的后燕长期角逐，拓跋珪率部在参合陂（今内蒙古凉城东北岱海）大败慕容氏，竟将后者四万降卒全部坑杀。北魏迁都洛阳后，虽大力实行汉化政策，使迁到洛阳的鲜卑人很快汉化，但留在北镇的自己本民族人，却保持鲜卑旧俗，于是边镇的鲜卑化武人集团和洛阳的汉化文官集团之间，存在着尖锐的矛盾冲突，终于导致了六镇暴动。北魏不仅未能吞并南朝，而且自身也未能保住，六镇尽叛，使北魏分裂为两半。此外，北魏为防御柔然，北齐、北周为防御突厥，均像汉代那样修长城设防，足可体现少数民族之间的矛盾和冲突。当然，随着北魏在北方的统一，匈奴、羯、氐等族，几乎全部灭绝，羌民族的上层也近于灭绝，这四个部族的残余人口被人数众多的汉民族逐渐同化。在鲜卑族方面，只剩下北魏帝国拓跋部一支，在统一黄河流域，长期统治中原后也全部汉化。此后，中原地带再未发生大的民族问题，而民族问题的解决，也是隋朝完成全国统一的先决条件之一。

第三节　经济、政治和文化中心遭到破坏

历史上，中国是由作为中心的“中原”与“四夷”边疆构成的一个统一体，二者之间呈现互为依存的主次关系。因为，在历史发展中融合“华夷”而形成的汉民族，经济、文化上远远高于“四夷”边疆，且中原王朝的综合国力也经常是卓然高出周边各族，在这样的前提下，中原王朝与边疆民族及政权之胜负、强弱，几乎完全以内部的治理与稳定情况为转移。每每中原自身政治稳定、国力强盛之时，边疆也相对安定，“边患”也相应较少，大一统的政治秩序容易维持。而中原政治腐败、内部动乱之时，也往往是边疆的多

事之秋。所以，中国传统的治国理念，就是首先要区分中心腹地与边疆地区的主次，重内轻外、先内后外、先近后远，换句话说也就是先中心后边缘，先中原后边疆。在治国实践上，就是把主要精力放在内部，通过政治、经济、军事建设实现富国强兵，强化中央集权，确保帝国核心地区的稳定和繁荣。通过中央区域对边疆地区强大的吸引力和震慑力，实现“安边固防”以及国家的长治久安。

同时，从经济布局来说，封建社会前期以黄河流域为代表的中原地区，开发较早，经济、文化发达，同时也是政治中心所在。钱穆先生就说：“中国古史活动场面，大体上主要的在黄河流域。其西部上游武力较优，东部下流则文化、经济较胜。”① 比如，历史上西汉定都关中，则“长安为全国之头目，东方的文化、经济不断向西输送，使与西方武力相凝合，而接着再从长安向西北伸展。（驱逐匈奴，开通西域。）西汉的立国姿态，常是协调的、动的、进取的”②。西汉帝国因为取得了经济中心与政治中心的协调，既保证了帝国政治中心的稳定，又有余力经营边疆，确保大一统的统治秩序。相反，东汉王朝虽定都于洛阳，但对大地主的土地兼并采取放任政策，导致土地集中严重，使作为统治基础的自耕农经济趋于崩溃，而且不曾着力经营关中和陇右，结果对边疆的经营就力不从心，难有大的作为。

从东汉末年开始，黄河流域作为全国经济和政治中心的地位就不断下降。到了三国时期，因为长期战乱，中原已经户口锐减，城邑空虚，道殣相望。连曹操也发出这样的感叹：“铠甲生虮虱，万姓以死亡，白骨露于野，千里无鸡鸣。生民百遗一，念之断人肠！”③ 终曹操之世，中原人口也不曾恢复到汉末的规模。此后，五胡十六国在北方进行了长期的大厮杀，政权走马灯似的换，你方唱罢我登场，曾经富庶的中原成为大家争夺的战场，大量民众死于战乱，或

---

① 《国史大纲》（修订本）（上），第 193 页。

② 《国史大纲》（修订本）（上），第 193 页。

③ 曹操：《曹操集·诗集·蒿里》，中华书局，1974 年。

迁徙四方以逃避战乱，中原因此失去了全国经济中心的地位。王仲荦先生就指出："自东汉政权崩溃以后，接着是西、北少数贵族进入内地建立王朝，中原地区曾长期地蒙受剧烈的破坏，尤其在农业生产方面，土地荒芜，水利失修，生产的发展，受到阻滞。当北方经济进展稍为缓慢有时甚至受到阻滞的时候，南方（较偏于东）却突飞猛进，……到了隋唐以后，便成为全国经济最发达、财富最丰盈的地方了。"① 自东晋建国至陈亡这二百多年时间里，大批中原人士南迁，形成中国历史上第一次大规模的移民潮。其中，黄河中下游即今山东、河北、河南东部的汉人，多迁居江、淮之间或长江以南。中原人士的大量南下，不仅增加了南方的劳动力，而且将中原先进的生产技术带到江南，与江南本地人民一起开发南方，使原来人口稀少的江南得到充实和建设，逐渐改变了南贫北富的情形。正如陈宣帝太建四年（572）诏书所言："姑熟饶旷，荆河斯拟，博望关畿，天限严峻，龙山南指，牛渚北临，对熊绎之余城，迩全琮之故垒，良畴美柘，畦畎相望，连宇高甍，阡陌如绣。"② 此外，四川盆地因为受战乱影响较小，黄河上游今陕西、甘肃、山东及河南西部的汉人，多避难到汉水以南和巴蜀诸地。北方移民加入开发，使江南和四川成为几乎与北方鼎足的区域性经济中心。然而从总体来看，江南和四川虽得到开发，在全国经济格局中的地位越来越重要，但作为区域性的经济中心，也只能支撑起割据政权，而支撑不了一个全国性政权。

经济中心地位的丧失，使黄河流域洛阳、西安这些曾经的辉煌帝都，已经不再具有统一政权核心地区的经济基础和政治统摄力。其中，长安的政治中心地位在东汉已经雄风不再，而洛阳这个东汉帝国的首都，更遭到毁灭性的破坏。曹操《薤露》诗就感叹："贼臣持国柄，杀主灭宇京。荡覆帝基业，宗庙以燔丧。播越西迁移，

---

① 王仲荦：《魏晋南北朝史》，上海人民出版社，2003 年，第 464 页。

② 姚思廉：《陈书》卷五《宣帝纪》，中华书局，1972 年。

号泣而且行。瞻彼洛城郭，微子为哀伤。”① 洛阳先是被董卓的凉州兵团洗劫一空。后因遭到来自朝廷大臣和士大夫等各方面的普遍反对，董卓挟持汉献帝迁都于自己的根据地关中。为了打击反对势力，迁都时，董卓除逼迫朝廷百官和首都周边百姓一起迁离外，还派兵放火将洛阳烧成一片废墟。后来汉献帝回到洛阳时，连个像样的地方落脚都找不到，所以曹操迎回汉献帝后，不得已将许都（今河南许昌）作为国都。曹丕代汉后，定都于洛阳，然在三国鼎立纷争战事绵延的情况下，洛阳远未恢复到东汉时的鼎盛。后来西晋统一后仍将洛阳作为国都，但旋即发生“八王之乱”，继而匈奴族的刘渊、建立后赵的羯族石勒等，轮番进攻洛阳，使洛阳数易其主，多次遭到洗劫。此外，南方东晋和南朝也几度收复洛阳。一直到北魏定都洛阳，洛阳才仿佛有了首都的气象。但因这一时期中原衣冠大量南迁，在一般人心目中，东晋、南朝才是文化正统所在，所以洛阳始终也只能作为区域性的政治中心，而不再是全国性政治中心和文化中心。此外，邺城（今河北临漳西南）作为华北地区的重要城市，在三国两晋南北朝期间也多次被作为割据政权的政治中心。早在汉献帝初平元年（190），袁绍领冀州牧，就把邺城作为首府。曹操虽定都于许昌，但担任丞相并被封为魏国公后长期住在邺城，将其作为事实上的政治中心。十六国、北朝时期，后赵、前燕、东魏、北齐也相继把邺城作为都城。② 但邺城也只是华北平原南部的区域性政治中心，并未成为全国政治中心。

第四节　频繁的战争及战争类型的多样化

据不完全统计，从曹丕篡汉到西晋灭吴的61年中，或是吴、蜀

① 《曹操集·诗集·薤露》。

② 参见谭其骧：《长水集续编》，人民出版社，1994年，第28页。

两国联盟抗魏，或是吴、蜀两国互相征伐，大的作战行动共计71次，可以说几乎年年都有战争发生。在两晋南北朝（265—589）的300余年中，较大的作战多达550余次，其中西晋（265—316）52年间计84次，东晋（317—420）104年间计272次，南北朝（420—589）170来年计178次。[①] 战争频率之高，为中国历史上所仅见。

从战争类型来看，这一时期也最为丰富。

一是统一战争。该时期，有魏灭蜀、晋灭吴统一全国的战争，但更多的是局部统一的战争。其中，统一北方的战争最多，先后有匈奴族刘渊统一黄河流域的战争、羯族石勒统一中原的战争、氐族苻坚统一北方的战争、鲜卑族拓跋焘统一北方的战争、北周灭北齐统一北方的战争。这些局部的统一大多非常短暂，如刘渊建立汉国，经9年战争灭西晋，夺取中原和关中，但数年后即被羯族的石勒推翻。石勒进行了25年的战争统一北方，甚至一度饮马长江，但统一3年后即死去，北方重新陷入分裂。氐族苻坚用了3年的时间再度统一北方，建立前秦王朝，但淝水之战后前秦瓦解，北方再次分裂混战。北魏经15年统一北方，且延续了一百来年，但仍分裂为东魏和西魏。到北周宇文邕灭北齐统一北方，才为后来的隋文帝统一全国奠定了基础。

二是南北战争。在北方割据混战甚至局部统一时期，南北战争也一直在进行。石勒统一黄河流域虽然时间不长，仍然发起南伐战争，与在南方重建的司马氏东晋政权争夺江南。后赵灭亡后，东晋的桓温则乘北方分裂，三次出兵北伐，长达15年。前秦统一北方后，立即发起灭东晋统一全国的战争。东晋在前秦灭亡之后，也乘北方互相攻杀之际进行了为期17年的北伐，击灭了山东的南燕和关中的后秦，恢复了黄河以南地区。北魏统一北方后，历史进入南北对峙时期，南北战争更成为主线，拓跋焘几度南征，而南方的宋、

---

① 参见《中国军事史》编写组：《中国军事史》附卷《历代战争年表（上）》，解放军出版社，1985年，第3页。

齐、梁、陈也数次北伐。

三是少数民族政权之间的战争。西晋“八王之乱”后，国家陷入四分五裂的局面，北方各少数民族乘中原内乱纷纷进入黄河流域，先后建立了十多个地方割据政权。这些少数民族政权互相厮杀攻伐，争夺北方的统治权，除了几次短暂的统一，整个北方几乎长期战争不断。

四是统治集团内部的战争。西晋的“八王之乱”，长达 16 年。各少数民族政权在崛起的过程中，也经历了长期的内部互相征伐。此外，南方的东晋、宋、齐、梁、陈，也以内部残酷战争的方式实现改朝换代。

第五节　战争的地缘背景和地域特色

从军事地理角度看，中国处于亚洲东部、太平洋西岸，西南是高山大川，“世界屋脊”青藏高原雄踞西部，北面是茫茫大漠和高原，东面、东南和南面则是浩瀚的大海。这一地缘条件有几大特点：一是存在广阔的陆地空间和其四周的天然限隔，这使得中国既有腹心地带，包括黄河、长江等主要河流中下游的广阔平原，以及分布于大河流域的大小不等的河谷地带，又有着一望无际的高山、草原、大漠等边缘区域，地形连通性好，内聚性地缘结构特征明显；二是气温呈南北递减而降雨量呈东西递减，中国西部、北部的干旱高寒区占国土总面积的 55% 以上，但只居住着 5% 左右的人口，东南季风区占国土总面积的近 45%，却居住着 95% 以上的人口，结果，中国的东部和南部人物繁富，农业发达，而西部和西北、北部则依次为广大的半干旱、干旱、高寒地区，人口稀少；三是农牧分界线清楚，秦长城是草原游牧文化与中原农业分界线。

这种地缘环境对中国历代战争的种类和性质影响很大。来自蒙古高原和东北山林地区游牧狩猎民族的侵扰，是历史上中原王朝面临的共同威胁。即使边疆游牧民族入主中原建立了全国性政权，其发祥地也会因欧亚内陆其他游牧民族的迁移而被占据，重新构成对中原王朝的威胁，“防虏”历来是中原王朝的大事。中原王朝如果不能对游牧民族南下构成的致命威胁进行有效反击或者抵抗，就会动摇大一统的政治秩序，甚至于危及中原政权的生存。所以防御北方游牧民族的袭扰，解除边疆的安全威胁，将游牧民族纳入大一统政治秩序的支配，成为历代大一统帝国的共同责任。

但就防御北方游牧民族而言，中原王朝又有着先天的困难。从经济地理和民族地理的角度看，奠基于单一农业经济结构的历代中原王朝，大多缺少马匹，中原军队只能以步兵为主体，无法在大漠草原和林海雪原深处与游牧狩猎民族的骑兵长期周旋，即使像汉、唐那样组织大军远程奔袭，给对方有生力量以毁灭性打击，但因无法长期驻留，其辉煌战果也难以维系长久。马匹的缺乏还使中原王朝在作战方式上受到诸多限制，战术上远逊于游牧民族。以步兵为主体的中原王朝军队，只有依靠密集的队形才能抵御骑兵的冲击，步兵缺乏机动能力又不得不处处设防，故需要庞大的常备军，国家因此背负沉重的负担，维系一支数量庞大的常备军和国家有限的经济资源之间的张力常常困扰着历代统治者。对此，著名历史学家勒内·格鲁塞就指出：“游牧者尽管在物质文化上发展缓慢些，但他一直有很大的军事优势。他是马上弓箭手。这一专门化兵种是由具有精湛的弓箭技术和具有令人难以置信的灵活性的骑兵组成，这一兵种，赋予了他胜过定居民族的巨大优势，就像火炮赋予近代欧洲胜过世界其他地区的优势一样。”①

同时，由于地域辽阔，中国的地理条件有着局部的独立性，存在着诸多地理上相对独立的单元。一旦中央政权崩溃，一些地理条件较好的区域，往往出现若干个并立的经济、政治中心，在古代的

---

① ［法］勒内·格鲁塞著，蓝琪译，项英杰校：《草原帝国》，商务印书馆，1998年，第6页。

交通条件下，这是各割据势力实现割据的有利条件。①

三国两晋南北朝时期，因为游牧民族轮番南下中原，黄河流域成为四方争夺的主要战场。而游牧民族占据中原后，南北对峙往往演化为北方游牧民族与南方汉人政权的战争。这种争战，一般以黄淮平原为主战场，而以淮河到秦岭一线为对抗线，且随双方力量此消彼长而在长江、淮河之间有一定幅度的伸缩。但黄淮一线地形和气候的特点，使南北双方在天时、地利方面各有利弊。黄河中下游一带和淮北，既有平原旷野，又有纵横分布的江河水道，寒暑变化明显。尤其淮河以北，雨季短，河流水量有限，冬季为枯水季节，不能行船，寒冬还可能河流结冰。北方游牧民族在这一带用兵，得地利之便，用其所长，因而往往占据主动。而南方对北方开展军事行动，这一带就极为不利。南方势力若越过淮河向北深入，且不说缺乏擅长野战的骑兵，首先补给就发生困难。淮河以南，雨季长，河流多，密集的江河水网对北方铁骑可以起到缓冲作用，制约其冲击力。而南方则可利用江河水道，构筑军事据点，控扼主要交通路线，发挥水战、守城战的特长。另外，南方温热的气候，也使北方人、畜难以适应。北方势力若越过淮河深入，则面临气候环境困难。于是，作为地理上南北分界线的淮河，也成为南北军事对抗的分界线。北方游牧民族政权可以凭借其骑兵优势占据中原，但对江南往往鞭长莫及。南方政权在失去中原后，往往可以凭借中原先进的社会文化整合南方，发挥南方社会的特长，保有江南半壁江山，从而与北方形成南北对峙。②

---

① 参见邓拓：《论中国历史的几个问题》，生活·读书·新知三联书店，1979年，第56页。

② 参见饶胜文：《布局天下：中国古代军事地理大势》，解放军出版社，2002年，第304—305页。

第二章　三国两晋南北朝时期兵学发展的基本脉络

三国两晋南北朝时期，国家长期分裂和频繁战争，导致社会环境极不稳定，对于文化事业的发展包括军事学术的发展，是非常大的制约。这一时期的兵学研究，更加注重实用主义的用兵导向，而在著书立说方面虽有闪光之处，但总体上是处于低潮时期。

据许保林《中国兵书知见录》初步统计，中国历代共著录兵书3380部，合23503卷（其中959部不知卷数，未计在内），其中存世兵书2308部，18567卷（731部不知卷数，未计在内），存目兵书1072部。① 三国两晋南北朝存世兵书，共88部，382卷（18部无卷数），存目兵书计87部（17部无卷数），无论是存世兵书还是存目兵书，都远远少于其他历史时期。而且，从该时期的各个阶段看，兵书的数量也极不平衡。其中，三国时期存世兵书达82部，存目兵书45部；两晋存世兵书只有2部，存目兵书15部；南北朝存世兵书4部，存目兵书27部。而清朝的《四库全书总目·兵家类》，对于三国两晋南北朝时期的兵书，一部也未收录。以上情况说明，在三国两晋南北朝的400多年中，不同时期兵学的发展也是不平衡的。三国时期是兵学研究较盛的时期，两晋时期兵学研究处于沉寂和低谷，到了南北朝，兵学研究虽有起色，但也无太突出的成就。此外，在东晋、南北朝的不同时期，南北方在兵学研究成就上也有差别。东晋与南朝，因为秉承汉文化正朔，在兵学研究上有一定的建树，而北方因四分五裂且民族政权更迭不断，兵学的理论研究几乎处于

① 参见许保林：《中国兵书知见录·前言》，解放军出版社，1988年。

空白，其兵学成就主要体现在用兵实践上。

第一节　三国时期适应多极斗争需要的兵学研究

三国时期，因应群雄竞立的社会环境和争霸战争的现实需要，一些军事家、思想家自觉不自觉地摆脱两汉沉闷的经学传统，追求思想领域的解放。他们积极吸收先秦诸子百家的思想，尤其是法家和兵家的经世致用思想，融会贯通，并用于影响和指导战争实践，在兵学研究上有诸多创新性的贡献。其中，以曹操和诸葛亮的兵学研究成就最大，贡献最多。

一、曹操的兵学研究

曹操是中国历史上卓越的政治家、军事家。他在指挥战争、治国理政之暇，曾潜心研究兵学，并摘录诸家兵法编纂成书，特别是花费精力注释整理的《孙子兵法》，对于中国兵学的发展，尤其是对《孙子兵法》研究，具有划时代的贡献。

曹操对兵学的研究，虽源于他对兵学的深厚兴趣，但更重要的是为了适应指挥作战的需要。史载其“博览群书，特好兵法，抄集诸家兵法，名曰《接要》，又注孙武十三篇，皆传于世”①。即使后来成为一人之下、万人之上的军队统帅，在长期紧张激烈的战争环境中，也能够“手不舍书，昼则讲武策，夜则思经传”②。正是好学深思，博采兵家、法家、儒家等诸家之长，兼具丰富的政治和战争实践经验，成就了他在政治、军事和思想上自成一家的地位，也形成了其独具特色的兵学理论。

据晚清著名学者姚振宗（1842—1906）所辑《三国艺文志》统

---

① 《三国志》卷一《武帝纪》注引《异同杂语》。
② 《三国志》卷一《武帝纪》注引《魏书》。

计，曹操有关军事学的著作有：《太公阴谋》《司马法注》《孙子略解》《孙子兵法集解》《续孙子兵法》《魏武帝兵书》和《兵书接要》等。总的来看，曹操对兵学的研究，主要表现在以下几个方面：

一是研究和注释《孙子兵法》。曹操所注释的《孙子兵法》，称《孙子略解》，他为《孙子略解》作的自序全文如下："操闻上古有孤矢之利，《论语》曰'足兵'，《尚书》八政曰'师'，《易》曰'师贞丈人吉'，《诗》曰'王赫斯怒，爰征其旅'，黄帝、汤、武咸用干戚以济世也。《司马法》曰：'人故杀人，杀之可也。'恃武者灭，恃文者亡，夫差、偃王是也。圣人之用兵，戢而时动，不得已而用之。吾观兵书战策多矣，孙武所著深矣。孙子者，齐人也，名武，为吴王阖闾作《兵法》一十三篇，试之妇人，卒以为将，西破强楚入郢，北威齐、晋。后百岁余有孙膑，是武之后也。审计重举，明画深图，不可相诬。而但世人未之深亮训说，况文烦富，行于世者，失其旨要，故撰为《略解》焉。"① 这个自序包含几个意思：其一，战争是人类社会客观存在的必然现象和一种社会活动，其存在是不以人的意志为转移的，必须正视、重视并加以审慎研究；其二，文武二途各有其价值，不可偏废；其三，在战争研究方面，孙武所著《孙子兵法》反映了战争的一般规律，在各种兵学经典中是最为深邃和价值最大的；其四，对于《孙子兵法》这么重要的一部兵学经典，人们对其重要思想的理解有诸多并不符合其主旨的地方，且《孙子兵法》在流传过程中出现不少问题。正是基于这些考虑，曹操才认为有对其进行注释的必要，以纠正其流传过程中的讹误，阐发其"要旨"。

曹操的《孙子略解》，在流传过程中有多种版本。《隋书·经籍志》云："《孙子兵法》二卷。吴将孙武撰，魏武帝注。"② 南宋晁公武《郡斋读书志》记载，魏武注《孙子》一卷，按《汉艺文志》著录，《孙子兵法》八十二篇，今魏武所注止十三篇。杜牧以为孙武书

① 《曹操集·文集》卷三《孙子序》。

② 魏徵、令狐德棻：《隋书》卷三十四《经籍志三》，中华书局，1973 年。

数十万言，魏武削其繁剩，笔其精粹，而成此书。又曰：唐李筌注《孙子》，以魏武所解多误；陈皥注《孙子》，以曹公注隐微。[①] 同为南宋目录学家的陈振孙，在其《直斋书录解题》中说："《汉志》八十一篇。魏武帝削其繁冗，定为十三篇。"[②] 清人孙星衍称：宋雕本《孙子》三卷，魏武帝注。见《汉艺文志》者，《孙子》篇卷不止此。然《史记》已称十三篇，则此为完书，篇多者反由汉人辑录。阮孝绪作《七录》时，《孙子》为上、中、下三卷。[③] 在校刊《孙子十家注》时，孙星衍在序中再次强调：兵家言唯《孙子》十三篇最古，称为兵经，比于六艺。而或秘其书，不肯注以传世。魏武始为之注，云撰为《略解》，谦言解其粗略。[④]

二是撰写兵学著作。除了研究《孙子兵法》并予以注解，曹操还结合自己的实战经验，撰著兵书。曹操撰写的兵书，最著名者为《魏武帝兵书》十三卷，又称《新书》。《三国志·魏志·武帝纪》注云："孙盛《异同杂语》云：'太祖……注孙武十三篇，皆传于世。'"[⑤] 又云："太祖自统御海内，芟夷群丑，其行军用师，大较依孙、吴之法，而因事设奇，谲敌制胜，变化如神，自作兵书十万余言，诸将征伐，皆以《新书》从事；临事又手为节度，从令者克捷，违教者负败。"[⑥] 唐人杜牧在《注孙子序》中也说：孙武所论大略用仁义，使机权。曹操所注解，十不释一，盖借其所得自为《新书》。[⑦] 宋代目录学家晁公武在《郡斋读书志》中也说："牧以武书大略用仁义，使机权。曹公所注解，十不释一，盖借其所得，自为

---

① 参见晁公武：《郡斋读书志》卷十四《兵家类》，艺芸书社藏版。

② 陈振孙：《直斋书录解题》卷二十《兵书类》，上海古籍出版社，1987 年。

③ 参见刘春生校订：《十一家注孙子集校》附录清孙星衍《重刻宋本孙子吴子司马法序》，广东人民出版社，2019 年。

④ 参见孙武撰，曹操等注，杨丙安校理：《十一家注孙子校理》附录清孙星衍《孙子兵法序》，中华书局，1999 年。

⑤《三国志》卷一《武帝纪》注引《异同杂语》。

⑥《三国志》卷一《武帝纪》注引《魏书》。

⑦ 参见《十一家注孙子校理》附录唐杜牧《注孙子序》。

《新书》耳。”① 都认为曹操注《孙子》之所以至为简略，是因为他并没有把研究《孙子》的心得全部写在注解里，而是大部分放在自己撰写的兵书《新书》中了。此书在流传过程中有多个版本，如九卷本的《兵书略要》、一卷本的《魏武帝兵法》等。

三是纂辑兵书。曹操自称“吾观兵书战策多矣”，在研究诸家兵法的过程中，对东汉以来流传的古代兵书做过系统的鉴选，并将有价值的论述分门别类摘录、抄集成书，以供自己研究和部下使用。他纂辑的兵书主要有《兵书接要》《续孙子兵法》《兵书要论》等。《兵书接要》共十卷，此书在流传过程中有许多版本，卷帙和名称均略有差异，如《隋书·经籍志》著录有十卷本的《兵书接要》，又著录有三卷本的《兵法接要》、九卷本的《兵书略要》，而且都称“魏武帝撰”。《新唐书·艺文志》则称《兵书接要》七卷，孙武撰。此外，还有三卷本的《兵法接要》，以及南朝萧梁时就已经亡佚的七卷本《兵书要论》。版本、卷帙乃至书名多有不同，说明此书刊刻之众、流传之广。现仅存佚文四则。

《续孙子兵法》是曹操编辑的另外一本兵书，《隋书·经籍志》著录为二卷。曹操在撰写《孙子略解》时，将孙子十三篇抽出独行单为之注，而当时流行的《孙子兵法》“文烦富”，就是说不止十三篇，所以曹操将十三篇之外的余篇编为《续孙子兵法》。

曹操对自己的兵学造诣应该颇为自信。遇到大将出征，他往往要求将帅们遵循他作的《新书》来排兵布阵，甚至临战的情况下也遥为节制。即使方面大将，也得秉承他的意图行事，因而常被束缚手脚。正因为如此，曹操手下的将帅，除了后来脱颖而出的司马懿外，第一流的将帅并不多。谋臣自郭嘉、荀攸等死后，后继者寥寥。相反，孙权、刘备麾下，人才辈出。如孙权建立东吴之初，与周瑜、鲁肃若布衣之交，君臣之间推心置腹，在曹操那里则找不到。

① 《郡斋读书志》卷十四《兵家类》。

二、曹操《孙子略解》的划时代贡献

曹操不仅作为统帅指挥大军作战，而且还作为军事理论家著书立说，这在中国历史上并不多见。尤其是其研究和注解《孙子兵法》，在《孙子兵法》研究史乃至中国兵学史上，均具有划时代的意义。当代学者评价说："曹操不仅注"孙子"而已，他更可以被看作对《孙子兵法》研究得最深入也最有心得的人。"①

根据曹操《孙子略解》的自序，曹操注释《孙子兵法》，主要解决以下几个问题。其一，肯定《孙子兵法》在中国兵学史上的独特地位，所谓"吾观兵书战策多矣，孙武所著深矣"。其二，对《孙子兵法》正本溯源。《孙子兵法》在长期流传过程中，出现了文本矛盾抵牾、解释不准、理解错误等问题，所谓"审计重举，明画深图，不可相诬。而但世人未之深亮训说"②。就是说，孙子认为，战争从谋划到行动，必须精心筹划、考虑周全、深谋远虑、慎重行动，环环相扣，任何一个环节都不能出问题，但世俗对孙子的理解却流于表面，甚至理解错误，因而必须对孙子的重要概念范畴、微言大义予以准确揭示。其三，校订整理出一个比较准确的版本。所谓"况文烦富，行于世者，失其旨要"③，就是说，对于后人随意掺入的违背孙子原著的内容，必须进行剔除，还原《孙子》的本来面貌，同时，真正揭示出《孙子》一书的思想精华和主旨。

从今存曹操对《孙子兵法》的注释文字看，曹操《孙子略解》的贡献主要如下：

一是通过删校贡献一个定本。既然当时流行的《孙子兵法》内容"相诬"，文字"烦富"，所以曹操《孙子略解》的首要工作，就是鉴别真伪，把与十三篇"相诬"的内容去掉，着力恢复《孙子兵

---

① 王汝涛：《琅邪居文集》，天津人民出版社，1993年，第41页。

② 《曹操集·文集》卷三《孙子序》。

③ 《曹操集·文集》卷三《孙子序》。

法》的本来面貌。《孙子兵法》成书于春秋时期，当时即引起关注，吴王阖闾当面称许孙武："子之十三篇，吾尽观之矣。"① 并通过吴宫教战的传奇式考验，任命孙武为将军，孙武也在千里突袭、破楚入郢的战争中大显身手，名显诸侯。战国时期，《孙子兵法》更是广为流传，《韩非子·五蠹》所谓"藏孙、吴之书者家有之"②。秦汉时，随着大一统帝国的强盛，文治武功前迈古人，文化事业和军事学术发达，《孙子兵法》的实践应用和流传更为普遍，司马迁所谓"世俗所称师旅，皆道《孙子》十三篇"③。但正因为《孙子兵法》名气太大了，所以在流传过程中，也出现了一些问题。托名伪造者有之，断章取义者有之，随意增减者有之。虽然经过西汉初年张良、韩信"序次兵法"，以及汉武帝时杨仆、汉成帝时任宏的两次整理，到东汉班固作《汉书·艺文志》时，著录的《孙子兵法》仍有两个版本：《吴孙子兵法》82 篇（另有图 9 卷）、《齐孙子》89 篇（另有图 4 卷）。这与《史记》记载的十三篇，出入不是一般大。曹操对当时流行的《吴孙子》重新删选，将后人掺入的内容与孙武本人的著述加以区分，然后将十三篇抽出别行，单独为之作注，而对不是《孙子》原书的内容，另作处理，如将其他杂篇编为《续孙子兵法》，从而还《孙子兵法》以本来面貌。

曹操是第一个认真系统整理《孙子兵法》并为其作注的人，是奠定《孙子兵法》研究基础的第一人，其《孙子略解》"从理论和实践的结合上，为《孙子》研究树立了第一座里程碑"④。历史上，两汉时期曾三次整理兵书。第一次是西汉初年"张良、韩信序次兵法"⑤，所谓"序次"，主要是对包括《孙子兵法》在内的 182 家兵

---

① 司马迁：《史记》卷六十五《孙子吴起列传》，中华书局，1959 年。
② 王先慎撰，钟哲点校：《韩非子集解》卷十九《五蠹》，中华书局，1998 年。
③ 《史记》卷六十五《孙子吴起列传》。
④ 任昭坤：《谈曹操的〈孙子略解〉》，南京军区司令部编研室、《史学月刊》编辑部：《中国军事史论文集》，河南大学出版社，1989 年，第 78 页。
⑤ 班固：《汉书》卷三十《艺文志》，中华书局，1962 年。

法，“删取要用，定著三十五家”①，实际上是做挑选编排目次的工作。第二次是汉武帝时，由杨仆“捃摭遗逸，纪奏兵录”②，大概是在汉初选出的35部兵书之外，增选了一些其认为重要和有价值的兵书。第三次是在西汉末汉成帝时，“命任宏论次兵书为四种”。其所分类的四种，分别是“兵权谋”“兵形势”“兵阴阳”和“兵技巧”，《孙子兵法》被分到“兵权谋”类。任宏的“论次”，主要就是尝试根据兵书的内容和主旨对兵书进行科学分类。总而言之，这三次整理，只是做一些篇章编次或分类工作，都没有正式对《孙子兵法》进行章句及注释。已知的做这一工作最早的人，就是后于任宏200余年的曹操。在众多的《孙子》注释者中，曹操的注释最应引起人们的注意。从《孙子兵法》的传播和古典兵学的发展来看，这个工作是划时代的。李零先生就说，对于《孙子兵法》的研究，曹注之前是一个时期，曹注之后是一个时期。之前，从战国到两汉，孙子学派包括《吴孙子》《齐孙子》《孙膑兵法》以及孙子后学的一些著作。两汉时期，三次整理，《吴孙子》《齐孙子》分开了。曹注本出现是在第二个时期，曹操重作删选，将十三篇抽出别行，为之作注，形成今本《孙子》的真正起点，十三篇成为研究重心所在。曹注原名《略解》，其对《孙子》并未作篡改，也就是说原始版本的《孙子》，确实只有十三篇。北宋以后，《孙子兵法》有两大传本系统，即《武经七书》系统和《十一家注孙子》系统，但这两个系统都是以曹操《孙子略解》为底本的，曹注本出现后，是《孙子》十三篇单独流传的时期。换言之，曹操手定本《孙子兵法》成为其后历代学者研究、注释、校勘《孙子兵法》的祖本。

李零先生还对曹操的这一贡献给出了非常高的评价，并进行详细的考证说明，现摘录如下：

> 过去研究中国古代兵书流传的人往往注意不够，其实它对后世影响很大。曹注十三篇出现后，从《七录》《隋书·经籍

① 《汉书》卷三十《艺文志》。
② 《汉书》卷三十《艺文志》。

> 志》《日本国见在书目》《旧唐书·经籍志》《新唐书·艺文志》可以看出：合并有十三篇和杂篇的《吴孙子》，没有流行多久就消失了，曹注十三篇逐渐成为研究《孙子》的重心所在；《齐孙子》大约在隋以前也失传；《吴孙子》杂篇似乎逐渐分化单行，唐以后亦不见著录。曹操对《孙子》所做的整理是指淘汰杂篇，单注十三篇，这点曹操本人的《孙子序》是留有痕迹的。……现在根据出土发现，曹注十三篇虽与简本在篇次、章句和文字上有所不同，但二者基本上还是一致的。说明曹操并未篡改《孙子》。而东汉以来的流行本既然是十三篇与杂篇的合抄本，曹注本只有十三篇，应是经淘汰杂篇而成，这也说明曹注本是经删削而成。因为古人所说删削本来就是这种含义。①

二是明其"旨要"，对十三篇的主旨予以精辟揭示。一方面是揭示整本兵书的主旨。如，曹操在《孙子略解》的自序中，仅用"审计重举，明画深图"8个字就概括《孙子兵法》的主旨，认为孙子是一部战略经典，其思想高明就高明在对事关战争胜负的定计、筹划、战胜等核心问题的规律进行了揭示。另一方面是通过作题解的方式，对各篇主旨进行揭示。如，关于《计篇》，曹操的题解："计者，选将、量敌，度地、料卒，远近、险易，计于庙堂也。"关于《作战篇》，曹操的题解："欲战，必先算其费，务因粮于敌也。"对于《谋攻篇》，则说："欲攻敌，必先谋。"对于《形篇》，则提出："军之形也。我动彼应，两敌相察情也。"对于《势篇》，曹操只用5个字："用兵任势也。"对于《虚实篇》，曹操提出该篇的核心在于讲如何"能虚实彼己也"。对于《军争篇》，曹操认为其主要在于揭示"两军争胜"的道理。对于《九变篇》，曹操认为其重点在于讲"变其正，得其所用九也"。对于《行军篇》，曹操认为关键在于"择便利而行也"。对于《地形篇》，曹操认为："欲战，审地形以立胜也。"对于《九地篇》，曹操提出"欲战之地有九"，即必须明了战略地理和地缘关系。对于《火攻篇》，曹操强调该篇的重点在于

---

① 李零：《吴孙子发微》（典藏本），中华书局，2014年，第405页。

“以火攻人，当择时日也”。最后一篇是《用间篇》，曹操、李筌提出：“战者，必用间谍，以知敌之情实也。”① 综观曹操对十三篇各篇的题解，可以看出，其对各篇核心要义的揭示是非常精辟到位的，这对于人们研读和运用《孙子兵法》，无异于醍醐灌顶。

三是“训说”，即注释。首先是对于《孙子兵法》中后世所不熟知的名物制度进行解释。如对《作战篇》中提到的“驰车”“革车”“丘牛”“大车”等名物，以及“籍”“军”等，曹操均做了非常准确、通俗的解释。其次是疏通文义。《计篇》开篇讲“兵者，国之大事，死生之地，存亡之道，不可不察也。故经之以五事，校之以计，而索其情”。曹操特意作注，认为“谓下五事、七计，求彼我之情也”，就是说孙子这里说的“五”，是下文的道、天、地、将、法五个方面，而且要从敌我双方进行比较考索。对于“五事”中的“地”，孙武在文中自注是“地者，远近、险易、广狭、死生也”，曹操进一步解释说：“言以九地形势不同，因时制利也。论在《九地篇》中。”告诉读者对于“地”的理解，要结合后面的《九地篇》，互相对照加以理解。《用间篇》中说“凡兴师十万，出征千里，百姓之费，公家之奉，日费千金；内外骚动，怠于道路，不得操事者七十万家”。曹操解释说，孙武之所以讲“不得操事者七十万家”，是因为“古者，八家为邻，一家从军，七家奉之。言十万之师举，不事耕稼者七十万家”。再次是辨析。对于容易引起误解，或者人们容易望文生义的地方，曹操均做了文意或词意的辨析，使人们更加准确地理解孙子的本意。如《计篇》提到民不畏危，对于“危”字，曹操解释说是通过政治教化让百姓不“危疑也”，应该说，曹操这个解释是非常准确的。②

曹操的《孙子略解》言简意赅，重点突出，“简要质切，多得孙子本旨”。从各篇注释的条数就可发现曹注的简明切要。曹操注《孙子》，对于十三篇的注文，自《计篇》到《行军篇》，平均每篇

① 参见《十一家注孙子校理》卷下《用间篇》。
② 参见《十一家注孙子校理》卷上《计篇》。

20余条，《地形篇》14条，《九地篇》65条，《用间篇》9条，后四篇因为较难理解，所以注释最多。从学术价值看，其注解不仅能解释孙子思想的重点，更能根据其指挥作战的经验提出有见地的见解。所以曹注备受后人尊重，并构成后世注者的基础。“仅凭此一贡献，即可奠定曹操在战略思想史中之不朽地位。”① 曹操的身份和其他注者截然不同。王汝涛先生就说，其他注者大多以文人或学问家身份注书，即使像杜牧那样“最喜论兵”的人，无论见解怎样高明，由于其本人缺乏亲身的指挥战争的实践功夫，总不免给人们以纸上谈兵的感觉。而曹操不然，他一生指挥过无数次战役，最大的战争，双方投入兵力数十万，而且有文献记载证明，他曾有意识地运用《孙子兵法》，且取得胜利。故此，其注释必然融入自己的实践经验，因而实用价值更高。曹操之后，历代研究和注解《孙子兵法》的学者，不仅以曹注本为底本，而且还在曹操注释的基础上进行发挥。如北宋时，武学博士朱服等人校定《武经七书》，“《孙子》止用魏武帝注”，其他六本兵书都不加注文。曹操的注解价值最高，影响最大，由此可见一斑。此外，曹操以战例作注的办法，最能阐述清楚兵学原理，也为后人所沿用并发扬光大。

四是结合战争实践对具体内容作修正和发展。《谋攻篇》有云：“故用兵之法：十则围之。”曹操注释：“以十敌一则围之，是将智勇等而兵利钝均也；若主弱客强，不用十也。操所以倍兵围下邳生擒吕布也。”② 这是提醒读者掌握孙子兵学理论的精髓，而不必拘泥于《孙子》的具体结论。对于“五则攻之”，曹操认为这是兵力部署上的问题，“以五敌一，则三术为正，二术为奇”③。对于“敌则能战之”，曹操认为在敌我双方势均力敌的情况下，要战胜敌人，不是说必须跟敌人正面比拼，而是必须出奇设伏，所谓“己与敌众等，

① 《中国历史中的决定性会战》，第142页。

② 《十一家注孙子校理》卷上《谋攻篇》。

③ 《十一家注孙子校理》卷上《谋攻篇》。

善者犹当设伏奇以胜之”①。孙子反对攻城，认为攻城代价太高，是不得已而为之的下策，这在春秋时代确实如此，但随着军事技术的进步以及城市战略地位的提高，攻城不仅必要，而且也不像孙武时那么艰难，所以曹操在注释时对孙武的观点并未简单接受，而是对攻城问题区分不同情况，认为“敌国已收其外粮城守，攻之为下政也”②。就是说只有当敌人已经坚壁清野，城内粮足可以坚守的情况下还去攻城，那才是真正的下策。在《九变篇》的注释中，对于孙武讲的“城有所不攻”，曹操又解释：“城小而固，粮饶，不可攻也。操所以置华、费而深入徐州，得十四县也。”③ 这里提到的是初平四年（193），曹操进攻陶谦，巩固山东根据地之战。战争起因是，曹操的父亲曹嵩逃难到琅邪，曹操令泰山太守应劭去迎接曹父一行，但徐州牧陶谦的部将贪图财物，袭杀了曹嵩等人。陶谦的军队还攻取泰山的华、费二城，加强守备。驻军于定陶（今山东菏泽）的曹操，为报父仇，亲率大军进攻陶谦，但因华、费二城虽小却坚固，曹操于是置华、费二城不攻，而一举攻下陶谦的其他十多座城邑，兵至徐州城下与陶谦决战并大败之。陶谦战败后退守郯城，曹操又率军包围了郯城，攻城多日不克后，曹操及时改变策略，置郯城于不顾，率军转攻取虑（今江苏睢宁西南）、睢陵（今江苏睢宁）、夏丘（今安徽泗县东）三县，从而进一步削弱了陶谦的势力。再如，《孙子兵法》非常重视火攻，但又强调慎用火攻，曹操着重强调《火攻篇》的要旨在于“以火攻人，当择时日也”④。就是说关键在于掌握火攻的时机，并指出火攻与水攻两种战术的利弊在于“火佐者，取胜明也。水佐者，但可以绝敌道，分敌军，不可以夺敌蓄积”⑤。曹操的这些见解，是结合自己战争实践的经验总结。他在指挥作战中特别擅长运用火攻、水攻战法，如在官渡之战中，他首先

---

① 《十一家注孙子校理》卷上《谋攻篇》。
② 《十一家注孙子校理》卷上《谋攻篇》。
③ 《十一家注孙子校理》卷中《九变篇》。
④ 《十一家注孙子校理》卷下《火攻篇》。
⑤ 《十一家注孙子校理》卷下《火攻篇》。

派部将徐晃率军焚烧袁军粮草于故市（今河南郑州市西北），引起袁军上下恐慌，后又亲自率军夜袭乌巢，火烧袁军后勤重地，然后回击袁军。在水战方面，建安三年（198）十月，曹操率军进攻占据徐州的吕布，攻下彭城，吕布退保下邳。曹军包围下邳后，决泗水、沂水灌城月余，擒杀吕布及陈宫等，一举夺得徐州这一战略要地。

三、诸葛亮的兵学成就

相比于曹操早年击黄巾义军，参加讨董卓联军，在残酷的战争实践中深化对兵学理论的理解，诸葛亮则是“躬耕于南阳”，在隐居期间一方面广泛汲取前人智慧，充实自己，并兼收并蓄，融会贯通，学以致用，形成了自己的思想体系，另一方面，又以强烈的当下意识，经世济民的事业追求，交游士林，关注时局，寻找机会以实现其兼济天下的远大志向。所以，诸葛亮实际上是一个关心时势、通达时务的智者。他自信能够像管仲、乐毅一样，干出一番惊天动地的事业。

就诸葛亮在兵学上的成就和贡献而言，可概括为以下几个方面：

一是集诸家之长而自成一家。诸葛亮是三国时期除曹操外又一位兵学集大成者，其成就同样为后世所瞩目。但与曹操不同，诸葛亮的兵学理论主要不是取自战争实践，而更多是来自对儒、法、道、兵诸家学术思想的吸收理解，进而自成一家，其兵学思想尤其具有儒家和法家的明显特征。首先，诸葛亮强调军事战略上要兴儒家的“王者之兵”，以“人谋取胜”。强调忠君思想，“人之忠也，犹鱼之有渊，鱼失水则死，人失忠则凶。故良将守之，志立而名扬”①。在将帅选拔任用上提出要“知人之性”。“夫知人之性，莫难察焉。美恶既殊，情貌不一，有温良而为诈者，有外恭而内欺者，有外勇而内怯者，有尽力而不忠者。然知人之道有七焉：一曰，间之以是非而观其志；二曰，穷之以辞辩而观其变；三曰，咨之以计谋而观其识；四曰，告之以祸难而观其勇；五曰，醉之以酒而观其性；六曰，

① 诸葛亮：《诸葛亮集·文集》卷二《兵要》，中华书局，1960年。

临之以利而观其廉；七曰，期之以事而观其信。”① 他尤其注重法家的“耕战”传统，重视后勤建设，强调治军必须军纪严明。“立法施度，整理戎旅，工械技巧，物究其极，科教严明，赏罚必信，无恶不惩，无善不显。”② 也正因为如此，后人多认为诸葛亮的政治才能优于军事才能。如陈寿就评价，“然亮才，于治戎为长，奇谋为短，理民之干，优于将略”③。

诸葛亮曾写过一篇《论诸子》的文章，认为“老子长于养性，不可以临危难。商鞅长于理法，不可以从教化。苏（秦）、张（仪）长于驰辞，不可以结盟誓。白起长于攻取，不可以广众。（伍）子胥长于图敌，不可以谋身。尾生长于守信，不可以应变。王嘉长于遇明君，不可以事暗主。许子将长于明臧否，不可以养人物。此任长之术者也”④。在他看来，道家的老子，法家的商鞅，纵横家的苏秦、张仪，以及兵家白起、伍子胥，都有其长处和不足，而历史上以坚守信义为后世称道的尾生，以及西汉时的贤相王嘉、东汉时的许子将，都有其缺点。因而治国用兵，应该多方学习，兼收并蓄。史载，诸葛亮曾亲自抄写《申子》《韩非子》《管子》和《太公六韬》等法家、兵家经典，交给刘禅作为必读教材。对于诸葛亮的学术和思想，一生对其服膺推崇的大儒朱熹就很不客气地指出：“诸葛孔明大纲资质好，但病于粗疏。孟子以后人物，只有子房（张良）与孔明。子房之学出于黄老；孔明出于申韩，如授后主以《六韬》等书与用法严处，可见。”⑤ 又说：“忠武侯天资高，所为一出于公。若其规模，并写《申子》之类，则其学只是伯。”⑥ “诸葛孔明天资

---

① 《诸葛亮集·文集》卷四《将苑·知人性》。

② 《三国志》卷三十五《诸葛亮传》。

③ 《诸葛亮集》卷首《进诸葛亮集表》。

④ 《诸葛亮集·文集》卷二《论诸子》。

⑤ 黎靖德编，王星贤点校：《朱子语类》卷一百三十六《历代三》，中华书局，1986年。

⑥ 《朱子语类》卷一百三十六《历代三》。

甚美，气象宏大。但所学不尽纯正，故亦不能尽善。”① 南宋另外一位大学者叶適也说，诸葛亮“本王心行霸政，以儒道挟权术”②。在他们看来，诸葛亮虽然是道德楷模、公忠体国的忠臣典范，信奉并坚守儒家的君臣大义，但美中不足的是他并不是纯粹的儒者，其思想体系和行事风格有深厚的法家、兵家痕迹。这也从反面佐证了诸葛亮是一个积极入世，一生以天下为怀的政治家、军事家。

因为蜀国未设立史官，诸葛亮去世 40 年后才由西晋初年的陈寿编辑诸葛亮的文集（当时原名称《诸葛氏集》）。陈寿虽然是蜀国人，蜀亡后注意蜀国史事资料的搜集，但其搜集的史料并不完整。且后人在编纂过程中，将不能缕分考证的文章杂处于各篇之内，导致后来各版本多有出入。据陈寿《诸葛氏集目录》，诸葛亮著作共 24 篇。但今篇目尚存，文多亡佚。具体为：《开府作牧第一》《权制第二》《南征第三》《北出第四》《计算第五》《训厉第六》《综核上第七》《综核下第八》《杂言上第九》《杂言下第十》《贵和第十一》《兵要第十二》《传运第十三》《与孙权书第十四》《与诸葛瑾书第十五》《与孟达书第十六》《废李平第十七》《法检上第十八》《法检下第十九》《科令上第二十》《科令下第二十一》《军令上第二十二》《军令中第二十三》《军令下第二十四》，共计十万零四千多字。考《诸葛亮集》篇目中，“南征”“北出”“计算”“兵要”“传运”“军令”（上中下）8 篇，显然是谈军事。其他如“权制”“综核”“杂言”“贵和”“法检”“科令”等篇，对军事问题也应该有所涉及。③同时，唐初的类书《北堂书钞》和宋初大型类书《太平御览》等，也保留有若干条有关军事的内容。

除《诸葛氏集》之外，学者们认为较为可信的诸葛亮军事著作，主要有《诸葛亮兵法》。《隋书·经籍志》注称：“梁有《诸葛亮兵

① 《朱子语类》卷一百三十六《历代三》。

② 叶適：《习学记言序目》卷二十八《蜀志》，中华书局，1977 年。

③ 参见余大吉：《三国军事史》，军事科学院主编：《中国军事通史》第七卷，军事科学出版社，1998 年，第 458 页。

法》五卷，又《慕容氏兵法》一卷，亡。”① 清朝辑佚学者侯康在《补三国艺文志》中做了考证，认为《通典》卷一百五十六引用有诸葛亮《兵法》文字，卷一百五十七引用了诸葛亮《兵要》的文字，《太平御览》的“兵部”也多次引用诸葛亮《兵法》《兵要》的文字。侯康认为所谓《兵法》《兵要》，“大约即一书而异名耳。《御览》复引诸葛亮军令，当亦出此书”②。

此外，因为诸葛亮名气太大，所以后人假托其名而作的兵学著作也比较多。清朝编撰《四库全书》的四库馆臣就说：“盖宋以来兵家之书，多托于亮。”③ 这种情况导致后人对哪些是诸葛亮本人的兵学著作，争议较大。如《便宜十六策》（又称《武侯十六策》），旧题为诸葛亮撰。虽然《三国志》诸葛亮本传并未提到诸葛亮撰著此书，但唐人魏徵的《隋书·经籍志》、北宋的《崇文书目》均著录为一卷。有的学者就怀疑其为伪托之作，如南宋目录学家晁公武说：“陈寿录孔明书，不载此策，疑依托者。”④ 清代学者侯康也认为：“《通志·艺文略》载《武侯十六策》《将苑》《平朝阴府二十四机》《六军镜心诀》，及后世所传《新书》，皆出依托。”⑤ 但因为陈寿编辑的诸葛亮文集收入了他认为属于诸葛亮所作的各种文字二十四篇，所以也有的学者认为：“考陈寿《进诸葛亮集表》有曰：‘辄删除复重，随类相从。’是寿曾经删芟繁复，《十六策》应在二十四篇之外也。”⑥ 意思是说，陈寿在编辑时，为了体例的方便，有可能把《十六策》给删除了。我们认为，《便宜十六策》早在《隋书·经籍志》中已经有著录，即使是伪托之作，也应是在魏晋南北朝时

① 《隋书》卷三十四《经籍志三》注。

② 侯康：《补三国艺文志》卷四《兵家类》，商务印书馆，1937 年。

③ 纪昀等撰，四库全书研究所整理：《钦定四库全书总目》（整理本）卷一百《子部·兵家类存目·将苑》，中华书局，1997 年。

④ 《郡斋读书志》卷十四《兵家类》。

⑤ 《补三国艺文志》卷四《兵家类》。

⑥ 诸葛亮：《诸葛忠武侯文集》卷三《便宜十六策》，《中国兵书集成》编委会：《中国兵书集成》第二册，解放军出版社、辽沈书社，1988 年。

期，且其内容与诸葛亮的政治思想中的军事思想符合度极高，在缺乏足够史料的情况下，确实很难断定是否伪托。再如，《武侯八阵图》、《占风云气图》（一卷）、《兵书》（七卷）、《兵书手诀》（一卷）、《将苑》、《新书》等，均被怀疑为伪作。这么多的兵学著作伪托诸葛亮之名，一方面是“诸葛大名垂宇宙”的名人效应，另一方面，也反映了后人对诸葛亮兵学造诣和用兵实践的高度认可。

二是对将帅地位、作用和重要性的深刻理解和体察。诸葛亮的《将苑》一卷，从整个兵学著作体例来看，“凡五十篇，论为将之道”，几占诸葛亮文集的四分之一，可见其对将的认识和深刻体察。第一篇《兵权》就对主将掌有兵权的重要性做了详细论述：“夫兵权者，是三军之司命，主将之威势。将能执兵之权，操兵之要势，而临群下，譬如猛虎，加之羽翼，而翱翔四海，随所欲而施之。若将失权，不操其势，亦如鱼龙脱于江湖，欲求游洋之势，奔涛戏浪，何可得也。”①

在《将材》篇，诸葛亮根据将帅的不同才干，划分为仁将、义将、礼将、智将、信将、步将、骑将、猛将和大将九类：“夫将材有九。道之以德，齐之以礼，而知其饥寒，察其劳苦，此之谓仁将。事无苟免，不为利挠，有死之荣，无生之辱，此之谓义将。贵而不骄，胜而不恃，贤而能下，刚而能忍，此之谓礼将。奇变莫测，动应多端，转祸为福，临危制胜，此之谓智将。进有厚赏，退有严刑，赏不逾时，刑不择贵，此之谓信将。足轻戎马，气盖千夫，善固疆场，长于剑戟，此之谓步将。登高履险，驰射如飞，进则先行，退则后殿，此之谓骑将。气凌三军，志轻强虏，怯于小战，勇于大敌，此之谓猛将。见贤若不及，从谏如顺流，宽而能刚，勇而多计，此之谓大将。”② 从中可以看出，诸葛亮将道德品质和个人才干作为衡量将帅的根本标准，仁、义、礼、智、信是针对道德品质而言的，而步、骑、猛是就才干而言的。而兼具两者之风范，才是大将必备

---

① 《诸葛亮集·文集》卷四《将苑·兵权》。

② 《诸葛亮集·文集》卷四《将苑·将材》。

之素质。做如此全面、具体的类型划分和规范要求，是诸葛亮对长期军事实践的总结，也是对将帅培养、选拔和任用的重视。

而在《将器》篇，诸葛亮根据将帅的气质、气度不同，其本领、作用之别，又进行了详细划分说明："将之器，其用大小不同。若乃察其奸，伺其祸，为众所服，此十夫之将。夙兴夜寐，言词密察，此百夫之将。直而有虑，勇而能斗，此千夫之将。外貌桓桓，中情烈烈，知人勤劳，悉人饥寒，此万夫之将。进贤进能，日慎一日，诚信宽大，闲于理乱，此十万人之将。仁爱洽于下，信义服邻国，上知天文，中察人事，下识地理，四海之内，视如家室，此天下之将。"①

《将弊》篇提出："夫为将之道，有八弊焉，一曰贪而无厌，二曰妒贤嫉能，三曰信谗好佞，四曰料彼不自料，五曰犹豫不自决，六曰荒淫于酒色，七曰奸诈而自怯，八曰狡言而不以礼。"②《将善》篇提出将帅有五善四欲之分，"五善者，所谓善知敌之形势，善知进退之道，善知国之虚实，善知天时人事，善知山川险阻。四欲者，所谓战欲奇，谋欲密，众欲静，心欲一"③。《将强》篇提出将帅有五强八恶之分，"将有五强八恶。高节可以厉俗，孝弟可以扬名，信义可以交友，沉虑可以容众，力行可以建功，此将之五强也。谋不能料是非，礼不能任贤良，政不能正刑法，富不能济穷厄，智不能备未形，虑不能防微密，达不能举所知，败不能无怨谤，此谓之八恶也"④。

三是对军制重要性的清醒认识。诸葛亮非常重视建立健全军事制度并严格执行的重要性，认为"有制之兵，无能之将，不可以败；无制之兵，有能之将，不可以胜"⑤。《厉士》篇强调以严明法制来

---

① 《诸葛亮集·文集》卷四《将苑·将器》。
② 《诸葛亮集·文集》卷四《将苑·将弊》。
③ 《诸葛亮集·文集》卷四《将苑·将善》。
④ 《诸葛亮集·文集》卷四《将苑·将强》。
⑤ 《诸葛亮集·文集》卷二《兵要》。

激励士气："夫用兵之道，尊之以爵，赡之以财，则士无不至矣；接之以礼，厉之以信，则士无不死矣；畜恩不倦，法若画一，则士无不服矣；先之以身，后之以人，则士无不勇矣；小善必录，小功必赏，则士无不劝矣。"① 《整师》篇更是从反面提出不能严明法治的危害，"若赏罚不明，法令不信，金之不止，鼓之不进，虽有百万之师，无益于用"②。《威令》篇着重指出法制的重要性："夫一人之身，百万之众，束肩敛息，重足俯听，莫敢仰视者，法制使然也。若乃上无刑罚，下无礼义，虽贵有天下，富有四海，而不能自免者，桀、纣之类也。夫以匹夫之刑令以赏罚，而人不能逆其命者，孙武、穰苴之类也。故令不可轻，势不可通。"③ 进而，《假权》篇强调赏罚之权必集中在统兵之将的手里："夫将者，人命之所县也，成败之所系也，祸福之所倚也，而上不假之以赏罚，是犹束猿猱之手，而责之以腾捷，胶离娄之目，而使之辨青黄，不可得也。若赏移在权臣，罚不由主将，人苟自利，谁怀斗心？虽伊、吕之谋，韩、白之功，而不能自卫也。故孙武曰：'将之出，君命有所不受。'亚夫曰：'军中闻将军之命，不闻有天子之诏。'"④

四、其他人物的兵学研究

除了曹操和诸葛亮在兵学研究和战争指导实践上有重大建树之外，三国时期的其他一些政治家、军事家和学者，也对兵学研究做出了自己的贡献。其中，魏、蜀、吴三国各自的谋士群体，兵学造诣都非常高。如曹操的谋士贾诩，著有《吴起兵法注》。贾诩足智多谋，官渡之战时，曾劝说张绣投降曹操，后献计打败袁绍，助曹操智破韩遂、马超。魏文帝时，官至太尉。东吴的沈友（176—204），也是较早对《孙子兵法》进行注解的学者，他非常博学，兼好武事，

① 《诸葛亮集·文集》卷四《将苑·厉士》。
② 《诸葛亮集·文集》卷四《将苑·整师》。
③ 《诸葛亮集·文集》卷四《将苑·威令》。
④ 《诸葛亮集·文集》卷四《将苑·假权》。

擅口辩，时称笔、舌、力“三绝”，曾被孙权聘请到朝廷，论王霸之略、当时之务，并献吞并荆州之计，均为孙权采纳。他撰著的《孙子兵法注》2 卷，《隋书·经籍志》《新唐书·艺文志》《旧唐书·艺文志》均有著录，但此书已佚。孙权的大将周瑜、陆逊，尤其是“士别三日，当刮目相看”的吕蒙，都熟读兵书，并将兵学原理运用于自己的战争指导实践中。三国时的许多谋士、名臣，在其论述中，经常引用《孙子兵法》的语句。

但总体而言，除了以上少数精英人物的兵学研究外，三国时期的兵学研究和普及还是受到时代的极大制约。如建安年间（196—220），朝廷法律禁止将领以外的人收藏兵书。曾任县令的吉茂因为家藏兵书，也被处罚。可见处于乱世，兵法的传播受到严格的控制。

第二节　两晋、十六国时期兵学研究的沉寂

两晋、十六国时期，战争连绵不断，社会动荡不安。代表中原王朝的西晋和东晋，盛行清谈玄学，史载：“学者以老庄为宗而黜‘六经’，谈者以虚荡为辨而贱名检，行身者以放浊为通而狭节信，进仕者以苟得为贵而鄙居正，当官者以望空为高而笑勤恪。”① 文人士大夫们崇尚的是清高风流，而鄙薄事功，兵学作为一门实用的学术，自然得不到重视。在北方，则是各少数民族轮番争夺，前后或同时出现了 16 个割据政权，这些民族政权，统治区域有限，且立国时间都不长，因而兵学研究也不多。当然，因为战争的需要，仍有少数学者关注兵学研究，尤其是一些政治家、军事家和谋士，熟读兵书，并将兵书所揭示的战争指导原则运用于战争实践。

---

① 《晋书》卷五《孝愍帝纪》。

一、司马彪的《战略》

司马彪（？—约306），字绍统，河南温县人，为西晋宗室。少年时期笃学不倦，但因好色薄行为其父高阳王司马睦责怪，不得为嗣。“彪由此不交人事，而专精学习，故得博览群籍，终其缀集之务。”① 晋武帝泰始年间（265—274），担任骑都尉、秘书郎，官至散骑侍郎，撰著了《续汉书》《九州春秋》《兵记》《战略》等多部历史著作。《兵记》《战略》均属于军事历史著作，主要记载战争谋略和筹划的经典史例。

《战略》一书，又称《司马彪战略》，卷帙不详，主要记载汉魏时期用兵事例。此书原书虽不存完帙，但因为《三国志》《太平御览》等书引用其文，现存7条佚文，清代学者黄奭将其佚文辑为一卷，约2000字，收入其《黄氏逸书考》中。

现存《战略》的佚文，均涉及战略问题，谨举三条逐次加以分析。

其一，关于刘表割据荆州的战略谋划。《三国志·刘表传》中注引《战略》的文字如下：

> 刘表之初为荆州也，江南宗贼盛，袁术屯鲁阳，尽有南阳之众。吴人苏代领长沙太守，贝羽为华容长，各阻兵作乱。表初到，单马入宜城，而延中庐人蒯良、蒯越，襄阳人蔡瑁与谋。表曰：“宗贼甚盛，而众不附，袁术因之，祸今至矣！吾欲征兵，恐不集，其策安出？”良曰：“众不附者，仁不足也，附而不治者，义不足也。苟仁义之道行，百姓归之如水之趣下，何患所至之不从而问兴兵与策乎？”表顾问越，越曰：“治平者先仁义，治乱者先权谋。兵不在多，在得人也。袁术勇而无断，苏代、贝羽皆武人，不足虑。宗贼帅多贪暴，为下所患。越有所素养者，使示之以利，必以众来。君诛其无道，抚而用之。一州之人，有乐存之心，闻君盛德，必襁负而至矣。兵集众附，

① 《晋书》卷八十二《司马彪传》。

南据江陵，北守襄阳，荆州八郡可传檄而定。术等虽至，无能为也。”表曰：“子柔之言，雍季之论也。异度之计，臼犯之谋也。”遂使越遣人诱宗贼，至者五十五人，皆斩之。袭取其众，或即授部曲。唯江夏贼张虎、陈生拥众据襄阳，表乃使越与庞季单骑往说降之，江南遂悉平。[①]

刘表是公元190年汉灵帝死后由董卓提议担任荆州刺史一职的。史载刘表“代王叡为荆州刺史。是时山东兵起，表亦合兵军襄阳。袁术之在南阳也，与孙坚合从，欲袭夺表州，使坚攻表”[②]。荆州为东汉十三个刺史部之一，包括南阳郡、襄阳郡、南郡、江夏郡、长沙郡、桂阳郡、零陵郡、武陵郡等八郡，辖境大体包括今湖北、湖南全境，以及河南南阳、贵州、广西、广东的部分地区。刘表赴任荆州刺史时，在北方，关东军发起了讨伐董卓的战争，袁术占据了南阳；在南方，除了各地宗族豪强割据势力之外，长沙太守苏代、华容长贝羽也起兵作乱。面临这种复杂的形势，削平境内各种割据势力，建立起自己的武装，真正拥有荆州并安定当地秩序，是摆在刘表面前的艰巨任务。所以刘表才向蒯良（字子柔）、蒯越（字异度）和蔡瑁等人问计。蒯良基于传统儒家的政治哲学，认为关键在于推行仁义，他认为，境内百姓之所以不归顺，是因为“仁”不足，归顺了而难以治理，是“义”不足。只有施行仁义，百姓才会像水往低处流一样前来归顺，这样就不愁拉不起自己的队伍。蒯越则基于法家、兵家的政治立场，认为问题的关键在于必须先解决豪强大族的武装割据。他建议以“擒贼先擒王”的办法，施展阴谋诡计，诱捕搞武装割据的豪强大族的头面人物，予以斩除。这样，既除了百姓之害，赢得了百姓的拥护，又可以收拢并任用其部下，壮大自己的武装。有了自己的武装，赢得了百姓的拥护，就可以南据江陵，北守襄阳，进而据有荆州，袁术即使来争夺，也无能为力。刘表认为，蒯良主张行仁义而反对诡诈之计的计策，是雍季的思想。蒯越

---

① 《三国志》卷六《刘表传》注引《战略》。

② 《三国志》卷六《刘表传》。

的计策，是臼犯（又称咎犯，即狐偃）的计策。刘表所说的雍季和臼犯，都是春秋时晋国的大臣。晋文公在指挥城濮之战时，因晋军实力比不上楚军，就向狐偃征求意见，狐偃认为“礼不厌美，战不厌诈”，所以应该用诡诈的办法。晋文公把狐偃的计策告诉雍季，雍季不以为然，并举例喻理：“竭泽而渔，岂不得鱼，而明年无鱼。焚薮而田，岂不得兽，而明年无兽。诈伪之道，虽今偷可，后将无复，非长术也。”① 意谓欺诈的办法偶然用一次虽然可以获得成功，但下次再用就不行了，因为它并不是长远之计。晋文公虽采用了狐偃的计策，退避三舍，取得了胜利，但战后论功行赏时，将雍季排在狐偃之上。晋文公解释说：“雍季之言，百代之利也；咎犯之言，一时之务也。焉有以一时之务，先百代之利乎？”②

刘表最终采纳了蒯越的计谋，通过利诱的办法，将55名豪强大族的头面人物一举杀掉，收编他们的武装作为自己的部下，而对于不肯归附的江夏一带的武装割据人物张虎、陈生，则派蒯越和庞季去劝降，从而取得襄阳，平定江南。

正因为采纳了蒯越等谋士的战略谋划，在乱世中单枪匹马赴任荆州的刘表，得以在不到一年时间迅速削平境内的割据势力，建立起自己的武装。平定荆州后，刘表推行蒯良的主张，实行宽仁之政，与民休息，壮大实力，坐保江汉而观天下之变。

其二，关于魏明帝进攻辽东的战略失策。蒋济是曹魏的重要谋士，在曹魏对外战争中，多次出谋划策。曹操时，在抵御孙权围合肥之战、关羽围樊城之战时，多有贡献。蒋济与司马懿一起劝说曹操不可迁都，认为“于禁等为水所没，非战攻之失，于国家大计未足有损。刘备、孙权，外亲内疏，关羽得志，权必不愿也。可遣人劝蹑其后，许割江南以封权，则樊围自解”③。曹操采纳了蒋济这一计策，结果孙权派军西取公安、江陵，擒杀了关羽。

---

① 《三国志》卷二十二《徐宣传》注引《吕氏春秋》。

② 《三国志》卷二十二《徐宣传》注引《吕氏春秋》。

③ 《三国志》卷十四《蒋济传》。

魏明帝即位后，蒋济被封为关内侯。“大司马曹休帅军向皖，济表以为‘深入虏地，与权精兵对，而朱然等在上流，乘休后，臣未见其利也’。军至皖，吴出兵安陆，济又上疏曰：‘今贼示形于西，必欲并兵图东，宜急诏诸军往救之。’会休军已败，尽弃器仗辎重退还。吴欲塞夹石，遇救兵至，是以官军得不没。”① 魏明帝下诏称赞他：“夫骨鲠之臣，人主之所仗也。济才兼文武，服勤尽节，每军国大事，辄有奏议，忠诚奋发，吾甚壮之。”迁其为护军将军，加散骑常侍。②

魏明帝发起辽东之战后，蒋济又上疏陈说利害。《三国志·蒋济传》的注文引司马彪《战略》原文如下：

> 太和六年，明帝遣平州刺史田豫乘海渡，幽州刺史王雄陆道，并攻辽东。蒋济谏曰：“凡非相吞之国，不侵叛之臣，不宜轻伐。伐之而不制，是驱使为贼。故曰‘虎狼当路，不治狐狸。先除大害，小害自已’。今海表之地，累世委质，岁选计考，不乏职贡。议者先之，正使一举便克，得其民不足益国，得其财不足为富。傥不如意，是为结怨失信也。”帝不听，豫行竟无成而还。③

原来，东汉末年，辽东郡太守公孙度趁中原群雄混战割据一方。后来，辽东的公孙渊虽臣属于曹魏，但实际上一直形同独立。魏明帝太和六年（232），魏廷发现公孙渊一再联络东吴，十分恼火。魏明帝于是命令汝南太守田豫都督青州众军从海道，幽州刺史王雄从陆路，两路夹击进攻辽东。当时散骑常侍蒋济反对征辽东，他认为，对于那些对魏国没有吞并之心，并未公开叛变的，不应该轻易讨伐他们。讨伐他们而又不能加以制服，等于逼着他们站到自己的对立面。所谓虎狼当路，不问狐狸；先除大害，小害自除。现在海边之地，世代归顺，每年给朝廷进奉应该进奉的。议者企图先发制人，

---

① 《三国志》卷十四《蒋济传》。
② 《三国志》卷十四《蒋济传》。
③ 《三国志》卷十四《蒋济传》注引《战略》。

使其一举便克，但是得到那里的人民谈不上增加国家人口，得到那里的财富也谈不上更加富裕。如果不如意，这就是结怨并且失信。魏明帝不听蒋济的建议，结果大军无功而返。

此外，《三国志·蒋济传》的注文还引《汉晋春秋》：

> 公孙渊闻魏将来讨，复称臣于孙权，乞兵自救。帝问济："孙权其救辽东乎?"济曰："彼知官备以固，利不可得，深入则非力所能，浅入则劳而无获。权虽子弟在危，犹将不动，况异域之人，兼以往者之辱乎！今所以外扬此声者，谲其行人疑于我，我之不克，冀折后事已耳。然沓渚之间，去渊尚远，若大军相持，事不速决，则权之浅规，或能轻兵掩袭，未可测也。"①

公孙渊害怕魏国再度兴兵，青龙元年（233）二月，派校尉宿舒奉表向吴国称臣，结为外援。吴主孙权大喜，企图结好辽东，威胁魏国侧背，并向辽东求马，派张弥等率兵万人，持金宝珍货，渡海授公孙渊为燕王。六月，公孙渊发现吴国太远，难以依靠，又贪图其使者带来的货物，斩张弥等，首级送往魏国，吞没其兵资货物。十二月，魏国拜公孙渊为大司马。景初元年（237）七月，魏明帝鉴于蜀、吴两国停止攻魏，吴国多次渡海联络高句丽，企图袭击辽东，加快统一辽东步伐。以毌丘俭有才干谋略，令其为幽州刺史，率幽州诸军及鲜卑、乌桓军屯于辽南，公孙渊发兵抵抗，战于辽隧（今辽宁海城市一带）。因大雨十多天不止，魏军作战不利退军，而公孙渊自立为燕王，公开走上割据的道路。到了景初二年（238），魏明帝令司马懿率兵四万，再次讨伐辽东。司马懿鉴于前几次伐辽东的教训，慎重用兵，经过一年左右的时间，才平定了辽东。

其三，关于魏国攻吴之战前傅嘏的战略献策。嘉平四年（252），东吴孙权病故，魏国征南大将军王昶、征东将军胡遵、镇南将军毌丘俭等建议趁机讨伐吴国，并分别提出了"泛舟径济，横行江表""四道并进""积谷观衅，相时而动"等三套攻吴的方案，朝廷一时

---

① 《三国志》卷十四《蒋济传》注引《汉晋春秋》。

拿不定主意，魏帝曹芳下诏征求尚书傅嘏的意见。《三国志·傅嘏传》记载：

时论者议欲自伐吴，三征献策各不同。诏以访嘏，嘏对曰："昔夫差陵齐胜晋，威行中国，终祸姑苏；齐闵兼土拓境，辟地千里，身蹈颠覆。有始不必善终，古之明效也。孙权自破关羽并荆州之后，志盈欲满，凶宄以极，是以宣文侯深建宏图大举之策。今权以死，托孤于诸葛恪。若矫权苛暴，蠲其虐政，民免酷烈，偷安新惠，外内齐虑，有同舟之惧，虽不能终自保完，犹足以延期挺命于深江之外矣。而议者或欲泛舟径济，横行江表；或欲四道并进，攻其城垒；或欲大佃疆场，观衅而动：诚皆取贼之常计也。然自治兵以来，出入三载，非掩袭之军也。贼之为寇，几六十年矣，君臣伪立，吉凶共患，又丧其元帅，上下忧危，设令列船津要，坚城据险，横行之计，其殆难捷。惟进军大佃，最差完牢。（隐）兵出民表，寇钞不犯；坐食积谷，不烦运士；乘衅讨袭，无远劳费：此军之急务也。昔樊哙愿以十万之众，横行匈奴，季布面折其短。今欲越长江，涉虏庭，亦向时之喻也。未若明法练士，错计于全胜之地，振长策以御敌之余烬，斯必然之数也。"①

对于傅嘏本传中的这一记载，《三国志》的注者认为："司马彪《战略》载嘏此对，详于本传，今悉载之以尽其意。"② 在注文中将傅嘏的建议全文予以引用：

彪曰：嘉平四年四月，孙权死。征南大将军王昶、征东将军胡遵、镇南将军毌丘俭等表请征吴。朝廷以三征计异，诏访尚书傅嘏，嘏对曰："昔夫差胜齐陵晋，威行中国，不能以免姑苏之祸；齐闵辟土兼国，开地千里，不足以救颠覆之败：有始不必善终，古事之明效也。孙权自破蜀兼平荆州之后，志盈欲满，罪戮忠良，诛及胤嗣，元凶已极。相国宣文侯先识取乱侮

① 《三国志》卷二十一《傅嘏传》。

② 《三国志》卷二十一《傅嘏传》注。

亡之义，深建宏图大举之策。今权已死，托孤于诸葛恪。若矫权苛暴，蠲其虐政，民免酷烈，偷安新惠，外内齐虑，有同舟之惧，虽不能终自保完，犹足以延期挺命于深江之表矣。昶等或欲泛舟径渡，横行江表，收民略地，因粮于寇；或欲四道并进，临之以武，诱间携贰，待其崩坏；或欲进军大佃，逼其项领，积谷观衅，相时而动：凡此三者，皆取贼之常计也。然施之当机，则功成名立，苟不应节，必贻后患。自治兵已来，出入三载，非掩袭之军也。贼丧元帅，利存退守，若撰饰舟楫，罗船津要，坚城清野，以防卒攻，横行之计，殆难必施。贼之为寇，几六十年，君臣伪立，吉凶同患，若恪蠲其弊，天去其疾，崩溃之应，不可卒待。今边壤之守，与贼相远，贼设罗落，又持重密，间谍不行，耳目无闻。夫军无耳目，校察未详，而举大众以临巨险，此为希幸徼功，先战而后求胜，非全军之长策也。唯有建军大佃，最差完牢。可诏昶、遵等择地居险，审所错置，及令三方一时前守。夺其肥壤，使还耕埆土，一也；兵出民表，寇钞不犯，二也；招怀近路，降附日至，三也；罗落远设，间构不来，四也；贼退其守，罗落必浅，佃作易之，五也；坐食积谷，士不运输，六也；衅隙时闻，讨袭速决，七也：凡此七者，军事之急务也。不据则贼擅便资，据之则利归于国，不可不察也。夫屯垒相逼，形势已交，智勇得陈，巧拙得用，策之而知得失之计，角之而知有余不足，虏之情伪，将焉所逃？夫以小敌大，则役烦力竭，以贫敌富，则敛重财匮。故'敌逸能劳之，饱能饥之'，此之谓也。然后盛众厉兵以震之，参惠倍赏以招之，多方广似以疑之。由不虞之道，以间其不戒。比及三年，左提右挈，虏必冰散瓦解，安受其弊，可坐算而得也。昔汉氏历世常患匈奴，朝臣谋士早朝晏罢，介胄之将则陈征伐，搢绅之徒咸言和亲，勇奋之士思展搏噬。故樊哙愿以十万之众横行匈奴，季布面折其短。李信求以二十万独举楚人，而果辱秦军。今诸将有陈越江陵险，独步虏庭，即亦向时之类也。以陛下圣德，辅相忠贤，法明士练，错计于全胜之地，振长策以御之，虏之崩溃，必然之数。故兵法曰：‘屈人之兵，而非战也；拔人之城，而非攻也。’若释庙胜必然之理，而行万一不必全之路，诚愚臣之所虑也。故谓大佃而逼之计最长。”①

对比《三国志·傅嘏传》正文和注文，可以看出，傅嘏对于攻吴作战，有自己深思熟虑的见解，其提出的战略方案较之王昶、胡遵、毌丘俭等人提出的三套方案都要高明，也最为稳妥合理。可惜的是“时不从嘏言。其年十一月，诏昶等征吴。五年正月，诸葛恪拒战，大破众军于东关”②。

总之，从上面所引《战略》的三段佚文看，司马彪的《战略》，虽非论述战略的基本理论，但主要记载关于战争和作战的谋划。其主要内容述及作战谋略和统兵打仗的方法，与现代关于战略的理解虽不完全一致，但大体上是相通的。《战略》一书，也成为中国历史上目前所见最早的“战略”专著，是“战略”一词在军事领域的最早使用。

二、其他兵学著作

除司马彪的《战略》之外，两晋、十六国时期还有一些零星的兵学著作，但是，一则这些兵书没什么名气，二则大多在唐宋时已经散佚，后人难窥其真面目。

据历代正史，这些在历史上逐渐散佚的兵书，主要有：

马隆的《握奇经述赞》1 卷。

司马彪《兵记》。《隋书·经籍志》著录有 8 卷本、20 卷本，而《新唐书》《旧唐书》则著录为 12 卷本，但此书流传到唐宋时即散佚。

孔衍《兵林》。《隋书·经籍志》著录为 6 卷。

葛洪《兵法孤虚月时秘要法》。《新唐书·艺文志》著录为

① 《三国志》卷二十一《傅嘏传》注。

② 《三国志》卷二十一《傅嘏传》注。

1卷。

《慕容氏兵法》《六军鉴要》，后人疑为伪作。

《保聚图》，又称《保聚垒议》，为西晋庾衮撰。晋惠帝元康年间，中原战乱，庾衮率宗族占据禹山（在今河南禹州市）避难。为了加强宗族团结，抵御兵匪，号召部众“无恃险，无怙乱，无暴邻，无抽屋，无樵采人所植，无谋非德，无犯非义，戮力一心，同恤危难”。同时，“峻险阨，杜蹊径，修壁坞，树藩障，考功庸，计丈尺，均劳逸，通有无，缮完器备，量力任能，物应其宜，使邑推其长，里推其贤，而身率之。分数既明，号令不二，上下有礼，少长有仪，将顺其美，匡救其恶。及贼至，衮乃勒部曲，整行伍，皆持满而勿发。贼挑战，晏然不动，且辞焉。贼服其慎而畏其整，是以皆退。如是者三”①。“《保聚垒议》大抵依据这一事件，记述筑坞自保的方法。”② 宋人晁公武《郡斋读书志》曰：“此书序云：‘大驾迁长安，时元康三年己酉，撰《保聚垒议》二十篇。’”③ 并指出其书中记载与其“自序”的自相矛盾之处。清人丁国钧则断定其为伪书。④

除了以上提到的诸家兵书，该时期一些割据政权的建立者，以及谋士和统军将领，也注意学习古代兵学经验，并在战争实践中加以运用。后汉主刘渊“尤好《左氏春秋传》《孙吴兵法》”⑤；“苻坚作教武堂，命太学生明阴阳兵法者教诸将”⑥；后赵主石勒虽然不识字，但礼请士人为其读历代史，其用兵出奇制胜，晋将刘琨称其用兵“暗与孙吴同契”⑦。

---

① 《晋书》卷八十八《庾衮传》。

② 赵国华：《中国兵学史》，福建人民出版社，2004年，第305页。

③ 《郡斋读书志》卷十四《兵家类》。

④ 参见丁国钧辑：《补晋书艺文志》附录，商务印书馆，1939年。

⑤ 《晋书》卷一百一《刘元海载记》。

⑥ 《读通鉴论》卷十四《孝武帝》。

⑦ 《晋书》卷一百四《石勒载记上》。

第三节 南北朝时期兵学研究的缓慢复苏

南北朝时期，虽然南北对抗、干戈不息，但北魏和南朝统治时间相对较长，南方的宋、齐、梁、陈相接续，且以中原文化正统自居，统治者也重视文化研究，一时人文荟萃。北方的北魏统一北方时间较长，汉化速度大大加快，且有统一全国的志向。在这一背景下，南北双方均有一些学者或军事家重视兵学的经世致用功能，使兵学研究得以缓慢复苏。

一、南朝的主要兵学著作

宋武帝刘裕著有《兵法要略》1卷，今佚；梁武帝著《梁主兵法》1卷、《梁武帝兵书钞》1卷；梁元帝《玉韬》10卷；刘祐《金韬》10卷、《阴策》22卷；王略《武林》1卷；乐产《王佐秘书》5卷。另有无名氏《金策》19卷。[①]

此外，这一时期，注解《孙子兵法》的学者也比较多。如《孟氏解诂》，又称《孟注孙子》《孟氏解孙子》《孟氏孙子注》，作者孟氏为南朝梁时人，该书《隋书·经籍志》《新唐书·艺文志》《旧唐书·艺文志》均有著录。《宋史·艺文志》所录《五家注孙子》中有其注，但《五家注孙子》及孟氏注单行本均已散佚，现存宋本《十一家注孙子》中，尚有孟氏注68条，是注文最少的一家。其注多为文字训诂，思想阐发方面的内容很少，但其注解多得孙子本义。[②]

---

① 《隋书》卷三十四《经籍志三》。

② 参见于汝波主编：《孙子兵法研究史》，军事科学出版社，2001年，第81页。

二、北朝的主要兵学著作

宇文宪《兵书要略》5 篇。宇文宪为周文帝宇文泰第五子，周武帝宇文邕之弟，“常以兵书繁广，难求指要，乃自刊定为《要略》五篇”①，他多次率军与北齐军队作战，战绩不俗。该书《新唐书·艺文志》著录为 10 卷。

伍景志《兵书要术》4 卷。

许昉《军胜见》1 卷、《戎诀》13 卷。

陶弘景《真人水镜》10 卷。

赵煚（约 532—599）《战略》26 卷。赵煚为北魏大将，封金城郡公。该书是司马彪《战略》之后，又一部战略类著作，《隋书·经籍志》《通志·艺文略》均将其归入兵书类。

萧吉《金海》30 卷。《新唐书·艺文志》著录为 47 卷。

莫珍宝《杂撰阴阳兵书》5 卷。

王宜弟《兵法孤虚立成图》。王宜弟在道武帝时担任占授著作郎。

此外，该时期还有不明作者的兵书《兵书》7 卷、《兵书要序》10 卷、《兵法》5 卷、《杂兵书》10 卷、《大将军》1 卷、《杂兵图》1 卷、《兵略》25 卷。

刘昞《黄石公三略注》。刘昞，北魏人，业儒学，著有《略记》130 篇及《人物志》，并为《韩非子》《黄石公三略》作注。

南北朝时期，研究兵学的人开始多了起来，也出现了不少兵书，但大多属于汇编性质，有原创性思想的不多，同时，这一时期的绝大部分兵书都已经散佚。但兵学在当时地位有了提高，人们开始尊称兵书为“兵经”，如南朝宋的大臣周朗，为了加强耕战，对于男子，“十八至二十，尽使修武。训以书记图律，忠孝仁义之礼，廉让勤恭之则；授以兵经战略，军部舟骑之容，挽强击刺之法”②。梁时

---

① 令狐德棻等：《周书》卷十二《齐炀王宪传》，中华书局，1971 年。

② 沈约：《宋书》卷八十二《周朗传》，中华书局，1974 年。

的刘勰在《文心雕龙》“程器”目下，也感叹“孙武兵经，辞如珠玉”。

从总体考察，三国两晋南北朝时期的兵学发展具有几个鲜明的时代特色，体现出这一历史时期兵学发展的独到成就。

一是注重实用。表现为人们普遍偏重于军事对策研究，着眼于兵法基本原则的实际应用。这一时期兵学思想的发展水平往往不在于军事原则和战争取胜之道的探索，而主要表现为兵法原理与军事实践的有机结合。这乃是对兵法的二度创造，它常常离不开具体的时间、地点和条件，是一定历史背景的产物。著名的军事对策，如诸葛亮的《隆中对》《出师表》、羊祜的《平吴疏》、杜预的《平吴表》、王濬的《伐吴疏》、王猛的《临终谏伐晋言》等，都不是抽象的兵学原则阐发，而是饱含兵法一般原理的具体战略对策方案，具有很强的实用性和可操作性，是理论与实践有机结合的典范。

二是注重综合。学术兼容、博采众长的文化趋势在这一时期的兵学建树中依然表现得非常明显。即兵学著述在秦汉时期多元综合的基础上进一步由创造学派、标新立异转向融会贯通诸家之长。例如曹操、诸葛亮、司马懿等人的军事思想，都是在一般的兵学原则基础上，吸收申、韩学说的精髓，并杂取儒、道、墨诸家之长。其他像王猛军事观念兼容儒、法、兵家的思想，拓跋珪军事思想体现中原农业军事文明与北方草原游牧军事文化的色彩，也同样鲜明地反映了当时的兵学理论建设注重综合、强调兼容的一般特点。

三是注重发展。这一时期的兵学家纷纷致力于对前代兵家所提出的重要兵学范畴加以丰富、充实和发展。如曹操的《孙子略解》《兵书接要》针对《孙子兵法》的有关范畴发表自己独到的见解，对奇正、主客、形势、虚实、攻守、久速等范畴的内涵加以丰富，对“十则围之”的阐发、补充便是典型一例：“以十敌一则围之，是将智勇等而兵利钝均也；若主弱客强，不用十也。操所以倍兵围下邳生擒吕布也。”① 这类精辟的见解，在一定程度上充实了中国历

---

① 《十一家注孙子校理》卷上《谋攻篇》。

代军事思想的概念和内涵，并多少透露出中国古典兵学的重点开始由战略层次向战役战斗层次转移的信息。有论者认为曹操《孙子略解》“对孙子思想从战略上注解不足，而只从战法、战术上着眼”①，这种观察是细致而准确的，其实它恰好反映了兵学重心更多侧重于战役、战斗、战法、战术层次之历史文化趋势。在军事思想方面，其主要内容包括“天下一家”、融众取长的战争观念，以治为胜、制必先定的建军思想，“弘思远益”、统揽全局的战略决策思想，多极角逐、避害趋利的联盟策略方针，“南水北骑”、因敌制胜的作战指导理论等，不一而足。这些军事思想极大地丰富了中国古代兵学理论的宝库，是中国历史上冷兵器时代军事思想的重要总结，对后世军事思想的递嬗演变曾产生相当深远的影响。② 如果仅从数量论，这一时期的兵书撰著并不突出，《隋书·经籍志》所著录的三国两晋南北朝时期兵书仅仅有 74 部，这是这个时期各王朝图书屡遭兵燹劫难的结果。然而就是这样数量极其有限的兵书，在历史流传过程之中也不断散佚，这 74 部劫后余生的兵书，仅有曹操的《孙子略解》一书以注文附于《孙子兵法》的形式而得以流传至今，至于诸葛亮名下的《将略》《便宜十六策》等兵书，是否完全属于魏晋南北朝范围，学术界一直有分歧意见，莫衷一是，故仅具参考价值。尽管如此，这一时期的军事思想成就仍然十分可观。这具体表现为：第一，流传至今的曹操《孙子略解》一书内容翔实，颇有创新，堪称大浪淘沙之后的兵学精品，“文字简练而切要，对于后人理解《孙子兵法》本义具有开创性意义”③，“阐发《孙子兵法》义旨，有的有新的发挥”④；第二，这一时期出现了许多精彩的非兵书论兵之作，散见于奏议、政论、类书、诗歌、散文、史书等文献之中，而《北堂书钞》《通典》《群书治要》《太平御览》《文献通考》等唐、宋

---

① 《孙子兵法研究史》，第 78 页。

② 参见《五千年的征战：中国军事史》，第 113 页。

③ 《孙子兵法研究史》，第 78 页。

④ 《孙子兵法研究史》，第 78 页。

时代的政书、类书也保留了这一时期众多散佚兵书的部分内容；第三，这一时期涌现了众多杰出的军事家，如曹操、诸葛亮、司马懿、羊祜、杜预、石勒、王猛、刘裕、拓跋珪、宇文泰和陈霸先等，他们卓越的军事实践活动以及建立在此基础之上的军事理性认识，更从另一个层面极大地丰富和充实了中国军事思想的宝库，使得该时期的兵学建树呈现出崭新的面貌。

第三章　武器装备的发展与作战方式的嬗变

中国古代兵学作为对军事学各类历史知识的统称，有狭义和广义理解之分，它既包括战争观、治军学说、战略战术等军事理论方面的内容，也包括军器制造、营垒构筑、人马医护等军事技术内容。① 且从生产力发展和物质技术进步的决定性作用来看，军事技术的发展进步往往会引发作战方式的变革，进而为军事理论的发展提供实践土壤和经验总结。三国两晋南北朝时期，钢铁冶炼技术领域取得了重大突破，传统步兵的武器装备得到了新的发展，战船等水战装备建造水平达到了新高度，筑守城技术带动了城市攻守作战的兴起。各政权根据战争的需要和自身条件，各竞所长，大力发展对抗兵种。当时的主要兵种，仍然是陆军和水军。陆军在数量上占有最大比重，但骑兵最具战斗力，因而成为陆军之主力部队。与兵种建设相适应，骑战、水战、陆战等作战样式不断丰富，各种战术如河川湖泊战、山地战、丛林战、荒漠戈壁战、夜战战术等，均得到发展。

第一节　武器装备的发展

纵观这一历史时期，杂炼生鍒灌钢工艺的发明，标志着中国古

① 参见李德义主编：《中国历代军事思想》（学科分册），《中国军事百科全书》（第二版），中国大百科全书出版社，2008 年，第 307 页。

代钢铁冶炼技术基本成熟，使钢铁兵器的大量生产和应用于战争成为可能。在技术进步和战争需求的双重作用下，兵器的形制得到进一步改进，杀伤力大大增强；防护装备较前代更为完备，明光铠等铠甲被普遍采用，形制逐渐规范化，甲骑装具大大完善，尤其是马镫的出现与使用，使古代骑兵作战能力提高到一个新的阶段。造船技术达到了新高度，楼船等大型战舰的建造达到了较高水平，艨艟斗舰及水战兵器也有了较大改进和创新。在攻守城作战中，一些新的攻坚与防守器械相继发明，其种类和性能均较前代有很大的发展。

一、传统兵器制造技术的进步

刀、剑、矛、弓箭、弩、铠甲和马镫等，皆为魏晋南北朝时期的主要军器装备，这些军器装备的改进和广泛使用，是与钢铁锻造技术的进步直接联系的。

早在西汉中后期，中国就发明了“炒钢法”。这种冶炼方法是，把生铁加热到熔化或基本熔化的状态，再加以炒炼，使之脱碳成钢或熟铁，解决了熟铁低温炼钢技术中钢铁不能熔化，铁和渣不易分离，碳不能迅速渗入的问题。这样，就把当时生产效率相当高的生铁作为炼钢原料，从而开辟了炼钢的新途径。这是炼钢技术发展史上的一次重要技术革新。“炒钢时，首先把生铁在空气中加热，使处于熔融或半熔融状态。”① 炒钢法的创造，使得“百炼钢”技术发展到成熟程度。东汉、魏、晋、南北朝时期，最精良的钢就称为“百炼精钢”或“百炼钢”。

三国时期，炼钢的技术继续提高，曹操曾命有司炼制成宝刀，称为“百辟刀”，炼成的宝剑称为“百辟宝剑”。所谓“百辟”，也就是“百炼”，即经过上百次的加热和反复折叠锻打。曹丕也曾令人制成百辟宝剑三把、百辟宝刀三把。曹丕《典论》说：“建安二十四年二月壬午，魏太子丕造百辟宝剑，长四尺二寸，淬以清漳，厉

---

① 杨宽：《中国古代冶铁技术发展史》，上海人民出版社，2004年，第233页。

以礛诸，饰以文玉，表以通犀，光似流星，名曰飞景。”① 曹丕还“选兹良金，命彼国工，精而炼之，至于百辟……以为宝器九”②，其中剑、刀和匕首各三。这些“百辟”的刀、剑、匕首，代表了当时炼制优质钢铁利器的工艺的最高水平。诸葛亮作为日理万机的蜀国丞相，对于兵器的制造也非常注意，陈寿称其“长于巧思，损益连弩，木牛流马，皆出其意”③。他还对管理兵器制造的中央机关“作部”多次做出具体指示，要求提高刀斧的制造水平，还曾下令蒲元铸刀三千口，锐利非常，“以竹筒内铁珠满中，举刀断之，应手虚落”④。陶弘景《刀剑录》也记载，蜀主刘备令蒲元造刀五千口，皆连环，及刀口刻七十二炼，柄中通之。

东晋、南朝时，江南一带炼钢技术也有新的提高。齐梁时人陶弘景云：“钢铁是杂炼生鍒作刀镰者。”所谓杂炼生鍒，就是把生铁和熟铁混杂起来冶炼。梁武帝天监四年（505），官冶又发明了一种横钢法，这种钢也是百炼而成，或称为百炼钢，当时用百炼钢制成的刀，十分锋利，据说能够斫断用头发丝悬挂起来的捆为一束的十三根“芒”⑤。晋永嘉之际，著名诗人刘琨，字越石，永嘉元年（307）为并州刺史，其《重赠卢谌》诗云：“功业未及建，夕阳忽西流。时哉不我与，去乎若云浮。朱实陨劲风，繁英落素秋。狭路倾华盖，骇驷摧双辀。何意百炼刚，化为绕指柔！”⑥

在北方，十六国时期，大夏王赫连勃勃曾以叱干阿利为将作大匠，制造的“五兵之器，精锐尤甚”，又制造了一种“百炼刚刀”，

---

① 欧阳询撰，汪绍楹校：《艺文类聚》卷六十《军器部·剑》，上海古籍出版社，1982 年。

② 严可均辑：《全三国文》卷八《魏文帝·剑铭》，《全上古三代秦汉三国六朝文》第二册，上海古籍出版社，2009 年。

③ 《三国志》卷三十五《诸葛亮传》。

④ 《艺文类聚》卷六十《军器部·刀》。

⑤ 芒即稻杪，将稻秸的杪捆为一束。

⑥ 萧统编，李善注：《文选》卷二十五《刘越石·重赠卢谌》，上海古籍出版社，1986 年。

快利非常，刀上刻有龙雀形大环，号为“大夏龙雀”。① 北周“又于夏阳诸山置铁冶，复令善为冶监，每月役八千人，营造军器”②。为保证兵器的质量，还采用了非常残暴的验收措施：“既成呈之，工匠必有死者：射甲不入即斩弓人；如其入也，便斩铠匠。”③

三国两晋南北朝时期，曾经出现不少炼制宝刀、宝剑的著名冶炼家。如晋代永嘉年间的刘姓冶炼家和南朝齐、梁时的黄文庆，都是当时制作刀剑的名家。“当时验看刀剑锋利的方法是这样的：把若干根‘芒’（稻杪）捆为一小束，用头发丝系住这小束‘芒’的杪，悬挂在一根杖头上，由一人拿着杖，由另一个人用刀剑去斫这束用头发丝系在杖头上的‘芒’，凡是能把‘芒’斫断而发不断的才算好刀剑。据说刘懎炼制的刀剑，锋利得能够斫断这样用头发丝悬挂起来的捆为一束的十三根‘芒’。而黄文庆用上虞谢平所开凿的‘刚朴’（炼钢的矿石）炼成的‘神剑’，比刘懎炼制的刀剑更要锋利，据说它能够斫断这样悬挂起来的捆为一束的十五根‘芒’。”④

这一时期的武器装备，质地基本为钢铁，其种类与功能在沿袭前代传统兵器的基础上，又结合当时实战的需要而有所革新。这一是因为各类兵器在实战中所占的地位有所调整或改变，二是因为同类兵器装备中不断有新的品种面世并用于实战。

这一时期的格斗、远射、防护装具大体仍为矛（枪）、戟、刀、剑、弓弩、铠甲、胄盔等。然而，其使用范围和一般形制，却随着战争实践的发展而有一定的变化。格斗兵器中，经过改进的矛与刀，被更广泛地使用，成为最主要的手持兵器。戟与剑虽然仍用于实战，但其数量出现递减的趋势，在作战中的地位渐渐降低。矛，一般称作为枪，或称槊。其形制与传统的矛也有了一定的差别，即矛头较短，更适合于实战的需要，因此，它也可以看成是改进型的刺兵。枪成为当时战争中最重要、最常用的长兵器，这应当是大规模骑兵

① 参见《晋书》卷一百三十《赫连勃勃载记》。
② 《周书》卷三十五《薛善传》。
③ 《晋书》卷一百三十《赫连勃勃载记》。
④ 《中国古代冶铁技术发展史》，第255页。

作战所带来的必然结果。因为作为刺兵，枪的直而锐的矛头最适合骑兵冲锋，它的刃形和杀伤方式均与战马的前进方向完全一致，同时，其形制比戟简单，打造较为容易，适合于大规模装备骑兵部队。根据骑兵与步兵的不同作战要求，当时的枪又分为步槊和马槊两种。《武备志》上说："阵所实用者，莫枪若也。"① 作战中，枪的作用与威力是既实用又巨大的。骑兵作战，一般都采取挺枪策马突驰敌阵的方式。所谓"挺枪"，是将枪水平端起，伸出于马前，以这种姿态突入敌阵，靠的完全是马的奔驰速度和冲刺力，从而使静止状态的敌方骑兵或步兵无法阻挡。马的速度加上数十斤乃至上百斤枪的重量所产生的冲击力，无论从正面还是从侧面都很难阻挡得住，可谓"所向无前"。这便显示出枪在骑兵冲锋中锐不可当的优势了。可见，枪十分符合骑兵作战的特点，如果使用重甲骑马的横队大排面挺枪冲锋，呐喊前进，那么，它对敌军阵列的突破力是十分巨大的。这也是这一时期北方骑兵作战优势之所在。

戟是用于实战的另一种主要长柄格斗兵器，三国时使用较为普遍，吕布、典韦、张辽等名将都以善用戟杀敌而著称一时。但两晋以降，戟的使用呈现减少的趋势，它更多是作为仪仗使用了。到了唐代，戟用于实战更属较稀罕的现象。从现存部分实物来看，唐以后还作为兵器的主要是一种短戟，全长 60 厘米左右，左右手各持一支，故又名"双手带"。但这已不是长兵，而是一种短兵了。

刀是这一时期最主要的短兵器。刀的盛行无疑仍与骑兵作战直接有关，特别是重甲骑兵出现以后，由于防护装备的加强，以剑击刺在骑兵近身格斗中已不具有很大的杀伤力，所以剑的卫体作用逐渐变弱，而更多的是要依赖于重量较大的刀的劈砍。② 因此，这一

---

① 茅元仪：《武备志》卷一百三《军资乘・战八・器械二・枪》，《中国兵书集成》编委会：《中国兵书集成》第三十一册，解放军出版社、辽沈书社，1989 年。

② 参见钟少异：《金戈铁戟：中国古兵器的历史与传统》，解放军出版社，1999 年，第 103—105 页。

时期的刀，不但数量多，而且质量精，其形制可分为无木柄和有木柄两类，以前者为主。无木柄之刀或作环首，或作直柄，今出土的三国时期的刀大多为环首刀，直体长身，薄刃厚脊，柄首加有扁圆状的环，具有很强的劈砍功能。短刀之外，还有长刀，如三国魏将典韦“好持大双戟与长刀等”。长刀属于长兵系列，魏晋时期已出现，而到唐代时则普遍使用，称为“陌刀”。从南北朝时期的壁画、画像砖来看，当时主要兵器与两汉三国一样，还是环首长刀和楯。

剑在这一时期已不再是实战的兵器①，而是更多作为一种带装饰性的防身武器②，演变为统治阶级表示身份地位的一种标志。它在作战中已经基本让位于背脊厚重、坚实锋利，更适合于砍杀的单刃铁刀了。《三国志》和南北朝诸史中有大量战斗用刀的事例，但实战中用剑的记载绝少，正反映了这一变化。

杨宽先生指出，值得注意的是，从西汉到东汉、三国，主要钢铁兵器有了很大变化，就是长剑逐渐消失，而代之以环首长刀。之所以会起这样的变化，主要是两个原因：“一是由于骑兵的发展和战斗上的需要。剑的特点，前有长的尖锋，两侧有锋利的刃口，既便于向前推刺，又可以左右挥舞和劈削。到这时由于骑兵的发展，大量使用骑兵作为主力临阵战斗，由于马速很快，飞奔作战，就不便于使用长剑来推刺和挥舞，而适宜使用长刀来劈砍。环首长刀只一侧有刃，另一侧是厚实的刀脊，又没有长尖锋而有方刀头，很便于挥臂劈砍。同时长剑在战斗中容易弯曲或折损，环首长刀由于刀脊厚实，不易折损。”③ “二是由于制造方便和炼钢技术的进步。长剑的尖头和两侧都需要有锋利的刃，而中脊又需要较厚而坚韧，因此工艺要求高，不便于大量制造。环首长刀只一侧需要锋利的刃口，制造比较方便，便于大量制作。特别是由于炒钢方法和百炼钢技术

---

① 《武备志》卷一百四有云：“古之言兵者，必言剑，今不用于阵。”
② 像曹丕所造“百辟宝剑”，“饰以文玉，表以通犀”，即是其例。
③ 《中国古代冶铁技术发展史》，第254页。

的进步，使得环首长刀的制造大为发展。”①

这一时期的远射兵器仍为弓弩，但是其形制与性能又有新的改进。尤其是弩，作为远射兵器中最具有杀伤力的装备，其攻击性能不断得到提高。诸葛亮改进后的连弩“元戎”，可以“一弩十矢俱发”②。南朝时所发明的“万钧弩”（又称“神弩”“神锋弩”）威力巨大，如刘裕在与卢循军作战之时，“军中多万钧神弩，所至莫不摧陷”③。1960 年，江苏南京市曾出土一件南朝大型铜弩机，长 39 厘米，宽约 10 厘米，通高 30 厘米，经复原后，其弩臂长达 2 米以上，这就是当时大型“床弩”的一个缩影。在骑战主导时代，连弩与床弩成为阻遏骑兵迅捷冲锋的最有效手段。

当时作为防护装具的铠甲主要是铁甲，同时也有少量的犀甲，但种类明显增多。就铁甲而言，除传统的鱼鳞甲外，又增加了明光铠、环锁铠、两当铠等品类。所谓明光铠，是因该铠胸前、背后两面各有金属圆护心镜，在阳光反射之下闪闪发光而得名。它在南北朝时期是最好的铠甲，到了唐代，仍被列为 13 种铠甲之首。两当铠，颇类似于衣服中的两裆衫，一片当胸，一片当背，总共两裆，在肩上用带子把前后两个裆片扣连，腰间用腹带系扎而成。它比较轻便，适宜于骑兵穿戴冲杀。环锁甲状如“连锁，射不可入”，最早流行于西域，魏晋时传入中原地区。

二、战船与水战装备得到快速发展

三国两晋南北朝时期，水军得到迅速发展，在江汉、江淮流域的作战中扮演主要角色，是与当时战船种类齐全、功能多样、实战能力提高的情况相一致的。

与秦汉相比，这一时期水战更为频繁，战斗规模也更大，对于水战船舰的载重量、规格形制和结构都提出了更高要求。载重量大，

---

① 《中国古代冶铁技术发展史》，第 254—255 页。

② 《三国志》卷三十五《诸葛亮传》注引《魏氏春秋》。

③ 《宋书》卷一《武帝纪上》。

则装载兵士多；船身高，能控制制高点，以防范敌方水军缘舷登舰。水战规模、范围和强度的多样性，决定了不仅需要大型战舰进行集团作战，还需要机动性强、操作灵便的小型战船，以便于向敌人发起冲锋。较高的造船水平和战术变化，使得这一时期的战舰既有载重量大和船身高的楼船，以及载重量较大和冲击力强的蒙冲大舰，也有灵活轻便的各类快船小舰，它们在水战中相互配合，形成了水战船舰的完整体系。

大型战舰（船）是这一时期战舰家族的主体，其主要代表是楼船。所谓楼船，就是“作大船，上施楼”①。它是一种高达十余丈，船上分为数层通行江海的大船，每一层楼的外面都建有高数尺的“女墙”，作为防御敌方弓箭矢石的掩体。女墙上有箭孔，可以向外射箭发弩。楼的四周均用坚硬的木材建成叫作“战格”的保护层，或再蒙上生牛皮。两边船舷伸出若干支木桨，作为舰船前进的主要动力，舰顶有帆，以便借助风势加快航速。② 楼船的制造与使用始于秦汉时期，魏晋以降更有了新的发展。三国时吴国董袭督造的五楼船，其上建筑多达五层，堪为巨无霸式的战舰。西晋王濬所建造的楼船，“方百二十步，受二千余人。以木为城，起楼橹，开四出门，其上皆得驰马来往”③，也是规模空前的大型楼船。东晋末年，卢循起义，率水军沿长江而下，其中楼船百余艘，“新作八艚舰九枚，起四层，高十二丈”，晋将刘裕为与之相抗衡，也壮大水军，“皆大舰重楼，高者十余丈”。④ 由此可见楼船在战舰系列中所占的主力地位。南朝后期，楼船的形制更趋于庞大，如梁朝末年的陆纳在湘州所造的三王、青龙、白虎三舰，舰身“并高十五丈”⑤，外用牛皮蒙住舰身，以阻挡敌人的攻击。另外，当时楼船的载重量也大

---

① 《汉书》卷六《武帝纪》注引应劭语。

② 参见袁庭栋、刘泽模：《中国古代战争》，四川省社会科学院出版社，1988年，第380页。

③ 《晋书》卷四十二《王濬传》。

④ 《宋书》卷一《武帝纪》。

⑤ 李延寿：《南史》卷六十三《王僧辩传》，中华书局，1975年。

为可观，据《颜氏家训》称，大船之载重量已达“一万斛”[①]，约合今天五百吨。

中型战舰，其主要代表是蒙冲斗舰。它们的主要特点是船体适中，既有楼船的稳固性，又有快艇的灵敏性。它一般在船舷上建女墙，女墙下有若干“掣棹孔”，供桨伸出，而划桨水兵则全部掩藏在船内。在船舷各方，还开设若干“弩窗”“牙孔”，便于攻击各个方向的敌人。船体上为两层，战士分据指定的位置，用弓弩向敌方进攻。舰身上一般蒙着生牛皮之类的防护物，“又以牛皮冒蒙冲小船，以触贼舰”[②]。蒙冲斗舰的主要功能是在水战中实施冲锋突击，冲散敌方水军的阵形，冲没敌方小舰。它是这一时期最为常用的水战舰只，[③] 在作战中冲锋陷阵，屡显威风，既有相当的防卫能力，又有强大的攻击力量。

小型战船。小型战船的名目、类型甚多，概括地说，可统称为“走舸”。这类战船体积较小，船上无建筑，只在船舷上建造有蔽身的女墙，不用露桡而用明桡（即划桨手暴露身体）。它的主要特点是轻便灵活，速度很快，所谓“往返如飞，乘人之不及，兼备非常之用”。这一时期，这种“走舸”类小型战船数量巨大，形制不断得到改进，经常用于水上交战。如据《梁书·王僧辩传》记载，王僧辩率水军进攻侯景水军，侯景水军有“鸼舻千艘并载士，两边悉八十棹，棹手皆越人，去来趣袭，捷过风电”[④]，在战斗中显示出很强的威力。当时用于水战的其他小型战船，据记载还有斥候、先登、赤马舟、艋冲、飞云船、飞鸟船、苍隼船等多种。

除上述各类战舰（船）外，这一时期用于水战的还有木筏、双体船（舫）等。其中木筏既用于运输兵力辎重，又常用来破坏敌人

---

① 参见王利器：《颜氏家训》卷五《归心》注，中华书局，1993 年。

② 《陈书》卷九《侯瑱传》。

③ 据《三国志》卷五十四《周瑜传》。三国时，地处荆州的刘表水军曾拥有“蒙冲斗舰，乃以千数”，可见三国两晋南北朝时期蒙冲斗舰数量之大、用途之广。

④ 姚思廉：《梁书》卷四十五《王僧辩传》，中华书局，1973 年。

布设的水上障碍物（木栅、铁锥等）。

水战兵器方面，弩和炮石车等抛射兵器得到了广泛的发展和应用。弩既可用于陆上作战，也可用于水战。水战方面，舰船上开有弩窗以供发射，比较重要的有三国时期的联弩和东晋、南朝时期发明的强弩，杀伤范围广，威力大。如义熙六年（410），岭南的卢循起兵东下，进逼建康，刘裕屯兵石头城，卢循遣十余舰来攻，刘裕“命神弩射之，发辄摧陷，循乃止不复攻栅”①。泰始三年（467），南宋北伐失败，北魏军进至淮北，围攻角城，萧道成“遣军主高道庆将数百张弩浮舰淮中，遥射城外虏，弩一发数百箭俱去，虏骑相引避之，乃命进战，城围即解”②。炮石车又名发石车，是我国古代应用杠杆原理和离心原理抛射石块的一种大型兵器。早在汉代，炮石车即被装配到水军的战船上。三国两晋南北朝时期，水军战船上常配备有炮车，用其击中敌方战船可以造成很大损伤，并在战场上给敌方人员造成心理威慑。

拍竿也是这一时期一种极具特色的水战兵器。拍竿起初叫“桔槔”，“汲水器也”，本是一种原始的提水工具，春秋时已经应用。东晋初年，桔槔被移到水军战船上，发展成一种水军专用武器，到南北朝时改称拍竿。拍竿利用杠杆原理，在一木柱上支一横木，横木一端用绳系上巨石，另一端系上人拉的绳索。水战中，将桔槔上的巨石移至敌舰上方后松开绳索，巨石靠自身的重力猛然砸下，使敌舰船毁人亡。“淳于量、吴明彻等募军中小舰，多赏金银，令先出当贼大舰，受其拍。贼舰发拍皆尽，然后官军以大舰拍之，贼舰皆碎，没于中流。”③

三、筑守城技术日趋成熟

冷兵器时代，受技术条件的限制，攻守城作战往往会有利于守

---

① 《宋书》卷一《武帝纪上》。

② 萧子显：《南齐书》卷一《高帝纪》，中华书局，1972年。

③ 《陈书》卷二十《华皎传》。

方，常常会演变成一场耗费巨大的消耗战，在主张“上兵伐谋”的中国兵家看来，攻城作战是不得已之法。“故上兵伐谋，其次伐交，其次伐兵，其下攻城。攻城之法，为不得已。修橹轒辒，具器械，三月而后成；距闉，又三月而后已。将不胜其忿而蚁附之，杀士三分之一，而城不拔者，此攻之灾也。故善用兵者，屈人之兵而非战也，拔人之城而非攻也，毁人之国而非久也。必以全争于天下，故兵不顿而利可全，此谋攻之法也。”① 三国两晋南北朝时期，战争频繁，战场地域广阔，地形复杂多样，攻城和守城的战术不断进步，直接推动着筑城术不断向前发展，具体反映为筑城数量的急剧增多，以及筑城方法的日益改进。

当时的筑城大致有四种情况：一是修筑新城；二是保留旧城，加筑新城；三是拆除旧城，在附近另选地理形势险要处修筑城池；四是大量修筑规模略小于城，专用于军事防御的坞堡。

在筑城技术方面，当时的城墙仍多用土夯筑，但也开始出现了新的筑城方法。一是更加注重借助于地形地物，既节省人力物力，又加强城池的防御能力。如三国时孙权所重筑的石头城（今江苏南京清凉山一带）就借用一段天生石壁筑就。二是普遍在城内加筑称为“京”“台”的高大土台，以控制制高点，增加安全度。如公孙瓒所据的易京城就以“京”多而命名，每京高达五六丈，公孙瓒所住的中京高达十丈。曹操在邺城的西北隅“因城为之基”，构筑三座高台（金凤、铜雀、冰井），三台列峙，高耸如山，同易京相仿佛，而规模更为宏大。至今仍残存有土台的遗址：金凤台高度约 9 米，铜雀台为 3 米。三是使用了“蒸土”之法使夯土墙身变得更为坚固。据《晋书·赫连勃勃载记》记载，赫连勃勃任命叱干阿利为将作大匠，动用十万人修筑都城统万城（今陕西靖边北白城子），“蒸土筑城”，筑成之后用锥刺的方法验收，如果“锥入一寸，即杀作者而并筑之”②。北宋时期大科学家沈括曾亲自前往当地考察，发现其依然

---

① 《十一家注孙子校理》卷上《谋攻篇》。

② 《晋书》卷一百三十《赫连勃勃载记》

是“紧密如石，劚之皆火出”①。四是较为普遍地修筑“马面”，即在筑城之时，每隔一定距离就在城墙的外面修筑一个突出于城外的城台（《墨子·备梯篇》称为“行城”），消除城墙下部的射击死角，将平面防御变为立体防御，便于守城将士用弓弩的交叉射击击杀逼近城墙或攀城而上的敌军。由于此城台突出于城墙之外，有如马脸一般，故称之为“马面”。这一技术为后世广泛沿用，如北宋的开封城就是“每百步设马面战棚”②。五是开始使用砖石筑城，例如建康石头城原为土筑，到东晋义熙年间乃加砖垒石。北魏时使用砖石筑城的现象也曾出现。③

攻城战具有传统的轒辒车、飞云梯、抛车等，地道、火器等多种战法也被综合使用。所谓轒辒车，即“作四轮车，上以绳为脊，生牛皮蒙之，下可藏十人，填隍推之，直抵城下，可以攻掘，金火木石所不能败”④。飞云梯，“以大木为床，下置六轮，上立双牙，牙有检，梯节长丈二尺；有四桄，桄相去三尺，势微曲，递互相检，飞于云间，以窥城中。有上城梯，首冠双辘轳，枕城而上”⑤。抛车，“以大木为床，下安四独轮，上建双陛，陛间横检，中立独竿，首如桔槔状，其竿高下、长短、大小以城为准。首以窠盛石，大小、多少随竿力所制，人挽其端而投之。其车推转，逐便而用之。亦可埋脚着地，逐便而用。其旋风四脚，亦可随事而用”⑥。地道法，即凿地为道，行于城下，用攻其城。城下的地道中往往建柱，积薪于其柱间而烧之，柱折则城摧。

筑城数量的剧增和筑城工艺的改进，意味着当时城池攻守战的激烈残酷，也是当时军事技术发展的标志之一。在该时期，城池的

---

① 沈括著，施适校点：《梦溪笔谈》卷十一《官政一·赫连城》，上海古籍出版社，2015年。

② 孟元老：《东京梦华录》卷一，商务印书馆，1936年。

③ 参见《中国古代战争》，第433—434页。

④《通典》卷一百六十《兵十三·攻城战具》。

⑤《通典》卷一百六十《兵十三·攻城战具》。

⑥《通典》卷一百六十《兵十三·攻城战具》。

攻守得失往往关系到战役战斗胜负。许多著名战例，即围绕着对城池的攻守而展开。例如曹魏军队抗击诸葛亮北伐大军进攻的陈仓保卫战，张辽顽强抗击孙吴优势兵力进攻的合肥保卫战，石勒挫败西晋军队进攻的襄国保卫战，西魏韦孝宽击退东魏高欢围攻的玉壁保卫战，等等，均是这方面的典型战例。其中的合肥保卫战，张辽以七千人守合肥，孙权以十万之众围攻。张辽守中有攻，“折其盛势，以安众心”；并以800多人的敢死队突然开城向孙权军队冲杀，“吴人夺气”。孙权围攻十余日，“城不可拔，乃引退”①，张辽终于取得了合肥保卫战的胜利。而由攻守城所发展起来的地道战、突门出击等特殊战法，在这一时期也更趋于发达成熟。如西晋末年，大将王浚率师5万围攻石勒于襄国（今河北邢台）。石勒兵少将微，处境危殆，其部将张宾、孔苌认为“（敌）大众远来，战守连日，以我军势寡弱，谓不敢出战，意必懈怠”，因此不可死守，于是建议“速凿北垒为突门二十余道，候贼列守未定，出其不意，直冲末柸帐，敌必震惶，计不及设，所谓迅雷不及掩耳”。② 石勒采纳了这一建议，“率将士鼓噪于城上”，吸引敌人的注意力，另在城上挖穿突门，“督诸突门伏兵俱出击之”，大获全胜，“乘胜追击，枕尸三十余里，获铠马五千匹”。③ 这次襄国保卫战的胜利，就是当时城池攻守中善于运用“突门”出击的一个典型事例。

第二节　作战方式的嬗变

随着军事技术的进步和武器装备的改进，作战方式也不断发生新的变革。

---

① 《三国志》卷十七《张辽传》。

② 《晋书》卷一百四《石勒载记上》。

③ 《晋书》卷一百四《石勒载记上》。

一、重甲骑兵驰骋中原

在火器时代来临之前，兼有今日飞机、坦克二者之效力的骑兵以其无与伦比的机动性和冲击力，在相当长的时间内一直是主宰战场的兵种。

魏晋南北朝时期是我国古代骑兵发展史上继两汉骑兵兴盛之后的又一个大繁荣阶段。这主要表现为骑兵始终是中原地区军队中的第一主力，骑战成为当时战争中的主要作战样式，重甲骑兵的建设与运用进入全面发展时期，马镫的发展与使用使骑兵的战术动作更为娴熟多样，战斗力得以更好地发挥。

自三国时期起，与秦汉时期骑兵主要用于漠北漠南等草原、戈壁地区作战不同的是，骑兵的主要作战地域转移到北方内地。三国时骑兵最为强盛的当数曹魏，其骑兵在军队中占有绝对主力的地位，曾在统一北方的战争中发挥过决定性的作用，其所拥有的乌桓三郡“天下名骑”及曹纯的虎豹骑①那样的“天下骁锐”，是蜀汉、东吴少得可怜的骑兵无法比拟的。不过，当时的骑兵尚未配备马镫，这当然多少限制了骑兵战斗力的进一步发挥。

西晋的兵种建设承袭曹魏而来，其养马业非常发达，以至当时流传着“凉州大马，横行天下”② 的民谣。北魏太武帝时，朝廷于云中置野马苑，平朔方、河西、陇右之后，以河西之地地势高阔、水草丰美，辟为牧地，养马300余万匹，橐驼150万匹。北魏孝文帝迁都洛阳后，任命宇文福为都牧给事，又将石济以西、河内以东的黄河南北上千里之地辟为牧场养马。因为养马业的发达，骑兵自然成为军队中的绝对主力。当时行军、作战，经常以步、骑相结合，协同出征交锋，步、骑两者配置的比例为十比二三，骑兵的数量虽

---

① 据《魏书》记载，“纯所督虎豹骑，皆天下骁锐，或从百人将补之，太祖难其帅。纯以选为督，抚循甚得人心”。见《三国志》卷九《曹纯传》注引《魏书》。

② 《晋书》卷八十六《张轨传》。

然较步兵为少，但是在步、骑的协同作战中处于完全主导的地位。

骑兵的进一步发展是在十六国、北朝时期。这些地方政权大多是由北方游牧民族入主中原所建立的，骑射是其所长，这就使得骑兵理所当然地成为其军队的主力。例如前赵政权中央兵力近 30 万，石勒后赵政权中央兵力 50 余万，均主要由骑兵组成。前秦苻坚南伐东晋，统率“戎卒六十余万，骑二十七万”①，骑兵也占其总兵力的三分之一。在具体战争过程中，动辄投入骑兵数万或十几万人，最多时竟高达数十万之众。如北魏拓跋焘平定北方中原地区时，经常动用骑兵十余万，最多时为 40 万左右，② 可见骑兵数量之多，作用之大。在一般的战斗中，骑兵作战也往往起着决定性的作用，如南北朝刘宋元嘉二十七年（450），宋军攻入关中与北魏军激战，宋方勇将薛安都“瞋目横矛，单骑突阵，四向奋击，左右皆辟易不能当，杀伤不可胜数，于是众军并鼓噪俱前，士皆殊死战”③，取得了战斗的胜利。与之相应，当时的马政建设也十分发达，如北魏先后有规模宏大的 4 个官办畜牧场，经常储备战马数十万匹，以备军用。

魏晋时期骑兵大发展的另一个重要标志，是重装甲骑兵的出现。所谓重装甲骑兵，就是人和马都披戴铁甲的骑兵，当时称作“铁骑”或“甲骑”。这种骑兵的最大特点是具有较强的防护力和集团冲击力，在对没有厚重装甲的轻骑或步兵作正面猛烈突击之时，往往具有很强大的杀伤力。

从现有的史料看，重甲骑兵最早出现于三国时期，当时初步使用马铠，如官渡之战中，袁绍已拥有马铠 300 具，数量是曹操军马铠数的 10 倍左右。但后来，曹操的重甲骑兵有了很快的发展，211 年，当其与马超、韩遂诸部大战于潼关之时，已拥有铁骑 5000，“精光曜日”，颇为壮观。而十六国、北朝时期，则是重甲骑兵全面发展的关键阶段。当时马铠大幅度增加，成批次装备于骑兵部队，称为

---

① 《晋书》卷一百十四《苻坚载记下》。

② 参见魏收：《魏书》卷四《太武帝纪》，中华书局，1974 年。

③ 《宋书》卷七十七《柳元景传》。

“具装铠”，使得重甲骑兵在整个骑兵部队中占有了相当大的比例。据记载，在当时的战争中，铁骑经常成千上万，甚至数万用于战场交锋。如后赵石勒在襄国保卫战中，大败西晋大将王浚部下的鲜卑段疾陆眷，击溃其骑兵 5 万之众，“枕尸三十余里，获铠马五千匹”[①]，此战的晋方铁骑数为其骑兵总数的十分之一。又，石勒击破刘琨部将箕澹 10 万余众，获其铠马万匹，可见铠马数也占总兵力的十分之一。南燕国有步卒 37 万人，而拥“铁骑五万三千”，铁骑数的比例似乎更高一些，占总兵力的八分之一。这些例子均表明铁骑的确已成为骑兵中的重要组成部分，并且被大量应用于作战行动。

重甲骑兵虽然具有独特的优越性，但是也存在着一定的弱点，即人与马匹的负担过重，削弱了骑兵特有的快速突击能力与机动作战能力。所以，这一时期各政权在高度重视发展重甲骑兵的同时，也注重利用轻骑兵机动灵活的优势，常用它实施长途奔袭。这些轻骑兵常备有“兼马”，“马皆有副”，即每个兵士拥有战马两匹，在长途奔袭时可以做到两马互乘，从而保持进军的高速度，可以迅速及时地赶赴预定的战场，“先趋战地而待敌”，给予敌人以歼灭性的打击。[②] 轻骑兵的存在以及与重装骑兵的配合使用，对于战法的变化也产生了较大的影响，即迂回、奔袭颇为普遍，战争的运动性得到了进一步的加强。

这一时期骑兵大发展的一个重要关节，是马镫的发明与使用。已知最早的马镫见于湖南长沙西晋墓出土的陶俑，但只是起到上下马踏脚作用的短镫，用于实战的长蹬见于东晋时期制作的陶俑，而最早的长马镫的实物则发现于辽宁一座北燕时期的墓葬之中。马镫虽小，但对于骑兵的发展、骑战水平的提高却具有十分重要的意义：

---

① 《晋书》卷一百四《石勒载记上》。

② 如《北史》卷四十八《尔朱荣传》载：“荣率精骑七千，马皆有副。”又《资治通鉴》卷一百二十一《宋纪三》文帝元嘉六年五月：“魏主至漠南，舍辎重，帅轻骑兼马袭击柔然。”胡三省注云：“兼马者，每一骑兼有副马也。”

因为有了马镫，骑手双脚便有了支撑点，可以用腿力完全控驭战马，从而使得双手均可用于战斗，同时骑手也可以用全身的力量进行格架、击刺，便于使用长短兵器（如矛、刀等）进行马上交锋；此外，双脚踩镫，使人马完全合为一体，骑手便可完成马上站立、俯身、马侧藏身躲闪等以前不可能做到的战术动作，从而大大增强骑兵的作战能力。从这个意义上讲，马镫虽小，却是中国古代军事学术发展史上一个意义不可低估的重大发明。

二、集团方阵战术的发展

随着实战经验的积累，作战指挥艺术水平的提高，尤其是步、骑、车兵协同作战能力的不断强化，这一时期阵法也日趋繁多，呈现出更为成熟的形态。

古代军队临战之前，通常要根据作战任务、自身的兵力、战场的地形和敌情，预先筹划排兵布阵。作战之时，军事统帅根据战场实际情况做出决断，相机调整作战布阵，适当变换各阵兵力、队形及相互间距离，以适应战场变化。布阵得法就能充分发挥己方军队的战斗力，进而克敌制胜。精通兵法的高明将帅不仅善于布阵，而且能够洞察对方阵法弱点，趁虚而入，攻其一点而及其余，破阵以取胜。据文献记载，这一时期比较著名的阵法有公孙瓒方阵，曹操十重阵，诸葛亮八阵，田豫圜阵，任峻复阵，等等。名目虽然繁多，但是若从队形排列上考察，实际上仍为两种基本形态，一种是进攻型的阵式——方阵，另一种为防御型的阵式——圆阵，即所谓："枋陈者，所以剸（截断，引申为冲击）也；员陈者，所以槫（集聚，引申为防守）也。"① 公孙瓒方阵、袁绍之阵、曹操十重阵、诸葛亮八阵均属前者，而田豫圜阵、任峻复阵法等当归入后者。《后汉书·袁绍传》记载，当时盘踞冀州的公孙瓒"兵三万，列为方陈，分突

① 《孙膑兵法》下编《十阵》，《中国兵书集成》编委会：《中国兵书集成》第一册，解放军出版社、辽沈书社，1987 年。

骑万匹，翼军左右，其锋甚锐”[①]。《晋书·马隆传》记载马隆在平定秃发树机能之役中，“依八阵图作偏箱车，地广则鹿角车营，路狭则为木屋施于车上，且战且前，弓矢所及，应弦而倒”[②]。等等，是为用方阵的史例。北魏时左将军杨播在一次南征时，被敌军围困于淮河南岸，形势比较危急，杨播处变不惊，“乃为圆阵以御之”[③]。又如北魏末年，高欢起兵攻伐尔朱兆，双方在邺城遭遇，高欢“马不满二千，步兵不至三万，众寡不敌。乃于韩陵为圆阵，连牛驴以塞归道”[④]。这些便是布设圆阵进行防御的史例。从上述情况看，当时作战中以方阵实施进攻、以圆阵进行防御乃是十分普遍的现象，是阵法运用上的显著特点之一。

这一时期阵法的军事学术特征，一是阵内诸兵种——步、骑、车兵——的配置更趋合理，更能发挥整体攻防、协同作战的巨大威力；二是军阵的基本形式普遍采用八阵。关于八阵，古代记载很多，先秦时《孙膑兵法》就已有《八阵》篇。汉代班固《封燕然山铭》中亦有“勒以八阵，莅以威神”[⑤] 之说。但《孙膑兵法》中的“八阵”指的是八种阵法，而汉以后的“八阵”则是指的一阵八体，即阵形的若干变化。[⑥] 魏晋南北朝时期所谓“八阵”同样是五军阵的变体，即四正四奇八阵合成的集团大方阵，具有“以前为后，以后为前，进无速奔，退无遽走，四头八尾，触处为首，敌冲其中，两头皆救”[⑦] 的快速反应和灵活应变的机动攻击能力。

八阵作为集团方阵，从阵式编成上看，是将部队分别置于八个方向，八个方向的兵力合拢在一起，组成一个大阵，即所谓“八陈

① 《后汉书》卷七十四上《袁绍传》。

② 《晋书》卷五十七《马隆传》。

③ 《魏书》卷五十八《杨播传》。

④ 李百药：《北齐书》卷一《神武帝纪上》，中华书局，1972 年。

⑤ 严可均辑：《全后汉文》卷二十六《班固·封燕山铭》，《全上古三代秦汉三国六朝文》第一册，上海古籍出版社，2009 年。

⑥ 参见《中国古代战争》，第 480 页。

⑦ 《唐太宗李卫公问对》卷上。

本一也，分为八焉”“散而成八，复而为一”。[①] 在八阵的中央，是大将及直属的机动兵力，即“握奇”（掌握余奇兵力），“中心零者，大将握之，四面八向，皆取准焉”[②]。根据“阵数有九”的说法，八阵中央之“余奇”也可视为一个中阵，故“八阵”也可被称为“九军阵”，“大抵八阵即九军，九军者方阵也”[③]。

“八阵”在编成上一般遵循三个基本原则。一是包容与对称。所谓包容，即“陈间容陈，队间容队”[④]；所谓对称，即保持平衡与呼应，“隅落钩连，曲折相对”[⑤]。二是中外与离合。八阵在兵力的配置上，区分为中央与外围，主要兵力部署于外围，少而精的兵力置于中央，形成厚外薄中、外实内虚的兵力部署；在阵地配置上，讲究离合，既依据地形而分散配置，又能够按照统一指挥的要求迅速地合成作战。三是奇正，即把部队区分为正兵与奇兵，“四为正，四为奇”，外为正，中央大将直接控制的“余奇之兵”为奇，于是“四正四奇而八阵生焉”，这就是所谓的“数起于五，而终于八”[⑥]。

“八阵”作为中国古代成熟的集团方阵，其列阵、队列、机动、阵战实施、兵种配属、兵种运用、阵形变化等，都有相应的法则可供遵循与操作。如列阵之时在前、后、左、右等四块实地上部署正兵，在东南、西南、东北、西北等四块闲地上部署奇兵，“四面八向，皆取准焉”，在中央部署精锐的机动兵力。在四军转阵实施机动时，“以前为后，以后为前”[⑦]。在实施阵战时，进行全方位的协同作战，即所谓“四头八尾，触处为首，敌冲其中，两头皆救”[⑧]。八阵的全面确立与普遍运用，标志着这一时期的野战战法业已进入到

---

① 《唐太宗李卫公问对》卷上。

② 《唐太宗李卫公问对》卷上。

③ 脱脱等：《宋史》卷一百九十五《兵志九》，中华书局，1977 年。

④ 《唐太宗李卫公问对》卷上。

⑤ 《唐太宗李卫公问对》卷中。

⑥ 《唐太宗李卫公问对》卷上。

⑦ 《唐太宗李卫公问对》卷上。

⑧ 《唐太宗李卫公问对》卷上。

一个新的水平。迄至明清，“八阵”作为最基本的排兵布阵之法，仍然被广泛沿用。

当然，“八阵”在后来历史发展过程中也不断得到改进与调整，出现了许许多多的“变体”。如唐代李靖所创的“六花阵”，即根据魏晋南北朝时期的八阵法推演而来。它的基本特点是外方而内圆，即外侧六阵为方阵，部署正兵；居中的军阵为圆阵，部署奇兵。

当时一般军阵中都配置有步、骑、车诸兵种，互相配合与协同，以更好地提高军阵整体攻防能力。如三国时曹操部将田豫即动用步兵千人，骑兵数百，同时用兵车构成阵外环形障碍，防御敌方骑兵的冲击，“军次易北，虏伏骑击之，军人扰乱，莫知所为。豫因地形，回车结圜陈，弓弩持满于内，疑兵塞其隙。胡不能进，散去”①，取得了很好的效果。阵中混成后的兵力又往往区分为“先登”“中坚”“殿后”与“侧翼”诸部，分别执行不同的战斗任务。各兵种内部也有具体不同的分工。如步兵分为主射箭的弩兵与主近体格斗的徒卒。又如，曹操将战阵中的骑兵按照进攻、掩护、守御等不同的任务及其要求，专项区分为“陷骑”“游骑”与“阵骑”等三部分。此外，石勒创造了不列阵从行进间发起攻击的战术，拓跋焘创造了“不顾坚城在后，大胆向纵深穿插”的战术。

三、水战战法的创新

三国两晋南北朝时期，随着战略作战轴线由东西方向逐渐转变为南北方向，水军在战争中的地位得到了迅速的提高，成为魏晋南北朝时期兵学发展的一个重要特点。

在作战轴线转移的背景下，主战场大多是在江淮、江汉之间的广大地域，实施纵向作战。这一带多江河湖泊、丘陵盆地，地形条件不适合于擅长野外驰骋的骑兵作战，水军成为战场的主力。因此，南北统一战争的发动者普遍把建造战船，建设水军，提高江河作战能力作为军事准备的首要任务。如曹魏的北方军队就是因为不习水

---

① 《三国志》卷二十六《田豫传》。

战，舍长用短，“舍鞍马而就舟楫”，才大败于赤壁，使统一战争半途而废。西晋王朝为了进行渡江作战，在灭蜀后由王濬训练水军，经过多年努力，组建了强大的水师，其在灭吴战争中发挥了巨大作用，并在日后南朝得到大力发展，成为重要兵种，即所谓“王濬楼船下益州，金陵王气黯然收”。这一作战样式的变化，无疑大大提高了水军在整个军队中的地位，在实施横渡江河的战略作战时，水军的强弱已经成为战争胜败的关键之一。

水军在这一时期的空前发展始于三国时期的孙吴政权。吴国凭依强大的水军，北防曹魏，西拒蜀汉，牢牢占据了富饶的江南地区。当时吴国在侯官（今福建福州）设立造船厂，在濡须口（今安徽巢湖）和西陵（今湖北宜昌）设置水军基地，驻重兵防守。水军的大型战船称“五楼船”，为上下五层结构，可载乘士卒 3000 人。孙吴后期，吴国水军已经具有海上作战能力，黄龙二年（230），水军万人抵达夷洲（今台湾）；嘉禾二年（233），其水军沿海路北上辽东；赤乌五年（242），其水军 3 万人征讨珠崖、儋耳（在今海南境内），均显示了很强的运载力与战斗力。

西晋王朝经过近十年的努力，建立了一支拥众七八万的庞大水军，其大型战船，方 120 步，载士卒 2000 人，船上筑木楼，开四道门，甲板上可以驰马往来。东晋水军比西晋更为强盛，当时东晋军队出征，经常以水军为其主力。如平定桓玄之乱，就是以水军在长江峥嵘洲（今湖北黄冈西北长江中）进行水战，一举奠定胜利的基础的。

南北朝时期，水军是南朝军队的主力兵种，南朝历次出兵，多以水军为主。如宋文帝元嘉元年（424），北魏大军南进，宋军水师沿长江列阵迎击，从采石直到暨阳，江面上船舰集结连营，绵延六七百里，旗帜鲜明，军容整肃。在强大的南朝水军面前，北朝以骑兵为主的军队一筹莫展，只得铩羽而归。

这一时期水军与步兵之间的区分并不十分严格，所谓“上岸击贼，洗足入船”①，根据作战的需要，水军随时可以投入陆战，是名副其实的两栖部队。这一特点是由当时水军武器装备相对简单，水军战场局限于水面不宽的内陆江河水域造成的。战船在当时更多的功用是作为一种横渡江河的搭载工具，而水面作战又必须以陆战为依托，这也就是所谓的“沿江而下”“水陆齐发”的作战模式。

水军主要由两部分人员编成：一是水手，主要任务是操棹、把舵、张帆等战船驾驶勤务；一是作战人员，主要装备是弓弩、戟矛与甲胄，并备有拍竿、引火燃料等水战器材，职责是手执武器，投入战斗。

水战的进攻首先要注意的是水流和风向。进攻者抢占上游和顺风位置，所谓“据上流以借水力”，这样便可借水力和风力而加快战船速度，以压制、冲击敌船，同时这也便于向敌船施放烟尘、实施火攻和发射箭矢。其次是要善于破除敌方布设的木栅、铁锁、铁锥等水中障碍物，以保证船舰顺利驶行；同时，还要采取防护措施来对付敌方的矢石与火攻。如在西晋灭吴之役中，吴军为抵御西晋水师的挺进，“于江险碛要害之处，并以铁锁横截之，又作铁锥长丈余，暗置江中，以逆距船”。晋将王濬针对这一情况，“乃作大筏数十……遇铁锥，锥辄着筏去。又作火炬……灌以麻油，在船前，遇锁，然炬烧之”②，烧断铁锁，保证战船行驶畅通，遂为晋军一举灭吴奠定基础。

攻击的实施程序，首先是远距离的弓弩齐射，接近敌人时则使用拍竿打压击撞，接舷格斗时使用矛戟等长兵器击刺，攻入敌船后则以刀、剑等短兵器肉搏。特定条件下也常实施火攻。当敌人弃船逃跑时，则实施登陆作战，追歼敌军。

水战攻守的基本方法，一是进行舰队与舰队之间的对攻；二是利用风势，设法火烧进攻之敌的战船；三是设法打破进攻之敌的火攻；四是在战船必经之水道中设置各种障碍物，阻遏敌船的前进，

---

① 《三国志》卷五十四《吕蒙传》注引《吴录》。

② 《晋书》卷四十二《王濬传》。

如在水底设立木栅、尖桩，在水中设铁链拦江等，但它通常是消极的、被动的，在大多数情况下并不能奏效，前述孙吴长江防线的溃败即为明证。

为了夺取水战的胜利，水军的武器除矛戟弓箭外，还配置有钩拒、犁头镖、拍竿等水战专门装备。钩拒在先秦时即用于水战，这时形制更有改进，已普遍带有利刃了。至于拍竿尤为这一时期重要的水战武器。当时的拍竿尚多为早期的T形，它具有强大的攻击力，战时靠近敌船，松动辘轳，使竿首坠石拍打下来，将敌船击碎，从而在水战中大显神威。①

四、异彩纷呈的火攻战术

在漫长的中国古代兵学发展史上，除了野战、城池攻守等常规战法之外，还有许许多多形式各异、惊心动魄的特殊战法，例如山地战、丛林战、荒漠戈壁战、河川湖泊战、夜战、雪战、水战、火攻等等。这中间尤以火攻为人们所广泛瞩目，历史上不少为人称叹的著名战例，往往与火攻相联系。仅就三国历史而言，几场关键的战役，如官渡之战、赤壁之战、彝陵之战等等，就是火攻配合兵攻，以火制敌的典范。

所谓火攻，就是通过放火燃烧的途径，猛烈打击敌人，歼敌有生力量，毁敌战争资源，从而争取主动，克敌制胜。在古代冷兵器作战的条件下，火攻称得上威力最为强大、效果至为明显的作战手段之一。火攻一旦奏效，就会使敌方的器械物资、城池营垒片刻之内化为乌有，三军人马瞬息之间毁伤殆尽，从而为纵火的一方主动进攻创造良好的作战态势。所以明代杰出军事家戚继光曾不无感慨地说："夫五兵之中，惟火最烈。古今水陆之战，以火成功最多。"②

---

① 关于拍竿的形制与功能的问题，参见钟少异《拍竿考辨及复原研究》，《考古》1996年6期。

② 戚继光撰，邱心田校释：《练兵实纪·杂集》卷二《储练通论下》，中华书局，2001年。

同时，火攻也必须具备客观条件，如时机、工具和气象条件等。“凡火攻有五：一曰火人，二曰火积，三曰火辎，四曰火库，五曰火队。行火必有因，烟火必素具。发火有时，起火有日。”① 火攻既可用于陆战，也可用于水战。陆战方面，火攻可以用于攻击后勤系统，也可利用地形条件直接攻击对方军队。前者如官渡之战时，曹操通过火烧袁绍的屯粮基地乌巢而一举扭转局势；后者如陆逊火烧连营，大败急于复仇的蜀军。水战方面，因舰船聚集，燃火点多，加之江河之上逃生困难，更容易造成毁灭性效果。

在诸多运用火攻战术而取胜的战例当中，赤壁之战是最为人们所熟悉，也是最具典范意义的一个。在赤壁之战中，孙权与刘备两大集团精诚合作，对敌我双方的军事实力与优劣长短进行认真分析，利用地理、天时方面的有利条件，欺敌诈降，并果断采取“以火佐攻”的作战方针，乘敌之隙，予敌以出其不意的猛烈打击。在具体实施火攻的过程中，能认真贯彻《孙子兵法·火攻篇》有关火攻作战的基本原则，充分做好了实施火攻的准备，即预备了火攻器材干草油脂和用于突击的蒙冲斗舰等物，所谓“行火必有因，烟火必素具”②；做到“发火有时，起火有日”③，即充分利用东南风大起的机会，及时地放火焚烧曹军的人员、战船和大营。孙刘联军的统帅善于将火攻与兵攻巧妙地结合起来，即在实施火攻袭击获得成功的情况下，还不失时机地率领主力舰队横渡长江，乘敌混乱不堪之际奋勇攻击，奠定胜局，并坚持实施战略追击，扩大战果，夺占荆州大部地区。

五、“八阵图”与作战方式的演进

诸葛亮在继承古八阵的基础上，结合当时蜀军对魏军作战实情，

---

① 《十一家注孙子校理》卷下《火攻篇》。
② 《十一家注孙子校理》卷下《火攻篇》。
③ 《十一家注孙子校理》卷下《火攻篇》。

“推演兵法，作八阵图”①，是在古八阵基础上的创新之举，是适应北伐高原山地作战的特定历史背景的产物。当代学者余大吉就认为，八阵图为蜀军提供了有利于对抗魏军骑兵的阵式，是古八阵适应军队发展新形势的产物，是“诸葛亮对冷兵器战法的一大创造”。② 从总体上来看，魏、蜀的军力对比是魏强蜀弱。魏国拥有地广人众之利，人口接近三国总人口的三分之二，具有雄厚的战争潜力。相比之下，蜀国军事力量处于弱势，仅占据益州一州之地，战争潜力远逊于魏国。特别是魏军的骑兵精锐，异常骁勇迅疾，是以步兵为主的蜀军所不能正面抗衡的。为弥补和抵消军事实力与兵种的差距，诸葛亮探究并创新阵法，充分发挥蜀军以“元戎”（一弩十矢连发）为代表的抛射兵器威力，以提升蜀军对抗魏精锐骑兵的能力。经由布阵的方式确立集团方阵对魏军作战的优势，扬长避短，克敌制胜，是诸葛亮创新“八阵图”的初衷。此外，秦陇山地对双方作战产生非同一般的影响，特殊作战地形亦是诸葛亮改革阵法必须考虑的重要因素。蜀、魏交战之地主要在双方交界的秦岭、陇右山地，山地高原野战成为蜀魏的主要作战方式。诸葛亮立足这一特殊作战地形，将古八阵改造成为适宜在该地形布阵之法。基于魏蜀军力强弱对比和秦陇特殊空间，诸葛亮对原来主要用于平原开阔地带的古八阵进行革新，将其改造成为适用于山地布阵作战的八阵图。历经战争实践检验，八阵图成为我国古代最具历史影响力的集团方阵的成功典范。

方阵的部署原则是“薄中厚方”，整体是方阵，各军的阵形也是方阵。“八阵之法，虚中之法也，自伍而至阵法，皆虚其中焉。”诸葛亮八阵图总体上遵循这一原则，但在具体实践过程中，依据当时的敌情、特殊的地形以及作战双方的兵器配置等情况，灵活处置，因敌因地因情制宜，逐渐形成了独具特色的布阵原则，较好地指导

① 《三国志》卷三十五《诸葛亮传》。

② 参见余大吉：《诸葛亮八阵图及阵法试探》，《中国史研究》1994 年第 3 期。

了蜀军征伐魏军的作战行动，取得了一定的成效。[①]

首先是“攻防兼备，注重防御”的战略指导原则。作战指导思想历来主张，在与敌人殊死搏斗的战场上，有效地保存自己是克敌制胜的前提。只有想方设法保存了自己，才为消灭敌人提供可能。诸葛亮创新八阵图正好暗合这一军事思想。就排兵布阵而言，诸葛亮北伐曹魏而无覆军之虞，正是八阵图“有效保存自己”这一战略指导原则获得成功的生动体现。诸葛亮运用八阵法，虽不能每战必克，却较好地保全了蜀军，使其战斗力避免遭受大的损失。根据对八阵图的布阵及相关战例的考察，八阵图的战略指导原则可概括为：攻防兼备，在兼顾进攻的情形下更加注重防御，强调有效保护己方有生力量。

孙子曰，“多算胜，少算不胜”[②]，“胜兵先胜而后求战，败兵先战而后求胜”[③]。诸葛亮用兵一贯立足于稳，始终贯彻先求不败而后出兵的作战指导原则。他一生先后五次北伐，坚决遵循“十全必克而无虞”[④]的战争理念，注重遵循用兵常法，进军路线、作战部署循序渐进，作战指导强调稳扎稳打。就此而言，谨慎用兵、立足不败、力争万全乃是诸葛亮军事思想的鲜明特色。他以挥师中原、兴复汉室为己任，在魏强蜀弱的战略态势下深谋远虑，周密统筹北伐行动，缓行稳进，利则战，不利则退，绝不冒险出击。正是在这一作战思想指导下，诸葛亮创建了八阵图。他曾说“八阵既成，自今行师，庶不覆败矣”[⑤]，一语道破了八阵图的立足点是确保不败。先保存自己，再寻机战胜敌人，既是诸葛亮指挥蜀军伐魏的作战指导思想，亦是其布设八阵图的战略指导原则。从阵形来看，八阵图是一个侧重防御的守阵。鱼复江八阵是以天、地、风、云为四正，龙、

① 参见邱剑敏：《诸葛亮八阵图的作战布阵原则》，《军事历史》2017年第4期。

② 《十一家注孙子校理》卷上《计篇》。

③ 《十一家注孙子校理》卷上《形篇》。

④ 《三国志》卷四十《魏延传》注引《魏略》。

⑤ 《诸葛亮集·文集》卷二《八阵图法》。

虎、鸟、蛇为四奇，共有八个方位，每方位由六阵组成，计为四十八阵，另有中军十六阵，共计六十四阵。从八阵图的运用来看，御敌为其主要目的。诸葛亮之后不久，北魏将领高闾建议“采诸葛亮八阵之法，为平地御寇之方”①，以此抵御来自北方游牧民族的袭扰。由此可见，诸葛亮八阵图为后世所推重，具有极强的实用价值，在实战中主要用于抗御对方骑兵的攻击。

其次是“步、弩、骑、车兵各尽其用”的兵种协同作战原则。诸葛亮的八阵为步兵、弩兵、车兵、骑兵合成编组的方阵，按照“大陈包小陈，大营包小营，隅落钩连，曲折相对”② 的方式组合而成，彼此对称。大阵位于中央，由十六个小阵结成；八阵各由六个小阵结成，部署于四周，组成一个互相协同、互为掎角的大方阵。步兵及弩兵交错配置在各阵中，阵的外围布置拒马、鹿角等障碍物，部署游骑（机动骑兵）二十四阵于阵后，另以车作为步兵、弩兵掩蔽物布阵，充分体现了步、弩、骑、车协同作战原则。因此，各司其职、各尽其用、协同作战就是八阵图的兵种协同作战原则。在八阵图的诸兵种之中，步兵、弩兵是占据主导地位的兵种，亦是蜀军的主战兵种。自刘备集团形成后，步兵就一直是其所倚赖的主要兵种，从某种意义上说，弩兵也可视为步兵的组成部分。为发挥己方抛射兵器的威力，诸葛亮征集西南少数民族擅长使用弓弩者，组建了一支万人左右的弩兵，具有较强的战斗力。此外，蜀军还拥有一定数量的骑兵。骑兵的位置是相当灵活的，“行则居前，止则居后，战则进退无常位”③。根据战场态势，骑兵可执行侧击、伏击、阻击、追击等不同的作战任务，而其位置也随之相应变化，可前可后，可左可右。

考察中国古代战争史，形式不一、功能各异的战车在远程征战特别是野战中发挥了重要作用，既有直接投入战斗、用于冲锋陷阵

---

① 《魏书》卷五十四《高闾传》。

② 《唐太宗李卫公问对》卷中。

③ 《武备志》卷六十四《阵练制·阵十三》。

的战车，也有辅助进攻的冲车，还有装载辎重、兵械，或以车为垒，用作野战工事构件的辎重车等其他形式的车。需要指出的是，步兵对抗骑兵尤其倚重战车。宋代吴淑指出："战之用车，一阵之铠甲也。"① 在诸葛亮八阵图出现以前，车在战争中仅限于相次联结而起到垒的作用。汉武帝天汉二年（前99），李陵率汉军"居两山间，以大车为营"② 抗击匈奴；卫青率汉军出塞作战时，"令武刚车自环为营"③；汉末曹操"连车树栅，为甬道而南"④。这些均是"次车以为藩"的遗制。诸葛亮创新八阵图，使用具有相仿于苹车蔽隐作用的车辆作为掩蔽物以布阵。据有关史料来看，八阵图在诸葛亮身后相当长的时期内仍然能够发挥威力，并有所发展。西晋马隆在远征秃发树机能时，曾"依八阵图作偏箱车"⑤ 并用以作战，根据地形情况灵活使用偏箱车，与鹿角、弓弩巧妙配置，"地广则鹿角车营，路狭则为木屋施于车上，且战且前，弓矢所及，应弦而倒"⑥，平定了西凉叛乱。八阵图被马隆成功运用于实战之中，在开阔地形使用鹿角，而在狭窄地形则在车上设木屋遮蔽矢石，从一侧面反映了八阵图的实战效能。

在与拥有强大骑兵的魏军作战时，蜀军步兵、弩兵的自我防护能力弱，容易遭受具有较强的高速机动突击能力的北方骑兵的攻击。为应对这一威胁，诸葛亮创新八阵图，以车作为掩蔽物布阵，为步兵、弩兵提供"倚伏"之便，构成在当时最利于护卫己方且御敌（尤其敌骑）有效的战斗队形。正是由于车兵有利于防御的稳定，诸葛亮才特意将车引入八阵，强调以车设置障碍，增强蜀军抗御魏军骑兵的防护力。他在下达对付敌军骑兵的军令中，指出"若贼骑左右来至，徒从行以战者，陟岭不便，宜以车蒙陈而待之。地狭者，

---

① 马端临：《文献通考》卷一百五十八《兵考九》，中华书局，1986年。
② 《汉书》卷五十四《李陵传》。
③ 《汉书》卷五十五《霍去病传》。
④ 《三国志》卷一《武帝纪》。
⑤ 《晋书》卷五十七《马隆传》。
⑥ 《晋书》卷五十七《马隆传》。

宜以锯齿而待之”①，认为若在山地遭遇魏军骑兵左、右翼夹击，蜀军来不及抢占有利地形，仓促转入防御，宜以车蒙阵防御对方骑兵冲击；在地形狭窄处，宜将蒙阵之车排成锯齿状，以防御魏军骑兵冲击。八阵图使用车作为掩蔽物，既提高了军队的生存能力，同时又能够发挥弩兵、步兵的特长。八阵图布阵之车是诸葛亮所发明的适宜在丘陵、山区崎岖小道使用的木牛流马。据专家考证，木牛是一种推行的小型独轮车，流马是两人一推一挽的稍大些的独轮车。这种改进后的独轮车，不仅便于在崎岖的丘陵、山区小道上运输军粮，而且便于在行军时装载武器装备、战斗时构筑野战工事，还便于在宿营时用作营垒部件，可谓具备多种用途。战车的使用须遵循因地制宜、因敌而变的原则，即根据不同的地形以及针对不同的作战对象灵活处置，使用相适宜的布阵之车。比如说在山地丘陵地形，八阵图布阵会使用机动灵活的木牛流马；而在平地布阵会更加倚重适宜在开阔地形使用的冲车、辎重车等。在对吴军、魏军的作战中，显然车在防御魏军骑兵冲击时能够发挥更加突出的遮蔽与掩护步兵、弩兵作战的作用。根据八阵图“各尽其用”的兵种协同作战原则，在战斗开始后，当敌军骑兵集团发起攻击时，蜀军阵中的弩兵依托军车发射劲弩；当敌骑继续向前冲至距己方数百米时，阵中的弩兵快速发射“元戎”（诸葛亮发明的新式连弩）；当敌骑冲至阵前时，步兵依托军车使用特制的二丈长的木柄轮、二丈五尺长的竹柄以及竹枪击刺敌人；当敌骑冲入阵内，弩兵、步兵依托军车，在各自阵内以各种长短兵器击杀敌人；骑兵可以从两侧迂回到敌军侧背，实施侧击或围击；当敌骑撤退时，骑兵可进行追击或截击。

再次是“长短相杂为用”的兵器配置原则。在中国古代兵书之中，《司马法》最早提出了布阵的兵器配置基本原则，认为“凡陈，行惟疏，战惟密，兵惟杂”②，主张布阵的队列既要疏散以便使用兵

① 《诸葛亮集·文集》卷二《贼骑来教》。

② 《司马法》卷中《定爵第三》，《中国兵书集成》编委会：《中国兵书集成》第一册，解放军出版社、辽沈书社，1987 年。

器，又要密集以便于战斗，而兵器则要多种多样配合使用。《司马法》进一步明确指出，“兵不杂则不利。长兵以卫，短兵以守，太长则难犯，太短则不及”①，“凡五兵五当，长以卫短，短以救长。迭战则久，皆战则强”②，强调若不长短配合使用兵器，则不能充分发挥各兵器的威力。《孙膑兵法》进一步明确了各兵器的配置方式：“长兵次之，所以救其隋也。从（锹）次之者，所以为长兵□也。短兵次之者，所以难其归而徼（邀）其衰也。弩次之者，所以当投几（机）也。”③ 西汉晁错在总结汉军与匈奴骑兵作战情况时，也谈到了如何在兵器配置方面扬长避短，从而取得对匈奴作战的主动权。他主张汉军应根据地形巧妙配置兵器和兵种：“丈五之沟，渐车之水，山林积石，经川丘阜，草木所在，此步兵之地也，车骑二不当一。土山丘陵，曼衍相属，平原广野，此车骑之地，步兵十不当一。平陵相远，川谷居间，仰高临下，此弓弩之地也，短兵百不当一。两陈相近，平地浅草，可前可后，此长戟之地也，剑楯三不当一。（藋）［萑］苇竹萧，草木蒙茏，支叶茂接，此矛铤之地也，长戟二不当一。曲道相伏，险阨相薄，此剑楯之地也，弓弩三不当一。”④ 在实际作战过程中，兵器配置原则与前面的兵种协同作战原则是不可分割、高度融合在一起的。或者说，兵种协同作战原则隐含了兵器配置原则的要义，而后者是对前者的具体反映。经过长期的战争实践，中国古代兵家认识到“兵不杂则不利”的道理，注重将各种长短兵器、抛射和格斗武器、防护和杀伤兵器进行协调配置。戚继光在实战中总结出了“长短相杂，刺卫兼合”⑤ 的兵器配置原则，这同样适用于八阵图。诸葛亮命令部属在敌人进攻时，要“进持鹿角，兵悉却在连冲（并联的战车）后。敌已附，鹿角里兵但得进踞，

① 《司马法》卷上《天子之义第二》。

② 《司马法》卷中《定爵第三》。

③ 《孙膑兵法》上编《陈忌问垒》。

④ 《汉书》卷四十九《晁错传》。

⑤ 戚继光撰，曹文明、吕颖慧校释：《纪效新书》（十八卷本）卷一《束伍篇·原授器》，中华书局，2001 年。

以矛戟刺之，不得起住，起住妨弩"[①]，阵内弩兵站立发射，持矛戟作战士兵以蹲姿击刺对方，不得起身和停止前进，否则影响弩兵发射，以此最大限度地发挥各种兵器，尤其是弓弩的杀伤威力。为适应当时的作战形势，诸葛亮改进了连弩，发明了称为“元戎”的新式连弩，“以铁为矢，矢长八寸，一弩十矢俱发”[②]。“元戎”的发射距离虽然不远，但轻巧灵便，使用简捷，用臂力即可开弓，且发射速度快，若与发射距离较远的蹶张弩（以足踏开弓的强弩）配合使用，则可对敌形成极强的杀伤力。诸葛亮将“元戎”引入八阵图，增强了方阵对抗魏军骑兵的抗击力，能够在新式连弩有效射程内加强对敌军骑兵的杀伤力。

最后是“奇正相变，因敌制宜”的奇正作战原则。奇正是中国古代兵学的一对重要范畴，始见于《老子》，主张“以正治国，以奇用兵”，意指治国用正道，打仗用诡道。此后，古人将合于法度或者常理者称为“正”，变幻莫测者称为“奇”。《孙子兵法》进一步系统阐发了奇正概念，指出“凡战者，以正合，以奇胜”[③]，“战势不过奇正，奇正之变，不可胜穷也。奇正相生，如循环之无端，孰能穷之”[④]。《唐太宗李卫公问对》丰富了奇正的内涵，提出了“奇正相变”的兵学思想，认为奇正既是不可分割的，同时又是可以互相转换的，在作战中到底是用正还是用奇，完全根据战场实际情况而定，强调“善用兵者，无不正，无不奇，使敌莫测，故正亦胜，奇亦胜”[⑤]，认为善于统兵作战的将帅能够根据敌情和地形灵活运用奇正之术，临机处置，因敌制胜，用正兵能够克敌制胜，用奇兵也能够克敌制胜。从排兵布阵的战术角度而言，奇正主要包括正确地使用兵力和灵活地变换战阵两个方面。一般来说，常法为正，变法为奇。在作战方式上，按一般原则作战为正兵，采取特殊战法作战

① 《诸葛亮集·文集》卷二《军令》。

② 《三国志》卷三十五《诸葛亮传》注引《魏氏春秋》。

③ 《十一家注孙子校理》卷中《势篇》。

④ 《十一家注孙子校理》卷中《势篇》。

⑤ 《唐太宗李卫公问对》卷上。

为奇兵；正面攻击为正，迂回侧击为奇；明攻为正，暗袭为奇。在兵力使用上，守备、钳制的为正兵，机动、突击的为奇兵。在作战方向上，主攻方向或主要防御方向为正兵，助攻方向或次要防御方向为奇兵，等等。排兵布阵时，正兵重在自固，奇兵重在制敌。正兵因奇兵而变化，奇兵以正兵为依恃。《武经总要》卷四曰："凡阵者，所以为兵出入之计，而制胜者，常在奇也。"① 这就是说，一切列阵都是为兵力调动而考虑的，而克敌制胜则往往在于奇兵的运用。正兵与奇兵相辅相成、相生相变，根据战场态势巧妙运用奇正，出奇制胜。

八阵是由八个阵围绕一个指挥中枢组成的大方阵。《唐太宗李卫公问对》指出，"陈数有九，中心零者，大将握之，四面八向，皆取准焉。陈间容陈，队间容队。以前为后，以后为前"②，认为八阵是由九个阵组成一个大阵，阵的中心为指挥中枢和预备队，由大将居中掌握，四面八方的各阵都要遵照中央大将的指挥行动。除了中间的指挥方阵外，其余八阵"散而成八，复而为一"③。从奇正的角度而言，八阵可视为由四奇四正的八阵合成的集团作战方阵，其阵变化多端，既可正面交锋，又可奇袭包围，以前为后、以后为前，变幻无穷。编成时，八阵区分为四为正，四为奇；在部署奇正时，在前、后、左、右、中五处部署实兵，四隅作为无兵的闲地。在八阵之外，中央大将直接掌握"余奇"之兵，即直属机动部队。作战时，把中央大部兵力调到四块闲地上，机动到四块闲地上的兵力便是四支奇兵，与前、后、左、右四处原有的实兵结成八阵，奇兵与正兵相互为用，相互依托。不论是主动攻击敌人，还是遭到敌人打击，正兵与奇兵须临机制变，视情变化，正兵可变为奇兵，奇兵可变为正兵，以此迷惑敌人，使敌无法分辨我方的正兵与奇兵，最终达到

---

① 曾公亮、丁度：《武经总要前集》卷四《奇兵》，《中国兵书集成》编委会：《中国兵书集成》第三册，解放军出版社、辽沈书社，1988年。

② 《唐太宗李卫公问对》卷上。

③ 《唐太宗李卫公问对》卷上。

出其不意、战而胜之的目的。

诸葛亮八阵，阵势严谨，部署合理，以守为主，兼顾攻势，兵力调动方便，临阵指挥灵活，堪称我国冷兵器时代典型的集团方阵。考察其在战争实践中的运用以及相关“军令”内容，诸葛亮注重根据地形、敌情和武器装备的变化灵活运用八阵图，巧妙配置，相机取胜。诸葛亮出师北伐的战场主要在秦岭、陇右一带，即今陕西汉中、宝鸡和甘肃东南部。这些地方以山地、高原为主，间有平原、盆地，对军队排兵布阵产生极大的影响。此外，作战对象的兵力强弱、将领战术素质高低不一、武器装备不对称诸因素对布阵也具有深刻的影响。诸葛亮正是洞悉以上诸多影响要素，匠心独运而作八阵图，在实战中奉行灵活应变的阵法运用原则，依据阵法而不拘泥于阵法，出于阵法又高于阵法。何良臣指出：“善作阵者，无一定之形，必以地之广、狭、险、易，即据方、圆、曲、直、锐而因之可也，又从敌之众寡、强弱、治乱而因之可也。”① 就此而言，阵无定形、以“变”取胜恰是八阵图布阵精髓之所在。

同时，八阵图也有其自身难以克服的弱点。首先是攻击力不强。八阵图排兵布阵强调防御，以较多兵力构筑了强大的防御阵势，导致投入进攻的兵力显得不足。担负主要攻击任务的游骑的攻击力不强，极大地影响了八阵图的作战能力。其次是快速机动能力不强。八阵图要求阵中队伍在前进或后退时，都要保持相互固定的位置，即保持队形，不能因行动过快而破坏了阵的队形。“进无速奔，退无遽走”②，既是八阵图作战的特点，强调阵战按统一指挥作战，同时又暴露其行动迟缓的不足，很容易导致其在瞬息万变的战场贻误战机。

六、城池攻守战术的新发展

城邑是人类生产生活的重要载体，在中国有着较早的起源和悠

---

① 何良臣：《阵纪》卷三《阵宜》，中华书局，1985 年。

② 《唐太宗李卫公问对》卷上。

久传承，在卫戍核心区域、辐射周边地区和维护政权统治方面发挥着不可替代的作用。在原始社会，群居部落为安全计挖沟堆台，就形成了筑城的雏形。如《淮南子》记载，"昔者夏鲧作（三）［九］仞之城，诸侯背之，海外有狡心。禹知天下之叛也，乃坏城平池，散财物，焚甲兵，施之以德"①。《吴越春秋》云"筑城以卫君，造郭以守民"。《史记》记载舜"一年而所居成聚，二年成邑，三年成都"②。到了春秋战国时代，在军事压力下，各诸侯国开始在城墙顶上增筑雉堞，即城垛口，在城墙外围深挖壕沟和护城河，在城壕上设置可起落的"发梁"（吊桥），城门设计成轱辘控制升降的"悬门"，并构筑角楼、射击孔，城邑的军事功能日趋完备。秦汉时期，在实现大一统的基础上推行郡县制，在全国范围内形成了一次大的筑城高潮。三国时期后，由于国家分裂，地方割据，滥置州郡县，加之边塞地区军事压力陡增，这一时期的城邑数量多而混乱，且其军事功能更趋突出。这一时期，在险要的地形、重要的河川和交通枢纽地带，形成了以城市为支撑点的战略孔道。同时，战乱中各地区人民为自卫计，自筑防御工事，以抵御外部力量的入侵，这种非国家政权建立的据点称为坞壁。围绕城邑的攻守作战也相应较为频繁，加之冶金手工业的进步和工程器械的使用，带动和促进了攻守城战术的发展和创新。

（一）多种攻城战法的综合运用

从秦汉到隋唐，冶铁技术的进步带动了战场铁制兵器的普及和不断改进，但对城池营垒的攻守影响不大，攻据坚固险要的城池仍耗费时日而胜算不大，孙武时代的"上兵伐谋，其次伐交，其次伐兵，其下攻城。攻城之法，为不得已"③ 的局面，并没有大的改变。而相比于攻城技术上的近乎停滞，三国两晋南北朝时期频繁的战争，激发了攻守城战术上的创新，地道战、筑京和水攻等战法不断演进。

---

① 刘安撰，杨坚点校：《淮南子》卷一《原道训》，岳麓书社，1989 年。

② 《史记》卷一《五帝纪》。

③ 《十一家注孙子校理》卷上《谋攻篇》。

首先是凿地为道的地道战法。这种攻城方法在三国两晋南北朝时期应用比较广泛，因此史书记载颇多。比较早的如建安三年（198）三月，曹操围攻张绣的穰城（今河南邓州市）。五月，刘表派兵从后路包抄，在安众城（今河南邓州市东北）与张绣合兵守险。曹操在前后受敌的不利条件下，“夜凿险为地道，悉过辎重，设奇兵。会明，贼谓公为遁也，悉军来追。乃纵奇兵步骑夹攻，大破之”①。挖地道不仅可穿越城墙进入城内，也可用来破坏城墙。北魏普泰元年（531），高欢攻邺城，采取的战术就是挖地道穿城，在其中用大柱支撑地道不塌，当挖建颇具一定规模时焚烧地道的立柱，使城市塌陷。“神武起土山，为地道，往往建大柱，一时焚之，城陷入地。”②

其次是起土为山的“高临”战法，主要是构筑大的高台和土山，而后居高临下向城内投掷武器展开进攻。建安五年（200）的官渡之战，袁绍采用起土为山的“高临”战术对付曹操，“为高橹，起土山，射营中，营中皆蒙楯，众大惧”③。

再次是水攻战法，包括以水灌城和断绝水源等。官渡之战后，曹操乘胜追击袁谭、袁尚的残余力量。建安九年（204），曹操围攻邺城，在采用内应、地道等战术无效后，采用围城后引水灌城的方法。“太祖遂围之，为堑，周四十里，初令浅，示若可越。”④ 在制造水浅不足以用，成功迷惑守城方后，“一夜掘之，广深二丈，决漳水以灌之，自五月至八月，城中饿死者过半”⑤。刘宋景平元年（423），北魏与刘宋的虎牢之战和东阳之战，也是对水攻战法的典型运用。北魏明元帝拓跋嗣趁刘裕病卒之机，率兵攻宋，“夏四月丁卯，幸成皋城，观虎牢。而城内乏水，悬绠汲河。帝令连舰上施轒

① 《三国志》卷一《武帝纪》。
② 《北齐书》卷一《神武帝纪上》。
③ 《三国志》卷六《袁绍传》。
④ 《三国志》卷六《袁尚传》。
⑤ 《三国志》卷六《袁尚传》。

辒，绝其汲路，又穿地道以夺其井”①。这时，城内守军并没有一味死守，而是掘地出城，机动作战。“德祖于城内穴地，入七丈，二道，出城外，又分作六道，出虏阵后。募敢死之士四百人，参军范道基率二百人为前驱，参军郭王符、刘规等以二百人为后系，出贼围外，掩袭其后，虏阵扰乱，斩首数百级，焚烧攻具。虏虽退散，随复更合。”② 此后，北魏和刘宋的军队在虎牢关进行了二百多天的攻守城作战。北魏不断增兵，用车撞击外城，而刘宋守将毛德祖在内城又构筑三重城墙，战斗异常激烈。最终由于北魏军不断增兵，守军外无援兵，人马渴乏患疾疫，最终虎牢被攻破。

在实际的攻守城作战中，这些主要战法往往综合运用，一定程度上弥补了技术上的不足。西魏大统十二年（546），东西魏玉壁之战，就是多种攻城战法综合运用的典型案例。西魏大将韦孝宽镇守玉壁（今山西稷山西南），对东魏的晋州形成重大威胁，于是高欢集结重兵围攻玉壁城。东魏军攻打玉壁城时，首先采用地道战法和起土山攻城法，于城南凿地道，于城北起土山，备攻城器具，昼夜攻城。“外又于城四面穿地，作二十一道，分为四路，于其中各施梁柱，作讫，以油灌柱，放火烧之，柱折，城并崩坏”，面对东魏军的进攻，韦孝宽采取反地道战法和火攻法大破之，先是“复掘长堑，要其地道，仍饬战士屯堑。城外每穿至堑，战士即擒杀之。又于堑外积柴贮火，敌人有伏地道内者，便下柴火，以皮鞴吹之。吹气一冲，咸即灼烂”，后“又随崩处竖木栅以捍之，敌不得入”。③ 此外，东魏军又在城外制造攻城车，并采用火攻法，“城外又缚松于竿，灌油加火，规以烧布，并欲焚楼”④。东魏军穷尽了地道战、筑京、器械和火攻等多种攻城战法，但都被韦孝宽“拒破之”，一定程度上也反映了技术条件限制下守城一方所占有的优势地位。

（二）守城战术有所创新

---

①《魏书》卷三《太宗纪》。

②《宋书》卷九十五《索虏传》。

③《周书》卷三十一《韦孝宽传》。

④《周书》卷三十一《韦孝宽传》。

三国两晋南北朝时，城防设施有了大的发展。袁绍与公孙瓒交战，瓒军数败，退守易京（今河北雄县西北）。当时的公孙瓒以兵法“百楼不攻”的信条，筑高楼而守易京，“为围堑十重，于堑里筑京，皆高五六丈，为楼其上；中堑为京，特高十丈，自居焉，积谷三百万斛”①。公孙瓒手下诸将“家家各作高楼，楼以千计”②，以此据守。袁军攻打数年，竟不能克，后采用地道战术方才攻破。

建安九年，曹操围攻邺城之战，邺城在审配的组织下，进行了很好的守城作战。曹操攻城，先是采用挖地道的方法，但是“配亦于内作堑以当之”③。这时，审配手下的大将冯礼打开秘密出口“突门”放曹军三百余人进城，“配觉之，从城上以大石击突中栅门，栅门闭，入者皆没”④。最后曹操决漳水灌城方破之。随后曹操营建邺城，继承了在城内构筑高台控制全城的做法，在城池的西北角构筑核心工事铜雀台、金虎台和冰井台，相互支援，增强了防御的稳固性。魏明帝曹叡也在洛阳城的西北角建造了金墉城，可俯瞰全城。

东晋太元三年（378），前秦苻坚开始第一次大举伐晋，派遣大军向襄阳、淮阳、彭城、盱眙展开两路攻势，其中尚书令苻丕率步骑七万寇襄阳，襄阳保卫战爆发。镇守襄阳的梁州刺史朱序，以为前秦军队无舟楫，未作防备。既而秦将石越的骑兵浮渡汉水，朱序只好退守中城，双方形成僵持局面。朱序的母亲韩氏亲自登城，观察到城西北角是敌主要攻击方向，“遂领百余婢并城中女子于其角斜筑城二十余丈。贼攻西北角，果溃，众便固新筑城。丕遂引退”⑤。苻丕督促众将急攻中城，这时将军苟池建议苻丕采围城消耗战术。在围攻战中，襄阳城从四月坚守到十二月。后襄阳督护李伯护做了前秦的内应，襄阳城方在内外夹击下被攻破。

---

① 《三国志》卷八《公孙瓒传》。
② 《三国志》卷八《公孙瓒传》注引《英雄记》。
③ 《三国志》卷六《袁绍传》。
④ 《三国志》卷六《袁绍传》。
⑤ 《晋书》卷八十一《朱序传》。

东晋义熙九年（413），匈奴首领赫连勃勃征用十万人，在陕西靖边县蒸土筑城。“以叱干阿利领将作大匠，发岭北夷夏十万人，于朔方水北、黑水之南营起都城。”① 此城就是历史上有名的统万城，赫连勃勃取“统一天下，君临万邦”之意。为坚固计，该城在修建时极为苛刻，也正因为如此，该城不仅在当时起到了非常大的防御作用，而且能够屹立千年，现在仍保留了大体模样。史载“阿利性尤工巧，然残忍刻暴，乃蒸土筑城，锥入一寸，即杀作者而并筑之”②。该城的城墙四角有凸出的长方形墩台，是有多层发射装置的塔状建筑。由此可见，这一时期的守城作战，更加注重纵深防御。“凡进行坚守防御的城池，除加强城墙等主体工程外，一般还增筑了城内的重城和城外的羊马城以及壕、栅等附加工程。”③

---

① 《晋书》卷一百三十《赫连勃勃载记》。

② 《晋书》卷一百三十《赫连勃勃载记》。

③ 《中国军事史》编写组：《中国历代军事工程》，解放军出版社，2005年，第193页。

第四章　围绕集中军权进行领导指挥体制改革

军事制度在古代也称兵制，是关于组织、指挥、管理和发展军事力量的制度，其核心内容是军事领导指挥体制。军事领导指挥体制的实现主要依靠一套复杂的制度设计，即在中央与地方两个层次通过职官的设置和职权的划分来实现，以决定和规范国家军力的指挥、调动、征集、人事任免及行政管理等。三国两晋南北朝时期，之所以战事频仍、政权更迭不断，很大的一个原因就是皇权对军权的控制出了问题。确保兵权的集中，对军权的严密掌控和垄断，在削弱将权基础上加强君权，杜绝武将拥兵自重，历来都是最高统治者最着意的；而统兵将帅对军事指挥权染指，历来都被视为对现存政治秩序最大的潜在威胁。正如著名学者何炳棣先生指出的："皇权源自军力。尽管传统中国以'偃武修文'为治国之本，开国后一俟秩序安定，例以文官治国，军队仅尽其内地和边疆驻防的责任；但是最后分析起来，朝代的盛衰与中央是否能长期有效地控制兵力有密切关系；每次朝代的更替更是取决于军权重心的转移或内战的胜负。……国家政权与军权牢不可分，政治体制的形式和运作自然是倾向威权主义或专制主义的。"①

秦汉以后，历代封建王朝在军队建设方面，总的趋势是越来越强调兵权的高度集中。而中国历史上的几次大分裂时期，正是皇权对军权的控制力降低，中央集权的政治制度遭到极大破坏造成的。东汉末年，之所以出现农民起义、军阀割据、社会动乱的局面，与

---

① 何炳棣：《读史阅世六十年》，广西师范大学出版社，2005 年，第 345 页。

皇权对军权的控制力下降和中央集权弱化有直接关系。三国时期，因为始终战事不断，魏蜀吴各国对军权的控制力都空前加强，这也为晋代魏统一全国奠定了基础。“魏晋是中国历史上又一大动荡时期。此时的中央集权先强后弱，而地方权力则始弱终强。这与魏晋两朝在相同的军事领导体制下对军权和军队采取不同的分配与管理方式有关。”① 正是因为看到了军队涣散分裂造成的弊端，这一时期有为的统治者才更加挖空心思，采取各种措施，在军队领导体制和军队建设上全面加强军权的集中，甚至不惜牺牲前线将领的主动性和创造力，想方设法限制统兵大将的权力，以贯彻“大一统”的政治原则。

第一节　牢牢控制军队领导指挥权

无论是奴隶社会的“王”还是封建社会的皇帝，他们作为君主，总是把政权、国家视为一家一姓的私产，这一天下最大的私产的获取和维护，靠的不是别的，是建立和维护一支强大的军事力量，即“兵权所在，则随以兴；兵权所去，则随以亡”②。同时，兵权控制不好，反过来也可能对皇权造成根本性的威胁。在这个意义上说，中国古代的军事制度是因时而变、因事而变的，是在政治控制与军事效率间寻求平衡的过程。尤其是皇权来源于军权，依附于军权，军权是封建帝王的命根子。封建帝王夺取天下，主要靠的是武力，实力决定一切。历代开国皇帝大多是因为手握兵权，才通过兵变或多年征战夺权成功得到天下，登上九五之尊宝座的，即五代十国时

---

① 王谨：《魏晋军权分配与管理成效刍议》，《南开学报》（哲学社会科学版）2002年第3期。

② 范浚：《香溪集》卷八《五代论》，中华书局，1985年。

期的大将安重荣所谓的“天子宁有种耶？兵强马壮者为之尔”①。自秦汉大一统帝国形成后，中国古代各朝代的兵权都是掌握在国家的最高统治者皇帝手中，或者实际上的最高统治者手中。

秦汉时期，围绕集中兵权这一核心问题，建立了以皇帝为最高统帅的军事体制，实行了全国统一的兵役制度、军事领导体制和行政管理体制。“重兵悉在京师，四边但设亭障；又移天下豪族，辏居三辅陵邑，以为强干弱枝之势也。或有四夷侵轶，则从中命将，发五营骑士，六郡良家。贰师、楼船，伏波、下濑，咸因事立称，毕事则省。”② 皇帝作为全国武装力量的最高统帅，控制着战略方针的决策权、统军将帅的任免权和军队的调动指挥权。皇帝之下，太尉（汉武帝时改称大司马，东汉仍称太尉）是名义上的最高军事长官，但实际上只处理日常的军事行政事务，没有统兵权。遇有战事，皇帝往往临时任将出征，战事结束，则罢归入朝。在对军事力量的控制上，中央有两大军事机构控制全国军队，一是由郎中令、卫尉、中尉等组成的中央领导指挥机构，一是由太尉、将军、将等组成的全国最高军事行政机构，以领导各级地方的军队。总的特点是文武分治，两大系统分别对皇帝负责，听从皇帝的统一指挥，互不统属，互相制约。这种分工合作、互相钳制的御军方式，可使“将无专兵，兵无常将”，从而保证皇帝独揽军权，有效消除了地方割据的隐患，保证了政权的稳定和国家的安全。

但东汉王朝末期，权臣掌握军权，军权转移到丞相府。如曹操以汉献帝为傀儡，曹魏后期司马氏坐大，军政大权实际上转移到丞相府，他们实质上就是最高统帅。曹操担任丞相执掌最高军权时，丞相府内设中领军、护军各一人，作为助手参与军事机密和决策，监护中央武装力量的精锐中军。即使这样，既要对日益庞大的军队进行管理和指挥作战，又要对复杂的政局作战略谋划，仅一个人显然是应接不暇了。为此，亟须对秦汉遗留下来的军事领导指挥体制

---

① 欧阳修：《新五代史》卷五十一《安重荣传》，中华书局，1974年。

② 《通典》卷一百四十八《兵一·兵序》。

进行改革，即如侍中尚书傅嘏所言："自建安以来，至于青龙，神武拨乱，肇基显祚，扫除凶逆，芟夷遗寇，旌旗卷舒，日不暇给。及经邦治戎，权法并用，百官群司，军国通任，随时之宜，以应政机。以古施今，事杂义殊，难得而通也。"① 此外，刘备、孙权等也在尊奉汉朝天子的旗帜下，以将军开府的名义掌握最高军政大权。刘备死后，诸葛亮所属丞相府，以及孙权死后，权臣苏峻的丞相府，都独揽军政大权，掌握各自集团的最高军权。这种制度直接导致了改朝换代。于是，魏晋南北朝各代，皇帝为了确保自己对军队的领导指挥权，不断在制度上进行新的探索。

一、围绕强化皇权的中央军事领导指挥机构

皇帝名义上总领一切军政大权。除权臣当政的情况外，中央军事机构必须向皇帝负责，一切军事事务都要报请皇帝，军队的最高指挥调遣权尤其掌握在皇帝手中。但由于皇帝不可能亲自处理一切军事事务，所以，必须建立起一套以皇帝为核心的最高权力中枢机构。在整个三国两晋南北朝时期，皇帝通过委任中外都督诸军事和录尚书事，形成了军、政这两套皇帝特别授权的领导系统，一个是以都督中外诸军事为首的军事领导系统，另一个则是以录尚书事为首的行政领导系统。② 这两大系统一方面作为皇帝的左右手，协助皇帝加强对政权和军权的控制，另一方面在皇权弱化的时候，权臣则会趁机把持军政大权，甚至以此篡夺皇位。纵观这一历史时期，权臣依靠掌握这两大系统而欺凌皇权甚至取而代之的实例多次出现。如董卓、曹操因为手握兵权，根本不把汉室皇帝放在眼里，可以对皇帝任意废立；司马昭、司马师因为掌握了军权，所以取曹魏而代之，建立西晋王朝；南北朝时，南朝宋、齐、梁、陈的开国之君都出身于统兵大将，并通过军事政变夺取皇位。为了避免军权旁落导

---

① 《三国志》卷二十一《傅嘏传》。

② 参见童超：《魏晋南北朝军事领导体制的历史特点》，《中国史研究》2000年第2期。

致江山不保和社会动乱，历代帝王一直想方设法、不遗余力地集中军权，限制和削弱带兵大将的权力并采取各种方法加以严格监视。而兵权掌握在什么人手中，中央及地方军事领导指挥机构如何设置和权力如何分配，是首要问题。

曹丕代汉，自己当了皇帝后，直接掌握兵权，在中央军事领导指挥机构上，依靠尚书台、中书省这两个中央政务的总机构，协助皇帝决策，确保皇帝对所有军事事务的最高和最终裁决权。“知枢要者始领尚书事”，“自魏晋以后，亦公卿权重者为之”，① 可见尚书台的重要性。尚书台下设中兵、外兵、骑兵、别兵、都兵五个部门，作为常设机构处理日常军务，五兵尚书因此而得名；在中央设置最高武官太尉、大司马、大将军，将管理权和指挥权分开，以太尉主持全国日常军事行政事务，大司马、大将军二者掌征伐。司马炎代魏立晋后，沿袭曹魏，以尚书台作为行政中枢，协助皇帝处理军政事务，并在尚书诸曹郎中，设左右中兵、左右外兵、别兵、都兵、骑兵等曹郎，主管日常军事行政事务。此后直到东晋，五兵尚书历时相沿，成为西晋主管全国军事日常事务的国家军事领导机关。②西晋虽仍设太尉、大司马、大将军，但只是虚职，属于荣誉称号，基本不再有实权，不再是汉魏时期那样掌管全国军政事务的高级武官。此外，两晋时期还设置都督中外诸军事一职，一旦担任此职，则受皇帝指派，有权指挥全国军队。在指挥权方面，则设中领军以统率京城内禁军，又设中护军以统率驻守京城外的禁军。至东晋后期，中领军专管京城内外宿卫军，中护军统领中央驻守地方要害之地的军队，称外军。西晋中央各级军事领导指挥机构都要依皇帝的命令行事，即使都督中外诸军事，在名义上也是代替皇帝行使军事权力。东晋时，权臣往往任此职，凭借手中的军权支配朝政，皇帝反而成为傀儡。东晋权臣多次叛乱，都是在这种形势下出现的。

南朝的中央军事领导指挥机构，主要有中军和尚书省两大系统。

---

① 《晋书》卷二十四《职官志》。

② 参见《晋书》卷二十四《职官志》。

在中央，尚书省作为中枢行政机关，下设六曹八座，分掌朝政，其中五兵尚书一人，专管军事行政事务。五兵尚书又下辖中兵、外兵、骑兵等曹郎，分别管理军队各项具体事务。遇有战事，由皇帝下诏，尚书下符，调遣指挥全国军队。对军队的指挥，则通过领军将军、护军将军来实现。但因为对掌握军权的领军、护军将军又不放心，所以南朝各代君主在利用寒人出身的大臣掌管机要的同时，又创设了制局监这一机构，由其宠幸的大臣负责，专门掌管军机事务，以便加强对军队的绝对控制。于是南朝的制局监成为与执掌中军的领军、护军将军平行的又一军事机关，担任制局监官职的人因与君主关系密切，更凌驾于正常军事指挥机关之上。同时，大将率军出征，皇帝还经常亲自指挥，"遥制兵略"①，并派人"衔中旨，临时宣示"②，导致前线将帅只得"仰听成旨"③。此外，南朝领军、护军将军之下，还设有一种总领全国中外一切军队的职务，即都督中外诸军事。凡任此职者，有权调遣指挥全国军队。当然，按正常的军事领导指挥体制，都督中外诸军事仍需要在皇帝授权后才能指挥军队，"但南朝任其职者大都是权臣，便可以此专权自大，独揽军事大权。南朝各代的开国君主都曾在前朝任此职位，从而凭借军权夺得皇位"④。总体上看，南朝各代君主为防止军权旁落，建立的指挥系统过于庞杂和混乱，制约了前方将领的自主权，对作战效率产生了很大的消极影响。

二、最高统帅、战略区都督、地方州郡军政长官三级领导指挥体制

魏晋南北朝时期，皇帝为了掌控对军队的指挥权，除了在中央通过分割军权以实现对军队的绝对领导外，就是实行最高统帅（皇

---

① 《宋书》卷五《文帝纪》。
② 《宋书》卷九十四《徐爰传》。
③ 《宋书》卷五《文帝纪》。
④ 《两晋南北朝军事史》，第256页。

帝）—都督—地方长官的三级领导指挥体制，其中最主要的是最高统帅和都督两级领导指挥体制，都督和州郡军政系统成为皇帝军权的有效延伸。

都督制是在全国各地划分辖区，指定主将统一领导辖区内军事的制度。都督制源起于汉光武帝建武初年，时为对外征战计，根据实际需要临时设置督军御史一职，战事结束即撤销。汉献帝建安中期，曹操为相后，开始派遣大将军都督军事。建安二十一年（216），以夏侯惇为都督“从征孙权还，使惇都督二十六军，留居巢”[①]。魏文帝黄初三年（222），“始置都督诸州军事，或领刺史”[②]。“文帝即王位，以真为镇西将军，假节都督雍、凉州诸军事。”[③] 晋开创者司马懿也是数度任督军，逐渐掌握了实际军权。“及魏受汉禅，以帝为尚书。顷之，转督军、御史中丞，封安国乡侯”；“及孙权围江夏，遣其将诸葛瑾、张霸并攻襄阳，帝督诸军讨权，走之”；“太和元年六月，天子诏帝屯于宛，加督荆、豫二州诸军事”；“四年，迁大将军，加大都督、假黄钺，与曹真伐蜀”。[④] 魏明帝泰和四年（230）秋，司马懿征蜀，加号大都督；魏高贵乡公正元二年（255），司马昭都督中外诸军事，也是加大都督一职。蜀、吴两国也实行与曹魏的都督相似的制度，但由于仅有益州一州之地，蜀国只能以郡为都督的辖区，吴国则州、郡、县都有。西晋在泰始元年（265）开始分封司马氏诸王，并委任都督。咸宁三年（277），开始实行移封就镇，分封王国和都督方镇相一致，也为后来的王室内乱埋下了隐患。东晋时期，由于长期面临北方军事威胁，都督的地位更加重要，“江左以来，都督中外尤重，唯王导等权重者乃居之”[⑤]。都督制也是与重点的战略方向相对应的。都督作为辖区主将，对辖区各部队有统一

---

① 《三国志》卷九《夏侯惇传》。

② 《晋书》卷二十四《职官志》。

③ 《三国志》卷九《曹真传》。

④ 《晋书》卷一《宣帝纪》。

⑤ 《晋书》卷二十四《职官志》。

指挥权。他们不仅被授予都督称号，还经常授予持节称号。曹魏依主要战略方向，并根据敌情和战争形势的变化，将全国划分为几个战区，如东线设扬州都督，南线设过荆州都督、豫州都督，西线设过雍州、凉州都督，北线设过河北都督。蜀国设过汉中都督、关中都督、南中都督、巴东都督等。当几支部队参加同一次战争、驻守同一地区时，由皇帝指定一人任主将，统领众军。西晋沿袭曹魏旧制，在辖区内设都督，灭吴后，将都督制推行到江南。东晋时，也在辖区内各地设都督。但有一个变化，就是都督、刺史又开始兼民政，集地方行政、军事大权于一身，出现了刺史领兵制。两晋时，都督所统管的地区，大者数州，小者一州，任都督者皆刺史，主管一方军政，为所督地区的最高军政长官。都督虽要听命于朝廷，但拥有军事实权。为防范都督拥兵自重，两晋都设立了配套的限制制度。如，都督没有发兵权，他们采取重大军事行动，必须上表朝廷请求批准，没有皇帝的诏命和符节，不得擅自发兵。任免权收在朝廷，都督对辖区内的将领也没有任免权，任免事务由中央一级的护军将军办理。都督也不掌握财政权力，军队的屯田、仓储及后勤供给，由朝廷另设系统。此外，都督也没有辖区的行政民事权力，军权与行政权相分离。两晋的地方州郡，设有州郡兵，因此州郡行政系统也是一级军事领导机构，不过，州郡兵数量少，州郡行政系统地位也大大低于都督府。南朝时期，属于典型的皇权弱化期，宋、齐、梁、陈几位开国君主都是前朝高级武将出身，其继任者也经历过皇权内部的惨烈厮杀，因此对于集中兵权也极为重视。为保证兵权在手、政由己出，皇帝多亲自统帅军队，特别是对上承魏晋的大将军都督中外诸军事这一最高军事将帅之职多有防范。如宋武帝刘裕就经常使这个职位空缺，宋文帝时彭城王刘义康“既专总朝权，事决自己，生杀大事，以录命断之。凡所陈奏，入无不可，方伯以下，并委义康授用，由是朝野辐凑，势倾天下”①，结果自然“自是

---

① 《宋书》卷六十八《彭城王义康传》。

主相之势分，内外之难结矣”[①]。随后宋文帝将刘义康调离中央，“改授都督江州诸军事、江州刺史，持节、侍中、将军如故，出镇豫章”[②]，果断收回了军权。同时，在“政出多门，权去公家”的政治现状下，南朝统治者更倾向于提拔出身寒门有军功的将领掌机要，以限制士族门阀染指军队。刘宋的檀道济、朱龄石、沈田子，齐的王敬则、张敬儿，梁的陈伯之、陈庆之，陈的周文育、侯安都等，都是出身行伍，因才能而被委以重任的统兵大将。

第二节　武装力量构成上的中、外军制度

三国两晋南北朝时期，统治者鉴于内轻外重导致改朝换代、政权更迭的教训，在武装力量构成上，逐渐强化中、外军制度，以确保中央直接掌控国家主要军事力量。在兵力部署上，则奉行强本弱枝、“居重驭轻”和内外相制的原则。这主要表现在，在地方和边疆部署一定兵力的前提下，国家武装力量的驻防重心首先是以京畿为代表的政治中心，从而造成中央对地方的“居重驭轻”之势，以消弭地方的分裂叛乱和边防的危机。而在京城的兵力部署上，重点又是确保以宫廷为核心的皇帝的安全。

一、中军、外军构成国家军事力量的主体

秦汉时期，在全国军事布局上，奉行强本弱枝、“居重驭轻”和内外相制的原则。这主要表现在，在地方和边疆部署一定的兵力的前提下，国家武装力量的驻防重心首先是以京畿为代表的政治中心，其次是边疆地区，最后才是其他地区，发展成中央军—地方军—边防军三位一体的力量结构，从而造成中央对地方的“居重驭轻”之

---

① 《宋书》卷六十八《彭城王义康传》。
② 《宋书》卷六十八《彭城王义康传》。

势，以消弭地方的分裂叛乱和防范周边威胁。其中，中央军作为整个国家武装力量体系的主体，占有主导的地位，对地方拥有巨大的优势，它往往由皇帝的亲信、重臣统领，兵力集中，待遇优厚，装备精良，战斗力强，足以控制地方或边境的军队，保卫京师的安全。

但从三国开始，在武装力量构成和布局上，就逐渐改变了两汉时期中央军、地方军、边防军三位一体、各司其职的基本格局，而确立了中央军（包括中军、外军）和州郡兵的新体制，这样，国家武装力量采取常备军这一单一的形式。中央军作为正规武装得到优先发展，精锐的军队皆归中央直接管辖和指挥，试图以此保证政权的稳定。中央军之外的地方军，则只负责地方治安，难以构成对中央的威胁。

三国时，中央军就划分为中军和外军。这一时期，中军作为朝廷的禁卫军，是中央军的主体部分，国家军事力量的核心，分为宿卫军和其他多支精锐部队。“初，魏武为汉丞相，相府自置领军，非汉官也。建安十二年，改为中领军，以史涣为之，与护军韩浩皆领禁兵。”① 曹魏的宿卫军就有武卫营、中坚营、中垒营、骁骑营、中领和中护营5支禁兵。中军的职能有二：一是负责宿卫皇帝或实际上的最高统帅，并保卫京师；二是充当国家的战略机动力量，应对全国的不稳定因素。曹魏的中军就经常征伐四方。中军的主要将领是中领军、中护军。到了曹丕称帝后，“始置领军将军，主五校、中垒、武卫三营”②。

晋武帝司马炎受禅称帝后，“置中军将军，以统宿卫七军”③。中军仍作为中央直属部队，分为驻扎于京城之内的宿卫军和驻于京城周围拱卫京城的牙门军两部分，只是规模更大。中央宿卫军以六军为主，另有四军、六校、二营等。其中六军即领军、护军、左卫、右卫、骁骑、游击六将军所领军队。领军将军又称中领军将军，该

① 《通典》卷二十八《职官十·左右领军卫》。

② 《通典》卷二十八《职官十·左右领军卫》。

③ 《晋书》卷三《武帝纪》。

职沿袭曹魏，职权是总领宿卫诸军，晋武帝时改中领军为中军将军，仍统宿卫诸军。西晋名将羊祜就曾担任此职，“悉统宿卫，入直殿中，执兵之要，事兼内外”①。《通典》记载了整个的传承演变，“晋武帝初省，使中军将军羊祜统二卫、前后左右、骁骑七军营兵，即领军之任也。祜迁罢，复置北军中候。怀帝永嘉中，改中军曰中领军。元帝永昌元年，复改曰北军中候，寻复为领军。成帝时，复以为中候，而陶侃居之，寻复为领军”②。到东晋时，领军将军的职权有所压缩。护军将军主管军官的选拔，兼宿卫京城，不过地位低于领军将军。左卫、右卫二将军则统领宿卫军的中坚，为宿卫诸军中最重要者，也最亲近皇帝，相当于统领皇帝的亲随卫队。这二军是由司马懿在曹魏任丞相时的相府中卫军演变而来，它们各领营兵，职掌宫廷宿卫，轮流在皇宫值班。左右二卫将军之下的宫廷宿卫兵，有前驱、由基、强弩三部司马，骁骑、游击二将军，各领营兵，负责京师防卫。以上六军，是晋代宿卫中军的主力。四军，指左军、右军、前军、后军四将军所统军队。四将军各统营兵，职掌京师宿卫。所谓六校，指汉代以来的屯骑、步兵、越骑、长水、射声等五校尉和西晋以来新设立的翊军校尉。六校尉各领营兵，职掌京师宿卫。“屯骑、步兵、越骑、长水、射声等校尉，是为五校，并汉官也。魏晋逮于江左，犹领营兵，并置司马、功曹、主簿。后省左军、右军、前军、后军为镇卫军，其左右营校尉自如旧，皆中领军统之。”③ 二营，即积弩营、积射营。这二营在西晋时才开始设立，各领兵 2500 人，由积弩将军（也称强弩将军）、积射将军统领。上述四类部队作为晋代宿卫中军，以六军为主力，六军之中又以左右二卫最为重要且亲近皇帝，领军将军则为宿卫中军的统帅。西晋的宿卫中军兵力雄厚，六校尉各领千人，加上积弩、积射二营各 2500 人，而四军也各领千人。此外，作为宿卫主力的六军，其兵力当多

---

① 《晋书》卷三十四《羊祜传》。

② 《通典》卷二十八《职官十·左右领军卫》。

③ 《晋书》卷二十四《职官志》。

于四军、六校，形成即使是京城宿卫部队也互相牵制的局面，而宿卫皇宫的军队强于京城其他部队。西晋宿卫军的兵力达数万之众，不仅数量多，而且战斗力非常强，是西晋军队主力中的精锐。值得指出的是，西晋错误地总结了历史教训，认为曹魏的灭亡在于皇室的孤立，所以在建国后大封宗室，分封了同姓王 27 个。皇帝在名义上是全国最高军事领导，但实际只直接掌握中军（宿卫军），人数在 10 万人以上，而诸亲王甚而大臣皆都督中外诸军事，成为地方的军事、行政长官，掌握大量的地方军，形成外重内轻的态势，不久就引发了“八王之乱”。永兴元年（304）春，以成都王司马颖为丞相，“颖遣从事中郎成夔等以兵五万屯十二城门，殿中宿所忌者，颖皆杀之，以三部兵代宿卫”①。东海王司马越更是奏请罢黜宿卫殿中武官：“乃奏宿卫有侯爵者皆罢之。时殿中武官并封侯，由是出者略尽，皆泣涕而去。乃以东海国上军将军何伦为右卫将军，王景为左卫将军，领国兵数百人宿卫。”② 中军日渐衰弱，既无力镇压王室的内部叛乱，也无法对少数民族政权内迁做有效的抵抗和威慑，亡国自然也就无可避免了。

东晋的中军体制大体承袭西晋，但其中六校中的翊军校尉被废，中军总体实力大不如前。由于局促东南一隅，人力物力有限，中军力量始终不强，各宿卫将领所统兵力有限。“从东晋几次出兵及平定叛将皆依赖方镇等情况看，东晋中军的总兵力大约不过二三万人。由于东晋中军兵力微弱，形成君权衰弱，所以多次出现方镇起兵向阙，或权臣专政的局面。”③

南朝驻守京城的部分中军，统称禁卫军，是朝廷最重要军事力量。南朝中军系统主要部分是六军，即领军、护军、左卫、右卫、骁骑、游击等六将军所统军队。此外，还有左军、右军、前军、后军四将军所领军队，称为四军。虎贲中郎将、冗从仆射、羽林监三

---

① 《晋书》卷四《惠帝纪》。

② 《晋书》卷五十九《东海王越传》。

③ 《两晋南北朝军事史》，第 40 页。

将所统军队，称为三将。屯骑、步兵（梁为步骑）、越骑、长水、射声五校尉所统军队，谓之五校尉。还有积射、积弩二将军所统军队。上述诸军皆为中军，但六军为中军主力。中军中的左、右卫二军宿卫宫阙，其余则平时防卫京师，战时出兵征讨。六军中的领军将军，是中军首领，资历、名望较轻的为中领军。中军的另一首领为护军将军，资历、名望浅者为中护军。“南朝中军的总兵力不见于具体记载，一般认为其数量较少，远不如魏晋中军势力那样雄厚。但从南朝各代的几次出兵看，其中军的总兵力也当有 10 万人左右。”① 而且“南朝各代的开国皇帝，都是在前代出任领军将军掌握了中军大权后，才得以篡权自立的。这说明中军在当时还具有相当实力，并在当时的政治斗争中具有举足轻重的作用”②。

外军是中央直接领导指挥的驻扎在京城之外重要地区的部队，也属主力部队。因为属于中央军的派出部队，所以相对于屯驻京师的中军来说，称为外军。他们不同于汉代的边郡、属国部队，不受地方领导，直接听命于朝廷，其将领的身份是中央官员，不是地方兵，可随作战或防守任务而转移驻地。

两晋的外军包括都督领有的军队、王国兵及州郡兵等，都督所领军队是外军的主要力量。都督制始于曹魏。西晋时，主要都督区有关中都督（镇长安）、幽州都督（镇蓟城，今北京西南）、荆州都督（镇襄阳）、沔北都督（镇宛城，今河南南阳）、豫州都督（镇许昌）、冀州都督（镇信都，今河北衡水市冀州区）、青徐都督（镇下邳，今江苏睢宁西北）、扬州都督（镇寿春，今安徽寿县）等 8 个都督区。这些都督受命镇守一方，并随时接受朝廷的征调和指挥。其所统率的军队在性质上也属于朝廷调遣并部署在各军事要地的中央军。西晋后期，都督兼地方州郡刺史，于是管地方行政，集军政大权于一身，都督们不断扩充自己的势力，招兵买马，甚至一个都督所辖兵力就超过京城宿卫军，导致地方叛乱。

---

① 《两晋南北朝军事史》，第 254 页。
② 《两晋南北朝军事史》，第 254 页。

东晋、南朝立国江南，为防御北方强敌，地方兵力强大，并主要集中于几个军事重镇，且在这些地方设立都督。如扬州离京城建康最近，成为东晋王朝的根本所在。荆州（治今湖北荆州市荆州区）地处建康上游，也成为东晋王朝的军事要地。所谓“江左大镇，莫过荆、扬”①。建康和荆州之间的江州（治今江西九江），对建康起着战略屏蔽作用，同样地位重要，清代学者黄本骥指出：“晋氏南迁，以扬州为京畿，谷帛所资皆出焉；以荆、江为重镇，甲兵所聚尽在焉，常使大将居之。三州户口，居江南之半。”② 此外，徐州（治今江苏镇江），地处建康东北，故徐州都督又称北府。晋室南迁，这一带是北方流民聚居之地，民风强悍，是强兵所聚之地。东晋重要的都督区，都由大权臣执掌，扬州、徐州、荆州、江州等都督，均有人数众多的军队。如桓温都督荆州，有大军数万，徐州的北府兵在淝水之战时有精锐士卒 8 万。整个东晋、南朝，都督设置遍及全国各地，所辖地方大则数州，少则数郡。都督分为使持节、持节、假节三种，同时又以都督诸军为上，监诸军次之，督诸军又次之。都督作为地方上重要军事领导机构，下设府、州两套办事机构，都督不仅领军，而且兼理民事，成为位在州之上的地方军政长官，其都督府实质上成为一方最高军政领导机关。而且，都督府拥有的兵力十分可观，动辄有数万兵力。当然，其性质仍然属于中央正规军。其军队若由朝廷配给，主要来源之一是中军。但因驻守在京城之外，故与宿卫宫阙和驻守京城的中军有别，仍称为外军。

二、弱化地方州郡兵

在中央军的中军、外军之外，还有州郡兵。州郡兵，顾名思义，就是地方州郡建立和统率的军队，或将领兼任地方行政长官，实行地方军政一体。在商、周时期，国家的军队构成大体分两种，即王室直接控制的军队和各宗族、方国、诸侯统领的军队，后者的主要

---

① 《南齐书》卷十五《州郡志下·荆州》。

② 《资治通鉴》卷一百二十八《宋纪十》，孝武帝孝建元年六月。

职责是维持领地的治理和社会秩序，但都要服从王室的指挥调遣，这是地方部队的早期形态。秦汉以后，历代王朝都建立了规模不等的地方部队，如秦朝的郡兵、县卒，汉朝的郡国兵，三国两晋时期的州郡兵，隋朝的州兵，宋朝的厢兵，明朝的卫所军，清朝的绿营、团练及清末的新军等。这就涉及一堆矛盾，一方面中央要依靠州郡地方军来维护统治秩序，一方面又要防范地方对大一统的中央集权造成威胁。东汉末年的地方军阀割据是地方军威胁中央的例证，而晋武帝罢州郡兵则是要消除地方对中央的威胁，是大一统传统兵学下中央军与地方军统一与争衡复杂关系的两个极端表现。西汉时期由于郡、国并设，地方军被称为郡国兵，按兵种区分为“材官”（步兵）、“骑士”（骑兵）、“轻车”（车兵）和“楼船士”（水兵），兵源、服役期限和调遣方法等同中央军，由都尉主兵事。除维持地方治安“兼备盗贼”外，还有宿卫京师和屯戍边境的任务。当宿卫京师时就成了中央军，当戍守边境时就是边防军，而一经调集到中央或边境，他们就要听命于统率的将领，各郡国就无权指挥了。因此，有学者指出，“西汉时期的地方军——郡国兵，实际上是中央军的后备与补充，可以说是中央军的另一种表现形式，并不具备地方军的性质”①。东汉中期以后，州一级成为地方行政机构，名称上，郡国兵慢慢改称州郡兵了。特别是汉光武帝废除了郡国都尉官，取消了以都尉主持地方兵事的制度，改由郡太守掌管。“中兴建武六年，省诸郡都尉，并职太守，无都试之役。”② 郡太守代替都尉领兵事，意味着地方军的指挥权开始呈由中央向地方转移的趋势，这也就是“州郡领兵”制度的发端。与西汉时期相比，兵士来源由征兵制转变为募兵制，士兵服役年限也由固定年限演变为长期服役甚至终身服役，成为职业兵了，这些“为州牧制的产生、都督制的出现和兵士私家化的过程准备了条件。换言之，魏晋南北朝时期兵制方

---

① 高敏：《东汉魏晋时期州郡兵制度的演变》，《历史研究》1996 年第 3 期。

② 《汉书》志第二十八《百官五》。

面的许多变化，都渊源于东汉时期郡国兵（或州郡兵）制度的变化"①。招募成为兵士的主要来源及职业化士兵的出现，就使得兵将之间的隶属关系很容易演化成人身依附关系，地方官豢养私兵，私人武装盛行。等到了东汉末年，随着中央集权能力的衰弱和农民起义引发的社会大动荡，这些地方官就拥兵自重、割据一方了。但总体上看，东汉时期州刺史和郡太守都没有加军号之制，也没有出现将军兼任地方官的情况出现，因此这时候还不是真正意义上的地方军。

汉灵帝时，黄巾军起义酿成了一场新的统治危机，地方秩序动荡，灵帝接受太常刘焉的建言："刺史、太守，货赂为官，割剥百姓，以致离叛。可选清名重臣以为牧伯，镇安方夏。"② 再设州牧，并将其置于郡太守之上，执掌一州的军政大权，造成了地方管理体制上的兵民合一。"是时用刘虞为幽州，刘焉为益州，刘表为荆州，贾琮为冀州。虞等皆海内清名之士，或从列卿尚书以选为牧伯，各以本秩居任。"③ 汉献帝时，中央为了对付黄巾义军，"发天下诸郡兵征之"④，这就给汉末州郡兵完全地方化提供了契机。当时的荆州牧刘表、冀州牧袁绍等，都是手握重兵割据一方的人物，曹操、刘备等或"散家财、合义兵"，或"略得饥民数千人"，在各方力量间纵横捭阖，发展自己的势力。由此，地方军盖过了中央军，遂一发不可收拾。建安年间，曹操的丞相主簿司马朗就认为，秦始皇废分封制，置郡县制，使得地方没有武备能力，提出州郡置兵的主张："天下土崩之势，由秦灭五等之制，而郡国无蒐狩习战之备故也"⑤，还提出"今虽五等未可复行，可令州郡并置兵，外备四夷，内威不轨，于策为长"⑥。随着曹魏势力的扩张和对新归附地区统治的需

① 高敏：《东汉魏晋时期州郡兵制度的演变》，《历史研究》1996年第3期。

② 《三国志》卷三十一《刘焉传》。

③ 《三国志》卷三十一《刘焉传》注引《续汉书》。

④ 范晔：《后汉书》卷六十四《卢植传》，中华书局，1965年。

⑤ 《三国志》卷十五《司马朗传》。

⑥ 《三国志》卷十五《司马朗传》。

要，“逐步形成了曹魏以大将军都督诸州军事并兼领州刺史的制度，加强了地方分权的因素，也为西晋的宗王出镇及南北朝时期大将都督诸州军事并兼领州郡的制度奠定了基础”①。三国前期，东汉朝廷为笼络州郡豪强，开始用将军都督某州或数州，都督制逐渐兴起。如汉献帝建安二年（197），以袁绍为大将军，赐弓矢节钺兼督冀、青、幽、并四州，曹操以程昱为中郎将，领济阴太守，都督兖州事，都是这一时期的确切记载。曹操挟持汉献帝都许昌后，袁绍不听沮授的规劝，“欲令诸儿各据一州”②，以长子谭为青州，中子熙为幽州，甥高幹为并州。《九州春秋》载，“谭始至青州，为都督，未为刺史，后太祖拜为刺史”③，可见当时以都督兼刺史已经很普遍，“州郡领兵”渐成规制。

到了魏文帝时期，州郡的太守、刺史加军号掌兵权已非常普遍。时臣杜恕上书魏文帝，反对地方官掌兵，认为“古之刺史，奉宣六条，以清静为名，威风著称，今可勿令领兵，以专民事”。从杜恕上书的内容“今荆、扬、青、徐、幽、并、雍、凉缘边诸州皆有兵矣，其所恃内充府库外制四夷者，惟兖、豫、司、冀而已。臣前以州郡典兵，则专心军功，不勤民事，宜别置将守，以尽治理之务；而陛下复以冀州宠秩吕昭”④ 可见，这一历史时期，不仅荆、扬、青、徐等边境州郡皆有地方兵，连冀州等内地州郡也有地方兵了。当然，三国时期各方鼎立争雄，战事不断，州郡置兵更多的是便于作战的考虑。从杜恕反对州郡置兵的理由来看，主要是担心刺史、太守领兵“则专心军功，不勤民事”，因此主张“别置将守，以尽治理之务”。⑤ 相对于地方兵对中央的军事威胁，当时关注的焦点更多的是经济方面，即州郡兵民合一对经济生产的影响。

---

① 高敏：《三国兵志杂考》，《河南大学学报》（哲学社会科学版）1990 年第 1 期。

② 《三国志》卷六《袁绍传》。

③ 《三国志》卷六《袁绍传》注引《九州春秋》。

④ 《三国志》卷十六《杜恕传》。

⑤ 《三国志》卷十六《杜恕传》。

西晋初年，沿袭魏制，除司州外各州均有州郡兵，由都督兼刺史或刺史加将军号统领。此时晋武帝有感于曹魏政权的短命，认为曹魏的失败很大原因是出于皇室孤立。以此为鉴，咸宁三年（277）晋武帝下诏，“宗室戚属，国之枝叶，欲令奉率德义，为天下式”①。同年八月，命15位封王出镇地方。前前后后，共分封了同姓宗王27位，此即宗王出镇。这些分封的宗王同时也都督属地的军队，并允许置军领兵。太康初，晋武帝在平吴之战后下令地方政府解散或削减军力，罢刺史将军名号，实行兵民分治，都督校尉治军，刺史太守治民，这就是著名的罢州郡兵。“吴平之后，帝诏天下罢军役，示海内大安，州郡悉去兵，大郡置武吏百人，小郡五十人。”② 罢州郡兵的结果是，晋武帝将州郡归属朝廷管辖的军队给罢黜掉了，而当地的武装就属于封国和宗王的了。这样，州郡既缺少了领地内威慑外部入侵的力量，且一旦宗王反叛也没有了镇压的力量。“及永宁之后，屡有变难，寇贼猋起，郡国皆以无备不能制，天下遂以大乱。”③ 晋初大搞分封制，诸宗王封王出镇掌握了地方兵权，而在各宗王在辖区拥有了很大的军力财力的时候，又开始实行罢州郡兵的政策，进一步弱化了皇权对地方军事的控制力。这一前一后两大政策败笔，导致了西晋中央集权能力的迅速下降，在统一之初就向内轻外重倾斜，为后来的内乱和少数民族入侵埋下了伏笔。

第三节　北方民族政权胡汉二元制的军事领导指挥体制

周边游牧民族的内迁和大量少数民族政权的建立，以及由此导

① 《晋书》卷三《武帝纪》。
② 《晋书》卷四十三《山涛传》。
③ 《晋书》卷四十三《山涛传》。

致的民族融合和军事冲突，是这一时期的一个显著特征。虽各民族社会制度和经济水平参差不齐，但都落后于汉族，《南齐书》曾称北魏拓跋焘云："佛狸已来，稍僭华典，胡风国俗，杂相揉乱。"① 即游牧民族领袖们在入主中原建立政权后，一方面要学习适应汉族的先进制度、文化和社会治理，推进汉化和封建化；另一方面，各政权也要通过建立一套实用的军事领导指挥体制，把军权牢牢地控制在少数民族君主手里，以加强控制和适应复杂战争的需要。"这一时期皇权的强弱消长和民族关系的变动，是制约着军事领导体制的形态及运作发生变化的基本因素。"② 十六国和北朝各少数民族政权，在军事领导指挥体制和武装力量构成上，虽继承了中原汉族政权的主要制度，但又保留了游牧民族的一些特殊制度，其主要特点是实行胡汉分将、分兵制度。"从胡汉分治到单于台的撤销，从部落兵制的改制到府兵制的创立，都反映了这一时期少数民族政权的军事领导体制为适应皇权强化和民族关系变动而形成的时代特色。"③

一、十六国和北朝的军事领导指挥体制

北方的十六国各少数民族政权，实行的是"胡汉分治"的二元化军事领导指挥体制。各少数民族政权的统治者，实际上都是所建立政权的主宰，与封建中央集权制下的皇帝没有本质上的区别。他们既以大单于的身份任部落组织的最高首领，又以"帝""王"或"公"的称号领导和控制全国的武装力量。即一方面是以大单于为最高统帅，"单于台"下设左右辅和单于元辅的部落兵制；另一方面是沿袭魏晋的军事领导制度，设太尉、大司马、大将军等，都督中外诸军事等，统一领导全国的武装力量。这一制度保证了在建立政权

① 《南齐书》卷五十七《魏虏传》。

② 童超：《魏晋南北朝军事领导体制的历史特点》，《中国史研究》2000 年第 2 期。

③ 童超：《魏晋南北朝军事领导体制的历史特点》，《中国史研究》2000 年第 2 期。

过程中及完全汉化之前，少数民族政权一般采取“大单于”体制。起兵建立政权的少数民族首领，如出身匈奴族的后汉主刘渊、出身羯族的后赵主石勒、出身鲜卑族的前秦主苻健等，在起兵时均自称“大单于”，表示自己既是该民族的最高首领，同时也是最高军事统帅，有指挥本部族征战的绝对权力。这些少数民族建立政权后，大单于成了皇帝，以皇太子及皇子等亲信宗室担任大单于，代替皇帝行使对本部族的指挥。大单于虽然权力很大，但其权力仍来源于君主的授权。大单于系统的办事机构，称“单于台”，其下的高级官员有单于左右辅、单于元辅、左右贤王等。以大单于为首的“单于台”，既负责统治各少数民族人民，也是最高军事领导和指挥机构，负责管理军队和军队征伐之事。陈寅恪先生就指出：“胡人统治中国，全凭武力。单于台所在即本族主部所在。主部所在，即武力所在。五胡之间，常有奇怪的结果产生，即很强的部落，如果一战而溃，局面便很难收拾。如刘曜与石勒的洛阳之战，刘曜一败，长安便跟着失守。这说明长安单于台的匈奴主力部落，被刘曜带到了洛阳，在洛阳被石勒一举击溃之后，刘曜就再无余力维护他的国家前赵了。”①“单于台”系统之外，各民族政权还采用中原政权的军事制度，以加强对统治范围内汉族的统治。十六国时期，各民族政权都设置都督中外诸军事一职，且大多以宗室子弟担任。如刘渊时，任命其子刘宣为都督中外诸军事，领丞相，右贤王，“军国内外靡不专之”②。刘聪即位后，也任其子刘粲为都督中外诸军事。整个十六国时期，都督中外诸军事一职基本上同魏晋时一样，“尽可能内外兵权”，位高权重，成为君主之下全国最高军事统帅，受君主之命，有权指挥全国军队。

北魏初期，主要是皇帝和部落首领的两级指挥体制。道武帝定都平城后的整个北魏前期，在中央置八部大夫（后又称八部大人部），作为皇帝之下中央军政的中枢机关。八部大夫皆为拓跋族的部

---

① 《陈寅恪魏晋南北朝史讲演录》，第110页。

② 《晋书》卷一百一《刘元海载记》。

落首领，又称八部帅，共同辅佐皇帝处理军政事务，进行军事决策。宿卫中央的部队，则由都统长、幢将统领。都统长领殿内之兵，直接保卫皇宫，幢将则领兵宿卫禁中。太武帝拓跋焘即位后，仿照汉制，加强尚书省的权力，八部大夫渐渐边缘化，而尚书省中与军事有关的尚书，则成为太武帝时的中央军事领导机构。孝文帝迁都洛阳改制后，在中央设领军将军，一般由宗室担任，掌管国家军事力量的主体中兵中的禁卫军。领军将军之下，设左、右卫将军各一人，左、右卫将军之下，各设武卫将军二人。此外，京城周边的重要关塞，也由中兵驻扎防守，分由东、西、南、北四中郎将统领，并另设护军将军统领四中郎将，捍卫京城。中兵系统之外，中央还设五兵尚书专管军事行政事务，下设左中兵、右中兵、左外兵、右外兵、都兵等曹郎，各有职掌。

东魏、北齐时，中央军事领导指挥机构有所变化。东魏因为皇帝是傀儡，军政大权落到丞相高欢父子手中，因而朝廷中的军事职官系统没有实权，真正的中央军事领导机构是丞相府。高欢父子身为丞相，同时都督中外诸军事，代替皇帝成为实质上的全国最高军事统帅。丞相府内设内、外二曹专管兵事，内曹为骑兵曹，主管中兵即军队的主体鲜卑族兵；外曹为步兵曹，主管外兵即汉人诸兵事。高氏取代东魏建立北齐后，仿照北魏的中央军事领导指挥体制，设置领军将军等指挥中兵，另由五兵尚书及所属曹郎分管各项军事行政事务。

西魏、北周的中央军事领导指挥体制不同于北魏、东魏而另成系统。西魏时，宇文泰以丞相府为最高权力所在，他自任丞相，都督中外诸军事，成为实际上的全国最高军事统帅，丞相府也成为西魏中央军事领导机构。丞相府中设有咨议、中兵、外兵等参军和各种属官，分别管理军事事务。同时，在军队指挥方面，西魏对主力部队的府兵，选择关陇地区有名望的人物来统领，但领导形式上，仍采用鲜卑旧日八部之制，设立八柱国大将军，宇文泰自任其一，都督中外诸军事，实为整个府兵系统的统帅，另设一虚职的柱国大将军。这样还剩六柱国，任命六人为柱国大将军，分头统领六军。

六柱国之下，各设二大将军，大将军之下，又各设二开府，开府之下，又各设二仪同，以下还有大都督、帅都督、都督等职。周武帝即位后，为加强军权集中，将府兵收归自己亲自统率指挥，府兵成为名副其实的中央宿卫军。①

二、以胡人作为军事力量主体

十六国和北朝时期实行胡汉分治的政策，在这种情况下，通常六夷部落因为要用于作战，特别是充当禁军的本部人，往往集中于京邑单于台下。汉族编户则因为要用于耕织，不能像六夷那样集中到京城来。单于台所属禁军分京邑四门或四个方向，成为四军、四帅。

北魏建国之初，其军事力量主要是拓跋族的部落兵，而部落首领则听命于皇帝。道武帝时期，将本族和其他少数民族分为八部，在中央置八部大夫，加以统领。孝文帝改制后，北魏军事力量包括中兵、州郡兵、镇戍兵三个主要部分。其中中兵是军队主力，又称台军，是北魏王朝的主要支柱，盛时达30万之众。中兵的任务是平时宿卫，战时出征，在部署方面，主要驻扎在京城及附近地区，也有一部分驻扎于全国各地州郡。州郡兵是地方军，相对于中兵，也称外军。其主要任务是维持地方统治秩序，保护地方安全，由地方州郡刺史直接领导指挥，但出征或屯戍须听命于中央调遣。镇戍兵是北魏在边疆地区所设的部队，相对于中兵，也称外军。北魏早期的镇戍一般设于北边，以防范柔然等游牧民族的侵袭。拓跋族入主中原后，在北部、中部更多的地区设镇戍，如北部有著名的沃野、怀朔等六镇。镇戍兵分由各镇、戍的主管军官统领，镇设镇都大将、都副将、镇将等不同名称的官职，主管一镇军政。从数量来说，一镇大约有3000～5000人。其兵员主要是少数民族部族成员。

东魏、北齐则实行夷、汉分兵制。东魏的建立，主要靠的是鲜卑族和鲜卑化的六镇兵民，这些军队自然也就成了东魏、北齐军队

---

① 参见《两晋南北朝军事史》，第357页。

所倚仗的主力。同时，汉人士族武装的支持对于政权的建立和巩固也至关重要，但数量和作用较鲜卑兵为逊。为解决兵源组成的变化和缓解矛盾，高欢时期开始实行夷、汉分兵制。中兵由鲜卑族和其他少数民族成员组成，主力是鲜卑兵，总数达 20 万以上。外军由汉人组成，包括州郡兵、镇戍兵等。州郡兵负责维护地方统治秩序，镇戍兵负责镇守边关，但遇有战事，他们都要接受朝廷的统一调遣。

西魏实行府兵制。府兵属于中央宿卫军性质，也即中兵。周武帝改制后，为大力加强府兵，将府兵来源扩大到汉人，所以到北周灭齐时，府兵总额已达近 20 万人，成为北周军队的绝对主力。除了府兵，北周还有另成系统的禁军、州郡兵和镇戍兵等。其中，府兵和禁军是西魏、北周的中军，即中央直属部队，构成武装力量的主体，外军中的州郡兵和镇戍兵数量既少，战斗力也差，只能维护地方治安。

第四节　初步确立监军制度

由封建中央朝廷派遣专职官员到军队，直接秉承皇帝的旨意，对统兵将领进行监督、节制，通常称为监军。监军作为一种军事职官，是确保皇帝集中军权、预防将帅拥兵作乱的主要措施之一。

在中国历史上，监军起源很早，周代始设军监于各处军事据点。据《史记·司马穰苴列传》记载，春秋时期，在晏婴的举荐下，齐景公使司马穰苴将兵。司马穰苴提出，“臣素卑贱，君擢之闾伍之中，加之大夫之上，士卒未附，百姓不信，人微权轻，愿得君之宠臣，国之所尊，以监军，乃可”①。于是齐景公以宠臣庄贾监军。司马穰苴与庄贾约定，第二日日中会于军门。第二天，司马穰苴先驰至军，立表下漏待贾。庄贾骄横，亲戚左右留饮，至日落西时乃至，

---

① 《史记》卷六十四《司马穰苴列传》。

司马穰苴以军法“期而后至者当斩”条斩之，并对齐景公持节赦贾的使者说，“将在军，君令有所不受”①。这是较早对监军的完整记载，由此也可见当时的监军仍在军法处置范围内，并没有特权。秦朝，太子扶苏因直谏秦皇坑杀术士一事，“始皇怒，使扶苏北监蒙恬于上郡”②，与大将军蒙恬一起北筑长城抵御匈奴。“汉之初兴，承继大乱，兵不及戢，法度草创，略依秦制，后嗣因循。”③ 在继承秦制基础上，监军制度在两汉渐趋成熟。到东汉时常设监军有多种，首要的是护军，即秦时所置护军都尉。汉承秦制，只是护军不再属皇帝，改属大司马或大司马级官员。东汉末年，各州郡豪强为监督挟制其部下，频设护军。曹魏设置都督一职后，受其影响，整个魏晋时期全国主要州郡一般都是都督将军监领地方军务，无都督时始设临时监军。在都督之下，设置护军以行监督之职，后各要镇及大将出征时都设置护军，蜀、吴亦然。如 221 年刘备称帝后准备讨伐孙权，黄权劝谏“吴人悍战，又水军顺流，进易退难，臣请为先驱以尝寇，陛下宜为后镇”④。刘备不听，而是“以权为镇北将军，督江北军以防魏师；先主自在江南”⑤。东吴方面，周瑜、蒋钦和吕蒙等都担任过东吴的中护军和左、右护军。通常，在军事任务结束后，护军就会被罢免，权力收归中央。“曹公置督护军中尉，置护军将军，亦皆比两千石，旋军并止罢。”⑥ 另外，汉时还有部郡国从事、使匈奴中郎将（魏晋时期演变为护匈奴中郎将）、监黎阳营谒者和北军中候等，行监军之职。战时所需，也会临时派遣监军使者和将军对军队进行监督。魏晋时期，监军使者主要分谒者、中郎将和御史三种，而中郎将在这一时期是主要的监军来源。如刘焉就是在中郎

---

① 《史记》卷六十四《司马穰苴列传》。
② 《史记》卷六《秦始皇本纪》。
③ 《后汉书》卷三十四《百官志一》。
④ 《三国志》卷四十三《黄权传》。
⑤ 《三国志》卷四十三《黄权传》。
⑥ 《后汉书》卷三十四《百官志一》注引《魏略》。

将的职位上“出为监军使者，领益州牧，封阳城侯”①。

与秦汉相比，三国两晋南北朝时期的战争频次更多、持续时间更长，类型也更加复杂多样。在这段由中央集权衰落引发大分裂，再由分裂走向重新统一的数百年历史中，封建中央集权体制与地方割据势力各种矛盾日益尖锐激化，监军的举措也相应趋于严密。三国时向军队委派使者监军的记载不在少数。这些监军均由朝廷派遣，直接对皇帝或实际统治者负责，有权监督统兵将帅执行诏命的情况，节制都督的行动。如辛毗曾秉魏明帝之命“持节”节度司马懿的部队，“六军皆肃，准毗节度，莫敢犯违”②；又如魏国发动灭蜀之战时，特命散骑常侍、廷尉卫瓘“以本官持节监艾、会军事，行镇西军司”③，代表朝廷行使监督、节度魏军邓艾、钟会两部行动的权力。到了西晋后，对监军制度和使者持节有了更为明确的规定。据《晋书》载，“即晋受禅，都督诸军为上，监诸军次之，督诸军为下；使持节为上，持节次之，假节为下。使持节得杀二千石以下；持节杀无官位人，若军事，得与使持节同；假节唯军事得杀犯军令者”④。都督监军和使者持节监军更是成为这一时期的两种主要监军形式，有研究统计，“魏晋时期将军督军次数占监军总次数的近70%，使者监军次之，约占20%”⑤。

南北朝期间，由皇帝委派亲信大臣到军中进行监控的做法依旧十分普遍。如南朝刘宋时设置外监，齐时设置制局监，由皇帝幸臣任职，专掌军事，以加强对军队的监督与控制。“领武官有制局监、外监，领器仗兵役，亦用寒人。爰及梁、陈，斯风未改。”⑥然而，唐代以前的监军尚无明确的定制，又无固定的员额，通常情况下是临时因事而设；同时监军大都以位高职重的大员充任，有的本身即

① 《三国志》卷三十一《刘焉传》。
② 《三国志》卷二十五《辛毗传》。
③ 《晋书》卷三十六《卫瓘传》。
④ 《晋书》卷二十四《职官志》。
⑤ 陈冰：《魏晋监军制度》，江西师范大学硕士论文，2013年。
⑥ 《南史》卷七十七《恩幸传》。

是统军将领，有的还被赋有兼掌军队的权力。从这个意义上讲，当时的监军制度还处于形成过程之中，只有到了隋末唐初，朝廷正式以御史台官员专任监军，才使监军督察职能逐渐趋于固定化和制度化。

第五章　适应战争长期化的军队建设思想

为适应这一时期战争长期化的现实，各统治政权根据自身情况和战争需要，不断改革兵役制度，创新军队的编制体制，重视军事训练，发展对抗性兵种。后勤建设方面，军事后勤补给系统得到了加强，战场情报信息的传输和保密手段也有新的发展。所有这些，是军队建设思想成熟的主要表现，也推动了军队建设实践的发展，呈现出较强的阶段性特点和时代特征。

第一节　适应战争长期化的兵制改革

自三国时期始，建立在“兵户制度”基础上的世兵制有了大的发展，并一直为两晋南北朝各政权所沿用。所谓兵户制度，就是将社会中的特定人口从普通民户中分离出来，建立起一种以世代充军为目标的户籍制度。对于兵户，不同时期有不同称谓，如兵户、士家、军户、营户、镇户和府户等。东晋后，世兵制开始走向衰落，代之而起的是西魏、北周时期开始出现的府兵制。府兵制同样是一种特定历史阶段的征兵制度，一直沿用到隋唐时期，并与均田制相结合，解决了军户游动无着、生活艰难的问题，稳定和扩大了兵源。在这以分裂和动荡闻名的400余年时间里，世兵制和府兵制的整个发展过程是建立在当时特定的政治、经济、军事和社会组织条件之上的，与当时的历史环境相契合，体现了统治阶级为适应战争长期化而进行的改革努力，体现出明显的阶段性和地域性特征，是当时军队建设和改革思想的集中体现。

一、兵役制度的演变

这一时期，中国兵役制度方面出现了一个重要的新状况，即在传统的部落兵制、征兵制和募兵制之外，又出现了世兵制这一新的兵役制度。从历史考察，世兵制形成于东汉末年，初步发展于三国时期，极盛于两晋时期，进入南朝后渐渐趋于中衰，贯穿了这一长达400余年的历史时期。

古代部落氏族社会，战争与生产生活并没有明显的界限，也就谈不上兵制。诚如恩格斯所言，“在原则上，每一个部落只要没有同其他部落订立明确的和平条约，它同这些部落便都算是处在战争状态”①。夏商周三代实行的是以王权为核心的分封贵族制政体。在这一政体下，夏朝虽然建立了统一的国家政权组织，但并没有专门的国家军队，各氏族和部落都保存有自己的军事力量，兵制上的主要特点是兵民合一，平时生产战时从军打仗是一种常态。商朝出现了常备军性质的国家军队，固定的军队编制开始出现，但作战力量仍然是临时召集的。西周是中国奴隶制发展的鼎盛期，军权集中于周天子，以此建立起从中央到地方诸侯国的常备军制度，兵源上是以贵族血统的“国人”为主体，各阶级都可服役，但等级分明。春秋战国时期，与长期的战争和冲突相对应，各诸侯国都建立了常备军，并向专业化和职业化发展，出现了武士阶层和世兵制，文武分离，出现独立的军事系统。② 但这种独立的军事系统与世兵制是相对的，因为国小人寡，国有大役往往是丁壮尽征、空国出兵。秦朝建立起高度统一的中央集权政治体制，与之相对应，军事上实行的是常备军制度和征兵制，国家通过严格的户籍制度管理来保证兵源，军队

---

① 中共中央马克思恩格斯列宁斯大林著作编译局编：《马克思恩格斯选集》(第四卷)，人民出版社，1995年，第91页。

② 参见孙永芬：《古代兵制对传统政治文化形成的影响》，《军事历史》2003年第1期。

由国家统一供给。到了西汉，军制上的一大特色是“更戍”制度，成年男子从23岁到56岁须服军役两年，但可纳钱代役，且一户之中强丁尽可轮流服役，这就为小农户的生产提供了保护，缓解了军事需要与农业生产之间的紧张关系。到了西汉后期，土地兼并严重，自耕农户大量破产，动摇了“更戍”制度的基础。东汉光武帝刘秀即位后，为抑制豪强兼并、缓和阶级矛盾和保护小农户，采取减缓百姓兵役负担的政策，“中兴建武六年，省诸郡都尉，并职太守，无都试之役。省关都尉，唯边郡往往置都尉及属国都尉，稍有分县，治民比郡”①。大范围取消“典兵禁，备盗贼”的郡都尉职位，“每有剧（职）［贼］，郡临时置都尉，事讫罢之”②。取消平日组织民众军事训练的“都试”，是防止不轨之臣借“都试”之机作乱，为巩固皇权之举措。

以“更戍”制为代表的征兵制遭遇危机的同时，东汉初年的罢郡国兵使国家兵员不济，遇有战事只得临时募兵，即采取募兵制，并以谪兵（发囚徒为兵）和奴兵（发奴为兵）等相补充。与“更戍”制下的征兵不同，募兵制一方面所费资财尤重，常年对匈奴和周边少数民族用兵，导致国家财政枯竭；另一方面，这些临时征募的兵士往往来不及严格训练就直接投入战场，因而每战常败，王师不振。到了东汉末年，社会剧烈动荡，百姓苦不堪言，“今四民流移，托身他方，携白首于山野，弃稚子于沟壑，顾故乡而哀叹，向阡陌而流涕，饥厄困苦，亦已甚矣”③。长期战乱中，“是时天下户口减耗，十裁一在”④，户籍制度形同虚设，征兵制自然成了无源之水、无本之木，募兵制大行其道。

二、世兵制由盛转衰

由于自耕农的生产方式遭到了根本性的破坏，人口凋敝之下的

---

① 《后汉书》卷三十八《百官志五》。

② 《后汉书》卷三十八《百官志五》注引《古今注》。

③ 《三国志》卷八《陶谦传》注引《吴书》。

④ 《三国志》卷八《张绣传》。

户籍制度已无法支撑稳定的兵员结构。东汉末年，黄巾军起义，天下大乱，各地豪强趁势起兵称雄，其建立起来的私人武装往往采用多种方式，主要是以雄厚资财为基础的募兵、收服降兵和料简。其中料简是指各地豪强在其所控制的人口中，选取精壮之士充兵，在很大程度上伴有强征的性质。如《三国志·吕虔传》记载，“太祖以虔领泰山太守。郡接山海，世乱，闻民人多藏窜。袁绍所置中郎将郭祖、公孙犊等数十辈，保山为寇，百姓苦之。虔将家兵到郡，开恩信，祖等党属皆降服，诸山中亡匿者尽出安土业。简其强者补战士，泰山由是遂有精兵，冠名州郡”①。鉴于当时的客观历史条件，各武装集团自然无法像两汉时期那样建立起稳定的征兵制度，只能是以临时征募为主，纳降和料简等多种征兵方式相混合。而长期战乱和生产生活秩序的破坏，大量人口为生存计，以奴婢、童仆、徒附和宾客等形式依附豪强，“豪人之室，连栋数百，膏田满野，奴婢千群，徒附万计”②。豪强地主尽可从这些大量的依附人口中选择精壮，组成声势浩大的私家兵，这是当时最为直接和经济的兵士来源。而大量的人口和有组织的家兵的供给，在经济凋敝的战乱时代又是一笔大的费用负担，因此当时的豪强多为州牧、郡守等地方长官和世家大族，有财力供养私人武装。为保证将领和士兵的忠诚，防止叛乱逃亡，以曹操为代表的军阀又沿用将领的质任制，将士兵的家属统一起来，集中管理，逐渐形成了军户。这种建立在人身依附关系上的大量私家兵、统一供给和军户，使得这时的家兵已经深具世兵制的特征，即终身服役、世代为兵、兵民分离和另立户籍。

这种世兵制，不同于征兵制或募兵制，其特点，一是兵民相分离。从三国以来，兵士即已与农民截然分为二途。兵士之家即士家，另立专项管理的户籍，一入兵户，即不再是普通民户。如三国时，随着豪强兼并战争的深入和魏蜀吴几大主要力量完成了局部的统一，各政权先后以行政手段将人口分成三类：专职农事生产的普通民户，

---

① 《三国志》卷十八《吕虔传》。

② 《后汉书》卷四十九《仲长统传》。

建立在大规模屯田基础上的屯田户，以及专职打仗的兵户。以此实行民兵分籍管理的制度，国家的户籍分为普通民户、屯田户和兵户三类。民户与屯田户不再服兵役，兵役完全由兵户承担，兵户间实行内部婚配，不得与普通平民通婚。这种兵民分离的情况，是与整个世兵制盛衰相一致的。二是兵户子孙世袭为兵。在世兵制下，兵士终身当兵，父死子继，兄终弟及，世世代代为国家尽当兵戍守的义务。为保证兵户的稳定和忠诚，管理上实行“质任”制度，即将士兵的家属聚居在一起，集中管理。士兵如有逃亡，其妻子家属便没官成为奴婢。三是兵户身份渐趋卑贱。在征兵制下，人人有服兵役的义务，兵农合一，因此三国以前兵民无身份高低之分。实行世兵制后，大抵“强者为兵，羸者补户”，尤强者隶中央，其次则配私家，更羸者则留南亩。其兵入士籍者待遇优厚，又可免除劳役，形成了兵胜于民的事实。后来随着战争频繁，当兵不再待遇优厚，且士兵还被委以杂役，报酬越来越差。特别是随着战争的旷日持久和经济压力加重，各国纷纷利用兵户屯田，提高劳动力使用效率，兵户之家承受打仗和生产的双重剥削，自是苦不堪言。如咸宁元年(275)，晋武帝诏书云，“出战入耕，虽自古之常，然事力未息，未尝不以战士为念也”①，可见“出战入耕”已经成了常态。兵户地位迅速降低，他们被强制为兵，没有人身自由，只尽义务却享受不到什么权利，兵士在当时社会上变成一种特殊卑下的身份，“士伍”“兵伍”成为卑贱者的同义词。东晋时期是士族门阀政治时代，社会等级制度和门第观念下，这种情况有愈演愈烈之趋势，兵士的地位近乎奴婢。军伍的地位如此，状态如此，实际战力如何自然可想而知。

三国时期，魏蜀吴政权都实行世兵制，其中魏吴两国更以世兵制为主要兵役制度。曹魏世兵制以“士家”制度为基础，以“使人役居户，各在一方”② 的错役制和士家内部婚配制为特色。从形成

---

① 《晋书》卷二十六《食货志》。

② 《晋书》卷四十六《刘颂传》。

的历史过程来看，主要分三个阶段。第一个阶段是曹操起兵初期青州兵首开父死子继、军民分离制度之尝试。初平三年（192），百万青州黄巾军入兖州，曹操领兖州牧，“追黄巾至济北。乞降。冬，受降卒三十余万，男女百余万口，收其精锐者，号为青州兵”①。此后，青州兵作为曹操起家的骨干力量，采取兵士家口随营，终身为伍、世代相袭的方式，一直保持着独立的编制和番号。正如有学者分析指出的，“青州黄巾降户则已成为一个有别于一般民户的特殊社会集团，充当青州兵的特定兵源”②，青州兵是曹魏探索世兵制的首次尝试。第二阶段是官渡之战平定冀州后，曹操行质任之制，迁将领、兵士的家属于邺城。这些在邺的家属仰食国家，被视为人质的同时也提供了稳定的兵源，形成“士家”。同时，士兵却在异地服役，以便于统治者控制，即为错役。第三阶段是大规模军屯立户。建安元年（196），枣祗、韩浩等人建议曹操始兴屯田，曹操也从秦国优先发展农业而兼并天下，汉武帝依靠屯田稳定西域的历史案例中，认识到屯田的重要性，“夫定国之术，在于强兵足食，秦人以急农兼天下，孝武以屯田定西域，此先代之良式也”。“是岁乃募民屯田许下，得谷百万斛。于是州郡例置田官，所在积谷。征伐四方，无运粮之劳，遂兼灭群贼，克平天下。”③ 但这一时期，曹军忙于战吕布，征刘备，灭袁绍，下赤壁，战事紧张，自然无暇大规模屯田。赤壁之战后，曹操深感无力统一全国，始经营北方做长远计，大规模屯田定户开始施行。建安二十四年（219），时为军司马的司马懿提出“且耕且守”的经国远筹，得到曹操采纳。“昔箕子陈谋，以食为首。今天下不耕者盖二十余万，非经国远筹也。虽戎甲未卷，自宜且耕且守。”④ 此后，屯田形成定制，带甲将士在戍守征战的同时兼有屯田的任务，此即军屯。军屯作为一种重要的屯田力量，是

① 《三国志》卷一《武帝纪》。

② 陈玉屏：《魏晋南北朝兵户制度研究》，巴蜀书社，1988年，第48页。

③ 《三国志》卷一《武帝纪》注引《魏书》。

④ 《晋书》卷一《宣帝纪》。

屯田兵户的来源。相比于曹魏，孙吴的世兵制表现为兵户制，起源于部曲和私家兵的普遍化。另外，相较于曹魏的青州兵，山越是孙吴世兵制的重要来源。孙权在建安五年（200）掌权后，即开始镇抚山越，以免后患。建安二十二年（217），陆逊建言："方今英雄棋跱，豺狼窥望，克敌宁乱，非众不济。而山寇旧恶，依阻深地。夫腹心未平，难以图远，可大部伍，取其精锐。"孙权纳其策，遣陆逊征讨，"遂部伍东三郡，强者为兵，羸者补户，得精卒数万人"①。从补兵与补户的区别中，可见兵民分离的实行。吴嘉禾三年（234），诸葛恪为抚越将军，领丹阳太守，以围困与招抚并用的方针出征山越，"山民饥穷，渐出降首"，"老幼相携而出"。② 前后共得山越十万众，将壮丁四万众编入军队。孙权遣尚书仆射薛综劳军，表彰此举"元恶既枭，种党归义，荡涤山薮，献戎十万。野无遗寇，邑罔残奸。既扫凶慝，又充军用。藜莠稂莠，化为善草。魑魅魍魉，更成虎士"③。总体上，世兵制下，东吴并没有实施质任制和错役制，"兵户"的地位要高于曹魏的士家。蜀国民寡地狭，军队来源和给养一直是大制约。早在建安中期，刘备依附荆州牧刘表时，诸葛亮就提出安定流民游户的政策。"后汉建安中，刘表为荆州牧，刘备时在荆州，众力尚少。诸葛亮曰：'荆州非少人也，而著籍者寡，平居发调，即人心不悦。可语刘荆州，令凡有游户，皆使自实，因录以益众可也。'备言其计，故表众遂强。"④ 关于蜀国"士家"制度，由于相关史书仅有零星记载，学界在此问题上还有争议。总体来说，三国时期世兵制得到了较快发展和普及，尤以曹魏为甚，基本实现了普遍化和制度化。

西晋脱胎于曹魏政权，承袭其兵户和士家制度，故世兵制也得到了沿袭。统一全国后，西晋在军制上做了一些改革并继承了这些

---

① 《三国志》卷五十八《陆逊传》。
② 《三国志》卷六十四《诸葛恪传》。
③ 《三国志》卷六十四《诸葛恪传》。
④ 《通典》卷一百四十八《兵一・收众》。

成果，原先魏、蜀、吴三国的兵户都成为西晋的世兵，世兵制遂进入全盛阶段，当时的中、外军之主要兵源，皆为世兵。西晋中央有专门的营署"押领"百姓，这些属于兵户的子弟，从孩童时起就要为官府服各种杂役，长大后从军，到六七十岁方可免役。太康元年（280）平吴后，晋武帝曾下诏，"诏诸士卒年六十以上罢归于家"①，由此可见晋军士卒服役的年龄上限。关于这方面内容，《晋书》多有记载。如西晋官员刘卞"本兵家子，质直少言"，因"卞兄为太子长兵，即死，兵例须代，功曹请以卞代兄役"②。"八王之乱"起，晋惠帝"乃发王公奴婢手舂给兵廪，一品已下不从征者、男子十三以上皆从役"③。除服兵役外，兵户还要耕田输租，在地位上比自耕农要低一些。东晋立国后，世兵制仍继续盛行，世袭性进一步加强，即便是法律原本规定不相袭的谪兵，事实上也要袭代，世兵制遂成为当时军事制度的一个重要特色。④

世兵制适应当时的历史条件，有利于获得固定兵源，提高了兵员的素质。而兵户当兵是世袭职业，作战技能较强，作战经验丰富，因此较具有战斗力。世兵制还吸收了战乱时代社会上的大量游民与流民，解决了其基本生计问题，也有利于社会秩序的稳定。同时，世兵制下，以众将、兵卒和部曲的家属为人质，加强了对兵权的控制，抑制了拥兵割据的倾向，有利于军队的集中统一，这对于结束群雄割据，并促成全国的统一，不无一定的作用。

东晋时期，由于战事频繁，世兵损耗过大，得不到有效补充，呈难以为继之趋势。迫不得已发奴隶、罪犯和流民补兵户，结果兵户的身份地位进一步降低，兵役被视为贱役，兵士逃亡现象日益严重，进一步加剧了补充兵源的困难。此外，私家分割的现象又使情况更加恶化。当时封建王朝常常以兵户赐予功臣和权贵，而将领也

---

① 《晋书》卷三《武帝纪》。

② 《晋书》卷三十六《刘卞传》。

③ 《晋书》卷四《惠帝纪》。

④ 参见《两晋南北朝军事史》，第46—47页。

多有擅自霸占兵户的现象，如东晋末年，刘毅为豫州刺史，“及西镇江陵，豫州旧府，多割以自随”①，这就进一步削弱了世兵制的基础。进入南朝后，世兵制虽仍为主要的集兵方式之一，但已明显趋于衰落：世兵的数量日益减少，世兵的士气与战斗力日益萎靡。按汉时兵制，男子 23 岁为正卒，50 岁可免兵役。统治者为弥补常年战争引起的兵源严重不足，大大降低兵士从役年龄，延长服役时间。《宋书》载，时臣沈亮启宋文帝陈府事云，“伏见西府兵士，或年几八十，而犹伏隶；或年始七岁，而已从役。衰耗之体，气用湮微，儿弱之躯，肤肌未实，而使伏勤昏稚，骛苦倾晚，于理既薄，为益实轻”②。因社会地位低下，士气低落，战场上兵士逃亡现象十分普遍。梁武帝萧衍时，时任郡丞、参军的郭祖深上书力陈时弊：“又梁兴以来，发人征役，号为三五。及投募将客，主将无恩，存恤失理，多有物故，辄刺叛亡。或有身殒战场，而名在叛目，监符下讨，称为逋叛，录质家丁。合家又叛，则取同籍，同籍又叛，则取比伍，比伍又叛，则望村而取。一人有犯，则合村皆空。”③ 严峻的现实，迫使统治者不得不对世兵制进行改革，常常以放免军户的办法，刺激世兵为自己效力。如刘宋文帝时，赵广举事，众至 10 万，围困成都。益州刺史刘道济以世兵战斗力不强，更忧惧其临阵倒戈，便下令“免吴兵三十六营以为平民，分立宋兴、宋宁二郡”④。又如，宋孝武帝也曾下诏令“军户免为平民”⑤。这种解除兵户身份，使之归属平民的做法，就从根本上瓦解了世兵制的根基，盛行一时的世兵制于是走到了尽头。南朝如此，北朝的情况亦类似。北魏充当“镇戍兵”的兵户，也随着镇戍兵的武装举事，而成为统治者的对立面，最终逐渐终结了北魏的兵户体制。

① 《宋书》卷二《武帝纪中》。
② 《宋书》卷一百《沈亮传》。
③ 《南史》卷七十《郭祖深传》。
④ 《宋书》卷四十五《刘道济传》。
⑤ 《宋书》卷六《孝武帝纪》。

三、北魏的军镇制

西晋后期，国家陷入混乱，北方游牧民族趁机南下，以军事手段先后建立多个民族政权。此时，这些少数民族政权的军事目标是要跻身中原核心区域，建立以本民族力量为主体的局部统一政权，甚至依靠武力实现整个国家的统一。为实现这一目标，少数民族政权利用中原政权政治腐败、相互混战和军事力量分散的机会，努力站稳脚跟，积极适应、借鉴和吸收汉族先进政治、经济、军事和社会文化，实现由游牧部落社会向封建制社会形态和国家治理方式的转变。就军制而言，各民族政权原本实行兵民合一的部落制。在部落制下，各游牧民族以部为社会组织形式，平时组织生产，战时则转变为战斗单位，部落成员平时生产狩猎，战时出征，组织非常灵活高效。入主中原后，生活和作战的环境发生了根本性的改变，各民族政权需要适应、学习和借鉴以郡县制为根本的统治管理模式，并与本民族的传统特色和实际需要相结合，探索新的军制形式。在这一过程中，逐步形成了三种统治形式：一是以州郡县分级统治为基础的中原汉民族政权的传统治理模式，二是少数民族的单于部落制模式，三是将郡县分级统治与单于部落制相结合，实行以军统民的军镇制。其中，军镇制和部落兵制是这一时期的主要特点。

北魏正光五年（524），北方地区爆发六镇戍卒大起义，引发北魏政权的内部大分裂。以六镇为基础形成的北方军事集团，对北朝后期的历史产生了深远影响。就军制而言，六镇起义涉及当时的军镇制度问题。军镇制度是指在北朝十六国时期，北方少数民族政权在边境和重点军事区域设置军镇、以镇御民的制度，是胡汉民族军事文化融合的产物，其特点是“合军事组织与行政统治方式于一体，并以军事统治形式代替地方行政系统的一种制度”①。“镇民”“镇户”在十六国时期就已出现。义熙十二年（416），东晋太尉刘裕率四路大军北伐，“姚绍闻王师之至，还长安，言于泓曰：‘晋师已过

---

① 高敏：《十六国时期的军镇制度》，《史学月刊》1998年第1期。

许昌，豫州、安定孤远，卒难救卫，宜迁诸镇户内实京畿，可得精兵十万，足以横行天下’”①。可从各军镇调集十万精兵保卫京畿，足见当时军镇的规模。天兴元年（398），北魏道武帝拓跋珪将都城由盛乐（今内蒙古和林格尔西北土城子）迁至平城（今山西大同东北）后，在北部边境置戍建镇，屯兵驻守，以抵御北方柔然的侵扰。由于军镇是防控柔然的前线，战略位置重要，北魏将部族精英和贵胄高门子弟派驻到军镇负责军务。这些出镇的贵族子弟多为世袭军人，地位尊崇，出镇还可有升迁和免除租赋的优待。“昔皇始以移防为重，盛简亲贤，拥麾作镇，配以高门子弟，以死防遏。不但不废仕宦，至乃偏得复除，当时人物，忻慕为之。”② 为拱卫平城计，北魏在沿所筑长城设置的军镇当中，以北方六镇为著，自西向东依次是沃野镇（今内蒙古五原东北）、怀朔镇（今内蒙古固阳西南）、武川镇（今内蒙古武川西东土城）、抚冥镇（今内蒙古四子王旗东南土城子）、柔玄镇（今内蒙古兴和台基庙东北）、怀荒镇（今河北张北）。六镇及其他北镇的人口主要构成，一是拓跋鲜卑贵族及其属下的各级军官，二是逾百万高车人，在民族部落酋长的率领下分驻各军镇，三是少数的汉人、柔然和匈奴人等。③

这种情况到北魏太和十一年（487）发生了逆转。在内部发生严重分裂后，柔然与分裂后建立的高车政权陷入长期战争，将战略重点转向西域，并寻求与北魏缓和关系，这样北魏的北部军事威胁大为减弱，军镇防务也随之松弛。特别是太和十八年（494），孝文帝将都城迁至洛阳，对军镇制度更是一个重大打击。由迁都开始，北魏政权将战略重点转向中原地区，北方军镇渐受冷遇。同期，自上而下的汉化改革政策在都城洛阳及周边地区展开，而北方军镇仍保留鲜卑习俗，因而有“六镇鲜卑”的称谓。孝文帝在改革中大力推

---

① 《晋书》卷一百十九《姚泓载记》。

② 李延寿：《北史》卷十六《广阳王建传》，中华书局，1974 年。

③ 参见段连勤：《北魏统治漠南高车的三个阶段》，《民族研究》1988 年第 1 期。

行文治，文官地位上升，对北方六镇的传统军事集团形成排挤。多重因素综合作用下，军镇在不断被边缘化中走向没落。“政事怠惰，纲纪不举，州镇守宰，多非其人。”① 广阳王深曾上疏直指时弊，“自定鼎伊洛，边任益轻，唯底滞凡才，出为镇将，转相模习，专事聚敛。或有诸方奸吏，犯罪配边，为之指踪，过弄官府，政以贿立，莫能自改。咸言奸吏为此，无不切齿憎怒”②。尊崇不再，待遇不再，地位由“当时人物，忻慕为之”沦为“自非得罪当世，莫肯与之为伍”③，军镇的兵丁补充成了问题。为应对军镇兵源枯竭，北魏将囚徒罪犯发配以充镇兵，更加剧了军镇的管理混乱和内部矛盾。一些有识之士认识到问题的严重性，如正光末年魏兰根曾对尚书令李崇建言，“缘边诸镇，控摄长远。昔时初置，地广人稀，或征发中原强宗子弟，或国之肺腑，寄以爪牙。中年以来，有司乖实，号曰府户，役同厮养，官婚班齿，致失清流。而本宗旧类，各各荣显，顾瞻彼此，理当愤怨。更张琴瑟，今也其时，静境宁边，事之大者。宜改镇立州，分置郡县，凡是府户，悉免为民，入仕次叙，一准其旧，文武兼用，威恩并施。此计若行，国家庶无北顾之虑矣”④。任务、地位和人员结构等多方面的剧烈变化，加剧了军镇与洛阳政权间的矛盾和冲突。一旦外部条件成熟，起义与动乱将自然发生。正光五年（524），破六韩拔陵在沃野斩杀镇将起兵，各镇军民纷纷响应，拉开了六镇起义的大帷幕。

总体上看，军镇制度是鲜卑部落兵制与郡县制相结合而产生的一种高效军事制度，与胡汉混杂、外部安全威胁严峻的时代背景相适应，是一种高效的军事组织形式。但随着少数民族政权汉化程度的加快，军镇制度也面临新的冲击和挑战。

---

① 《魏书》卷十六《京兆王传》。
② 《魏书》卷十八《广阳王传》。
③ 《魏书》卷十八《广阳王传》。
④ 《北齐书》卷二十三《魏兰根传》。

四、北朝的部落兵制

与两晋、南朝不同，十六国和北朝军队都是草原部落民族入主中原，其军队仍保持原始的部落兵制，军队的构成以本族为主体并吸纳其他胡族。如后汉军队主体由匈奴族构成，后赵军队主体部分是羯族，前秦军队的主体则是氐族。部落兵制一直是中国古代北方民族的一种传统兵制形式，其特点是经济生产方式和作战方式相衔接，强悍尚武，组织灵活，战场配合娴熟，擅长远程奔袭和战略迂回。如北方强大的匈奴族，“逐水草迁徙，毋城郭常处耕田之业，然亦各有分地”，“儿能骑羊，引弓射鸟鼠；少长则射狐兔，用为食。士力能毌弓，尽为甲骑。其俗，宽则随畜，因射猎禽兽为生业，急则人习战攻以侵伐，其天性也。其长兵则弓矢，短兵则刀鋋。利则进，不利则退，不羞遁走”。[①] 具体的编制和作战组织上，是以部落为基础实行的大单于（大人）制。如《晋书》就讲，“北狄以部落为类，其入居塞者有屠各种、鲜支种、寇头种、乌谭种、赤勒种、捍蛭种、黑狼种、赤沙种、郁鞞种、萎莎种、秃童种、勃蔑种、羌渠种、贺赖种、钟跂种、大楼种、雍屈种、真树种、力羯种，凡十九种，皆有部落，不相杂错。屠各最豪贵，故得为单于，统领诸种。其国号有左贤王、右贤王、左奕蠡王、右奕蠡王、左于陆王、右于陆王、左渐尚王、右渐尚王、左朔方王、右朔方王、左独鹿王、右独鹿王、左显禄王、右显禄王、左安乐王、右安乐王，凡十六等，皆用单于亲子弟也。其左贤王最贵，唯太子得居之。其四姓，有呼延氏、卜氏、兰氏、乔氏。而呼延氏最贵，则有左日逐、右日逐，世为辅相；卜氏则有左沮渠、右沮渠；兰氏则有左当户、右当户；乔氏则有左都侯、右都侯。又有车阳、沮渠、余地诸杂号，犹中国百官也”[②]。西汉末年，匈奴内乱，呼韩邪单于携率部落，入汉称

---

① 《史记》卷一百十《匈奴传》。

② 《晋书》卷九十七《匈奴传》。

臣，“其部落随所居郡县，使宰牧之，与编户大同，而不输贡赋”①，原来的部落组织形式依旧。晋惠帝时期，统治失御，这些降同编户的内附民族积怨已深，于是趁势而起。前赵的谋臣刘宣就认为，“昔我先人与汉约为兄弟，忧泰同之。自汉亡以来，魏晋代兴，我单于虽有虚号，无复尺土之业，自诸王侯，降同编户。今司马氏骨肉相残，四海鼎沸，兴邦复业，此其时矣”②。

鲜卑、羯、氐、羌等其他民族的情况与匈奴相类似，在向汉族封建制度转化的同时，以部落为聚居和生产作战的方式依旧是主要形式。石勒的祖先是匈奴别部羌渠部落的后裔，他的祖父和父亲都是部落头目，“其先匈奴别部羌渠之胄。祖耶奕于，父周曷朱，一名乞翼加，并为部落小率”③。前秦的奠基者苻洪为氐族，“其先盖有扈之苗裔，世为西戎酋长”④。一旦起兵，这些部率、酋长就负责率本部兵，部落由生产单位迅即转变为一个作战单位。部落兵体制，优势在于兵将相互熟稔，部落成员彼此亲近，利于战场上默契同心。少数民族创建政权的初始阶段，征战力量是以本民族的部落兵为主体，但当战事扩大，兵源就出了问题。各民族人口数量有限，组成军队主体的青壮年在激烈战争中会有大的损耗，各民族竞逐中原战争演变为长期的消耗战，对少数民族政权的人口和资源提出了巨大考验，解决的办法无外乎吸附其他民族和汉族的力量，并变俘为兵，扩大兵源，这就使得部落兵的组成复杂化，军队内部的纪律性和凝聚性也成了问题。因为军队中族人是部落兵的核心力量，但人口，特别是青壮年有限，其他民族成分主要是通过军事高压和征服胁迫手段实现，一旦这种高压态势松散下来，其他民族力量势必起来造反，进而使政权瓦解。如淝水之战前，苻融反对伐晋，担忧“陛下宠育鲜卑、羌、羯，布诸畿甸，旧人族类，斥徙遐方。今倾国而去，如有风尘之变者，其如宗庙何！监国以弱卒数万留守京师，鲜卑、

---

① 《晋书》卷九十七《匈奴传》。
② 《晋书》卷一百一《刘元海载记》。
③ 《晋书》卷一百四《石勒载记上》。
④ 《晋书》卷一百十二《苻洪载记》。

羌、羯攒聚如林，此皆国之贼也，我之仇也。臣恐非但徒返而已，亦未必万全”①。果不其然，淝水之战中，前秦一败而亡国，与部落兵制下的人口资源有关。苻融、张蚝、慕容垂、梁成等所部25万人，受到最大损失的是驻镇洛涧的梁成和寿阳苻融的军队，他们军队的主体恰恰就是氐族的精华。“淮肥之役，苻坚遣其弟融及骁将张蚝攻陷寿阳，谢玄使彬与牢之距之。师次硖石，不敢进。坚将梁成又以二万人屯洛涧，玄遣牢之以精卒五千距之。去贼十里，成阻涧列阵。牢之率参军刘袭、诸葛求等直进渡水，临阵斩成及其弟云，又分兵断其归津。贼步骑崩溃，争赴淮水，杀获万余人，尽收其器械。”② 25万人中，慕容垂所率为鲜卑兵。苻坚因西线桓氏兵强不得不分兵，置慕容垂精兵于西线，淝水之战，慕容垂一军没有参加，少数独全。苻坚没有料到淝水之役，溃败的是本部氐族，而慕容垂所率鲜卑兵幸免于大的损伤。淝水一役后，前秦帝国瓦解，被苻坚征服的各民族纷纷独立，慕容氏也乘机复国建立后燕。

北朝起于北魏，兵制也以鲜卑部的部落兵相因循。史书在记述鲜卑部早期首领拓跋毛时，形容其“聪明武略，远近所推，统国三十六，大姓九十九，威振北方，莫不率服”③，这表明鲜卑部的发展尚处于原始社会末期的部落联盟阶段。这种部落制以原始的血缘关系为纽带，按部分割，划民而治，大人为各部的首领。《魏书》曾记载与鲜卑同属东胡的乌丸（即乌桓）部落组织情况，因鲜卑“其言语习俗与乌丸同”，可推知鲜卑部的社会结构。“常推募勇健能理决斗讼相侵犯者为大人，邑落各有小帅，不世继也。数百千落自为一部，大人有所召呼，刻木为信，邑落传行，无文字，而部众莫敢违犯。氏姓无常，以大人健者名字为姓。大人已下，各自畜牧治产，不相徭役”，“其约法，违大人言死，盗不止死。其相残杀，令部落

① 《晋书》卷一百十四《苻坚载记下》。

② 《晋书》卷八十四《刘牢之传》。

③ 《魏书》卷一《序纪》。

自相报，相报不止，诣大人平之”。[①] 于此可见，部落由“数百千”邑落组成，大人作为部落的首领具有“众莫敢违犯”、约法“违大人言死”和决断各部落事务的权力，且部落是以“大人健者名字为姓”。各邑落由小帅统领，由“不相继”可知小帅是由选举产生。而随着部落间交往的扩大和部落向外的扩张，人口迁徙和部族融合成为必然趋势，并在残酷的战争中产生部落兼并，发展出部落联盟。如《三国志·魏书》记载：“轲比能本小种鲜卑，以勇健，断法平端，不贪财物，众推以为大人。部落近塞，自袁绍据河北，中国人多亡叛归之，教作兵器铠楯，颇学文字。故其勒御部众，拟则中国，出入弋猎，建立旌麾，以鼓节为进退。”[②] 又如，拓跋力微继承鲜卑索头部首领后，吞并没鹿回部，“尽并其众，诸部大人，悉皆款服，控弦上马二十余万”[③]。乌桓、鲜卑的邑落、部、大人制是北魏分部大人制的早期形式。登国元年（386），拓跋珪在牛川（今内蒙古兴和西北东洋河南）召开部落大会，宣布即位代王，年号登国，“复以长孙嵩为南部大人，以叔孙普洛为北部大人。班爵叙勋，各有差”[④]，四月改称魏王。《魏书·官氏志》也记载，“太祖登国元年，因而不改，南北犹置大人，对治二部。是年置都统长，又置幢将及外朝大人官。其都统长，领殿内之兵，直王宫；幢将员六人，主三郎卫士直宿禁中者。自侍中已下，中散已上，皆统之外朝大人，无常员。主受诏命，外使，出入禁中，国有大丧大礼皆与参知，随所典焉”[⑤]。

皇始元年（396），拓跋珪攻克后燕并州，进入了河北腹地。此时，要统治人口众多、经济文化先进的中原地区，就需要吸收汉族的制度文化，网罗汉族世家文人阶层，即“初建台省，置百官，封

---

① 《三国志》卷三十《乌丸鲜卑东夷传》注引《魏书》。

② 《三国志》卷三十《乌丸鲜卑东夷传》。

③ 《魏书》卷一《序纪》。

④ 《魏书》卷二《太祖纪》。

⑤ 《魏书》卷一百一十三《官氏志》。

拜公侯、将军、刺史、太守，尚书郎已下悉用文人”①。到皇始三年(398)，拓跋珪迁都平城，即皇帝位，改元天兴，“十二月，置八部大夫、散骑常侍、待诏等官。其八部大夫于皇城四方四维面置一人，以拟八座，谓之八国常侍。待诏侍直左右，出入王命”②。次年，“分尚书三十六曹及诸外署，凡置三百六十曹，令大夫主之”③。天赐元年（404），“十一月，以八国姓族难分，故国立大师、小师，令辩其宗党，品举人才。自八国以外，郡各自立师，职分如八国，比今之中正也。宗室立宗师，亦如州郡八国之仪”④。可见，北魏建国初期基本是按照魏晋旧制设置百官，建立以鲜卑贵族为统帅、吸纳汉族文人的统治阶层，都统长和幢将作为侍卫官统领宿卫军，八部大夫即鲜卑族的八部酋帅，他们作为中央军政中枢机关辅助皇帝掌管兵民大权。北魏孝文帝迁都洛阳，大规模汉化改革，在太和十九年（495） “诏选天下武勇之士十五万人为羽林、虎贲，以充宿卫”⑤，表明已开始在全国范围内征选宿卫军了。太和二十年（496）又“以代迁之士皆为羽林、虎贲”⑥，南迁的鲜卑族仍为世代为兵的兵户。东魏的实权把持在高欢父子手中。高氏父子担任丞相、都督中外诸军事之职，相府内设内外曹，内曹为骑兵曹，管理鲜卑兵组成的中兵诸军事，外曹为步兵曹，管理由汉人组成的外兵诸军事，更多地体现出了胡汉分兵分制的特点。西魏的大权掌握在宇文泰手里，实行的是府兵制。

陈寅恪在考察北朝兵制时曾引《文献通考》语：“愚尝考之，拓跋氏起自云朔，据有中原，兵戎乃其所以为国也。羽林、虎贲，则宿卫之兵，六镇将卒，则御侮之兵，往往皆代北部落之苗裔。其

---

① 《魏书》卷二《太祖纪》。
② 《魏书》卷一百一十三《官氏志》。
③ 《魏书》卷一百一十三《官氏志》。
④ 《魏书》卷一百一十三《官氏志》。
⑤ 《魏书》卷七下《高祖纪下》。
⑥ 《魏书》卷七下《高祖纪下》。

初借之以横行中国者。”① 他认为，北朝的兵有两种，一是鲜卑兵，一种是非鲜卑兵。“代北部落”指三十六大部落、九十九小部落。代北部落之苗裔，即此九十九姓之后。北魏的禁旅与六镇将卒，多由他们担当。这是鲜卑兵。这种兵常带贵族性，地位颇高，“不但不废仕宦，至乃偏得复除”②。非鲜卑兵中，最重要的是高车兵。在北魏的禁军和六镇兵中，高车人颇为不少。六镇兵中，主要者似为高车人，且以西高车为主，西即恒州代郡之西，沃野、怀朔、武川等镇均在代西。此外，还有其他少数民族及汉人的军队。非国人的少数民族兵，除了用于打仗，也用于戍守。

综上，十六国和北朝实行部落兵制的核心，就是胡汉分离。如北魏，以鲜卑种人为主体，羽林、虎贲为中央宿卫，六镇将卒为边境戍守，其他胡人也多充兵役，而汉人则从事农业。兵民基本是分开的，兵用于防守和打仗，民从事耕桑，“郡国之民，虽不征讨，服勤农桑，以供军国，实经世之大本，府库之所资”③。在兵种上，北魏又以鲜卑本部人为骑兵，以非国人为步兵，打仗以鲜卑骑兵压迫非鲜卑步兵先出。东魏及北齐之初，兵制继承北魏，兵民分离，兵由鲜卑人充当，汉人主要是从事耕织。“（高）欢每号令军士，常令丞相属代郡张华原宣旨，其语鲜卑则曰：‘汉民是汝奴，夫为汝耕，妇为汝织，输汝粟帛，令汝温饱，汝何为陵之?’其语华人则曰：‘鲜卑是汝作客，得汝一斛粟、一匹绢，为汝击贼，令汝安宁，汝何为疾之?’时鲜卑共轻华人，唯惮高敖曹。欢号令将士，常鲜卑语，敖曹在列，则为之华语。”④ 东魏兵制无疑是北魏兵制的承袭，不过拓跋族的北魏统一北方后逐渐汉化，其兵役制度也相应发生变革。尤其实行均田制、三长制之后，把军镇与州县、当兵与种田结合起来，即兵由州县受田农民充当，兵民、兵农不再各成一个系统。胡人当兵、汉人耕织的时代，军镇与州县分治的时代过去了，这是北

① 《文献通考》卷一百五十一《兵考三》。
② 《北史》卷十六《广阳王建传》。
③ 《魏书》卷二十八《刘洁传》。
④ 《资治通鉴》卷一百五十七《梁纪十三》，武帝大同三年九月。

朝兵制上的一个很大的变化。① 到了北齐，士兵主体基本上是汉人，可以说是全农皆兵。但北周则选农训兵。北周周武帝改革实行府兵制，仍然是兵农分离，兵是兵，民是民。兵属军府，籍在军府，民属州县，籍在州县；兵为职业军人，民则从事农桑。隋文帝时，才令兵民合一，汉人为军队主体，胡汉之兵民界限消除。

五、府兵制的兴起

府兵制是源自西魏、北周的一种军事制度，隋唐时期又根据社会现实进行改革，成为与均田制和租庸调制相配套的军事制度。府兵制起于西魏大统年间，其中西魏、北周是其形成、建立的重要阶段。在西魏、北周时期的府兵制下，府兵属职业军人性质，其身份被编入军籍，单独编为军户，隶属相应的军府，超越于地方民政系统，不受驻地州县政府行政管辖，而且府兵拖家带口，家属随军营迁徙。隋文帝统一全国后，社会复归于安定，发展经济成为第一要务，于是下令取消华北及沿边地区新设立的军府，未撤销军府的地方，府兵虽然仍然编入军籍，但本人和家属又隶属于所在州县，同当地农户一样，可以按均田令分得土地，登记户口，有固定的住处和产业从事农业生产。这样，府兵制变成了一种兵农合一的制度，实质上演变为义务兵役制。

从历史渊源考察，府兵制继承了前代汉族皇朝的兵制和鲜卑拓跋氏的兵制两个渊源。换言之，早期府兵制实际上是一种地方兵户和部落兵制相结合的混合兵制。魏晋以来，家兵、部曲是世家豪族的私有军队，兵户、士家是封建王朝的官方军队；地方上多以刺史治民，都督领兵。都督的衙被称为军府，军府的兵士慢慢就被称作府兵，如著名的东晋“北府兵”等，当时府兵乃是一般都督府所领军队的通称。拓跋氏入主中原前，实行部落兵制，后来，“散诸部落，同为编户”，一部分部落成员变为普通民户，而在镇府当兵的则成为兵户，即所谓府户。西魏初建府兵制时，借用南朝“府兵”之

① 参见《陈寅恪魏晋南北朝史讲演录》，第289页。

名，实施拓跋氏兵户制之实，遂形成全新意义上的府兵制。宇文泰在接收贺拔岳的以六镇中武川镇兵户为骨干的军团时，此军团人数不过数千。北魏宿卫禁旅，即由鲜卑族人组成的“六坊之众”随孝武帝入关的，也不过万人。合起来的兵力，在三万人左右，[①] 宇文泰命十二将军分别统领。此后与东魏战争中，军队有增有减，尤其是在邙山之战中，被东魏歼灭达六万之多，大伤元气。“关陇地区的六州鲜卑族人数本来就不多，战争的长期持续，使兵员的补充更有困难，宇文泰自不得不从汉族方面补充军队，来充实自己的力量。”[②]

西魏大统十六年（550），宇文泰正式实行府兵制，“以诸将功高者为三十六国后，次功者为九十九姓后，所统军人，亦改从其姓”[③]。这表明统兵官不论民族出身，一律赐予鲜卑部落旧姓，其所统之兵亦从主帅改姓。同时又仿照拓跋氏八部之制立八柱国大将军，其中六柱国各领一军，是为六军；六柱国下，每柱国又各设二大将军，共十二大将军；每大将军下，又各设二开府，共二十四开府，是为二十四军；每开府之下，又各设二仪同，共四十八仪同；以下还有大都督、帅都督、都督、子都督等领兵官。根据西魏末、北周初的记录，一个仪同领士兵一千人，一个柱国大将军领士兵八千人，六柱国合起来有四万八千人，由宇文泰总统之。这支军队，就是历史上所说的府兵。

府兵的前身，是以贺拔岳武川军队和侯莫陈悦军团的一部分（即李弼军团），以及“六坊之众”随魏孝武帝入关的北魏宿卫禁旅这三部分组成，原是鲜卑化非常彻底的军队。其中构成府兵核心的武川军团，它的前身是六镇鲜卑，六镇鲜卑前身大都是拓跋部氏族成员，由于北魏孝文帝以后，封建化程度不断加深，他们地位急剧下降，终于沦为“役同厮养”的“府户”，因此，他们参加过六镇

---

① 参见《魏晋南北朝史》，第 574 页。

② 《魏晋南北朝史》，第 574—575 页。

③ 《周书》卷二《文帝纪下》。

起义和河北起义。固然，六镇起义和河北起义终于推翻了腐朽的北魏洛阳政权，但是进入中原的六镇鲜卑，有一部分背叛了起义军而成为新兴军事贵族，想恢复到原来的氏族或部落关系，实为汉化之反动。宇文泰、赵贵、独孤信等编制这一支新军的时候，对于士兵和军官之间的结合，也在一定程度上保持了鲜卑旧日的氏族关系。利用落后的氏族关系来组织府兵，使得他们好像血缘近亲，并肩作战，来提高战斗士气和作战能力。早期府兵的来源包括鲜卑兵、关陇军户、“关陇豪右”所领乡兵，没有一般民户。兵士的身份比起魏晋南朝以来，有相当提高，带有民兵色彩。尤其招募均田制中的农民来充当府兵后，一当府兵，还可不编入民籍，不负担赋税，身份地位有所提高。府兵平时半月宿卫，半月训练，轮流服役，战时出征。北周武帝时，为扩大兵源，将府兵征召对象扩大至上等民户，后来又扩大至一般民户，府兵人数急剧上升，至北周灭北齐时，已拥有府兵20万人，其性质也由部落兵制与世兵制的混合体向普遍征兵制过渡。“到北周灭齐时，府兵已发展到近二十万人；到了隋文帝灭陈时，府兵已发展到五十万人。这支军队以后终于成为隋唐王朝的主要军事力量，隋唐王朝的强盛，是和均田、府兵分不开的。”①

当然，府兵制的全面发展与兴盛是在隋代与唐中期。成熟形态的府兵制是兵农合一的，国家既拥有一支兵源充足的军队，又可节省军费，不耽误农业生产。因为府兵在国家有事时才“命将以出”，战事结束，“兵散于府，将归于朝”②，这便有效地防止了将帅专兵、割据作乱。但后来由于均田制被破坏，农民大量逃亡，遂陷入无兵可出的困境，因此延至唐朝玄宗天宝年间，特别是“安史之乱”以后，府兵制终因兵源枯竭而名存实亡，逐渐退出历史舞台。

除先后实行世兵制、府兵制等主要兵制外，三国两晋南北朝还采取其他多种集兵方式，如招募、临时征兵等。三国时期，魏、蜀、吴都曾通过招募、强征等方式，以扩大兵源，弥补世兵或正常征兵

---

① 《魏晋南北朝史》，第580页。

② 欧阳修、宋祁：《新唐书》卷五十《兵志》，中华书局，1975年。

的不足。西晋前期的情况亦相类似，如晋武帝允许大将马隆募集兵员征伐西羌，马隆遂“募限腰引弩三十六钧、弓四钧，立标简试。自旦至中，得三千五百人”①。西晋惠帝以后，先经八王之乱，继有永嘉之乱，世兵数量锐减。元帝渡江，兵力也极单薄，急于补充。故朝廷一方面发奴客为兵，另一方面积极招募民众入伍，这类记载甚多，如孙超领北中郎将，在与东海王司马越作战时，曾于荥阳募兵。而东晋初年渡江北伐的祖逖，其军队成分，一部分是他的亲党部曲，另一部分便是招募来的兵士。大约到东晋后期，募兵已开始占相当比重，如著名的“北府兵”，就主要是由招募来的兵士组成的。两晋时也偶尔实行征兵制，如晋武帝伐吴，曾强征兵户为兵；西晋怀帝时，裴盾在徐州征发民户为兵；东晋康帝时，庾翼在武昌征发六州民户为兵等。但是，这些都属于应急而采取的临时性措施。

南朝时，世兵制迅速衰落，其兵士不得不以征兵与募兵进行补充，其中尤以募兵为主。南朝的征兵，史籍中多有记载，如刘宋元嘉末北伐，曾以兵力不足，征发南兖州“三五民丁”，即户有三丁者出一人为兵，户有五丁者出二人为兵。南齐时，齐武帝也曾征发扬、徐二州民丁为兵。不过南朝的征兵，也仅是在有重大战事时临时征发，因当时募兵极为盛行，内外军队大多由招募者组成。如刘宋元嘉末与北魏大战前，曾招募“天下弩手”；宋明帝即位时，四方反叛，明帝曾派人募江西楚人，得“快射手八百”。南齐时，防戍北边与北魏对垒的军队，多由募兵组成，对外用兵，也多用募兵。梁、陈也都以募兵为军队主力，其开国之君梁武帝、陈武帝皆以募兵起事并夺取政权。这表明，南朝时期，募兵是军队的主要来源，通过招募集兵是最重要、最流行的方式。

募兵在北朝各政权的集兵方式中也占有一定地位。如北魏孝文帝时，曾采取招募兵士的途径，来扩大兵员来源。尔朱荣之乱后，募兵的现象更为盛行。但与南朝广泛募兵的情况相比，北朝募兵仅为当时兵役制上的补充性做法。

---

①《晋书》卷五十七《马隆传》。

第二节　优化军队编制体制和加强军事训练

军队的编制体制，主要是指军队内部各军兵种的配置、编成和相互间的指挥控制关系，合理的编制体制与否是决定军队组织结构是否科学、整体作战效能能否得到有效发挥的重要因素。军队的编制体制受作战环境、军兵种力量结构、作战方式和武器装备等多种因素制约，也受统治阶级政治控制考量的影响。在三国两晋南北朝的不同时期，军队的编制结构既与秦汉有很强的连续性和传承性，又呈现出很强的阶段性、创新性特征。同时，为适应残酷的战争和提高军队的纪律性、执行力，这一时期军队的法治思想和法治水平有一定提升，军队的教育训练也受到广泛重视。

一、优化军队编制体制

周朝用井田制，因井田以定兵赋，税以足食，赋以足兵。周制，“万二千五百人为军，军将皆命卿；二千五百人为师，师帅皆中大夫；五百人为旅，旅帅皆下大夫；百人为卒，卒长皆上士；二十五人为两，两司马皆中士；五人为伍，伍皆有长”①。军队按照伍、两、卒、旅、师、军六级编制：五人为伍；五伍为两，二十五人；四两为卒，百人；五卒为旅，五百人；五旅为师，两千五百人；五师为军，一万两千五百人。汉代因循之，仍是按照郡县以下人口设置来组织军队，确定编制，如晁错曾建言，“臣又闻古之制边县以备敌也，使五家为伍，伍有长；十长一里，里有假士；四里一连，连有假五百；十连一邑，邑有假候：皆择其邑之贤材有护，习地形知民心者，居则习民于射法，出则教民于应敌。故卒伍成于内，则军正定于外。服习以成，勿令迁徙，幼则同游，长则共事。夜战声相

① 《通典》卷一百四十八《兵一·立军》。

知，则足以相救；昼战目相见，则足以相识；欢爱之心，足以相死。如此而劝以厚赏，威以重罚，则前死不还踵矣。所徙之民非壮有材力，但费衣粮，不可用也；虽有材力，不得良吏，犹亡功也”①。

三国两晋南北朝各政权在因循秦汉，依托郡县制设定军队编制体制基础上，对军队编制体制进行了优化。

三国时，军队序列为部、曲、屯、队、什、伍六级，从伍到部的编制遵从二五交替递进的定律。最基础的编制是伍，辖五人，设伍长一人；二伍为什，辖十人，设什长一人；什以上是队（都伯），五什为一队，设队长一人，都伯即为队长，辖五十人；队以上为屯，两队为一屯，屯辖一百人，这一时期史籍所载百人将、百人督即为屯长；屯以上为曲，每曲五屯，设曲长一人，辖五百人；曲之上为部，每部二曲，计一千人，千人督为部的长官。曹操《步战令》规定：“伍中有不进者，伍长杀之；伍长有不进者，什长杀之；什长有不进者，都伯杀之。督战部曲将，拔刃在后，察违令不进者斩之。一部受敌，余部不进救者斩。”② 战时，军队在平时编制的基础上，会根据战场情况临时编组，由都尉、校尉、裨将军、偏将军和将军等中高级将领统率。

西晋军队的编制，以军为基本单位，各宿卫将军所统部队，即为一军，人数基本上为一千人。军以下以队为基本单位，每队有兵五十人。队的首领为队主，统领全队。东晋、南朝军队编制大体沿袭西晋。南朝最高一级的建制单位是军，一军人数一千至两千不等。军队出征，一般以军为单位，军设军主、军副，负责统领全军。军以下是幢，设幢主。一幢兵力约五百人。幢以下为队一级的编制，每队兵力约五十人，但骑兵与步兵的队有所区别，骑兵一队约三十人，步兵则为五十人。至于军队最基层的编制，则仍是传统的什、伍。

北朝军队的基本编制也是军、幢、队、什、伍。军是北朝军队

① 《汉书》卷四十九《晁错传》。
② 《曹操集·文集》卷三《步战令》。

基层编制中最高一级，设军主、军副各一人以统率全军，一军拥有人数不等，北魏道武帝时设军府，“凡有八军，军各配兵五千，食禄主帅军各四十六人。自中原稍定，八军之兵，渐割南戍，一军才千余”①。但一般情况下是“千人为军，军置将一人”②。此后的东魏、北齐，基本沿袭北魏制度。西魏、北周与军大致相同的层级则为仪同，也以一千人为额。军以下的编制是幢，幢设幢主一人，一幢有兵员一百至数百不等。幢以下有队，队设队主、队副各一人。队以下是什、伍等最基层的编制。

二、提倡法治严明军纪

治军之术，法治为先。中国古代的治军思想起源于战争实践，受儒家、法家和兵家的影响较大。古代名将大多因以法治军闻名，为严明军纪、树立军法的权威，甚至不惜“杀一人而三军震”。孙武视法为同道、天、地、将并列的“五事”之一，提出“法者，曲制、官道、主用也”，“凡此五者，将莫不闻，知之者胜，不知者不胜”。③ 唐朝大将李靖也提出，“古之善为将者，必能十卒而杀其三，次者十杀其一。三者，威振于敌国；一者，令行于三军。是知畏我者不畏敌，畏敌者不畏我”④。春秋时期齐国大将田穰苴斩监军庄贾，孙武演兵斩吴姬，都是这方面的著名例子。

三国两晋南北朝时期，由于战乱频繁，对军队的管控和治理是各统治集团实现政治目标、维护政权稳定的基础，因此非常强调提倡军纪和法治。如三国时期的曹操、诸葛亮均为治军严厉的代表性人物。曹操认为，纷乱之世，靠儒家的礼义引导和道德教化根本不能拨乱反正，相反，“言明赏罚，虽用众，若使一人也”⑤。针对兵

---

① 《魏书》卷五十八《杨椿传》。
② 《魏书》卷一百三《蠕蠕传》。
③ 《十一家注孙子校理》卷上《计篇》。
④ 《通典》卷一百四十九《兵二·杂教令》。
⑤ 《十一家注孙子校理》卷下《九地篇》。

将战败、叛变和逃亡或降敌等，曹操制定了多部法令，诸如《封功臣令》《存恤从军吏士家室令》《选中军典狱令》《军令》《船战令》《步战令》《败军令》等。建安八年（203）曹操曾颁布命令，规定将军临阵退却处以死刑。《步战令》更就临战对敌的各种情况做出规定，如：布阵之时，“诸部曲者，各自安部陈兵疏数，兵曹举白。不如令者斩”①。临阵必须听从指挥，“临陈皆无讙哗，明听鼓音，旗幡麾前则前，麾后则后，麾左则左，麾右则右。麾不闻令，而擅前后左右者斩”“无将军令，妄行陈间者斩”“兵进，退入陈间者斩”“士将战，皆不得取牛马衣物。犯令者，斩”②。对于兵士逃亡也规定：“卒逃归，斩之。一日家人弗捕执，及不言于吏，尽于同罪。”③《通典》也记述了曹操的军令，“吾将士无张弓弩于军中。其随大军行，其欲试调弓弩者得张之，不得着箭。犯者鞭二百，没入吏。不得于营中屠杀卖之，犯令没所卖皮。都督不纠白，杖五十。始出营，竖矛戟，舒幡旗，鸣鼓；行三里，辟矛戟，结幡旗，止鼓；将至营，舒幡旗，鸣鼓；至营讫，复结幡旗，止鼓。违令者，髡剪以徇。军行，不得斫伐田中五果、桑、柘、棘、枣”④。曹操不仅制定了许多法令，而且带头遵守执行。一次部队行军，经过麦田，曹操下令大军绕道而行，不可践踏田中麦子，违者处死。谁知他自己的坐骑因受惊闯入麦田，曹操便叫来军中执法官给自己定罪，执法官回答“罚不加于尊”，但曹操认为自己制定的法律，自己必须带头遵守：“制法而自犯之，何以帅下？然孤为军帅，不可自杀，请自刑。”⑤

诸葛亮也以善于“治军”著称。诸葛亮认为军队是一个战斗整体，要使三军一致、将帅士卒用命，充分发挥整体威力，就必须严

① 《曹操集·文集》卷三《步战令》。

② 《曹操集·文集》卷三《步战令》。

③ 《曹操集·文集》卷三《步战令》。

④ 《通典》卷一百四十九《兵二·法制》。

⑤ 《三国志》卷一《武帝纪》注引《曹瞒传》。

明法纪，明确提出建设“有制之兵”的思想，认为“有制之兵，无能之将，不可以败；无制之兵，有能之将，不可以胜”①。特别是在三国鼎立的格局下，曹魏占有中原的广大地域，经济富裕、兵良将广；吴国拥长江之险，仗水军之利；而蜀国国小民贫，兵微将寡，要实现北伐中原、兴复汉室的战略目标，必须依靠严明的军纪来建设一支能征善战的军队。为发挥军队的最大作战效能和潜能，诸葛亮更加注重通过严明军法来约束控制部队，认为“夫一人之身，百万之众，束肩敛息，重足俯听，莫敢仰视者，法制使然也”②。诸葛亮不仅治军极严，而且事必躬亲，赏罚分明。甚至在北伐前线，他亲自执法，严明军纪，“二十罚已上皆自省览”③。建兴六年（228），诸葛亮兵出祁山伐魏，不听众人意见，任命马谡为先锋。结果马谡违背诸葛亮作战部署，“舍水上山，举措烦扰，平连规谏谡，谡不能用，大败于街亭”④，导致整个战役失利。回军后，诸葛亮挥泪斩马谡，并上书自罚“臣以弱才，叨窃非据，亲秉旄钺以历三军，不能训章明法，临事而惧，至有街亭违命之阙，箕谷不戒之失，咎皆在臣授任无方。臣明不知人，恤事多暗，《春秋》责帅，臣职是当。请自贬三等，以督厥咎”⑤。诸葛亮虽执法严厉，但因执法公正，受罚者皆毫无怨言。

三、注重军事教育训练

在将帅教育方面，曹操要求将领们学习兵法，尤其是《孙子》和自己撰著的《新书》，“自作兵书十万余言，诸将征伐，皆以《新书》从事”⑥。吴主孙权曾要求大将吕蒙、蒋钦读书提高自己，尤其是要读《孙子》《六韬》《左传》《国语》《史记》《汉书》和《东观

① 《诸葛亮集·文集》卷二《兵要》。
② 《诸葛亮集·文集》卷四《将苑·法制》。
③ 《晋书》卷一《宣帝纪》。
④ 《三国志》卷四十三《王平传》。
⑤ 《三国志》卷三十五《诸葛亮传》。
⑥ 《三国志》卷一《武帝纪》注引《魏书》。

汉记》等。诸葛亮也为刘禅亲自抄写《申子》《韩非子》《管子》《六韬》等法家经典，责其阅读。

在军队层面，为保持战备水平，提高作战能力，中国古代历来重视军事训练。先秦时期即有利用农闲时间狩猎练兵和讲武的制度。“故春蒐、夏苗、秋狝、冬狩，皆于农隙以讲事也。三年而治兵，入而振旅，归而饮至，以数军实。”① 讲武比田猎规模更大，规格更高，多在农闲时节进行。如《礼记·月令》记载，先秦时期的孟冬之月，“天子乃命将帅讲武，习射御，角力”②。东汉末年也曾有“大发四方兵”讲武以“威厌天下”的记载，“五年，天下滋乱，望气者以为京师当有大兵，两宫流血。大将军司马许凉、假司马伍宕说进曰：‘《太公六韬》有天子将兵事，可以威厌四方。’进以为然，入言之于帝。于是乃诏进大发四方兵，讲武于平乐观下”③。曹魏沿用古代农闲时讲武制度，定期检阅军队训练备战情况。建安二十一年（216）冬十一月，曹操亲自手执金鼓，指挥受阅部队，对八阵进退、多兵种协同进行校阅考核。建安二十三年（218）秋七月，曹操再次检阅考核部队训练。此后新君即位，大都举行部队检阅。蜀国也有严格的“讲武”制度。“三年春，亮率众南征，其秋悉平。军资所出，国以富饶，乃治戎讲武，以俟大举”④，第一次北伐失败后，更是“厉兵讲武，以为后图，戎士简练，民忘其败矣”⑤。通过讲武解决蜀军数量、质量上的弱势问题，进而提高蜀军的技术战术水平。因为训练有素，加之“诸葛亮是丁宁周到小心慎重的一流人”⑥，所以蜀军“所至营垒、井灶、圊溷、藩篱、障塞皆应绳墨，一月之行，去之如始至”⑦，即使在与强大的魏军对阵时不敌对手，

---

① 杨伯峻编著：《春秋左传注》（修订本），隐公五年，中华书局，1990年。
② 陈澔注，金晓东校点：《礼记》卷三《月令》，上海古籍出版社，2016年。
③ 《后汉书》卷六十九《何进传》。
④ 《三国志》卷三十五《诸葛亮传》。
⑤ 《三国志》卷三十五《诸葛亮传》注引《汉晋春秋》。
⑥ 《魏晋南北朝史十二讲》，第8页。
⑦ 《三国志》卷三十五《诸葛亮传》注引《袁子》。

仍然进退有序。东吴为了提高军队的战斗力，也实行检阅制度，在设定的“简日”检阅部队的战备训练情况，并根据检阅中发现的问题，决定部队的整编。

两晋、南朝各代也大多将军队训练作为提高战力的重要手段。史载，西晋泰始四年（268）、泰始九年（273）、咸宁元年（275）、咸宁三年（277）、太康四年（283）、太康六年（285）冬天，晋武帝都曾亲临宣武观，观看众军演习。这些演习的规模都非常大，不仅中军全体参加，而且时长达七八天，各军除了演习队列阵法外，还要进行实战演习。① 东晋时期，军事训练和演习主要在各方镇进行。到了南朝时期，因为与北方长期对峙的战争状态，对军事训练更加重视。如南朝的中军在京城进行训练时，皇帝往往亲自参加。南朝宋元嘉二十五年（448），在建康设宣武场，作为步骑兵操练的专门训练场，此后南朝各代都将之作为军队训练场所。宋孝武帝时，还在玄武湖检阅水师训练，此后玄武湖成为南朝各代训练水军的场所。南朝中军训练规模都较大，自领军将军、护军将军以下的六军，中军的其他各级将领及所属部队都要参加，有时参加人数达10万之众，训练时，不仅要操练队列，还要较量比试武艺。②

北朝统治的近二百年时间里，共发生大小战争129次，各政权间的对抗、兼并、征伐非常频繁。在巨大的战争压力面前，各统治集团都非常重视军事训练，以提高武备水平。加之少数民族政权对部族战斗技艺的要求和培养更为严格，也是这一时期军事训练记载较多的重要原因。以讲武为例，据学者统计，《魏书》对讲武的记述多达30次，《北齐书》1次，《周书》12次。数量方面，北魏道武帝拓跋珪进行了6次，太武帝拓跋焘进行了10次，孝文帝元宏进行了7次；西魏文帝宇文泰进行了4次，武帝宇文邕进行了7次。均为组织较为频繁者。但总体上来说，讲武零星记载于《三国志》《晋书》《魏书》《周书》《隋书》等史书中，表明从秦汉到三国两晋

① 参见《两晋南北朝军事史》，第55—56页。

② 参见《两晋南北朝军事史》，第267—268页。

南北朝都曾进行过讲武，不过似乎并不是很正规，直到唐代才明确进入国家的正式制度体系。①

第三节　发展对抗性兵种

与秦、汉、隋、唐等大一统帝国不同，三国两晋南北朝时期，中原汉族政权面临的主要威胁来自北方的游牧民族。匈奴、鲜卑、羯、氐、羌等不仅频频袭扰内地，而且数度入主中原，民族战争多在黄河流域的中原和淮河至长江一带展开，黄河流域适合骑兵集团作战，而淮河长江一线适合水军作战。基于这种情况，中原和北方政权将骑兵建设作为重点，而当北方政权志在统一南方时，则加强水军建设。相反，南方政权以水军建设为重点以抵御北方，当其志在恢复中原时，则加强骑兵建设。

一、骑兵在北方战场占据支配性地位

这一时期，主要兵种为步兵、骑兵、水军，但骑兵开始居支配性地位，骑兵的强弱往往决定军事竞争和战争的胜负。伴随着重甲铁骑的出现，骑兵行动疾速、冲击力强、便于机动的特点得到了充分发挥。在军兵种建设方面，与中原汉族政权的传统优势步兵不同，北方游牧部落习惯于射猎习武的生产生活方式，骑兵往往风驰电掣，机动性强，便于集中兵力，中原王朝若以步兵进攻，则对方飘忽远去，追之不及，正可谓“彼可以来而我不能往”。此外，游牧民族社会结构简单，其部落组织形式属于集生产、生活、军事、行政于一体的战时体制，便于动员，全民皆兵。由此，在与中原王朝的军事对抗中，游牧民族往往具有较大的优势。陈寅恪先生在论及唐代骑兵的作用时曾说：“骑马之技术本由胡人发明。其在军队中有侦察敌

---

① 参见陈志伟：《北朝讲武考论》，《兰州学刊》2011 年第 8 期。

情及冲陷敌阵两种最大功用。实兼今日飞机、坦克二者之效力，不仅骑兵运动迅速灵便，远胜于部卒也。中国马种不如胡马优良。汉武帝之求良马，史乘记载甚详，后世论之者亦多……至弓矢之用，若不与骑马配合，则仅能防守，而不能进攻，只可处于被动之地位，而无以发挥主动进攻之效用。故言射而不言骑，则止得军事技术之一面。若骑射并论，自必师法胡人，改畜胡种之马，且任胡人血统之人主持牧政。此必然之理，必致之势。……至军队组织，则胡人小单位部落中，其酋长即父兄，任将领。其部众即子弟，任兵卒。即本为血胤之结合，故情谊相通，利害与共。远较一般汉人以将领空名，而统率素不亲切之士卒者为优胜。"①

历史上，在与周边游牧民族的长期对抗中，中原王朝在军事战略上多奉行防御战略，且在双方战争中屡遭失败，缺乏强大的骑兵是主要原因之一。例如，汉朝立国之初，开国皇帝汉高祖刘邦乘统一中原之余威，亲率军32万之众北征匈奴，结果刘邦的先头部队虽已至平城，而作为大部队的步兵尚远在后方，匈奴遂以精兵40万围刘邦于白登（今山西大同东北），后来刘邦采纳了刘敬的"和亲"之策，才得以脱身。此后，汉朝在与匈奴的角逐对抗中，也并非不知道主动出击较之防御是更好的策略，但因骑兵不足，在机动作战上远远不及匈奴，所以不得不采取守势。有鉴于此，凡是强大的中原王朝，在军队建设上莫不效法蕃兵制度，注重发展骑兵这一对抗性兵种，汉武帝对付匈奴、唐代对付东突厥之胜利，莫不由此。

就防御北方游牧民族而言，中原王朝又有着先天的困难。从经济地理和民族地理的角度看，奠基于单一农业经济结构的历代中原王朝，大多缺少马匹，中原军队只能以步兵为主体，无法在大漠草原和林海雪原深处与游牧狩猎民族的骑兵长期周旋，即使像汉、唐那样组织大军远程奔袭，消灭对方有生力量，也无法长期驻留，巩固战果。马匹的缺乏还使中原王朝或南方政权的军队在作战方式上

---

① 陈寅恪：《金明馆丛稿初编·论唐代之蕃将与府兵》，《陈寅恪集》，生活·读书·新知三联书店，2001年，第301—302页。

受到诸多限制，战术上远逊于游牧民族。因为以步兵为主体的中原王朝军队，只有依靠密集的队形才能抵御骑兵的冲击，步兵缺乏机动能力又不得不处处设防，故需要庞大的常备军，这就给国家带来沉重的负担，使历代统治者始终为数量庞大的常备军和国家有限的经济负担能力的矛盾所困扰。

二、水军建设臻于成熟

水军起源于春秋时期，在秦汉时期有所进步。而到了魏晋南北朝时期，水军建设迎来了一个快速发展的时期，臻于成熟和完善。

水军，顾名思义，就是以舟船为武器和运输工具，在内河和沿海组织作战的军队，早期又称“舟师”“船军”。最早的三皇五帝时期，舟船是用于交通运输。“《易》曰：刳木为舟，剡木为楫，舟楫之利，以济不通。”① 夏、商、周三代，中原王权开始向东南方向延展，商代已见用兵东南夷的记载，周武王伐纣更是用舟船于军事涉渡，“武王伐殷，先出于河，吕尚为将，以四十七艘船济于河”②。春秋时期，冶铁和造船业的发展，为水战创造了物质条件，水军由此出现。《左传・襄公二十四年》（前549）记载，“夏，楚子为舟师以伐吴，不为军政，无功而还”③。其中临江傍河的吴、越两国，已经开始进行水上交战。公元前482年，越王勾践“乃发习流二千人，教士四万人，君子六千人，诸御千人，伐吴”④。总体上，春秋战国时期作战方式是以车战为主，水军主要存在于吴、越、楚和北方的齐国，尚为初始萌芽状态。

秦汉时期造船业兴盛发达，水上独立作战的能力得到了较大的增强，水军越来越为统治者所重视，出现了专门的水军“楼船军”。“高祖命天下郡国选能引关蹶张，材力武猛者，以为轻车、骑士、材

① 《艺文类聚》卷七十一《舟车部・舟》。
② 《艺文类聚》卷七十一《舟车部・舟》。
③ 《春秋左传注》（修订本），襄公二十四年。
④ 《史记》卷四十一《越王勾践世家》。

官、楼船，常以立秋后讲肄课试，各有员数。平地用车骑，山阻用材官，水泉用楼船。”① 后世学者分析认为，“盖三者之兵，各随其地之所宜。以汉史考之，大抵巴蜀、三河、颍川诸处止有材官，上郡、北地、陇西诸处止有车骑，而庐江、浔阳、会稽诸处止有楼船。三者之兵，虽各随其地之所宜，而郡国之兵，其制则一”②。汉代的水军已经从步骑兵种中完全独立出来，成为常备军。

进入三国时期，“水军”的称谓正式出现，也兼称“舟师”“舟军”。如建安十四年（209）曹操攻合肥，“十四年春三月，军至谯，作轻舟，治水军。秋七月，自涡入淮，出肥水，军合肥”③。整个三国时期，魏蜀吴都有水军，尤以吴为最。黄龙二年（230），孙权派大将卫温、诸葛直到达夷洲和亶洲，“遣将军卫温、诸葛直将甲士万人浮海求夷洲及亶洲。亶洲在海中，长老传言秦始皇帝遣方士徐福将童男童女数千人入海，求蓬莱神山及仙药，止此洲不还。世相承有数万家，其上人民，时有至会稽货布，会稽东县人海行，亦有遭风流移至亶洲者。所在绝远，卒不可得至，但得夷洲数千人还”④。嘉禾二年（233），孙权为结好辽东半岛的公孙渊，派舰队缘海航抵辽东半岛，“三月，遣舒、综还，使太常张弥、执金吾许晏、将军贺达等将兵万人，金宝珍货，九锡备物，乘海授渊”⑤。吴国置“水军督”职，掌帅水军驻防。

西晋为灭吴，完成全国统一，曾大治水军，“武帝谋伐吴，诏濬修舟舰。濬乃作大船连舫，方百二十步，受二千余人。以木为城，起楼橹，开四出门，其上皆得驰马来往。又画鹢首怪兽于船首，以惧江神。舟楫之盛，自古未有。濬造船于蜀，其木柿蔽江而下”⑥。太康元年（280），王濬发兵巴蜀攻丹阳，针对“吴人于江险碛要害

① 《后汉书》卷一下《光武帝纪下》注引《汉官仪》。
② 《文献通考》卷一百五十《兵考二》。
③ 《三国志》卷一《武帝纪》。
④ 《三国志》卷四十七《吴主传》。
⑤ 《三国志》卷四十七《吴主传》。
⑥ 《晋书》卷四十二《王濬传》。

之处，并以铁锁横截之，又作铁锥长丈余，暗置江中，以逆距船”的战术，“濬乃作大筏数十，亦方百余步，缚草为人，被甲持杖，令善水者以筏先行，筏遇铁锥，锥辄着筏去。又作火炬，长十余丈，大数十围，灌以麻油，在船前，遇锁，然炬烧之，须臾，融液断绝，于是船无所碍”①，展示了当时水战的激烈程度和战术水准。东晋政权偏安江南，更是以水军为立国根本。晋元帝去世后，晋明帝着手加强都城防御，于太宁元年（323）设立了“都督石头水陆军事”职位，“以特进华恒为骠骑将军、都督石头水陆军事”②。南朝出现“水军主”“上流水军都督”“都督水陆诸军事”“大都督总水陆诸军事”“缘江都督”等官职，表明水军地位更显突出。

三、兵种建设上“南船北马”格局的基本形成

步兵、车兵、骑兵和水军是中国古代的四大兵种。秦代以前，车兵和步兵是主要兵种。秦汉实现大一统后，作战性质已由诸侯国间的争霸战争转变为中央王朝与周边少数民族的对抗，作战地域也向四边迅速扩展，由此导致的结果就是车战日趋式微，骑兵与步兵成为战争中的主力兵种。到了三国两晋南北朝时期，北方政权普遍重视骑兵和步兵的建设，且以骑兵为主力，南方政权则普遍重视水军建设，水军作为一种新式军种迅速崛起，堪与步兵、骑兵相提并论。“且南北各有长技，若骑若射，北之长技也；若舟若步，南之长技也。”③ 特别是东晋和南朝的宋、齐、梁、陈先后在江南立国，南北对抗的格局渐趋形成。在长期的战争实践中，各统治阶级出于战场环境、军事资源和战术特点等多方面考量，注重发展各自的优势兵种，逐步形成了军种建设和对抗上“南船北马”的格局。

具体而言，三国时期是南北对峙与分裂的初始期。受地域条件和作战对象的制约，魏、蜀、吴三国的兵种结构各有侧重点。其中，

---

① 《晋书》卷四十二《王濬传》。
② 《晋书》卷六《明帝纪》。
③ 《宋史》卷四百三十三《杨万里传》。

魏国的基本兵种是步兵，数量最多，但主力兵种却是骑兵，其骑兵在数量、质量上都远远超过吴、蜀两国。魏国为了与南方的吴国作战，一度大力发展水军，如曹操、曹丕都曾亲自训练水军，但因条件限制，水军战斗力并不强，在与吴、蜀的战争中并未发挥决定性作用。蜀国主要兵种是步兵，骑兵非常弱，难与魏国对抗，只处于辅助地位。所以诸葛亮为了抵御魏国骑兵，只有大力发展步兵中的弩兵。在水军方面，蜀国虽有一定的水军，但因主要作战对象是魏军，所以水军不强。吴国以长江为主要防线，最重要的兵种是水军，舟师的发展是战略凭依，而骑兵比较薄弱。兵种结构的特点，直接影响到战争进程和结局，也是造成三国鼎立的重要原因。如魏国以步兵、骑兵为主，拥有最强大的骑兵，终能驰骋中原，统一北方，但面临浩瀚的长江，强大的骑兵无用武之地。蜀国以步兵为主，有较强的弩兵，便于北伐行动中的山地作战，但骑兵不如曹魏，所以不敢长驱直入，屡次北伐难以有功。吴国水军强大，但缺少骑兵和强大的步兵，所以不敢深入北方作战，只能限江自保。

西晋作为统一王朝，军队主要由步兵、骑兵及水军组成。西晋步兵数量最大，占绝对优势，骑兵虽数量不及步兵多，但在军队中占有重要地位，是陆战的绝对主力。史载，魏灭蜀时已经有大军 50 万，学者们据此估计，西晋初年全国中外军总数在 60 万以上①，且绝大部分由步兵和骑兵组成。当时行军、作战，常以步骑配合，协同行动。如曹魏末年司马师曾统中军二万、骑三千据淮北，监视吴军。作战时，步骑配合比例大约为十比二三。当时朝廷所给予领兵大将的兵卒，也常以步骑搭配。由于面临灭吴统一全国的重要任务，西晋也大力发展水军，作为对抗兵种。灭蜀之后，晋武帝立即命益州刺史王濬在长江上游地带修治战船，训练水师。经过长达 7 年的战争准备，西晋建成了一支体系完备的水师。在灭吴之战中，西晋从上游的巴蜀之地沿江东下，水师浩浩荡荡，在沿途陆上又有步骑兵协同，所以势如破竹，直取吴都建康。灭吴后，西晋还收编了原

① 参见《两晋南北朝军事史》，第 52 页。

东吴的水师，规模更为庞大。

东晋立国江南，军事实力远非西晋时可比，加之失去东北、西北等产马地区，骑兵发展无以为继。军种建设上，东晋以淮河流域和长江天堑为地理屏障，因应江南遍布江河湖泊的地理环境，大力发展水师，以作为抵御北方政权南下的主要力量。东晋军队出征作战，也基本上以水军为主力。

十六国时期，军队主要由骑兵和步兵组成。当时各游牧民族建立的民族政权，主要依赖骑兵，这与游牧民族的生产生活方式息息相关。各政权在建立之初，均以本部族成员为军队主体，且部落兵基本上是骑兵。在建立区域政权后，也都注重发展强大的骑兵。其中，匈奴人刘渊建立的前赵、石勒建立的后赵、慕容氏建立的前燕、氐族人建立的前秦、匈奴人赫连勃勃建立的大夏，都拥有强大的骑兵部队。各政权出兵作战，一般以精锐骑兵为主力，有时步骑混编，但步兵只担任辅助性军事任务，或负责攻城。如刘渊起事时有精骑10万，冉魏有骑兵30万，后赵石虎有“戎卒数十万”①，鲜卑族建立的前燕有精锐骑兵30万，前秦苻坚也有精骑数十万。

南朝时期，水军仍是宋、齐、梁、陈赖以立国的主力兵种。东晋末年，北府军将领刘裕利用水军两次北伐，先后征服了南燕和后秦，并依靠水军击败了孙恩、卢循的起义军。故刘宋建国后，水军力量非常强大，也最受重视。宋孝武帝时期，水军的发展处于巅峰。“宋孝武度六合，龙舟翔凤以下，三千四十五艘。舟航之盛，三代二京无比。”② 东晋、南朝北伐时，水军还是后勤运输的重要保障。如义熙五年（409）刘裕北伐南燕，“四月，舟师发京都，溯淮入泗。五月，至下邳，留船舰辎重，步军进琅邪”③。南齐水军承自刘宋，在与北方政权的作战中发挥了重要作用，这也是南朝诸政权可与强大北方相抗衡的依托。齐永元二年（500），豫州刺史裴叔业举城降

---

① 《晋书》卷一百九《慕容皝载记》。

② 徐坚等:《初学记》卷二十五《器物部·舟》，中华书局，1962年。

③ 《宋书》卷一《武帝纪》。

北魏，东昏侯萧宝卷“遣将陈伯之屯于肥口，胡松又据梁城，水军相继二百余里”①，水军规模可见一斑。梁武帝天监五年（506），北魏数十万大军攻钟离，梁将裴邃“筑垒逼桥，每战辄克，于是密作没突舰。会甚雨，淮水暴溢，邃乘舰径造桥侧，魏众惊溃，邃乘胜追击，大破之。进克羊石城，斩城主元康。又破霍丘城，斩城主甯永仁。平小岘，攻合肥”②。此役，北魏军被俘 5 万，溺死及被杀者 20 余万。梁后期与北齐的两次建康之战中，大将陈霸先均靠水军大败北齐，断其粮运，使其骑兵优势在水网密布的南方战场无用武之地。陈霸先称帝建立陈国后，与湘州刺史王琳大战，北齐水陆俱出援助后者。“壬午，司空侯瑱督众军自江入合州，焚齐舟舰。三月景申，侯瑱至自合肥，众军献捷”③，首先解除北齐的水军威胁。

北朝军队主要是骑、步兵，其中也以骑兵为主。北朝前期，由拓跋部各部落组成的军队，全是擅长骑射的骑兵。北魏建国之前，已有“控弦之士数十万，马百万匹”④。一直到魏孝文帝改制前，骑兵一直是军队主力。太武帝南伐刘宋，“六师涉淮，登瓜步山观兵，骑士六十万，列屯二千余里”⑤。孝文帝迁都洛阳和实行汉化改革后，因为统治地域的扩大，以及作战对象的复杂，开始正式征调汉人负担兵役，步兵数量逐渐增加，如孝文帝太和十七年（493）率师南伐，有“步骑百余万”⑥。北魏分裂后，东魏、北齐军队中，骑兵也是主体，其军队主力就是随高欢开创东魏基业的北方六镇鲜卑兵，以及原北魏中央宿卫军。这些鲜卑兵是东魏、北齐的中军，基本上是骑兵。东魏和北齐保卫京师、出征作战任务主要由鲜卑骑兵担任，而由汉人组成的步兵，主要是州郡兵，一般担负地方治安任务。至于西魏、北周，军队也以骑兵为主，步兵只处于辅助地位。

---

①《魏书》卷二十一下《彭城王传》。
②《梁书》卷二十八《裴邃传》。
③《陈书》卷二《高祖纪下》。
④《魏书》卷二十四《燕凤传》。
⑤《魏书》卷一百五之三《天象志三》。
⑥《魏书》卷七下《高祖纪下》。

北方水军较弱。前秦苻坚准备伐晋时，曾在四川组建水军，命“蜀汉之军顺流而下”①，但由于条件限制，水军力量不强。北朝因与南方政权对峙，所以也建设了一定数量的水军，但仅限于与南方接壤之处，且数量有限。北魏进占中原后，开始组建一定数量水军，如魏太武帝在神䴥三年（430）“闻刘义隆将寇边，乃诏冀、定、相三州造船三千艘，简幽州以南戍兵集于河上以备之”②。不过此后北魏将战略重点放在北方，主要防御柔然等少数民族的袭扰和稳定国内秩序，对南方采取守势，因此水军建设较为被动，未有大的进展。北魏分裂为东魏、西魏后，两国水军规模都非常有限。直到北齐和北周时期，北方的水军才有了大的进展，这也为后来隋的统一奠定了一定的水战基础。特别是北齐，因南部疆界已达江淮，加之南下愿望较强，故其水军数量最多，水上作战也较为频繁。天保六年（555）、七年（556），北齐两次攻建康，虽因粮运不济而失败，但其能够突破长江险阻，已经显示北方水军的进步程度。从北朝整个情况看，由于少数民族政权独善骑射，加之北方地理环境限制及统一江南时机还不成熟，因此北朝的水军相对于骑兵尚属薄弱，无法与南朝水军相匹敌。

第四节　“各擅长技”的后勤建设思想

一、加强军事后勤补给系统建设

军事后勤的中心内容，一是军粮的生产、筹措、转输与储备，二是兵器的制作与管理。在三国两晋南北朝时期，各政权统治者在这些方面主要是沿袭了前代的做法，并根据当时当地的实际情况而

---

① 《晋书》卷一百十四《苻坚载记下》。

② 《魏书》卷四上《世祖纪上》。

不断有所调整与改进。

在军粮的生产与筹措方面，统治者一般都设有专门机构专司其职，如曹魏在五曹尚书中设度支尚书，主持军粮保障。两晋尚书省六曹尚书中也设度支尚书，“专掌军国支计”，负责全国军队的军粮供应。南北朝的大多数政权亦有类似的机构。至于军粮的筹措，一般通过几个渠道来进行：一是沿用“因粮于敌”的方式，抢掠占领区的粮草补充军中粮秣，这在北方少数民族政权初兴时表现得尤为明显；二是向国内自耕农进行征集；三是推行屯田，这包括民屯与军屯，而以后者为主，三国、两晋、北魏都有规模可观的军屯，保障了军队的粮食供应。如曹魏通过大规模的军屯，在群雄角逐中占据了有利的地位，最终顺利完成统一北方的大业。所谓“修耕植，蓄军资，如此则霸王之业可成也”①。

为足食强兵、防备荒年尤其是从事战争，这一时期许多政权都积极建仓储粮。三国两晋时各政权都建有众多邸阁以储存军粮。当时邸阁的布局既考虑到减少取用时的转输之劳，又注重有利于安全的需要，一般部署在纵深的战略要地或边防重镇。如魏文帝时，雍州刺史张既请示“筑鄣塞，置烽候、邸阁以备胡”②。有时也部署在靠近前线之地，如北伐时，诸葛亮为减轻褒斜谷道的转输之劳，于建兴十一年（233），提出“使诸军运米，集于斜谷口，治斜谷邸阁”③。而斜谷位置临近魏境，为当时的战略前沿。

这一时期的武器装备制作、供应与管理，基本承袭秦汉时期的做法，即军队所用兵器一般由国家统一制造、统一管理、统一发放使用。两晋时，中央在少府之下设尚方一职，“并掌造兵器”，除中央外，诸州郡亦设有制造兵器之所。南北朝时，中央军器军械的制造同样由少府下属的尚方负责。另外，南朝地方强藩，大体皆有修造兵器装备的机构，称作“部”。制造成的武器进入“武库”统一

---

① 《三国志》卷十二《毛玠传》。
② 《三国志》卷十五《张既传》。
③ 《三国志》卷三十三《后主传》。

保管，临战之际配发给军队使用。

二、邮驿烽燧与虎符蜡书

这一时期，传达军情的设施与方式较之前代也有新的进步，为夺取战场主动权、克敌制胜创造了必要的条件。

传统的邮驿与烽燧依然是通报军情、传递军令的主要设施，但是它们的规模和功能却都有了相当大的发展。

邮驿作为国家兴办的通信系统，早在先秦时期即已建立并发挥军事上的作用。[①] 三国两晋南北朝时期邮驿的建设同样有值得关注之处。邮驿数量众多，线路畅通，军情通报速度很快，在战争中起到了特殊的作用。如刘备占据益州时，由于蜀道险阨难行，特别注重邮驿的建设，以及时掌握远方的军情、指挥作战并将其用于后勤供应。为此，他曾经“起馆舍，筑亭障”，从成都到白水关，共建传舍400余处，[②] 构成了通向汉中北部地区的远途邮驿线。在夷陵之战中，为了同国内通信，自夷陵直达白帝，沿途设置驿站，沟通前后方的联系。

烽燧作为传统的军情传递设施与方式，在这一时期仍广为采用，同时规模上有了明显的提升。三国时期，东吴政权曾在沿长江一带设置烽燧，组织起高速的沿江军情通报系统。据庾阐《扬都赋》，吴国“烽火以炬置孤山头，皆缘江相望，或百里，或五十、三十里，寇至则举以相告，一夕可行万里。孙权时合暮举火于西陵，鼓三竟，达吴郡南沙”[③]。合暮是傍晚，三鼓是子时，南沙是吴县司盐都尉署所在地（今江苏常熟西北）。只上半夜，西部重镇西陵的军情警报，使用江边烽火通信系统，就被传递到一个数百里外的吴郡，这种军事通信上的高速度、高效率，堪称前所未有。

战国时期发明使用的传递军令、征调军队的虎符，这一时期仍

---

① 参见《中国古代战争》，第152页。

② 《三国志》卷三十二《先主传》注引《典略》。

③ 《三国志》卷四十七《吴主传》注引《扬都赋》。

在广泛使用。1974 年，在今甘肃庄浪曾出土过一批隋代的铜虎符。隋去南北朝未远，因此这些铜虎符也可以用来作为魏晋南北朝时期使用虎符的实物资料看待。另外，由先秦“阴书”发展而来的“蜡书”作为重要的秘密通信方式，在当时也已普遍使用。蜡书又名蜡丸，就是将秘密书信搓为小团，外面以蜡封裹，信使可以将其藏在衣服的夹层、发髻中，必要时可以塞入肛门，甚至埋入皮下，以确保不致泄密。这种信息传递方式后来还沿用到唐宋时期，如唐代宗大历元年（766），华州节度使周智光叛乱，形势危急，唐代宗就是通过派使者递送蜡书征召驻于河中（今山西永济西南蒲州镇）的郭子仪前来保卫京师，平息叛乱。①

此外，这一时期的军情传递方法还有用水、用风筝、用信鸽等多种。用水传递军情，就是借助河水自上而下日夜不息地流动，从上游向下游传递紧急军事情报。用风筝传递军情，前代已有之，这一时期用得更为普遍。如南朝萧梁末年，侯景发动叛乱，叛兵牢牢围住建康（今江苏南京），梁武帝困守孤城，计无所出，于是在城内“缚鸢飞空，告急于外”②，就是一个比较典型的例子。

---

① 参见刘昫等：《旧唐书》卷一百二十《郭子仪传》，中华书局，1975 年。
② 李冗：《独异志》卷中，中华书局，1983 年。

第六章　大放异彩的军事谋略思想

丰富的战争实践和持续的战争压力，刺激着军事谋略思想的发展。在三角斗争、多极角逐、南北对峙等复杂战略格局下，战争指导者逐智竞谋、运筹帷幄，制定了一个个高明的战略方案，上演了一幕幕惊心动魄的战略对决，从而使该时期的兵学发展体现出浓厚的谋略色彩。

第一节　战略筹划的经典篇章

这一时期军事思想发展的一个重要特色，就是战略对策研究的风靡。政治家、军事家往往注重解决问题，强调实用，使兵学理论的建树紧密贴近战争实践。《隆中对》《平吴疏》等，堪称这一时期战略谋划的经典。

一、《隆中对》与蜀汉国家战略

战略是指导军事斗争全局的方略。套用美国军事战略学家柯林斯的公式，战略等于目的（即追求的战略目标）+途径（战略行动方案）+手段（实现战略目标的工具）①，其思考的问题往往涵盖比较长的时间和广阔的空间。三国时期，诸葛亮的《隆中对》为刘备

① 参见［美］约翰·柯林斯：《大战略》，中国人民解放军战士出版社，1978年，第8页。

分析了当时的全国形势，指明了此后的发展方向，正是一个关于结束汉末群雄割据、统一天下的国家战略。

东汉末年，军阀混战，天下大乱，刘备作为一方武装割据势力，悄然崛起。但刘备虽有成就一番事业的雄心，却没有一套明确的战略纲领，结果是东奔西逃，寄人篱下，始终未能拥有自己稳固的地盘。而诸葛亮在遇到刘备之前，也隐居隆中，空有经邦纬国的大志，却没有平台和机会施展。晚年，诸葛亮曾深情地向后主刘禅回忆与刘备的君臣际遇："先帝不以臣卑鄙，猥自枉曲，三顾臣于草庐之中，谘臣以当世之事，由是感激，遂许先帝以驱驰。"① 可以说，"天下英雄"刘备的屈尊下顾、虚心求教，以及他复兴汉室、拨乱反正的忠肝热肠，都使诸葛亮深感知遇之厚，于是才和盘托出《隆中对》这一卓绝千古的战略构建。

《隆中对》的高明，在于它既有全局观念，又有长远眼光和前瞻意识。一方面它高屋建瓴，统筹全局，提出了"跨有荆、益""两路出兵"的"三分割据纡筹策"。众所周知，一份科学的战略谋划，其核心在战略目标的确定。诸葛亮以恢宏的气度和思接千古的见识指陈时势，在总结历史经验和分析现实形势的基础上，指出在各种势力的消长纷争中，曹操是刘备的主要敌人。所以，刘备的现实目标应该是"跨有荆、益"，即利用各种矛盾，夺取天下要冲荆州和天府之国益州，作为自己的立足之地，以此作为角逐天下的根本，进而实现三分天下有其一的王道霸业。

对现实目标的这一定位，是对天下大势的洞察，对敌我关系现状和变化趋势的把握，同时，也考虑到了战略地缘关系。制定战略的首要任务是分析形势、判断情况，即通过研究有关情况，回答在何处采取行动的问题。为此，就需要研究地缘政治形势，分析敌我力量和盟友的情况，回答打击对象是谁，以及先打击谁、后打击谁的问题。对此，《隆中对》讲得很清楚："今操已拥百万之众，挟天子而令诸侯，此诚不可与争锋。孙权据有江东，已历三世，国险而

---

① 《三国志》卷三十五《诸葛亮传》。

民附，贤能为之用，此可以为援而不可图也。”① 一个是强大的曹操，没有把握打，不能打。一个是已经建立了巩固根据地的孙权，不能打，但可作为盟友。因此，近期的打击方向只能是南下荆州，西上巴蜀，向荆、益发展。“荆州北据汉、沔，利尽南海，东连吴会，西通巴、蜀，此用武之国，而其主不能守”，“益州险塞，沃野千里，天府之土，高祖因之以成帝业。刘璋暗弱，张鲁在北，民殷国富而不知存恤，智能之士思得明君”。②

更为重要的是，《隆中对》提出的战略目标，并不限于建立三分天下的割据政权，其根本宗旨是实现国家的最终统一，体现了大战略的历史使命感和强烈的战略规划意识。因此，在制定现实目标的基础上，诸葛亮进一步提出了刘备集团的长远战略目标，即成霸业，兴汉室，统一全国。为实现这一明确目标，诸葛亮制定了具体的行动方案：第一步是跨有荆、益，保其岩阻，建立一个可以存身的根据地；第二步是西和诸戎，南抚夷越，外结好孙权，内修政理，使根据地具有逐步巩固的内部环境和外部条件；第三步是待天下有变，在时机成熟时，令荆州之军以向宛、洛，从东线进击曹操，而益州之军北伐关中，两路出兵，以钳形之势互相配合，兵锋北上，一举消灭北方的曹操，席卷两京，夺取中原。它虽然未明言孙权的前途问题，但言下之意，待消灭了主要敌人强曹，第四步必然是向江东的孙权开刀，孙权之接踵而亡自不待论矣。到那个时候，实现全国的统一，也就成了瓜熟蒂落、水到渠成的事情。③ 此所谓“霸业可成，汉室可兴”。

另一方面，《隆中对》所反映的大局观念与战略前瞻意识，并不是诸葛亮本人的突发奇想、闭门造车，它的可行性建立在实现战略目标的一系列方法手段之上。换言之，它的战略前瞻不是虚幻地“画饼”，而是有其可能实现的条件，兼具目标的长远性与方法手段

---

① 《三国志》卷三十五《诸葛亮传》。

② 《三国志》卷三十五《诸葛亮传》。

③ 参见黄朴民：《大一统：中国历代统一战略研究》，军事科学出版社，2004年，第127页。

的有效性。这些方法手段包括：一是利用“天下思汉”的普遍心理，凭借刘备身为“帝室之胄，信义著于四海”的优越背景，进行政治号召，争取各方认同，这与曹操“挟天子以令诸侯”做法相类似；二是推行“西和诸戎，南抚夷越，外结好孙权”[①]的方针，做好“外交”工作，为自己争取安定后方和可靠盟友创造良好的外部环境；三是“内修政理”[②]，整顿吏治，发展经济，搞好内部建设，积蓄实力。可见，《隆中对》提出的蜀汉国家战略，是对未来战略发展形势的深刻分析和精准谋划，辅以政治、经济、外交等多方面的努力，使战略方案的实施变得明确具体。《隆中对》实施之初，就使刘备取得了赤壁大战的胜利，并使刘备集团迅速起敝振衰，据有荆州大部，继而进一步拓展西川，攻取汉中，终于开国蜀汉，达于三国鼎立。

当然，诸葛亮的《隆中对》及其制定的蜀汉国家战略也存在严重的内在局限，即内容设计上有重大破绽和缺陷，导致的结果是在具体执行过程中，《隆中对》制定的行动方案屡屡碰壁，最终战略目标破产。黄朴民先生指出，“这中间的关键，在于诸葛亮所设想的刘备集团既要‘跨有荆、益’两州又要‘外结好孙权’两者之间的水火不相兼容”[③]。诸葛亮忽视的一点是，荆州地处长江中段，属南北要冲，自古即为兵家必争之地。对于东吴来说，荆州是控制长江中下游的门户，对国家安全生死攸关。蜀国若想占有荆州，东吴势必不惜一战，这样蜀汉联吴抗曹的国家战略自然也就难以如愿。后来的形势发展也证明，正是对荆州地区的争夺，导致了吴蜀联盟濒于破裂，双方最终兵戎相见，蜀国落得个失荆州，损关羽，在猇亭被陆逊火烧连营、精锐尽失的下场。最终，蜀汉只好退入地势偏狭的巴蜀之地，从而失去了“跨有荆、益”的战略主动，也丧失了两路出击、统一中原的基本条件。正如北宋苏洵（字明允）所言：

---

① 《三国志》卷三十五《诸葛亮传》。

② 《三国志》卷三十五《诸葛亮传》。

③ 黄朴民：《〈隆中对〉的战略“误区”》，《文史天地》2015 年第 11 期。

> 诸葛孔明弃荆州，而就西蜀，吾知其无能为也。且彼未尝见大险也，彼以为剑门者，可以不亡也。吾尝观蜀之险，其守不可出，其出不可继，兢兢而自完犹且不给，而何足以制中原哉？若夫秦、汉之故都，沃土千里，洪河大山，真可以控天下，又乌事夫不可以措足如剑门者而后曰险哉？今夫富人必居四通五达之都，使其财帛出于天下，然后可以收天下之利。有小丈夫者，得一金椟而藏诸家，拒户而守之。呜呼！是求不失也，非求富也。大盗至，劫而取之，又焉知其果不失也？①

毛泽东在点评历史人物时也指出，蜀国的战略失败，“其始误于《隆中对》，千里之遥而二分兵力。其终则关羽、刘备、诸葛亮三分兵力，安得不败”②，可谓一语中的。

二、羊祜《平吴疏》的战略指导思想

赤壁之战后形成的三国鼎立局面，经此后数十年的和战更替，统一全国的形势渐趋成熟。景元四年（263），魏灭蜀汉，两年后司马炎通过“禅让”方式代魏自立，建立西晋王朝。至此，魏、蜀、吴三分天下的格局已演进为晋吴两国南北并峙的局面。

晋武帝司马炎即位伊始，在稳定国内政局、解决北方鲜卑族秃发树机能部武力犯边的同时，也将灭吴统一全国提上议事日程。然在何时和如何进行统一战争的问题上，朝廷内部存在严重分歧。重臣贾充、荀勖等对伐吴明确持反对意见，认为东吴水军强盛，且据有长江天险，晋若出师攻伐，胜负实难逆料，所以主张按兵不动以静观形势变化。这些意见的存在，在很大程度上干扰了人们的思想，也使晋武帝一时难做战略决断。咸宁二年（276），一贯倡言伐吴的羊祜向晋武帝上疏，详细分析当时的战略形势，论证晋朝灭吴统一

---

① 姚鼐纂集，胡士明、李祚唐标校：《古文辞类纂》卷三《苏明允权书十·项籍》，上海古籍出版社，1998年。

② 中共中央文献研究室编：《毛泽东读文史古籍批语集》，中央文献出版社，1993年，第106页。

全国的历史合理性与现实可能性，并具体筹划了晋军战略进攻的基本方案，此即著名的《平吴疏》。

《平吴疏》的宗旨，是通过对晋、吴双方经济、政治、军事等条件进行全面考察，“校之以计，以索其情”，从而系统深入地论证全国统一的必然性和晋灭吴的可能性。

其一，羊祜将起兵灭吴，结束南北分裂达于一统，认定为合于天意人心的正义之举，强调“夫期运虽天所授，而功业必由人而成”①。羊祜提出，天下一统，“成无为之化”，乃理有固宜，势所必然，强调用兵打仗的宗旨在于“宁静宇宙，戢兵和众”②。这样就从弘扬“大一统”理念的高度，为灭吴战争的性质做了定位，阐发了“以战止战，虽战可也”③，即消灭割据、统一天下的合理性，以此请求晋武帝圣心独断，排除干扰，将统一大业推向前进。“是故谋之虽多，而决之欲独。”④

其二，羊祜全面分析了敌我双方的战略态势，进而阐说灭吴的时机业已成熟，夺取统一战争胜利具有极大把握。《平吴疏》指出，当时的东吴，军事实力已明显处于下风，“弓弩戟楯不如中国”。其内部更是矛盾重重，上下离心，众叛亲离，“孙皓之暴，侈于刘禅；吴人之困，甚于巴蜀……将疑于朝，士困于野，无有保世之计，一定之心”⑤。在这种情况下，一旦西晋大举出击，吴国难以组织有效抵抗，“兵临之际，必有应者，终不能齐力致死，已可知也”⑥。相反，晋朝则在政治、经济、军事上占有明显的优势，以镒称铢，以石击卵，统一大业定能凯歌高奏：“大晋兵众，多于前世。资储器械，盛于往时。”⑦ 所以，只要把握战机，果断征伐，则“军不逾

① 《晋书》卷三十四《羊祜传》。
② 《晋书》卷三十四《羊祜传》。
③ 《司马法》卷上《仁本第一》。
④ 《晋书》卷三十四《羊祜传》。
⑤ 《晋书》卷三十四《羊祜传》。
⑥ 《晋书》卷三十四《羊祜传》。
⑦ 《晋书》卷三十四《羊祜传》。

时，克可必矣”①。

东吴政权之所以敢负隅顽抗，抵制统一，就在于依仗长江天险和相对较强的水师，“水战是其所便”，这也正是西晋内部反对伐吴势力的主要顾虑。然而通过具体分析，羊祜指出，险阻的作用只限于双方实力相当的情况，“凡以险阻得存者，谓所敌者同，力足自固”。一旦进攻一方拥有了绝对优势，“苟其轻重不齐，强弱异势，则智士不能谋，而险阻不可保也”②。这一点业已被魏灭蜀汉的实践证明：“蜀之为国，非不险也，高山寻云霓，深谷肆无景，束马悬车，然后得济，皆言一夫荷戟，千人莫当。及进兵之日，曾无藩篱之限，斩将搴旗，伏尸数万，乘胜席卷，径至成都，汉中诸城，皆鸟栖而不敢出。非皆无战心，诚力不足相抗。”③ 至于吴军善于水战，确实值得重视，但只要战略得当，也可以消弭其优势。晋军可以突袭渡江，一入其境，吴军就无法依托长江进行抵抗，只能退保城池，如此吴军去长就短，水战的优势遂荡然无存。

其三，《平吴疏》就具体的作战部署阐述了正确的用兵方略，为晋武帝制定了一份完备的军事方案。为确保灭吴之役达到预期效果，羊祜根据晋吴战略态势，提出多路进兵、水陆俱下的战略方针，即从长江上、中、下游同时发起进攻：“引梁益之兵水陆俱下，荆楚之众进临江陵，平南、豫州，直指夏口，徐、扬、青、兖并向秣陵。”④ 羊祜满怀信心地指出，这样一来，吴军势必首尾不能相顾，因为“无所不备，则无所不寡”，其彻底失败的命运将不可避免：“以一隅之吴，当天下之众，势分形散，所备皆急。巴汉奇兵出其空虚，一处倾坏，则上下震荡。”⑤

最后，《平吴疏》赢得了杜预、张华、王濬等当时有识之士的广泛认同和支持，为后来战略顺利地实施打下了基础。羊祜虽没有等

---

① 《晋书》卷三十四《羊祜传》。
② 《晋书》卷三十四《羊祜传》。
③ 《晋书》卷三十四《羊祜传》。
④ 《晋书》卷三十四《羊祜传》。
⑤ 《晋书》卷三十四《羊祜传》。

到灭吴方略具体施行就病逝了，但因当时统一观念已深入人心，灭吴时机的成熟已端倪日显，因此其战略思想也得到了杜预、张华、王濬等晋室文武重臣的高度认同。羊祜病重后，“帝以其病，不宜常入，遣中书令张华问其筹策”。羊祜向张华指出，当时晋朝政治清明、君臣同心，而孙皓虐政已久，这是天赐良机，可不战而胜。“如舍之，若孙皓不幸而没，吴人更立令主，虽百万之众，长江未可而越也，将为后患乎!”① 临死之际，羊祜向晋武帝推荐杜预替代自己指挥平吴之役，也可谓知人善荐。杜预号称“杜武库”，是继羊祜后西晋又一位战略家，在平吴之战中发挥了关键作用。对此，唐房玄龄曾有总结评价：“泰始之际，人祗呈贶，羊公起平吴之策，其见天地之心焉。昔齐有黔夫，燕人祭北门之鬼；赵有李牧，秦王罢东并之势。桑枝不竞，瓜润空惭。垂大信于南服，倾吴人于汉渚，江衢如砥，襁袂同归。而在乎成功弗居，幅巾穷巷，落落焉其有风飙者也。杜预不有生知，用之则习，振长策而攻取，兼儒风而转战。”② 继杜预后，张华是《平吴疏》的又一位坚定支持者和执行者。平吴战争开始前，晋武帝任命张华为度支尚书，“乃量计运漕，决定庙算”③。吴国灭亡后，张华因其功劳，受到晋武帝专门下诏奖赏，“尚书、关内侯张华，前与故太傅羊祜共创大计，遂典掌军事，部分诸方，算定权略，运筹决胜，有谋谟之勋”④。名将王濬出自官宦世家，多谋善战。初时，羊祜即指出，“濬有大才，将欲济其所欲，必可用也”⑤。及晋武帝谋划伐吴，诏令王濬整修舟舰。泰始八年(272)，王濬在广汉太守任上讨灭益州叛军，升任益州刺史。后因治边有方，被征入朝。羊祜“留濬监益州诸军事，加龙骧将军，密令修舟楫，为顺流之计”⑥。后王濬受命借长江上游地势之利，治水

① 《晋书》卷三十四《羊祜传》。
② 《晋书》卷三十四《羊祜传》。
③ 《晋书》卷三十六《张华传》。
④ 《晋书》卷三十六《张华传》。
⑤ 《晋书》卷四十二《王濬传》。
⑥ 《晋书》卷三十四《羊祜传》。

军，以屯田兵及诸郡兵合万余人，大造舟舰器仗，做攻吴准备。王濬“造船于蜀，其木柹蔽江而下”①，在七年的时间里建成了一支强大的水军，并上疏请伐吴。

举凡战略目标的确立，战争性质的界定，战略形势的分析，战略部署的筹划，羊祜的《平吴疏》均有全面细致的研究和阐发，充分体现了战略家洞烛幽微、驾驭全局的能力。同时，羊祜不仅积极筹划和践行平吴战略思想，还积极举荐贤能，这也是其后《平吴疏》战略目标与战略规划得以实施的关键。《平吴疏》的提出，为晋武帝日后剪灭东吴、完成统一大业奠定了基础。就这个意义而言，尽管羊祜未能亲历刘禹锡《西塞山怀古》中所描述的“王濬楼船下益州，金陵王气黯然收。千寻铁锁沉江底，一片降幡出石头”的辉煌历史时刻，但他仍是西晋统一大业的第一号功臣。“祜卒二岁而吴平，群臣上寿，帝执爵流涕曰：‘此羊太傅之功也。’因以克定之功，策告祜庙，仍依萧何故事，封其夫人。”② 这也是对羊祜在平吴统一大业中贡献的充分肯定。

第二节　“上、中、下”三策的策略思维

狡兔三窟，谋士三策。基于中国文化浓厚的“会通”思想，古代的战略家洞察时势、深谋远虑。他们进行战略思考时，在思维方法上有鲜明的特征：一是善于思接千古，以深邃的史识和洞察古今的通变意识，将自己所处的时代置于历史和未来之间，从而体悟历史发展自身的逻辑，明辨历史发展的大趋势，感悟历史之风；二是基于现实分析做出战略预测，通过对现实政治、经济、民心向背、各方实力的衡量，对各种因素及势力消长做出评估和预测，提出战

---

① 《晋书》卷四十二《王濬传》。

② 《晋书》卷三十四《羊祜传》。

略预见；三是长于深谋远虑，以见微知著的洞察力，进行前瞻性的战略思考。这种战略思考方式，反映在具体实践中，就是擅长从策略择优的角度制定多种预案，提出“上、中、下”三策。上策重在危机未形成之前，即能预知，并以适当对策化危机于无形；中策重在危机出现后，设法避免受到损害及不利影响；下策则重在应付当下的危机，虽未臻于理想，但通过努力仍可将负面影响降到最低。值得注意的是，“上、中、下”三策的策略思维，既适用于对自身战略目标的谋划，又适用于对敌手战略和行动方案的分析预测。对于自身，重在从最困难情况出发，预见最差的可能性，在行动上努力争取最好的结果；对于敌手，则重在研判其最有可能采取何种方案。

三国两晋南北朝时期，这种“上、中、下”三策的策略思维案例非常多，下文略举四例。

一、庞统吞并刘璋的“上、中、下”三策

庞统，字士元，襄阳人，三国时期重要谋士，深得刘备赏识，“亲待亚于诸葛亮，遂与亮并为军师中郎将”①。赤壁之战后，刘备乘势占据荆州，按照《隆中对》的战略设想，下一步就是要夺取益州，实现“跨有荆、益”的战略目标。恰在此时，据有四川的刘璋因张鲁在北面占据汉中，且一直虎视眈眈，企图吞并四川，于是派人邀请刘备入川以防张鲁。

刘备入川之初，与迎接自己的刘璋相会于涪关（今四川绵阳）。庞统建议借“涪关宴”杀掉刘璋。史载：“益州牧刘璋与先主会涪，统进策曰：‘今因此会，便可执之，则将军无用兵之劳而坐定一州也。’先主曰：‘初入他国，恩信未著，此不可也。’”② 庞统的建议被刘备否决了。刘备否决这一建议，并非像自己标榜的那样出于宅心仁厚，不忍心同宗自相残杀，而是刚刚入川，必须争取人心，扩大政治影响，所谓“厚树恩德，以收人心”。

---

① 《三国志》卷三十七《庞统传》。

② 《三国志》卷三十七《庞统传》。

刘备入川不久，就收到曹操大军南征孙权的消息。刘备认为，曹操与孙权无论哪一方取胜，下一步都是“必取荆州”，于是以回救荆州为名，派人到成都请求刘璋速发精兵三四万、行粮十万斛相助。但此时刘璋在部下的提醒下，对刘备已生疑心，对借兵借粮的请求虚与委蛇，只许兵四千，其余皆给半，并杀害暗中为刘备出谋划策的部下张松，“敕关戍诸将文书勿复关通先主”①，让手下大将紧守关隘防备刘备，刘备得知后大怒。至此，刘备在争取人心后寻机取代刘璋、夺取四川的计划泡了汤，二刘关系彻底决裂，兵戎相见在所难免。于是，庞统向刘备提出吞并刘璋的“上、中、下”三计：

> 璋既还成都，先主当为璋北征汉中，统复说曰：“阴选精兵，昼夜兼道，径袭成都。璋既不武，又素无预备，大军卒至，一举便定，此上计也。杨怀、高沛，璋之名将，各仗强兵，据守关头，闻数有笺谏璋，使发遣将军还荆州。将军未至，遣与相闻，说荆州有急，欲还救之，并使装束，外作归形，此二子既服将军英名，又喜将军之去，计必乘轻骑来见，将军因此执之，进取其兵，乃向成都，此中计也。退还白帝，连引荆州，徐还图之，此下计也。若沉吟不去，将致大困，不可久矣。”②

庞统提出的“上计”是，立即挑选精兵，昼夜兼程径取成都。“中计”是，鉴于杨怀、高沛乃蜀中名将，各率大军据守关隘，可由刘备假装率军回救荆州，当杨、高二人前来送行时，“因此执之，进取其兵，乃向成都”。“下计”是退还白帝城，连夜回荆州，整顿大军，徐图进取。刘备权衡之后，认为上计太急促冒险，下计太迟缓，只有中计比较稳妥。于是依计诱杀杨怀、高沛，袭取了涪水关，进军雒城，与刘璋主力相持。与此同时，诸葛亮率张飞、赵云及时入川，并分兵三路攻取成都以东、以南，与刘备一起对刘璋形成南北夹击之势，终得四川，实现了《隆中对》中“跨有荆、益”的战略目标。

---

① 《三国志》卷三十二《先主传》。

② 《三国志》卷三十七《庞统传》。

二、“汉中三策”与蜀汉国家战略的演变

建安十九年（214），刘备攻占成都。随后关羽大意失荆州，刘备为报仇亲征东吴却遭夷陵之败，蜀汉大伤元气，只能偏居益州一地。《隆中对》中所期盼的“天下有变”的前提不仅没有出现，甚至连自荆州“北向宛洛”的偏师也不存在了，这与诸葛亮《隆中对》的设想出现了明显的偏差。

至此，跨有荆、益，变成了现实中的保有益州。此后，蜀国“保其岩阻，西和诸戎，南抚夷越，外结好孙权，内修政理”①，以等待“天下有变”时机的来临。主政蜀国的诸葛亮奉行休养生息、积蓄力量的政策，主动派大臣邓芝前往东吴晓以利害，重新结盟，以稳定益州东部；为稳定战略后方，亲率大军深入南中。可见，进入战略相持阶段后，蜀国总的方针是军事上坚守，安定后方，积蓄力量，外结盟友。

建安二十二年（217），蜀国重臣法正就下一步如何发展，适时提出“汉中三策”：“‘曹操一举而降张鲁，定汉中，不因此势以图巴、蜀，而留夏侯渊、张郃屯守，身遽北还，此非其智不逮而力不足也，必将内有忧逼故耳。今策渊、郃才略，不胜国之将帅，举众往讨，则必可克。（之克）［克之］之日，广农积谷，观衅伺隙，上可以倾覆寇敌，尊奖王室，中可以蚕食雍、凉，广拓境土，下可以固守要害，为持久之计。此盖天以与我，时不可失也。’先主善其策，乃率诸将进兵汉中。”②

法正的“汉中三策”，分析了曹操攻下汉中后不进攻巴、蜀的深层原因，对魏国防守汉中的夏侯渊、张郃等和蜀国大将的才略进行比较，指出由刘备亲往汉中必然成功的远景，即进取、蚕食对方和自守三种目标。可见，“汉中三策”的实质，是将主要战略方向指向北方，巩固汉中，相机攻敌，将汉中作为蜀国据守益州的战略依据，

---

① 《三国志》卷三十五《诸葛亮传》。

② 《三国志》卷三十七《法正传》。

发挥退可守、进可攻的有利态势。法正的上策，是将汉中作为将来战略反攻的基地，而《隆中对》中“益州之众出于秦川”的战略设想，客观上也要求必须以汉中为基地。至于下策的“保其岩阻”，则是因为对于益州北部战略方向而言，汉中是蜀国防守体系的核心之所在。而中策，则是在战略相持阶段，夺取陇西一线，作为汉中防守体系的屏障，同时还可以为将来的战略总攻做准备。

“汉中三策”既是对《隆中对》战略思想的继承，又根据瞬息万变的军事斗争形势，尤其是荆州失守的特殊情况所做的适当调整与修正。应该说，这是一个符合当时战略形势且有远见的战略方案，故为刘备所采纳，并很快付诸军事行动。刘备死后，诸葛亮主政的蜀国又借鉴法正的“汉中三策”，选择了兵出祁山，将陇右的凉州作为主攻方向，数次北伐，为将来争霸天下做铺垫。只是终蜀汉之世，曹魏集团一直比较稳定，未给外界可乘之机，因此诸葛亮的北伐只能局限于以攻代守，等待“天下有变”的机遇。而蜀汉的最终结局，则是在战略相持阶段，由于自身的腐朽，且弃汉中之险而不守，导致自身的灭亡。

三、司马懿料公孙渊“三计”

东汉末年地方州牧纷纷独立的大背景下，辽东（治襄平，今辽宁省辽阳市）太守也在乱世中割据一方。辽东辖境大约相当于今辽东半岛，东邻高句丽和汉幽州乐浪郡。因与内地悬隔，未卷入中原混战，所以经济、社会安定。初平元年（190），公孙度被任命为辽东太守，到任后推行政令、苦心经营，俨然以辽东王自居。此后，公孙氏采取固守辽东的策略，表面上对中原保持臣服，实际上坐观中原乱战。曹魏政权虽知辽东统治者怀有二心，计划予以平定，但因吴、蜀两个强敌的压力，只有暂时隐忍。到了公元 232 年，公孙渊（公孙度之孙）一再联络曹魏的死敌吴国，魏明帝不得不发兵征讨，但大军无功而返。

青龙元年（233）二月，因担心魏国再度兴兵讨伐，公孙渊派校尉宿舒奉表向吴国称臣，结为外援，与曹魏彻底决裂。吴主孙权大喜，企图结好辽东，威胁魏国战略侧背，并派张弥等率兵万人，持金宝珍货，渡海授公孙渊为燕王。六月，公孙渊又出现反复，他认为吴国距离辽东太远，难以依靠，但贪图东吴使者带来的货物，于是斩张弥等，吞没其兵资货物，将其首级送往魏国，想以此换取与魏重新修好。十二月，魏国拜公孙渊为大司马。景初元年（237）七月，魏明帝鉴于蜀、吴两国停止攻魏，吴国多次渡海联络高句丽，决心乘机袭击辽东，加快统一辽东的步伐。魏明帝任命毌丘俭为幽州刺史，率幽州诸军及鲜卑、乌桓军屯于辽南。公孙渊发兵抵抗，与魏军战于辽隧。因大雨十多天不止，魏军作战不利，只得退军。此后公孙渊自立为燕王，走上公开割据的道路。

景初二年（238），魏明帝决定再度派大军征讨公孙渊。鉴于前几次伐辽失败的教训，为慎重起见，魏明帝召重臣司马懿进行谋划。史载：

> 及辽东太守公孙文懿反，征帝诣京师。天子曰："此不足以劳君，事欲必克，故以相烦耳。君度其作何计？"对曰："弃城预走，上计也。据辽水以距大军，次计也。坐守襄平，此成擒耳。"天子曰："其计将安出？"对曰："惟明者能深度彼己，豫有所弃，此非其所及也。今悬军远征，将谓不能持久，必先距辽水而后守，此中下计也。"天子曰："往还几时？"对曰："往百日，还百日，攻百日，以六十日为休息，一年足矣。"①

司马懿认为，公孙渊面对魏国的征讨，可能采取的对策无非以下三种：一是放弃城池，预先退走，以保存实力，这是上策；二是依托辽东全境，抵抗魏国大军，这是中策；三是坐守郡治襄平，最后结局不过是当魏军的俘虏，这是下策。至于公孙渊到底会采取上、中、下三策中的哪个，司马懿判断："惟明者能深度彼己，豫有所弃，此非其所及也。今悬军远征，将谓不能持久，必先距辽水而后守，此中下计也。"② 意谓只有明智的人，才能够认清敌我形势，事

---

① 《晋书》卷一《宣帝纪》。
② 《晋书》卷一《宣帝纪》。

先放弃土地，这不是公孙渊所能办到的。因为公孙渊必然认为魏孤军远征，不能持久，所以会先拒魏军于辽水，而后固守襄平。根据这一判断，司马懿计算了征辽东所需的时间，认为征讨公孙渊平定辽东，大军前往需要 100 天，归程需要 100 天，攻打辽东需要 100 天，再加上 60 天休息，一年时间足够了。

魏明帝听了司马懿的分析，深以为然，决定由司马懿挂帅，领兵 4 万再次讨伐辽东。公孙渊听说司马懿带大军前来，再次向吴国称臣，请求吴国出兵北伐，解救辽东。这时，吴国欲杀辽东使者为张弥报仇，但孙权的谋士认为，杀辽东使者不过匹夫之怒，于大局无补，不如厚待来使，发奇兵秘密前往。如魏军不克，吴军远征，可以结恩于远夷，赢得好名声；如果战事久拖不决，则吴军可掠夺人口而还，以报昔日之仇。于是孙权告诉来使，将出兵救援，与公孙渊休戚与共，并修书告诫公孙渊："司马公善用兵，变化若神，所向无前，深为弟忧之。"①

六月，司马懿大军从陆路"经孤竹，越碣石（即今河北昌黎西北碣石山），次于辽水"②。公孙渊果然"遣步骑数万，阻辽隧，坚壁而守，南北六七十里，以距帝"③，即令大将卑衍率步、骑数万，据辽水阻击。卑衍在辽水构筑了 70 余里的围堑，企图诱使魏军攻此防线，以使魏军疲惫，挫其锐气。司马懿识破辽军意图，避开此防线，乘虚攻击襄平："帝盛兵多张旗帜出其南，贼尽锐赴之。乃泛舟潜济以出其北，与贼营相逼，沉舟焚梁，傍辽水作长围，弃贼而向襄平。"④ 即根据避实击虚、攻其必救的原则，司马懿以一部兵力佯攻围堑东南吸引公孙渊军主力，魏军主力则在司马懿率领下偷渡辽水，置围堑北部不攻，直击襄平。魏军将士对这种打法不理解，提出"不攻贼而作围，非所以示众也"的疑问，司马懿解释说："贼

① 《晋书》卷一《宣帝纪》。
② 《晋书》卷一《宣帝纪》。
③ 《晋书》卷一《宣帝纪》。
④ 《晋书》卷一《宣帝纪》。

坚营高垒，欲以老吾兵也。攻之，正入其计，此王邑所以耻过昆阳也。古人曰，敌虽高垒，不得不与我战者，攻其所必救也。贼大众在此，则巢窟虚矣。我直指襄平，则人怀内惧，惧而求战，破之必矣。”① 魏军主力越过围堑北部，公孙渊守围堑的部队脱离围堑来追，司马懿对诸将讲：“所以不攻其营，正欲致此，不可失也。……乃纵兵逆击，大破之，三战皆捷。贼保襄平，进军围之。”②

魏军主力进到襄平城下，公孙渊企图固守襄平，两军呈相持之势。“会霖潦，大水平地数尺，三军恐，欲移营。”③ 司马懿不为所动，下令军中有敢再提议撤离襄平城下者，立斩不赦。当时，因为魏军还未完成对襄平的全面合围，加上大雨不止，襄平城中的军民不时有出城放牧砍柴者，魏军一些将领提议把这些人捉了杀掉，司马懿坚决不同意，认为正因为魏军尚未完成对襄平的合围，所以必须将公孙渊抑留于襄平城中，不使其逃跑，才能为后来攻城创造条件。军中谋士陈珪对这样围困的办法感到不解，向司马懿请教：“昔攻上庸，八部并进，昼夜不息，故能一旬之半，拔坚城，斩孟达。今者远来而更安缓，愚窃惑焉。”④ 司马懿解释说：“孟达众少而食支一年，吾将士四倍于达而粮不淹月，以一月图一年，安可不速？以四击一，正令半解，犹当为之。是以不计死伤，与粮竞也。今贼众我寡，贼饥我饱，水雨乃尔，攻力不设，虽当促之，亦何所为。自发京师，不忧贼攻，但恐贼走。今贼粮垂尽，而围落未合，掠其牛马，抄其樵采，此故驱之走也。夫兵者诡道，善因事变。贼凭众恃雨，故虽饥困，未肯束手，当示无能以安之。取小利以惊之，非计也。”⑤ 前线情况传到数千里外的洛阳，朝廷大臣们也担心司马懿长期围困而不攻城的战法，魏明帝安慰大家：“司马公临危制变，计

① 《晋书》卷一《宣帝纪》。
② 《晋书》卷一《宣帝纪》。
③ 《晋书》卷一《宣帝纪》。
④ 《晋书》卷一《宣帝纪》。
⑤ 《晋书》卷一《宣帝纪》。

日擒之矣。”①

大雨一停，司马懿即刻指挥合围襄平，魏军堆起土山，开挖地道，昼夜强攻，公孙渊坚守孤城的意志慢慢垮了，不断派人出城谈判，均为司马懿拒绝。最后，魏军攻入襄平，公孙渊与其子率数百骑突围，被魏军阵斩。为了彻底打击割据势力，司马懿大军攻下襄平之后，大开杀戒，杀公孙渊大臣及兵民 7000 余人，用尸体筑“京观”（高台）以示震慑。经此一战，辽东四郡统一于魏，结束了公孙氏 48 年的割据，北方最后一个割据势力得以平定。

四、西魏于谨讨南朝梁料敌“三策”

北方少数民族入主中原后，充分学习、吸纳中原的先进文化，军事谋略思想得到了很大的提高，体现出了较高的谋略水平。兹举一例，即南北朝时期西魏大将于谨征讨南梁的料敌“三策”，以为代表。

于谨（493—568），字思敬，小名巨弥，鲜卑族，河南洛阳人。于谨年少从军，喜读经史子集，尤好《孙子兵法》。参与过镇压破六韩拔陵等的北方六镇叛乱，平定鲜于修礼、葛荣、邢杲、万俟丑奴起义等，显示出非凡的军事才能。

侯景之乱（548—552）加剧了梁的统治危机。战乱中，江南地区的社会经济遭到毁灭性破坏，西魏趁机大量侵吞南朝领土，导致南弱北强的态势进一步加剧。平定侯景之乱后，梁元帝萧绎在江陵继位，秘密与北齐通使，打算侵犯西魏。梁元帝兄长的儿子岳阳王萧詧时任雍州刺史，因梁元帝杀死了自己的哥哥萧誉，便归附了西魏。萧詧占据着襄阳，请求西魏派兵支援。西魏恭帝元年（554），于谨奉命与长孙俭共同率军讨伐梁元帝，攻克江陵，扶植萧詧为梁皇帝，史称北梁或后梁。

在出征前，长孙俭与于谨有一段对话。

长孙俭问谨曰：“为萧绎之计，将欲如何？”谨曰：“耀兵

---

① 《晋书》卷一《宣帝纪》。

汉、沔，席卷渡江，直据丹阳，是其上策；移郭内居民，退保子城，峻其陴堞，以待援至，是其中策；若难于移动，据守罗郭，是其下策。”俭曰：“揣绎定出何策？”谨曰：“必用下策。”俭曰：“彼弃上而用下，何也？”对曰：“萧氏保据江南，绵历数纪。属中原多故，未遑外略。又以我有齐氏之患，必谓力不能分。且绎懦而无谋，多疑少断。愚民难与虑始，皆恋邑居，既恶迁移，当保罗郭。所以用下策也。”①

以上这段对话，是于谨对形势的客观分析和“料敌”之论。站在梁的角度，于谨认为在萧詧占据着襄阳、西魏大军压境的情势下，进行战略转移，集中力量据守丹阳，是上策。这一过程中，应在汉、沔正面炫耀兵力以威慑敌人，趁机转移军民财物渡过长江。在江陵内城固守待援，是中策，要点是迁徙江陵外城的居民，退守子城，加高外墙，等待外援。据守外城，进行外围防御，是下策。于谨判断梁一定用下策，理由有三：一是萧氏据守江南，经历了好几十年。正逢中原多事，没有顾得上向外经略，其战略转圜的空间非常有限。二是梁一定认为西魏在北齐的军事威胁下，分不出足够的兵力，产生侥幸和轻敌思想。三是通过对萧绎性格和南朝士民心理的分析，认为梁元帝怯懦无谋，多疑少断，士族和臣民习惯于江陵现有的安逸生活，不愿迁移，因此只能是据守外城。据此，于谨判断梁必用下策。于是，于谨派中山公宇文护和大将军杨忠等率骑兵精锐先占据长江渡口，截断梁军退守丹阳的通道。而梁军果然选择外围据守，最终败亡。“谨乃令中山公护及大将军杨忠等，率精骑先据江津，断其走路。梁人竖木栅于外城，广轮六十里。寻而谨至，悉众围之。梁主屡遣兵于城南出战，辄为谨所破。旬有六日，外城遂陷。梁主退保子城。翌日，率其太子以下，面缚出降，寻杀之。虏其男女十余万人，收其府库珍宝。得宋浑天仪、梁日晷铜表、魏相风乌、铜蟠螭（趺）［趺］、大玉径四尺围七尺及诸轝辇法物以献，军无私焉。立萧詧为梁主，振旅而旋。太祖亲至其第，宴语极欢。赏谨奴

① 《周书》卷十五《于谨传》。

婢一千口，及梁之宝物，并金石丝竹乐一部，别封新野郡公，邑二千户。”①

第三节　多极角逐的策略思想

从兵学研究的观点观察中国历史，三国两晋南北朝堪称“黄金时代”“军事教科书的时代”。在国家分裂、多极并存的大背景下，群雄角逐，以诡谲竞谋为能事，各方势力斗智斗勇，产生了丰富的策略思想。

一、东汉末年割据诸雄的结盟战略

三国时期是南北分裂格局形成的初始期，也是伐谋伐交思想的兴盛期，各路豪强在割据与结盟间纵横捭阖。

首先是董卓和袁绍各自建立临时同盟。东汉末年，少帝刘辩继位，少不更事，暂由何太后垂帘听政，少帝的舅舅大将军何进主持朝政，皇权式微导致外戚和宦官为控制皇权而激烈斗争。何进以汉少帝的名义密召董卓除君侧，“卓得召，及时就道”②。董卓进京，所率凉州兵数量有限，“步骑不过三千，自嫌兵少，恐不为远近所服，率四五日辄夜潜出军近营，明旦乃大陈旌鼓而还，以为西兵复至，洛中无知者”③。此时，董卓要控制中原和内地，三千凉州兵远远不够，疑兵阵也绝非长久之计，因此一定要寻找盟友建立临时同盟，这时他把目标锁定了与凉州兵齐名的另一支劲旅并州兵，因此董卓进京后一定要拉上丁原的并州兵，否则难以成事。董卓采取分化的手段，诱使吕布杀丁原，与吕布建立了同盟关系。“卓以布见信

---

① 《周书》卷十五《于谨传》。

② 《后汉书》卷七十二《董卓传》。

③ 《后汉书》卷七十二《董卓传》。

于原，诱布令杀原。布斩原首诣卓，卓以布为骑都尉，甚爱信之，誓为父子。”① 因在反对宦官专权这一点上，董卓与吕布是有建立临时同盟的基础的，即“反对宦官是吕布投靠董卓的政治基础。在这个基础上，董卓对吕布的争取是实现这种投靠的重要环节”②。而与并州兵合，则董卓可横扫天下，与并州兵分，则董卓必败，这也是司徒王允巧施连环计，拆散董卓和吕布的谜底所在。“先是，司徒王允以布州里壮健，厚接纳之。后布诣允，陈卓几见杀状。时允与仆射士孙瑞密谋诛卓，是以告布使为内应。布曰：‘奈如父子何！’允曰：‘君自姓吕，本非骨肉。今忧死不暇，何谓父子?’布遂许之，手刃刺卓。”③ 吕布杀了董卓，实质上就是拆散了凉州兵和并州兵的结盟关系，“布自杀卓后，畏恶凉州人，凉州人皆怨”④。

行皇帝废立事，使董卓冒天下之大不韪，而专擅朝政，污秽朝纲，更是对地方豪强构成实质性威胁。“卓性残忍不仁，遂以严刑胁众，睚眦之隙必报，人不自保。”⑤ 这时，袁绍以四世三公的家族出身，在渤海太守任上深孚众望。从事沮授劝说袁绍以渤海为根据地，“横大河之北，合四州之地，收英雄之才，拥百万之众，迎大驾于西京，复宗庙于洛邑，号令天下，以讨未复，以此争锋，谁能敌之?比及数年，此功不难”⑥。初平元年（190）正月，袁绍举事，引各路豪杰争相归附，各州郡都打着袁绍的名号，组成讨董盟军。但这是一个松散联盟，各方皆有私图，作战时只顾自保，不肯向前，首战即见弊端。时袁绍主力屯兵河内，兖州刺史刘岱、陈留太守张邈、东郡太守桥瑁、山阳太守袁遗与曹操等屯兵酸枣（今河南延津西南），豫州刺史孔伷屯兵颍川，袁术屯兵鲁阳，冀州牧韩馥留守邺城

---

① 《三国志》卷七《吕布传》。

② 梁满仓：《论吕布与董卓的关系——兼论吕布的“反复无常”》，《安徽大学学报》（哲学社会科学版）2011年第3期。

③ 《三国志》卷七《吕布传》。

④ 《三国志》卷七《吕布传》。

⑤ 《三国志》卷六《董卓传》。

⑥ 《三国志》卷六《袁绍传》。

负责军粮供应，各路州郡兵多达20余万。二月，董卓将汉献帝迁至长安，自己在洛阳前线以挡联军。这时，袁绍等诸路人马虽完成集结，却迫于董卓兵强，皆采取观望态度。唯独曹操不满，主动进兵，“遇卓将徐荣，与战不利，士卒死伤甚多”①。曹操也为流矢射中，狼狈逃回酸枣，却发现“诸军兵十余万，日置酒高会，不图进取”②。

其次是曹操与袁绍的两大联盟体系对抗。汉末北方军阀遍地，其中以袁绍、曹操势力发展最快，是诸军阀中势力最大的两个集团，并围绕北方的统治权展开争夺。曹操据有兖、豫二州，后又将洛阳的汉献帝迎至许昌，“挟天子以令诸侯”，积极地图谋统一全国。袁绍是当时北方最强大的割据者，他占有四州之地，力图扩张势力，消除曹操等异己力量，最终实现统一的目标。随着曹操和袁绍两大集团间矛盾的加深，最终的决战势不可免。

建立联盟体系的根本在于通过力量的组合，在短时间内改变敌对双方的力量对比，弱势的一方更有构建联盟体系的强烈需求。以曹操为例，他与出身于四世三公的袁绍相比地位要低很多，也不像其他州牧有固定的地盘，没有可资利用的名望和号召力，只能白手起家。但作为一个有远见的军事战略家，曹操善于经营，能够以联盟策略在军阀割据的夹缝中发展壮大。首先是在群雄割据的夹缝中求生存立足之地。曹操先依附袁绍，以兖州作为霸业之基。在此期间，他虚心接受毛玠的建议，利用中原战乱、饥民遍地的时机，吸收流民充军，致力于扩大军事武装。尤其在兖州牧任上，他打败青州黄巾军，收编数十万降卒，从而占有黄河南北的兖、豫二州，成为袁绍的劲敌。待羽翼丰满之后，立刻与袁绍反目，进占许昌。其次是通过剪除异己不断发展壮大。政治上，时值董卓乱后，东汉皇室无人理睬，颇具政治远见的曹操听从谋士毛玠“夫兵义者胜”

① 《三国志》卷一《武帝纪》。
② 《三国志》卷一《武帝纪》。

"宜奉天子以令不臣"① 的建议，亲率大军到洛阳勤王，通过傀儡皇帝操控朝政。又借口洛阳残破，将国都迁到自己的势力范围许昌，然后用皇帝的名义向全国发号施令。无人理睬的皇帝反成了曹操手中的尚方宝剑，使他在政治上占得先机。同时，曹操不拘一格延揽人才，颍川名士郭嘉、荀彧、荀攸等咸来归附。而后在军事策略上先弱后强，先外围后核心。曹操正视身处中原四面受敌、内线作战的不利形势，采用先弱后强、先近后远之策，对凉州的韩遂、马腾采取安抚政策。对于袁绍，曹操以汉献帝的名义任命其为大将军，暂不决裂，从而将西、北两面的强敌稳住。然后借机先擒杀吕布，次困死袁术、降服张绣、威逼刘表，解除身边威胁，累积力量，最后开始对付最主要的敌人袁绍。

从实力上讲，袁绍占据的地盘最大，有青、冀、兖、豫四州之地，占领区内人口众多，人力资源丰厚，且河北有山河之固，进退自如，战略上处于有利地位。同时，袁绍拥有丰厚的政治资本，家族四世三公，门生故吏遍天下，得到豪强地主的支持。最重要的是袁绍有大军数十万。为了打击曹操，争夺中原，袁绍自恃实力雄厚，打着勤王、维护汉天子的旗号，纠集了十万大军直扑许都，南下与曹操决战，企图一举消灭曹操。"众数十万，以审配、逢纪统军事，田丰、荀谌、许攸为谋主，颜良、文丑为将率，简精卒十万，骑万匹，将攻许。"② 曹操根据袁绍数十万大军限于一个战略方向，只想一线平推的进军策略，采取集中兵力迎击的策略，将袁军迟滞于官渡，使袁绍徒有数量优势而得不到发挥，兵劳将疲，在战略上陷于被动。坚守官渡进行阵地防御的同时，曹操利用袁绍集团内部的分裂，采纳袁绍的谋臣许攸之计，夜袭乌巢，烧掉了袁绍的全部存粮，然后回军官渡寻求决战。这里，张郃、高览率军攻官渡不下，投降了曹操。袁军因屯粮被烧以及张、高降曹，顿失作战信心，纷纷溃散。曹军趁机全线出击，袁军伤亡七八万人，主力几乎全部被消灭。

---

① 《三国志》卷十二《毛玠传》。

② 《三国志》卷六《袁绍传》。

历时八个多月的战斗，曹操终于击溃了袁绍军队，取得了官渡会战的胜利，为统一中国北方奠定了基础。

官渡之战后，曹操又乘胜追击，经过黎阳之战、邺城之战两次战役，大败袁氏残余势力，杀死袁绍长子袁谭，基本将河北这一战略要地牢牢控制在自己手中。公元 207 年，曹操又率军北征乌桓，完成了统一北方的大业。在班师经过碣石山时，他乘兴作《观沧海》。毛泽东在《浪淘沙·北戴河》中对曹操的功业做过很高的评价："往事越千年，魏武挥鞭，东临碣石有遗篇。萧萧秋风今又是，换了人间。"表达了一代伟人对这位历史人物的欣赏和缅怀。

二、赤壁之战中的竞智逐谋

战略联盟体系对整个战略局势产生决定性影响，在赤壁之战中有充分体现。曹操大军压境之时，强大的生存压力促使孙刘两家结盟抗曹，制造了一次伐谋伐交的经典战例。官渡之战结束后，曹操统一了北方，又进军塞外打败三郡乌桓，拥有了幽、冀、青、并、兖、豫、徐和司隶（今河南洛阳一带）八州之地，兵强马壮。随着势力的不断壮大，曹操踌躇满志，自恃凭借自身优势可一举消灭其他势力，实现统一的战略目标。曹操的强大，引起了孙权、刘备武装集团的恐惧，严重威胁到了两家的生存，这也是孙刘联盟得以形成的根本所在。

公元 208 年，曹操发兵 20 余万，浩浩荡荡杀向长江一线。在不到一个月的时间里，曹操迫使新任荆州牧的刘表次子刘琮举众投降，并击败依附刘表的刘备势力，夺取战略要地江陵。"其年九月，曹公入荆州，刘琮举众降，曹公得其水军，船步兵数十万，将士闻之皆恐。"① 曹操驻扎江陵，一面派人招抚荆州南四郡，一面集中编练大军，准备沿江东下进攻刘备，同时写信劝降孙权。

大敌当前的紧迫情势，使孙权与刘备都认识到，在无力独自抗衡曹操的情况下，结成联盟是唯一的自救之道。曹操大军压境，东

---

① 《三国志》卷五十四《周瑜传》。

吴震恐，刘表病死后，荆州局势瞬息万变，正如鲁肃分析的那样，“夫荆楚与国邻接，水流顺北，外带江汉，内阻山陵，有金城之固，沃野万里，士民殷富，若据而有之，此帝王之资也。今表新亡，二子素不辑睦，军中诸将，各有彼此。加刘备天下枭雄，与操有隙，寄寓于表，表恶其能而不能用也。若备与彼协心，上下齐同，则宜抚安，与结盟好；如有离违，宜别图之，以济大事。肃请得奉命吊表二子，并慰劳其军中用事者，及说备使抚表众，同心一意，共治曹操，备必喜而从命。如其克谐，天下可定也。今不速往，恐为操所先”①。此时刘备在曹操的追击下正仓皇南逃，对能与东吴结盟自是欢欣雀跃，“肃径迎之，到当阳长阪，与备会，宣腾权旨，及陈江东强固，劝备与权并力。备甚欢悦”②。当时，对于如何应对曹军和是否与刘备集团结盟，东吴内部意见并不统一。以张昭为首的主降派占大多数，而以周瑜、鲁肃为首的主战派虽为少数，但战意坚决。曹操在给孙权的书信中写道：“近者奉辞伐罪，旌麾南指，刘琮束手。今治水军八十万众，方与将军会猎于吴。”③ 孙权将书信示与群臣，“诸议者皆望风畏惧，多劝权迎之”④。主降派的理由，一是曹操托名汉相，挟天子以征四方，有政治上的道统性；二是曹操得荆州水军，实现了与东吴共分长江之险的平衡局面；三是曹操总体兵力的巨大优势，若水陆俱下，吴难以抵挡。议者咸曰：“曹公豺虎也，然托名汉相，挟天子以征四方，动以朝廷为辞，今日拒之，事更不顺。且将军大势，可以拒操者，长江也。今操得荆州，奄有其地，刘表治水军，蒙冲斗舰，乃以千数，操悉浮以沿江，兼有步兵，水陆俱下，此为长江之险，已与我共之矣。而势力众寡，又不可论。愚谓大计不如迎之。”⑤ 而大将周瑜是主张极力抗曹的，提出东吴地

---

① 《三国志》卷五十四《鲁肃传》。
② 《三国志》卷五十四《鲁肃传》。
③ 《三国志》卷四十七《吴主传》注引《江表传》。
④ 《三国志》卷四十七《吴主传》。
⑤ 《三国志》卷五十四《周瑜传》。

方数千里，兵精足用，英雄乐业，正是要横行天下建功立业的时候。曹操远来，实为东吴提供了替汉朝除残去秽的好机会，并分析了曹操的四大隐患：首先是北方并未完全平定，曹操南下仍有后患；其次是曹军南下却不识水性，失去了其所依仗的步骑优势；再次，时已近深秋，天渐寒冷，马无草料，曹操大军的后勤保障会非常困难；最后是曹军的北方兵士水土不服，必生疾病。“今使北土已安，操无内忧，能旷日持久，来争疆场，又能与我校胜负于船楫（可）［间］乎？今北土既未平安，加马超、韩遂尚在关西，为操后患。且舍鞍马，仗舟楫，与吴越争衡，本非中国所长。又今盛寒，马无藁草，驱中国士众远涉江湖之间，不习水土，必生疾病。此数四者，用兵之患也，而操皆冒行之。将军擒操，宜在今日。”① 到了晚上，周瑜又去见孙权，陈说他对战局形势的判断：“诸人徒见操书，言水步八十万，而各恐慑，不复料其虚实，便开此议，甚无谓也。今以实校之，彼所将中国人，不过十五六万，且军已久疲，所得表众，亦极七八万耳，尚怀狐疑。夫以疲病之卒，御狐疑之众，众数虽多，甚未足畏。得精兵五万，自足制之，愿将军勿虑。”②

诸葛亮也极力促成孙刘联盟。刘备到夏口后，诸葛亮要求亲赴柴桑（治今江西九江市西南）紧急游说孙权，“事急矣，请奉命求救于孙将军”③。见到孙权后，诸葛亮先是用激将法，使孙权认识到：“吾不能举全吴之地，十万之众，受制于人。吾计决矣！”④ 随后又从五个方面对彼己情势和形势发展进行分析：一是刘备虽然刚刚遭遇失败，但还是保有一定的军事实力，“豫州军虽败于长阪，今战士还者及关羽水军精甲万人，刘琦合江夏战士亦不下万人”⑤；二是曹军急于南下，远来疲惫，犯了兵家大忌，“曹操之众，远来疲

---

① 《三国志》卷五十四《周瑜传》。
② 《三国志》卷五十四《周瑜传》注引《江表传》。
③ 《三国志》卷三十五《诸葛亮传》。
④ 《三国志》卷三十五《诸葛亮传》。
⑤ 《三国志》卷三十五《诸葛亮传》。

弊，闻追豫州，轻骑一日一夜行三百余里，此所谓‘强弩之末，势不能穿鲁缟’者也。故兵法忌之，曰‘必蹶上将军’”①；三是曹军来自北方，强在骑兵，不习水战；四是荆州军民迫于形势归附，曹军内部问题很大；五是如果孙刘两家联手，必能破曹。而一旦曹军败退，必然北还，那么三国鼎立的局面就形成了。“今将军诚能命猛将统兵数万，与豫州协规同力，破操军必矣。操军破，必北还，如此则荆、吴之势强，鼎足之形成矣。成败之机，在于今日。”② 在诸葛亮的游说和东吴内部主战派一致要求下，孙权坚定了联刘抗曹的决心，由此构建起了战略同盟。

曹操袭取荆州、江陵后，对东吴形成大军压境之势。孙权集中了3万兵力，令周瑜和程普率领，与刘备军会合，共同抵御曹操。孙刘联军与曹军前锋遭遇于赤壁（今湖北武汉赤矶山，在长江南岸），双方一接触，曹军便打个败仗，退到长江北岸的乌林（今湖北洪湖市东北长江北岸乌林镇），双方隔江对峙。当时曹军人马虽多，但大多数不习水性，不习惯于水上的风浪颠簸，加之水土不服，军中发生疫情。为使士兵适应水战，曹操下令用铁环将战舰首尾相连，以求平稳。东吴大将鲁肃针对敌强我弱不宜持久、曹军士气低落和战船联结等实际情况，建议采取火攻奇袭破曹。周瑜采纳了这一建议，利用曹操骄傲轻敌的弱点，先让黄盖写信诈降：“盖受孙氏厚恩，常为将帅，见遇不薄。然顾天下事有大势，用江东六郡山越之人，以当中国百万之众，众寡不敌，海内所共见也。东方将吏，无有愚智，皆知其不可，惟周瑜、鲁肃偏怀浅戆，意未解耳。今日归命，是其实计。瑜所督领，自易摧破。交锋之日，盖为前部，当因事变化，效命在近。”③ 应该说，黄盖诈降的理由中肯充分，使曹操信以为真。到约定的时间，黄盖率蒙冲斗舰多艘，满载干草，灌以油脂，巧加伪装，插上旌旗乘东南风起急速驶向曹军水寨。曹军以

① 《三国志》卷三十五《诸葛亮传》。
② 《三国志》卷三十五《诸葛亮传》。
③ 《三国志》卷五十四《周瑜传》注引《江表传》。

为是黄盖如约来降，皆“延颈观望”，毫无戒备。时东南风劲吹，黄盖的船队同时点火，火借风势直冲曹军大营。曹军战船首尾相连，分散不开，顷刻之间烧成一片火海。大火又蔓延到岸上曹军大营，混乱中烧死和溺水死者不计其数。趁此机会，孙刘联军水陆并进，越江追击曹军。曹军损失大半，残众仓皇逃回北方，赤壁之战遂以孙刘联军大获全胜而结束。东吴名将陆逊的后人陆机曾作《辨亡论》，对此进行概括：“魏氏尝借战胜之威，率百万之师，浮邓塞之舟，下汉阴之众，羽楫万计，龙跃顺流，锐师千旅，武步原隰，谟臣盈室，武将连衡，喟然有吞江浒之志，壹宇宙之气。而周瑜驱我偏师，黜之赤壁，丧旗乱辙，仅而获免，收迹远遁。”①

赤壁之战是古代战争史上运用联盟战略实现以弱胜强的典范战例。总体而言，诸葛亮与周瑜等兵家对当时形势的看法，对战略全局的筹划与执行，都堪称卓越，在关键的历史节点促成孙刘联盟。经此一役，曹操虽仍控制北方广大地区，但看到人力物力还不具有绝对优势，所以暂缓了统一全国的步伐；刘备借得了荆州，乘机获取了立足之地，进而占有了四川，拥有剑阁、三峡的地理形势，并不断以攻为守，发展势力；孙权在江南的地位得到了进一步的巩固，依长江天险坐保江东以观成败。

三、南北对峙格局中的伐谋伐交思想

在中国古代兵学发展中，伐谋伐交思想一直占有独特的地位，即孙武所说的“上兵伐谋，其次伐交，其次伐兵，其下攻城”②。在三国两晋南北朝时期，在南北大对峙形成和演变的重要历史阶段，伐谋伐交思想更深刻影响到关乎各割据政权生死存亡、关乎国家分裂与统一的重大事件。

中国古代兵学思想历来重视兵者诡道，以谋略制胜。特别是在三国两晋南北朝这一时期，各军事集团长期征战，消耗都很大，依

---

① 《晋书》卷五十四《陆机传》。

② 《十一家注孙子校理》卷上《谋攻篇》。

靠谋略制胜不失为更务实的选择，其战术运用臻于极致。如章武三年（223），趁蜀国刘备新亡，刘禅继位的时机，南中诸郡纷纷发生叛乱。就南中这一少数民族地区来说，蜀国派兵大败叛军容易，但大军撤退后如何保证有效治理，使其不再反叛是个难题。蜀相诸葛亮采取了以夷治夷、怀柔致远的伐谋思想。建兴三年（225），诸葛亮率军南征，连战连捷。诸葛亮察知少数民族将领孟获为当地人所钦服，于是把他生擒，并让他观看蜀军的营阵以示威严。孟获不服，"向者不知虚实，故败。今蒙赐观看营陈，若只如此，即定易胜耳"①。亮笑而纵之，七纵七擒，使孟获心悦诚服，承诺南人不复叛。南中平定后，诸葛亮继续重用当地人进行治理，其理由有三：一是若留官吏治理当地，就要留下一定的兵力，而军粮是个大问题；二是当地少数民族新败，亲人伤痛，留下蜀国官吏治理而又没有一定的兵士做后盾，就等于留下了祸患；三是留下的官吏容易引起当地夷人的猜忌。"今吾欲使不留兵，不运粮，而纲纪粗定，夷、汉粗安故耳。"②

西晋建立后，于咸宁五年（279）发动伐吴之战，并于第二年灭吴国，完成了全国的统一。但随后晋武帝耽于酒色，怠于政事，很快诸王内讧。与此同时，周边少数民族乘势而起，局势更加混乱，最终导致了西晋的灭亡。在战乱中，各少数民族的谋略思想得到了充分体现。匈奴族刘渊攻灭西晋的过程中，在先期不断遭受挫折后，重新调整战略，确定了扫除外围再集中攻击晋王朝中央的方针，显示出很高水平的伐谋思想。一是北联南伐。西晋后期，王室内乱，刘渊乘机北面联合鲜卑和乌桓，全力攻伐西晋。当时王浚派将军祁弘率领鲜卑兵攻打邺城，大败司马颖。作为后者的部下，刘渊本有救助的义务。这时，刘宣等人劝阻道："晋为无道，奴隶御我，是以右贤王猛不胜其忿。属晋纲未弛，大事不遂，右贤涂地，单于之耻也。今司马氏父子兄弟自相鱼肉，此天厌晋德，授之于我。单于积

---

① 《三国志》卷三十五《诸葛亮传》注引《汉晋春秋》。
② 《三国志》卷三十五《诸葛亮传》注引《汉晋春秋》。

德在躬，为晋人所服，方当兴我邦族，复呼韩邪之业，鲜卑、乌丸可以为援，奈何距之而拯仇敌!”① 此说正合刘渊心意，即“今见众十余万，皆一当晋十，鼓行而摧乱晋，犹拉枯耳”②。二是假借刘汉为号召，以收人心。刘渊反晋过程中，为树立正统地位，假借刘汉之名，以添声望，声称“吾又汉室之甥，约为兄弟，兄亡弟绍，不亦可乎？且可称汉，追尊后主，以怀人望”③。随后迁于左国城（今山西吕梁市东北），远方前来归附的达数万人之多。三是由主攻洛阳变为扫清外围，孤立洛阳。永凤元年（308），刘渊称帝，随后命其子刘聪、大将王弥、从子刘曜等两次进攻洛阳，始知“今晋气犹盛，大军不归，必败”④。经过前期几次交战的教训后，刘渊深知晋室虽然引乱而弱，但相比于匈奴五部的兵力，其各地援军尚多，难以直接攻灭。因此，刘渊采取了先打击外围，再集中进攻中央的策略，分别派遣石勒、王弥等先扫荡冀州、兖州、豫州、司州和荆州等势力，最后攻陷洛阳。后赵石勒也采取同样战略，先定都襄国，剪除幽州的王浚和并州的刘琨，最后西取洛阳和长安。自刘渊始，“此一战略之运用，实为前所未有者，且开北魏、赫连夏、拓跋夏相继运用此种战略之先声”⑤。

① 《晋书》卷一百一《刘元海载记》。

② 《晋书》卷一百一《刘元海载记》。

③ 《晋书》卷一百一《刘元海载记》。

④ 《晋书》卷一百一《刘元海载记》。

⑤ 《中国历代战争史》第五册《两晋》，第 98 页。

第七章　三国两晋南北朝时期统一战争的战略指导

中国历史上四次最重要的统一事件，有两次就发生在三国两晋南北朝时期，即由三国对峙鼎立到西晋统一，由十六国南北朝的长期分裂到隋朝的统一。而此一时期区域政权在建立与巩固过程中，大多也经历了曲折与艰巨的局部统一斗争，如苻坚建立的前秦统一北方，拓跋焘平定北方之战，等等。总结这一时期统一战争的战略指导，对了解中国兵学的实践建树，深入认识和揭示中国统一战争的一般规律与基本特点，都具有重要意义。

第一节　魏灭蜀的战略指导

三国后期，魏、蜀、吴三国鼎立的局面因各方力量消长渐趋崩溃。“蜀不如吴，吴不如魏。蜀国各方面都没有足够力量可以完成统一事业”①，力量的天平最终完全偏向曹魏一方，曹魏已初步具备实现统一的前提条件，而如何进行战略选择尤为关键。最终，魏国决定先灭蜀国，这体现了其对战略形势的判断和战略指导的成熟。

一、审时度势，果断决策

魏国方面，经过曹操、曹丕父子的创业与守成，在与吴、蜀的

① 《魏晋南北朝史十二讲》，第8页。

对峙中优势越发显著。自魏明帝曹叡死后，魏国出现主弱臣强的局面，权臣曹爽与司马懿内斗不已，最终老谋深算的司马懿胜出，夺得朝廷大权。司马懿死后，他的儿子司马师、司马昭相继把持朝政。司马氏父子一方面大力清除曹氏势力，笼络人心，准备代魏自立；另一方面大力招揽人才，移民实边，恢复经济，为统一战争积蓄力量。

相比于强大的魏国和固守江河险要的吴国，蜀国的情况最糟。本来蜀国实力就弱于魏、吴，关羽失去荆州之后，蜀汉政权又遭夷陵惨败，以致只能偏于益州一地，无论经济实力还是控制地域，较北方的魏国和东面的吴国都处于绝对劣势。《隆中对》中所期盼的“天下有变”的时机不仅没有出现，甚至连自荆州“北向宛洛”的偏师也不具备。

诸葛亮独立支撑危局，在七擒孟获平定南中后，奉行联吴抗曹的外交策略，在保有益州基础上相机“出于秦川”，将“以攻为守”作为基本国策，数次发动北伐。关于诸葛亮北伐的动机，历来学者多有争论，有学者就认为蜀国本来地盘小、人口少，整体国力孱弱，加之夷陵之战大伤元气，更是雪上加霜，在这种情况下还要旷日持久地北伐，这是诸葛亮政治和军事上的最大失误。实际上，高明如诸葛亮者自然知道，除非“天下有变”，否则仅凭益州的人力物力，要实现兴复汉室的战略目标，可以说希望渺茫，于是高举北伐这一政治旗帜，就成为维系人心、勉力支撑蜀汉政权的最重要手段。宋朝大儒朱熹就深感诸葛亮内心的矛盾和无奈，这样评价诸葛亮的北伐：“孔明是杀贼，不得不急。如人有个大家，被贼来占了，赶出在外墙下住，杀之岂可缓？一才缓，人便一切都忘了。孔明亦自言一年死了几多人，不得不急为之意。”① 也就是说，诸葛亮是期望通过北伐凝聚人心，即使“一出师即乏粮”，也仍坚持北伐。

外交上，吴蜀联盟并不牢固。联盟的形成和正常运作依赖于四个条件，即一致的利益基础、共同的安全威胁、合理的利益分配机

---

① 《朱子语类》卷一百三十六《历代三》。

制及相应的责任承担机制。前两个条件是客观的，是联盟形成的必要条件，后两个条件有一定的主观性，需要决策者发挥聪明才智。一般来说，联盟内部既有利益一致的一面，又有矛盾冲突的一面，在共同威胁加剧时为团结计会弱化矛盾，当外部威胁缓和时，内部矛盾又会凸显出来。如何妥善处理矛盾，体现着决策者的能力水平，而这些矛盾的客观存在，也是敌对一方进行分化瓦解的前提。孙刘两家结成战时联盟赢得了赤壁之战，但当外部威胁缓和后，两家围绕荆州归属问题矛盾凸显。虽然诸葛亮在荆州问题上多次让步，但因其地处吴国上游，不能不使吴国君臣寝食难安、如芒在背，所以吴国趁关羽率兵进攻樊城时一举袭取荆州。随后刘备为报关羽被杀之仇，倾全国之力发兵讨伐东吴，使双方的盟友关系由合作到兵戎相见。夷陵之战后，虽然诸葛亮极力恢复吴蜀联盟，但双方芥蒂难消，都不愿成为魏国的打击对象，战略呼应和协同的效果自然大打折扣。蜀国内部，虽有诸葛亮竭力辅佐，但蜀汉的统治主要依赖严刑峻法，而非与民休息、发展生产。蜀主刘禅更是懦弱无能，诸葛亮在世时还可以辅助其应付时局，诸葛亮死后，刘禅在一帮佞臣怂恿下贪图享乐，加之宦官黄皓取宠弄权，朝政日非。同时，蜀国与魏、吴相比，人才最为匮乏，诸葛亮死后后继无人，勉强称得上人才的也就一个姜维。但因朝中政治斗争险恶，姜维为了避祸而远离成都，自请到沓中（今甘肃舟曲以西、岷县以南）率军驻屯。

是否立即发起灭蜀战争，魏国决策层也经历了一番争论。魏元帝景元四年（263）夏，魏国执政的大将军司马昭提议举兵灭蜀，但大臣中除司隶校尉钟会明确支持外，大多数持反对意见，如征西将军邓艾就认为，蜀军尚有一定实力，防御上并未暴露出明显弱点，且据险为阻，贸然用兵，难以一举攻下，因此数次反对用兵蜀汉。在这种形势下，司马昭详细分析了当时的战略形势和魏蜀两国的力量对比，认为魏灭蜀胜算很大。首先是从综合国力和战争准备情况看，魏国自甘露三年（258）寿春之战大胜孙吴后，已经休养生息六年，其间魏军一直进行着对吴、蜀两国的战争准备，即“自定寿春已来，息役六年，治兵缮甲，以拟二虏”①。其次是魏、蜀两国军事实力对比悬殊。“计蜀战士九万，居守成都及备他郡不下四万，然则余众不过五万”②，也就是说，蜀军总数不过 9 万人，其中防守成都和边境地区的就占 4 万多人，能够用来抵御魏国的最多不过 5 万。而魏国早在数年前就已经有大军 50 余万，在军队数量上处于绝对优势。再次是在可能性上，只要策略得当，完全可以强击弱，轻易战胜蜀国。司马昭根据这种战略态势和力量对比，提出了具体的灭蜀策略：“今绊姜维于沓中，使不得东顾，直指骆谷，出其空虚之地，以袭汉中。彼若婴城守险，兵势必散，首尾离绝。举大众以屠城，散锐卒以略野，剑阁不暇守险，关头不能自存。”③ 认为蜀军主力姜维的部队在沓中一带，只要魏军有一路对其进行牵制，造成汉中空虚之势，魏军就可以主力直下汉中。最后是蜀国内部的混乱。蜀主刘禅昏庸无能，一旦听闻边关重镇汉中失守就会乱了方寸，无计可施，即所谓“以刘禅之暗，而边城外破，士女内震，其亡可知也”④。而击灭蜀汉，也是最终实现全国统一的必备条件。“略计取吴，作战船，通水道，当用千余万功，此十万人百数十日事也。又南土下湿，必生疾疫。今宜先取蜀，三年之后，因巴蜀顺流之势，水陆并进，此灭虞定虢，吞韩并魏之势也。”⑤ 司马昭认识到，灭蜀可以占据长江上游之利，创造水陆俱下攻取东吴的条件，最终实现完全统一。司马昭认为蜀汉“师老民疲，我今伐之，如指掌耳”⑥。于是，魏国不失时机地做出了先灭蜀国，然后据上流之便，顺江东下，水陆并进消灭吴国，重新统一全国的战略决策。此后，魏国任命钟会为镇西将军，率大军坐镇关中，秘密从事伐蜀战争的各项准备。但魏国表面上却大造舆论，声称要先灭南方的吴国，并下令青、

---

① 《晋书》卷二《文帝纪》。
② 《晋书》卷二《文帝纪》。
③ 《晋书》卷二《文帝纪》。
④ 《晋书》卷二《文帝纪》。
⑤ 《晋书》卷二《文帝纪》。
⑥ 《资治通鉴》卷七十八《魏纪十》，元帝咸熙元年正月。

徐、豫、兖、荆、扬各州大造战船，营造大举攻吴的氛围，从而成功地对蜀国进行了迷惑和战略欺骗。

二、三路协同，击其空虚

景元四年（263）夏，魏国决策层根据蜀汉防御体系的具体情况，派出大军分三路突然向蜀汉发起进攻，其具体部署是：

西路军由征西将军邓艾率3万余人组成，自狄道（今甘肃临洮）向甘松（今甘肃迭部县一带）、沓中出击，对蜀国大将姜维进行战略牵制，使之不得率军东顾，以造成汉中空虚之势；中路军由雍州刺史诸葛绪率3万人马组成，自祁山（今甘肃礼县东祁山堡）向武街（今甘肃成县西北）、阴平之桥头攻击，一方面牵制蜀军主帅姜维，更重要的是一旦邓艾部牵制不成功，则切断姜维后撤汉中之路；东路军由镇西将军钟会率10万人马组成，作为攻蜀主力，分别从斜谷（今陕西眉县西南）、骆谷（今陕西周至西南）、子午谷（今陕西西安市长安区南秦岭山中），多路向汉中方向进行向心攻击，并计划袭取汉中后南下取蜀。

“若失汉中，则三巴不振”“若无汉中，是无蜀也”①。汉中作为蜀汉北方门户，其战略重要性不言而喻。从关中入汉中有三条通道：一为褒斜道，位于陕西西南部眉县与汉中之间，全长470里；二是骆谷道，又称傥骆道，自今陕西周至西南沿傥骆河谷南至洋县，是连接关中和汉中的一条近捷的通道，全长420里，崎岖曲折，共有84盘；三是子午道，自杜陵（今陕西西安东南）直穿秦岭至汉中，当年刘邦被封为汉王后前往汉中，为表示自己没有向北图谋的野心，火烧通往关中的栈道，就是此道。

蜀汉后主刘禅得到魏国大举进攻的消息，惊慌失措，急忙命令廖化率一支人马驰往沓中，增援姜维，同时派张翼、董厥率军到阳平关防守汉中的外围据点。东南方向，钟会的主力部队三路并进，而刘禅不等援军到达就下令汉中各外围据点撤军，以致魏军没有遇

---

① 《读史方舆纪要》卷五十六《陕西五·汉中府》。

到实质性抵抗就迅速进入汉中，夺取阳平关，直逼蜀中门户剑阁，威胁蜀都城成都。与此同时，邓艾率西路魏军也发起了进攻，对姜维形成围困之势。

三、变换奇正，出奇制胜

蜀军主帅姜维获悉魏军主力进入汉中，意识到剑阁一旦失守，蜀国必然危在旦夕，于是引兵且战且退，意图退守剑阁，遏制魏军南进。但是诸葛绪率领的中路魏军已经从祁山进达阴平的桥头，切断了姜维退路。姜维为调开桥头之魏军，巧施"金蝉脱壳"之计，回军越过桥头，与前来增援剑阁的廖化、张翼和董厥等会合，一起退守剑阁，凭险拒阻。剑阁在今四川剑阁县西，有相连的大剑山、小剑山，高山对峙，地形险峻，一夫当关，万夫莫开，历来易守难攻，但又是通往成都平原的必经之地。进攻者从北方南下进攻剑门关必须仰攻，过了关之后是高山，下了高山又是一个谷地，剑阁城就在谷地之中，这一带最利于防御。姜维利用这种有利的山川险阻列营守险，扼住了魏军前进的道路，钟会的10万大军屡攻不下，师劳兵疲，粮运不继，锐气大挫。这就打破了魏军乘虚直下成都的整个战略计划，魏军对蜀国发起的战略突袭，此时已失去意义。而本已危在旦夕的蜀汉，得以一时转危为安。

但战争指导的精要即在变换奇正。面对魏军久攻剑阁不下的形势，邓艾提出一个出奇制胜计划："从阴平由邪径经汉德阳亭趣涪，出剑阁西百里，去成都三百余里，奇兵冲其腹心。剑阁之守必还赴涪，则会方轨而进；剑阁之军不还，则应涪之兵寡矣。"① 认为这样声东击西，可以避开剑阁，"掩其空虚，破之必矣"。这一计策的要点是，变奇兵为正兵，让原来作为偏师的西路军从阴平绕过剑阁，直取涪县，突入成都平原，同时，逼姜维从剑阁回救四川，便于东路大军正面长驱直入。阴平因位于摩天岭之北而得名，是陇南入蜀的偏僻小道，东经阳平关可通汉中，南出江油、涪县可直指成都。

---

① 《三国志》卷二十八《邓艾传》。

自阴平至涪县，须翻越摩天岭，行军于岷山的崇山峻岭之中，其间只有樵猎小道，极为险阻，向不为人重视。如果魏军出阴平，姜维必从剑阁回救，如此则剑阁势孤易破，攻魏大军可以顺利从剑阁突入成都平原，如果姜维不回援，则魏军破涪之后，可以切断姜维后路，直指成都。魏国决策者采纳了邓艾的这一计划，并让邓艾负责具体实施。邓艾率大军克服了巨大困难，从北面的万山丛中突入成都平原，神兵天降，连下江油、涪县、绵竹。“冬十月，艾自阴平道行无人之地七百余里，凿山通道，造作桥阁。山高谷深，至为艰险，又粮运将匮，频于危殆。艾以毡自裹，推转而下。将士皆攀木缘崖，鱼贯而进。先登至江由，蜀守将马邈降。”① 这时蜀军主力几乎全在剑阁，成都平原守军不足，加之魏军突然出现，后主刘禅及一班大臣不知所措，慌忙降旗投降，魏军占领成都，立国 43 年的蜀汉正式亡国。

按照司马昭提出的统一战略，考虑到吴国土地广大，河流湖泽众多，进攻吴地比较困难，所以决定先易后难，先灭蜀据有长江上游，再水陆俱下攻灭吴国，实现国家统一。但灭蜀之后是否一鼓作气发动灭吴战争，急于夺取朝廷大权的司马昭并没有进一步的规划。这时，邓艾给司马昭提出了一个富于战略远见的建议：“兵有先声而后实者，今因平蜀之势以乘吴，吴人震恐，席卷之时也。然大举之后，将士疲劳，不可便用，且徐缓之；留陇右兵二万人，蜀兵二万人，煮盐兴冶，为军农要用，并作舟船，豫顺流之事，然后发使告以利害，吴必归化，可不征而定也。今宜厚刘禅以致孙休，安士民以来远人，若便送禅于京都，吴以为流徙，则于向化之心不劝。宜权停留，须来年秋冬，比尔吴亦足平。以为可封禅为扶风王，锡其资财，供其左右。郡有董卓坞，为之宫舍。爵其子为公侯，食郡内县，以显归命之宠。开广陵、城阳以待吴人，则畏威怀德，望风而从矣。”② 这一战略的核心，是根据魏军灭蜀之后声威大震但将士疲

---

① 《三国志》卷二十八《邓艾传》。

② 《三国志》卷二十八《邓艾传》。

劳的现实，以“先声后实”的策略招降东吴。具体措施有三：一是在征蜀大军和投降的蜀军中各选 2 万人，“煮盐兴冶，为军农要用，并作舟船，豫顺流之事，然后发使告以利害”①，以其强大实力和扎实的战争准备对东吴实施战略威慑，争取不战而定；二是厚待蜀主刘禅，暂不将其作为亡国之君押解到洛阳，而是让他留在蜀国充当“傀儡”，示以宽大，从外交上诱迫吴主孙休屈服；三是开放长江以北的扬州等地，予前来投诚的吴国人以各种优待，促成东吴的瓦解。邓艾的这一战略效法楚汉战争时谋士李左车“兵有先声而后实”的策略思想。但司马昭因为邓艾在四川独断专行而大起疑心，不仅借刀杀了邓艾，也拒绝实行这一战略计划，结果使司马氏统一中国的时间整整向后推迟了 17 年。

第二节　晋灭吴统一全国的战略指导

魏灭蜀后，三国鼎立变成了南北对峙，南下伐吴统一全国成为魏及其后的晋的最大战略目标。公元 263 年司马昭在筹划灭蜀的战略方案时，曾计划伐蜀战争结束 3 年后发起灭吴战争，但他在公元 265 年病卒。同年，司马炎篡魏立晋，是为晋武帝。

司马炎有灭吴之志，但西晋建立初期，更多地将主要精力用于稳定内部政局和平定西北诸胡的袭扰，计划中的灭吴战争一拖再拖，朝廷内部在是否伐吴的问题上也分歧严重。自泰始五年（269）晋武帝为伐吴进行军事部署，到咸宁二年（276）羊祜上《请伐吴疏》初定伐吴方略，间隔 7 年。至咸宁五年（279）晋伐吴诸路大军开始集结，时间又过去了 3 年。然从太康元年（280）正月多路大军齐出，到三月吴主孙皓出降，仅 3 个月时间战局即定。这一方面是由于“此南北力量之比对，过相悬殊，不仅魏晋方面无日不在图谋灭

---

① 《三国志》卷二十八《邓艾传》。

吴，求完成统一之局，而吴遂有岌岌不可终日之势”①。另一方面，也是根源于西晋战略筹划科学，战略指导得当。

一、扎实细致的战争准备

赤壁之战后的三国鼎立局面，经过数十年的和战更替，全国统一的形势渐趋成熟。司马氏代魏建立西晋后，魏、蜀、吴三分天下已演进为晋吴两国隔江对峙。景元四年（263），司马昭制定了伐蜀灭吴的战略部署。蜀汉亡国后，西晋已据天下四分之三，且控制长江上游，从而在北、西两个方向对东吴形成战略压迫之势。

吴国自孙权在江东建国后，历任孙亮、孙休和孙皓三朝统治。孙权晚年酗酒成风，加之皇储问题，朝廷内部矛盾激化，吴国已江河日下。神凤元年（252）孙权病死后，孙亮继位，大将军诸葛恪辅政。建兴二年（253）诸葛恪执意攻魏，“于是违众出军，大发州郡二十万众，百姓骚动，始失人心”②。吴大军围攻魏合肥新城，“攻守连月，城不拔。士卒疲劳，因暑饮水，泄下流肿，病者大半，死伤涂地”③。魏大军来救，诸葛恪引军退还，“士卒伤病，流曳道路，或顿仆坑壑，或见略获，存亡忿痛，大小呼嗟”④。经此一战，吴国军力大损，同时引起内部新一轮权力斗争，诸葛恪被杀。太平三年（258），孙休为帝，统治更趋削弱。永安七年（264），孙休病死，孙皓即位。此时，魏国权臣司马昭遣将修书谕告：“故分命偏师，平定蜀汉，役未经年，全军独克。于时猛将谋夫，朝臣庶士，咸以奉天时之宜，就既征之军，借吞敌之势，宜遂回旗东指，以临吴境。舟师泛江，顺流而下，陆军南辕，取径四郡，兼成都之械，漕巴汉之粟，然后以中军整旅，三方云会，未及浃辰，可使江表厎平，南夏顺轨。”⑤ 265 年，东吴与魏断绝外交关系，孙皓将都城迁到武昌，

① 《中国历代战争史》第五册《两晋》，第 35 页。
② 《三国志》卷六十四《诸葛恪传》。
③ 《三国志》卷六十四《诸葛恪传》。
④ 《三国志》卷六十四《诸葛恪传》。
⑤ 《三国志》卷四十八《孙皓传》注引《汉晋春秋》。

以巩固长江上流，但因内部反对，第二年又还都建业。孙皓穷奢极欲，淫乱嗜杀，尽失人心，面对北方的虎视眈眈，也没有进行充分的战守之备。

在晋吴战略态势一升一降的大势下，西晋的综合实力已占绝对优势。但晋室初立，统一的条件还不成熟，这也是晋武帝没有践行司马昭立即伐吴设想的主要原因。首先是政治上，晋室在代曹魏而立后，内部还没有就统一问题达成一致意见。虽然晋武帝即位后，"正位居体，重言慎法，仁以厚下，俭以足用，和而不弛，宽而能断。故民咏惟新，四海悦劝矣"①，但在伐吴问题上，统治阶级内部还是严重分裂，腹心不同，公卿异议。其次是经济上，还没有足够的财力支撑一场庞大的统一战争。由于长期战争，晋初的经济非常脆弱。为恢复经济计，晋武帝的优先事项是鼓励耕植恢复经济，增加粮储。因当时谷贱而布帛贵，晋武帝在泰始二年（266）为立平粜法而专门下诏："古人权量国用，取赢散滞，有轻重平粜之法。此事久废，希习其宜，而官蓄未广。言者异同，未能达通其制。更令国宝散于穰岁而上不收，贫人困于荒年而国无备，豪人富商挟轻资，蕴重积，以管其利，故农夫苦其业而末作不可禁也。今宜通粜，主者平议，具为条制。"② 咸宁元年（275）又下诏，"出战入耕，虽自古之常，然事力未息，未尝不以战士为念也。今以邺奚官奴婢着新城，代田兵种稻，奴婢各五十人为一屯，屯置司马，使皆如屯田法"③。再次是地理空间上，吴沿江防御体系较为完备。灭蜀后，晋虽占有长江上游的巴蜀之地，但地理上的局限仍很大。诚如陆机所言，"夫蜀，盖藩援之与国，而非吴人之存亡也。其郊境之接，重山积险，陆无长毂之径；川阨流迅，水有惊波之艰。虽有锐师百万，启行不过千夫；轴轳千里，前驱不过百舰。故刘氏之伐，陆公喻之

① 《文选》卷四十九《干令升・晋纪总论》。
② 《通典》卷十二《食货十二・轻重》。
③ 《晋书》卷二十六《食货志》

长蛇，其势然也”①。最后是晋后方不稳，西北边疆局势始终对晋王朝形成战略掣肘。陇右河西地区鲜卑秃发树机能武力犯边，北部匈奴右贤王刘猛反叛等，都在后方对晋造成很大牵制。

晋武帝虽没有立即将统一战争付诸实施，却在积极进行军事准备。特别是针对东吴占据长江天堑的有利条件，西晋吸取曹魏时期“武骑千群”无用武之地的教训，控制长江上游后立即加强经营，任命王濬为巴郡太守，后又让其兼益州刺史，为顺流而下伐吴创造条件。王濬到四川后，立即大造船舰，7 年时间共训练精锐水军数万，“舟楫之盛，自古未有”②。到一切准备工作就绪时，王濬已成了 70 岁的老人，但他训练的水师也在日后的灭吴之战中发挥了关键性的作用，成为最后攻入建业的主力，唐朝诗人刘禹锡在《西塞山怀古》中慨叹：“王濬楼船下益州，金陵王气黯然收。千寻铁锁沉江底，一片降幡出石头。”此外，西晋还以最优秀的军事将领负责荆州诸军事。通过 17 年的战争准备，本来已在土地面积、人口数量、经济和军事实力诸方面占据压倒性优势的西晋，更加胜算在握。同时，西晋在政治上还对东吴军民实施攻心战，瓦解其斗志，收拢对岸民心。

二、准确把握伐吴时机

陆机为吴陆逊之孙、陆抗之子，其年二十而吴灭，退居旧里闭门勤学，积十年之功作《辩亡论》二篇，以论孙权兴吴而孙皓失国的原因所在。陆机认为，吴亡国固有“吴蜀唇齿之国也，夫蜀灭吴亡，理则然矣”③ 的因素，但根本还在于吴国政治失序、战略失策和用人失当，即吴之亡在吴不在蜀。孙权去世后，“元首虽病，股肱犹良”，吴因有老臣辅政，尚能任用贤达，故得以存续。“大皇既没，幼主莅朝，奸回肆虐。景皇聿兴，虔修遗宪，政无大阙，守文之良主也。降及归命之初，典刑未灭，故老犹存。”④ 等到了孙皓时期，

---

① 《晋书》卷五十四《陆机传》。
② 《晋书》卷四十二《王濬传》。
③ 《晋书》卷五十四《陆机传》。
④ 《晋书》卷五十四《陆机传》。

肱股老臣尽丧，政治混乱失序，亡国也自在情理之中。“爰逮末叶，群公既丧，然后黔首有瓦解之患，皇家有土崩之衅，历命应化而微，王师蹑运而发，卒散于阵，众奔于邑，城池无藩篱之固，山川无沟阜之势，非有工输云梯之械，智伯灌激之害，楚子筑室之围，燕人济西之队，军未浃辰而社稷夷矣。”①

咸宁二年（276）十月，晋征南大将军羊祜上《请伐吴疏》，深得司马炎赞许。羊祜认为晋吴双方实力和形势的对比已经产生决定性的变化，伐吴的时机已然成熟。一方面，东吴内部矛盾重重，上下离心，“孙皓之暴，侈于刘禅；吴人之困，甚于巴蜀”②，“将疑于朝，士困于野，无有保世之计，一定之心”③；另一方面，“大晋兵众，多于前世；资储器械，盛于往时”④。认为只要把握战机，果断征伐，则“兵临之际，必有应者，终不能齐力致死，已可知也”⑤。然而，朝廷内部在如何进行统一战争的问题上存在着严重分歧：“时帝密有灭吴之计，而朝议多违，唯预、羊祜、张华与帝意合。”⑥ 重臣贾充、荀勖、冯紞等，则对晋武帝出兵伐吴的战略意图持明确的反对态度，他们认为，凉州鲜卑族秃发树机能是当前最大的威胁，且东吴水军强盛，据有长江天险，晋若出师攻伐，胜负实难逆料，所以主张按兵不动，以静观形势变化。这些意见在很大程度上干扰了决策层，使得晋武帝一时难做最后决断。对此，积极主张发动伐吴战争的羊祜感叹道：“天下不如意事十常居七八。天与不取，岂非更事者恨于后时哉！”⑦

咸宁五年（279）八月，晋龙骧将军益州刺史王濬继羊祜之后，向晋武帝上疏，建议立即伐吴。“臣数参访吴楚同异，孙皓荒淫凶

---

① 《晋书》卷五十四《陆机传》。
② 《晋书》卷三十四《羊祜传》。
③ 《晋书》卷三十四《羊祜传》。
④ 《晋书》卷三十四《羊祜传》。
⑤ 《晋书》卷三十四《羊祜传》。
⑥ 《晋书》卷三十四《杜预传》。
⑦ 《资治通鉴》卷八十《晋纪二》，武帝咸宁二年十月。

逆，荆扬贤愚无不嗟怨。且观时运，宜速征伐。若今不伐，天变难预。令皓卒死，更立贤主，文武各得其所，则强敌也。臣作船七年，日有朽败，又臣年已七十，死亡无日。三者一乖，则难图也，诚愿陛下无失事机。”① 但因种种原因，晋武帝仍然犹豫不决。此时，镇南大将军杜预也上书请求立即出兵伐吴，司马炎一月之久还未回复，杜预遂再次上书：“自秋已来，讨贼之形颇露，今若中止，孙皓或怖而生计，徙都武昌，更完修江南诸城，远其居民，城不可攻，野无所掠，则明年之计或无所及矣!”② 中书令张华极力支持杜预的建议：“陛下圣武，国富兵强，吴主淫虐，诛杀贤能，当今讨之，可不劳而定，愿勿以为疑!”③ 在制定灭吴统一全国的战略方针上，晋武帝虽较犹豫，但能虚心咨询、广开言路，鼓励臣下为统一大业献计献策。羊祜、杜预、王濬的建言献策，正确分析了当时的战略形势，论证了晋朝灭吴统一全国的历史合理性与现实可能性，并具体策划了晋军战略进攻的基本步骤，对于晋武帝下定决心伐吴起了重要的作用。最后，晋武帝依据羊祜的《请伐吴疏》和杜预《平吴表》等战略谋划，集思广益，博采众长，排除各种干扰，将灭吴的战略方针付诸实施，从而完成了统一全国的伟业。

三、制定周密的战略方案

早在司马昭时期，“今宜先取蜀，三年之后，因巴蜀顺流之势，水陆并进，此灭虞定虢，吞韩并魏之势也”④ 的战略筹划就已确定。羊祜在《请伐吴疏》中又拟定了具体的作战部署，阐述了正确的用兵方案，为晋武帝发动平吴统一战争提供了一份详细的作战方案。羊祜根据晋吴战略态势，提出要多路进兵，水陆俱下，即从长江上、中、下游同时发起进攻：“今若引梁益之兵水陆俱下，荆楚之众进临

---

① 《晋书》卷四十二《王濬传》。
② 《资治通鉴》卷八十《晋纪二》，武帝咸宁五年八月。
③ 《资治通鉴》卷八十《晋纪二》，武帝咸宁五年八月。
④ 《晋书》卷二《文帝纪》。

江陵，平南、豫州，直指夏口，徐、扬、青、兖并向秣陵，鼓旆以疑之，多方以误之，以一隅之吴，当天下之众，势分形散，所备皆急。巴汉奇兵出其空虚，一处倾坏，则上下震荡。吴缘江为国，无有内外，东西数千里，以藩篱自持，所敌者大，无有宁息。”① 咸宁五年（279）十一月，晋武帝定下伐吴决心，派镇东大将军司马伷自下邳（今江苏睢宁北）向涂中（今安徽滁河流域），安东将军王浑、扬州刺史周浚自寿春（今安徽寿县）向牛渚（今安徽马鞍山市西南），建威将军王戎自安城（今河南汝南东南）向武昌（今湖北鄂州），平南将军胡奋自新野向夏口（今湖北武汉），杜预率军从襄阳驻地向江陵（今属湖北荆州），王濬与唐彬率领水军自巴蜀顺长江上游东下，20余万大军六路俱下、水陆齐发。② 从兵力部署态势来看，基本上是羊祜在《请伐吴疏》中提出的联合作战方略的具体实施："梁益之兵水陆俱下"即王濬的水师，"荆楚之众进临江陵"是杜预从襄阳向江陵进攻的部队，"平南、豫州，直指夏口"是胡奋自新野向夏口和王戎自安城向武昌进攻的两支军队，"徐、扬、青、兖并向秣陵"是王浑自寿春向牛渚和司马伷自下邳向涂中进攻的两路军队。最终的结果也证明了羊祜的预料，即"以一隅之吴，当天下之众，势分形散，所备皆急。巴汉奇兵出其空虚，一处倾坏，则上下震荡"③。

四、实施灵活的作战指导

晋灭吴之战要在数千里沿江正面展开，为历史上首次大规模的长江攻防战，指挥协调难度极大。为保证灭吴战争的顺利进行，西晋朝廷实施了灵活的作战指导。一是采取水陆并进、多路突破的作战方针。六路大军东西对进，三面齐攻，有主有从，战略上协同和配合环环相扣，计而后战。"遣镇东将军、琅邪王伷出涂中，安东将

① 《晋书》卷三十四《羊祜传》。
② 参见《三国志》卷四十八《孙皓传》。
③ 《晋书》卷三十四《羊祜传》。

军王浑出江西，建威将军王戎出武昌，平南将军胡奋出夏口，镇南大将军杜预出江陵，龙骧将军王濬、广武将军唐彬率巴蜀之卒浮江而下，东西凡二十余万。以太尉贾充为大都督，行冠军将军杨济为副，总统众军。”① 伐吴的六路大军中，五路为陆上，一路为水上，实施正面多路进攻，这完全符合江河作战的原则。结果是东吴摸不清晋军的主力和主攻方向，防不胜防，造成防御兵力分散。而西晋方面只要一路突破，就可在东吴防线打开缺口，造成整个防线的崩溃。“皓闻濬军旌旗器甲，属天满江，威势甚盛，莫不破胆。”② 二是破解吴防御策略。为解决水陆协同问题，西晋在战前做了周密筹划，规定以陆路指挥水路，实施分段协同。战争发起后，攻吴的晋军水陆俱下，尤其是顺江而下的水军，对吴的防御策略有充分的反制措施。太康元年（280）正月，王濬发自成都，率巴东监军、广武将军唐彬攻丹阳。此时，“吴人于江险碛要害之处，并以铁锁横截之，又作铁锥长丈余，暗置江中，以逆距船”③。由于羊祜早前曾捕获吴间谍，具知情状，晋军早有应对准备。“濬乃作大筏数十，亦方百余步，缚草为人，被甲持杖，令善水者以筏先行，筏遇铁锥，锥辄着筏去。又作火炬，长十余丈，大数十围，灌以麻油，在船前，遇锁，然炬烧之，须臾，融液断绝，于是船无所碍。”④ 突破这一防御重点后，晋军顺流直下，“二月庚申，克吴西陵，获其镇南将军留宪、征南将军成据、宜都太守虞忠。壬戌，克荆门、夷道二城，获监军陆晏。乙丑，克乐乡，获水军督陆景。平西将军施洪等来降。乙亥，诏进濬为平东将军、假节、都督益梁诸军事”⑤。吴国皇帝孙皓只有束手就擒，晋终于结束了汉末以来的三国鼎立局面，完成了国家的统一。

---

① 《晋书》卷三《武帝纪》。
② 《晋书》卷四十二《王濬传》。
③ 《晋书》卷四十二《王濬传》。
④ 《晋书》卷四十二《王濬传》。
⑤ 《晋书》卷四十二《王濬传》。

第三节 桓温北伐的战略指导

晋朝建立后，先后进行过几次大的北伐，但均以失败告终。具体有，晋愍帝建兴元年（313）开始的祖逖北伐，咸康五年（339）庾亮的北伐，建元元年（343）庾翼的北伐，永和六年（350）到永和九年（353）殷浩的北伐，以及桓温在永和十年（354）、永和十二年（356）和太和四年（369）的三次北伐。历次北伐，以桓温北伐在战略指导上最具代表性。从桓温北伐的准备和实施过程来看，其战略指导可归纳为三个方面。

一、剪灭成汉政权，消除西面威胁

东晋立国后，在王导、庾亮、陶侃等的辅佐下，国内统治秩序渐趋稳定，但只偏安江南一隅。具体而言，东晋有来自北面和西面两个战略方向的威胁，其中北面各少数民族政权是主要威胁，也是收复中原统一全国战争的主要目标，西面氐族建立的成汉政权虽实力不强，但占据长江上游的巴蜀地区，对东晋构成较大牵制。早在西晋元康年间，“氐齐万年反，关西扰乱，频岁大饥，百姓乃流移就谷，相与入汉川者数万家”①。氐族首领李特随流民入蜀，趁乱率众起兵反晋。李特战死后，其子李雄于晏平元年（306）称帝，建立成汉政权，控制益州、宁州、梁州等地。成汉立国后，形成了与东晋共有长江的局面，也对东晋北伐形成战略掣肘，在地缘战略形势上颇类似于三国时期魏蜀吴相互牵制的情形。早在庾亮主政荆州时始，东晋的北伐平胡与西向攻蜀就是相互联系的，但多是在北伐的同时对蜀地采取牵制性军事行动。咸和九年（334）李雄病逝后，成汉政权内乱，国力衰弱，这为桓温西征提供了契机。“时李势微弱，温志

---

① 《晋书》卷一百二十《李特载记》。

在立勋于蜀”[①]。而在西向伐蜀前，桓温对之前庾氏的战略计划做了大幅修正，不再是对成汉政权进行牵制，而是集中力量予以消灭，并在彻底消除西面威胁后再举大军过江淮北伐。这是一个先弱后强、逐个剪灭的战略指导，在朝廷内部引起激烈讨论。此时，江夏相袁乔进言支持伐蜀，对形势走向做了深刻的分析，深得桓温认同。

> 今天下之难，二寇而已。蜀虽险固，方胡为弱，将欲除之，先从易者。今溯流万里，经历天险，彼或有备，不必可克。然蜀人自以斗绝一方，恃其完固，不修攻战之具，若以精卒一万，轻军速进，比彼闻之，我已入其险要，李势君臣不过自力一战，擒之必矣。论者恐大军既西，胡必窥觎，此又似是而非。何者？胡闻万里征伐，以为内有重备，必不敢动。纵复越逸江渚，诸军足以守境，此无忧矣。蜀土富实，号称天府，昔诸葛武侯欲以抗衡中国。今诚不能为害，然势据上流，易为寇盗。若袭而取之者，有其人众，此国之大利也。[②]

永和二年（346），桓温率七千人西伐，深入道路险远的蜀地，三战三捷，进逼成都，成汉末代皇帝李势面缚请降，成汉亡。攻灭成汉政权，不仅使东晋重新占据了蜀地，巩固了长江防线上游的安全，同时也以蜀地的富饶充实了东晋的国力，桓温也借此提高了政治威望，奠定了北伐的军事、经济和政治基础。

二、巩固军政权力，为北伐创造政治条件

东晋政权的建立与维系，依靠的是司马氏之余脉联合琅邪王氏、颍川庾氏、谯国桓氏、陈郡谢氏等北方士族，并得到江南土著士族的支持。其典型特征是，士族门阀的势力足以与皇权并立，甚至超越和绑架皇权，形成各大族轮流掌权的局面。“晋主虽有南面之尊，无总御之实，宰辅执政，政出多门，权去公家，遂成习俗。”[③] 皇室

---

① 《晋书》卷九十八《桓温传》。

② 《晋书》卷八十三《袁乔传》。

③ 《晋书》卷一百十七《姚兴载记上》。

和大族间、南北大族间、统治阶级和底层人民间，矛盾错综复杂，北伐被作为一种政治军事权力的象征和争夺手段。桓温要进行北伐，首要的前提是争得晋室的支持，并与其他政治势力达成和解。咸康六年（340），颍川庾氏的代表人物庾亮逝世，其弟庾翼被任命为都督江、荆、司、雍、梁、益六州诸军事，接替庾亮镇守武昌。桓温与庾翼相友善，以攻灭胡虏、收复蜀地为己任，首先赢得了庾翼的支持。庾翼曾向成帝举荐桓温："桓温有英雄之才，愿陛下勿以常人遇之，常婿畜之；宜委以方、邵之任，必有弘济艰难之勋。"① 建元元年（343），庾翼统兵四万北伐，以桓温为前锋。永和元年（345）庾翼病逝，桓温接掌荆州地区的兵权。"庚辰，以辅国将军、徐州刺史桓温为安西将军、持节、都督荆司雍益梁宁六州诸军事，领护南蛮校尉、荆州刺史。"②

永和五年（349），石虎病逝，后赵内部矛盾激化，北方再次大乱，北伐时机乍现。同年六月，桓温上疏朝廷，请求趁后赵内乱北伐经略中原。但"时桓温既灭蜀，威势转振，朝廷惮之"③，最终晋室将北伐的指挥权交给外戚褚裒和名士殷浩，借以制衡桓温。然事与愿违，先有褚裒率众三万为后赵李农所败，退屯广陵，毁城遁还，使北民南迁归附东晋的二十万士民"皆为慕容儁及苻健之众所掠，死亡咸尽"④，后有"以中原为己任，上疏北征许洛"⑤ 的殷浩北伐落得个"器械军储皆为襄所掠，士卒多亡叛"⑥。北伐失利后，褚裒忧愤而死，桓温借朝野对殷浩的怨愤奏请废浩，"自此内外大权一归温矣"⑦。在消除了褚裒、殷浩这两个政治对手后，桓温得以掌握内外大权，挥师北伐也就顺理成章。而通过北伐，桓温更是赢得了其

---

① 《资治通鉴》卷九十七《晋纪十九》，康帝建元元年二月。
② 《晋书》卷八《穆帝纪》。
③ 《晋书》卷七十七《殷浩传》。
④ 《晋书》卷九十三《褚裒传》。
⑤ 《晋书》卷七十七《殷浩传》。
⑥ 《晋书》卷七十七《殷浩传》。
⑦ 《晋书》卷九十八《桓温传》。

他豪门大族的认可，巩固了手中的权力。第二次北伐收复洛阳后，王羲之就赞叹，“桓公摧寇，罔不如志，今以当平定。古人之美，不足比踪，使人叹慨，无以为喻”①。正是因为控制了国内军政权力，并与其他士族代表人物达成和解，取得他们的政治认同，桓温才能够将北伐战争进行下去。但东晋有限的经济和军事实力、复杂的政治权力架构，反过来也是北伐的重大制约，这也是历次北伐得不到朝廷全力支持，无果而终的重要根源。即如王夫之所言：“晋偏安于江左，而又分焉，建业拥天子以为尊而力弱，荆、襄挟重兵以为强而权轻，且相离以相猜，而分为二。温以荆、襄之全力为孤注，其进其退，一委之温，而朝廷置之若忘，温即有忠诚，亦莫能自遂，而况乎其怀二心哉？臣与主相离也，相与将相离也，东与西相离也，以此而欲县军深入，争胜于蜂起之寇，万不可得之数矣。”②

三、以克复许、洛，收复中原为基本目标

北方大乱，东晋北伐的时机日益成熟，而北方民众处于长期战乱痛苦之中，也对东晋的北伐和国家重新统一充满期盼。元玺元年（351），后赵完全倾覆，前燕和前秦趁机崛起。元玺元年（352），燕王慕容儁称帝于蓟，积极准备南下，与东晋展开对河南地区的争夺。同年，秦王苻健在长安称帝，进略关东，占据了陈、颍、许、洛，对东晋的荆襄方向造成压力。永和十年（354），桓温统率步骑四万伐秦。具体的部署为，主力自江陵出发，水军自襄阳溯汉水入均口（今湖北丹江口市西）直指南乡（今河南省淅川县西南），步兵自淅川向关中进击。同时西线派遣梁州刺史司马勋以偏师出子午道牵制前秦军，秦州刺史王擢也进攻陈仓以策应晋北伐军。桓温亲率主力出击，大破前秦军，屯军灞上（今陕西西安东），进逼长安，但因受阻于灞水和浐水，且兵疲粮尽，遂从洛阳东撤还抵襄阳。

① 严可均辑：《全晋文》卷二十六《王羲之·杂帖》，《全上古三代秦汉三国六朝文》第三册，上海古籍出版社，2009年。

② 《读通鉴论》卷十三《穆帝》。

“初，温恃麦熟，取以为军资，而健芟苗清野，军粮不属，收三千余口而还。”①

永和十二年（356）五月，羌族酋长姚襄降后燕后进据许昌，攻打洛阳。七月，桓温遣督护高武据鲁阳（今河南鲁山县），辅国将军戴施屯黄河之上，“勒舟师以逼许洛，以谯梁水道既通，请徐豫兵乘淮泗入河”②。八月，桓温亲率的北伐大军自江陵进至伊水，大破姚襄军。桓温控制洛阳，徙降三千余家于江汉之间后，自率大军还师。由于东晋君臣皆无北伐统一全国的意志和决心，没能利用好控制洛阳的有利时机扩大战果，结果是北伐军南还后，司、豫、青、兖各州又被少数民族政权攻陷。

太和四年（369）四月，桓温率步骑五万自镇地姑孰（今安徽当涂县）出发，北伐前燕。“时亢旱，水道不通，乃凿巨野三百余里以通舟运，自清水入河。”③ 晋军击败前燕慕容垂、傅末波等的八万大军，进至距前燕都城邺仅二百余里的枋头（今河南浚县西东枋城、西枋城），收复了淮北大部。但到了九月，形势急转直下，北伐军疲惫，粮运不济，加之前秦亦以步骑两万救燕。桓温焚烧战船，丢弃辎重，撤退中遭前燕军队夹击，大军损失殆尽。

桓温三次北伐的失败，令自己在晋室的权威受挫。为重建威权，桓温行皇帝兴废事，废司马奕，而改立司马昱为帝，是为晋简文帝。此举开东晋百年权臣擅自废立皇帝的先例，使桓温多被后世责难。就连苻坚听闻此事，也认为：“温前败灞上，后败枋头，十五年间，再倾国师。六十岁公举动如此，不能思愆免退，以谢百姓，方废君以自悦，将如四海何！谚云‘怒其室而作色于父’者，其桓温之谓乎！”④

---

① 《晋书》卷九十八《桓温传》。

② 《晋书》卷九十八《桓温传》。

③ 《晋书》卷九十八《桓温传》。

④ 《晋书》卷一百十三《苻坚载记上》。

第四节　淝水之战双方的战略指导分析

魏灭蜀之战、晋灭吴之战是这一时期战略指导的成功典型，前秦苻坚发动的淝水之战则是这一时期战略指导上的重大失误，给后人以警醒。这里，从前秦和东晋战争双方对比的角度，对淝水之战的战略指导进行分析。

一、战前形势及战争过程

在北方各族统治者割据混战的乱局中，氐族的前秦政权迅速崛起。苻坚以王猛为相，实行汉化统治，国力日强。“猛宰政公平，流放尸素，拔幽滞，显贤才，外修兵革，内崇儒学，劝课农桑，教以廉耻，无罪而不刑，无才而不任，庶绩咸熙，百揆时叙。于是兵强国富，垂及升平。”① 军事上，前秦凭借稳固的政治经济基础和军事力量，先后剪灭前燕、仇池杨氏、前凉、代国等割据政权，统一了北方，“平燕定蜀，擒代吞凉，跨三分之二，居九州之七”②。建立起了东始高句丽，西至西域，南迄江淮的庞大帝国。同时，前秦的势力不断向南扩展，先夺取东晋的梁、益二州（今甘肃、陕西、四川等地），后又攻占了襄阳、彭城两个军事重镇。

苻坚虽出身少数民族，但深受儒学影响，向往并追求统一，所以统一北方之后，他朝思暮想的就是一举消灭东晋，实现天下一统。东晋太元八年（383），苻坚踌躇满志地认为统一全国的时机已经成熟，“悉发诸州公私马，人十丁遣一兵。门在灼然者，为崇文义从。良家子年二十已下，武艺骁勇，富室材雄者，皆拜羽林郎”③，亲率

---

① 《晋书》卷一百十四《王猛载记》。

② 《晋书》卷一百十五《苻丕苻登载记》。

③ 《晋书》卷一百十四《苻坚载记下》

90 万之众南下，东西万里，水陆并进。具体部署是：以阴平公苻融率张蚝、慕容垂等步骑 25 万为前锋，苻坚亲率羽林军 3 万精骑殿后。这一路大军号称中路军，也是伐晋的主力。以姚苌为龙骧将军督益、梁诸军事，指挥部队沿长江东下，此为西路军。幽、冀等州部队由彭城南下，为东路军。三路大军共计步兵 60 万，骑兵 27 万，羽林军 3 万，又动用运输粮秣军资的船只上万艘。八月，苻坚率主力从长安出发，九月，经洛阳到达项城。

面对前秦大军压境，东晋朝廷暂时搁置内部矛盾，团结一致抵抗外敌，具体部署为：一是派桓冲在长江中游的江州（治今江西九江）御敌，在西边的襄阳、沔水一带稳定长江中游防线，确保上流安全，阻止秦军自襄阳南下并顺江东下；二是由谢石任征讨大将军，在正面战场淮南组织抵抗，谢石以谢玄为前锋都督，率 8 万北府兵沿淮河西上，“诏以玄为前锋，都督徐兖青三州、扬州之晋陵、幽州之燕国诸军事，与叔父征虏将军石、从弟辅国将军琰、西中郎将桓伊、龙骧将军檀玄、建威将军戴熙、扬武将军陶隐等距之，众凡八万”①；三是派胡彬率五千水军增援战略要地寿阳（今安徽寿县），迎击前秦主力。

苻坚所率前秦先锋与晋军隔淝水为阵。苻坚登上寿阳城，远望淝水南岸晋军阵容严整，攻势猛烈，以为晋军人数极多，遂生惧心。“坚与苻融登城而望王师，见部阵齐整，将士精锐，又北望八公山上草木，皆类人形，顾谓融曰：‘此亦勍敌也，何谓少乎！’怃然有惧色。”② 谢玄派人向苻坚提出请求，要前秦军队稍为后撤以便晋军渡河决战，苻坚企图对晋军半渡击之，遂下令部队后撤。然而大军在撤退过程中阵脚大乱，因前秦军队多是临时集结，其中成分复杂，早不愿为苻坚卖命，兼之对晋军有畏惧心理，所以一退遂不可收拾。加之东晋降将朱序在阵后大呼“秦军败矣”，前秦军士兵不明真相，于是自相践踏，只求逃命，遂至大溃。晋军渡河之后，水陆并进追

---

① 《晋书》卷七十九《谢玄传》。

② 《晋书》卷一百十四《苻坚载记下》

杀。苻坚虽竭力阻止部队后撤，但已经难以奏效。时值隆冬，前秦军于溃退途中冻死饿死者不计其数，苻坚自己也中流矢，最后收集十万残卒仓皇逃回北方，不久死去。经此一战，突然崛起的前秦不仅未能完成统一大业，反而如流星一样消失于历史舞台。

二、前秦战略指导的主要失误

苻坚向往统一确是出于至诚，本无可非议。东汉以来，周边各族在中原轮番登场，在北方这个民族大熔炉中，胡汉交融，共同学习，而汉族知识分子与少数民族合作也比较普遍，“天下一家”“天下大一统”的思想逐渐为各民族所接受。苻坚本人深受儒学影响，他以天下为怀，企求统一，正是文化融合中受汉文化浸润的自然反映。诚如陈寅恪先生所言，在我国历史上，统一不能从血缘着手，而要看文化高低。文化低的服从文化高的，次等文化服从高等文化。三国两晋南北朝时期，中原衣冠多随东晋渡江，文化正统南迁。如果不降服南朝，就不能自居于正统地位，也就不能降服其他各族，且前秦统治下的汉人也有离心的倾向，只有攻取东晋，推行汉化，方可一统胡汉。苻坚之所以坚持南伐，很大一部分原因在于只有南伐，取东晋而代之，才可以解决各民族诚心归附这个大问题。“吾统承大业垂二十载，芟夷逋秽，四方略定，惟东南一隅未宾王化。吾每思天下不一，未尝不临食辍餔，今欲起天下兵以讨之。”①

淝水之战的失败，被后世史家视为用兵之戒。人们对苻坚伐晋及其战争指导的失误都做了不少的反思和讨论。从战略指导上看，淝水之战苻坚失败与东晋取胜不是偶然的，有其可供后人引以为戒的多重因素。

一是昧于时势急于求成。苻坚南下统一全国的尝试以失败和亡国告终，关键在于未能知己知彼、审时度势，即没有把握住历史发展的“时”和“势”。对形势的准确判断和把握是制定战略的首要前提。春秋末年的战略家范蠡曾言：“夫圣人随时以行，是谓守时。

---

① 《晋书》卷一百十四《苻坚载记下》。

天时不作，弗为人客；人事不起，弗为之始。"[1] 战国黄老学派也提出："静作得时，天地与之。静作失时，天地夺之。"[2] 这里强调的"时"，就是历史发展的趋势，人们可以认识它、顺应它，但不能违背它，"时不至不可强生"，对于不同的时势只能采取不同的策略，否则只能事与愿违。可见，审"时"就是要认清时代，度"势"就是要把握历史运行规律，把握历史的进程和发展趋势。对于统一大业实施者来讲，首先应该把统一作为远期或最终目标来加以认识和追求，要考虑到历史的发展有一个过程，时机的成熟也有一个过程，绝不能只看到有利条件而对各种不利因素视而不见。

苻坚做出南伐决策之前，多数大臣持反对意见，且王猛在临终之际也劝他不可贸然发动对东晋的战争。"及疾笃，坚亲临省病，问以后事。猛曰：'晋虽僻陋吴越，乃正朔相承。亲仁善邻，国之宝也。臣没之后，愿不以晋为图。鲜卑、羌虏，我之仇也，终为人患，宜渐除之，以便社稷。'"[3] 这体现了一代名相王猛对"时""势"的精辟分析。首先，王猛并不反对统一，而是认为在当时的内外情况下，只能把统一作为长远目标。其次，不能只见自己表面的强大而无视内部的问题，要认清时势。从内部看，前秦虽在较短时间内逐一兼并了北方各政权，但靠的是军事征服，其内部民族矛盾尖锐，新归附民族多怀二心，巩固北方的统一尚需要一个较长的过程。苻坚的战略重心应是保持国内稳定，化解各种矛盾，尤其是要对因军事失败暂时归附的鲜卑、羌等族保持警惕。因此，王猛提出"不以晋为图"，而要专心于内部问题的解决，为日后一统天下积蓄力量。

王猛死后，苻坚召集群臣会议，当时朝廷中形成两派意见。一些被征服政权的大臣因心怀复国之志，鼓励出兵，但大多数大臣持反对意见，认为东晋虽小，但内部团结，得到民众的支持；军事地

---

① 上海师范大学古籍整理组校点：《国语》卷二十一《越语下》，上海古籍出版社，1978 年。

② 《十大经·姓争》，《中国兵书集成》编委会：《中国兵书集成》第一册，解放军出版社、辽沈书社，1987 年。

③ 《晋书》卷一百十四《王猛载记》。

理上，晋拥长江天险，是为北方骑兵的畏途；从自身内部来看，前秦内部尚不安定，被征服的各政权贵族心怀不满，一旦大军南下，后方很可能发生动乱。因此，当前尚不是用兵的好时机，而应发展生产，训练部队，以待时机。这方面，太子苻宏的规劝堪称至诚："但可厉兵积粟，以待暴主，一举而灭之。今若动而无功，则威名损于外，资财竭于内。是故圣王之行师也，内断必诚，然后用之。彼若凭长江以固守，徙江北百姓于江南，增城清野，杜门不战，我已疲矣。彼未引弓，土下气疠，不可久留，陛下将若之何？"① 此外，苻融及尚书原绍、石越等也上书进谏，前后数十次，但苻坚始终没有听从。

客观来看，当时南北统一的历史条件尚不成熟。经济上，北方和南方均无力支撑起一个全国性的政权。社会关系上，汉末以来复杂的民族矛盾远未消解，无论北方广大地区，还是北方与南方，远未实现民族的融合，各民族反战的情绪都很高涨。经历了自东汉末年以来的长期战乱后，不论北方还是东晋，最急需的都是休养生息，整顿和发展内部，壮大实力。前秦的统治者苻坚却昧于历史大势，仓促挥师南下，不仅没有实现大一统的目标，北方地区反而因淝水之战大败而重新陷入分裂。

二是骄傲自大，不了解东晋的实力与动态。除了对前秦内部情况缺乏足够认识外，苻坚对东晋的实力与动态也缺乏了解，只是片面地认为东晋地狭人少，兵力孱弱。实际上，晋室南渡后虽偏安一隅，但仍以正统自居，有北伐中原、重建全国政权的政治理想，北方汉人对其正统地位也持认同态度。谢安执政后，又进用贤才团结大臣，选用了一批文武干才，实现了政治军事方面君臣辑睦，内外同心，百姓乐业，谷帛殷阜。而因中原战乱流寓到南方的北方人民，除有故国之思外，还有保护新家园求安定的心理，对东晋政权持支持态度。结果，在前秦大军南侵压力下，东晋上下一致主张抗击，主帅谢安指挥若定，谢石、谢玄、刘牢之等骁勇善战，北府兵以一

---

① 《晋书》卷一百十四《苻坚载记下》。

当十，且得水上作战的地形之利。所以王猛临终前“不以晋为图”的告诫是切中肯綮的，可惜骄傲自大的苻坚并不了解。

三是主观武断，过于迷信军队数量优势。苻坚是一个性格急躁、器量不大而又争强好胜之人。朱熹的学生曾问朱熹，苻坚想灭东晋“遣一良将提数万之兵以临之，有何不可？何必扫境而来？”朱熹就分析说：“他是急要做正统，恐后世以其非正统，故急欲亡晋。此人性也急躁，初令王猛灭燕，猛曰：‘既委臣，陛下不必亲临。’及猛入燕，忽然坚至，盖其心又恐猛之功大，故亲来分其功业也。便是他器量小，所以后来如此。”①

苻坚对统一战争的艰巨性和复杂性缺乏深刻认识，主观地以为凭百万大军的数量优势，可以一举灭亡东晋；无视自己水军薄弱的现实，认为“以吾之众旅，投鞭于江，足断其流”②。他没有认识到自己虽然军队数量占优势，但基本上是步兵和骑兵，缺乏在南方作战所必备的强大水军，一旦仓促发动统一战争，北方步骑在江南水泽中势必难逞其长。

同时，前秦和东晋两国边境东西数千里，开展统一战争，需要在数个战略方向密切协同。在前秦已占领四川、襄阳、彭城等军事要地的情况下，苻坚计划从东、中、西三路发起进攻。面对前秦大军南下，东晋方面在战略指挥上采取了依托长江天险稳定淮南的作战方略，以保证京师建康的安全。同时以荆州重兵巩固长江中游的防卫，控制荆襄地区，稳固江淮地区的西侧，使之不受威胁，让北府兵集中力量对付前秦的前锋部队。但战争开始后，苻坚因为西线桓冲兵力强大，不得不分兵以前秦的精锐慕容垂的部队来对付桓冲，导致慕容垂的军队没能参加决战。尤其在晋军北上阻击前秦中路军时，苻坚求胜心切，事实上只将淮南作为主要战略方向，一线平推，因战线过长，未能在局部形成真正优势。“坚发长安，戎卒六十余万，骑二十七万，前后千里，旗鼓相望。坚至项城，凉州之兵始达

---

① 《朱子语类》卷一百三十六《历代三》。

② 《晋书》卷一百十四《苻坚载记下》。

咸阳，蜀汉之军顺流而下，幽冀之众至于彭城，东西万里，水陆齐进。运漕万艘，自河入石门，达于汝颍。”① 结果洛涧遭遇战等战斗，苻坚一遇挫折即动摇斗志，尤其是不待后续大军跟进，仅靠前锋就在淝水与东晋精锐决战，而在决战的关键时刻又轻易移动军阵，导致自乱阵脚，为谢玄、谢石等人率领的北府兵所乘，百万之众的前秦大军顷刻间土崩瓦解，溃不成军，苻融等重臣大将殁于战阵，前秦军尸横遍野，惨不忍睹。

三、东晋战略指导分析

淝水之战时值东晋中期，内有大司马桓温独权，三次北伐的失败劳民伤财，国力大损；在外则是“强敌寇境，边书续至，梁益不守，樊邓陷没”②。“建元之后，时政多虞，巨猾陆梁，权臣横恣。其有兼将相于中外，系存亡于社稷，负扆资之以端拱，凿井赖之以晏安者，其惟谢氏乎!”③ 在这种艰难局面下，东晋在谢安等的指挥下，积极进行战争准备，科学进行战争指导，进而赢得了这一决定性战争的胜利。

一是维护内部团结，稳定战略全局。东晋是中国历史上门阀政治的全盛期。在“王与马，共天下”的政权体制形成后，琅邪王氏、颍川庾氏、谯郡桓氏与陈郡谢氏等高门士族相继掌握朝廷军政大权。各士族通过控制军队，以军权谋求政治权力和家族权势，士族与皇室及士族之间错综复杂的权力纷争，使军政大权不断转换，内耗不断。宁康元年（373）桓温去世后，谢安取代桓氏逐步掌握朝政大权。此时，苻坚已经基本完成北方统一，随时可能南下。“于时苻坚强盛，边境数被侵寇，朝廷求文武良将可以镇御北方者，安乃以玄应举。”④ 从整个沿江防线看，要保证长江下游京畿附近的安全，则

① 《晋书》卷一百十四《苻坚载记下》。
② 《晋书》卷七十九《谢安传》。
③ 《晋书》卷七十九《谢安传》。
④ 《晋书》卷七十九《谢玄传》。

必须确保长江中上游的稳定，其一旦为人所据，西晋伐吴的局面必将重演。谢安当政后，任命颇具公忠之心的桓冲镇守长江上游，稳固长江西线。桓冲是桓温的弟弟，“温诸弟中最淹识，有武干”①。桓冲与桓温禀性不同，以尽忠晋室为怀，凡重大事项必上报朝廷。桓温死后，桓冲辞让荆州刺史的职位，并主动要求出镇。于是东晋任命桓冲都督江、荆、梁、益、宁、交、广七州军事，又以其子嗣为江州刺史，由此把长江中游西部防线都交给了桓冲，进而也形成了桓氏守长江西线、谢氏掌长江东线的权力格局。这样，一方面实现了谢、桓两家的政治和解，维护了内部团结，另一方面也维系了长江防线的完整体系，东晋具备了自保的基本条件。这些实际上已为前秦内部的有识之士所关注。前秦左仆射权翼认为晋未可伐，理由是“今晋道虽微，未闻丧德，君臣和睦，上下同心。谢安、桓冲，江表伟才，可谓晋有人焉。臣闻师克在和，今晋和矣，未可图也”②。少子中山公苻诜也提出，“晋有谢安、桓冲，而陛下伐之。是行也，臣窃惑焉”③。太子苻宏也认为“谢安、桓冲兄弟皆一方之俊才，君臣勠力，阻险长江，未可图也”④。

二是以谢玄为将组建北府兵。与琅邪王氏、谯郡桓氏等相比，陈郡谢氏更多以风雅著称。谢安执政后，面临的最大问题就是组建一支忠于自己的军队，特别是内部朝廷权力斗争激烈，外部前秦南下日趋迫近的情况下，这种需求更为紧迫。正如田余庆所指出的，“谢安执政，最大的弱点是没有可靠军事力量的支持，而没有军事力量的支持，建康既不能与上游桓氏维持一种较稳定的平衡，更不能应付北方前秦的压力”⑤。为了尽快组建一支政治上可靠、骁勇善战的军事力量，谢安举贤不避亲，任命谢玄为建武将军、兖州刺史、

① 《晋书》卷七十四《桓冲传》。
② 《晋书》卷一百十四《苻坚载记下》。
③ 《晋书》卷一百十四《苻坚载记下》。
④ 《晋书》卷一百十四《苻坚载记下》。
⑤ 田余庆:《东晋门阀政治》，北京大学出版社，1996 年，第 215 页。

领广陵相、监江北诸军事，兼招募徐州、兖州和青州的流民重建北府兵。永嘉之乱后，为躲避战乱，北民大量举家南迁。其中，中下层的庶族与流民多聚居在以京口为中心的晋陵郡（今江苏常州），他们民风彪悍，尚武好勇。“此种北来流民为当时具有战斗力之集团，易言之，即江左北人之武力集团，后来击败苻坚及创建宋、齐、梁三朝之霸业皆此集团之子孙也。”① 到了太元初年，谢玄北镇广陵后，为备战计招募劲勇，以刘牢之等为中坚，重新组建“北府兵”。“时苻坚方盛，玄多募劲勇，牢之与东海何谦、琅邪诸葛侃、乐安高衡、东平刘轨、西河田洛及晋陵孙无终等以骁猛应选。玄以牢之为参军，领精锐为前锋，百战百胜，号为‘北府兵’，敌人畏之。”②与苻坚大军组成庞杂，甚至很多是强征的不同，“北府兵”多为淮北流民，成分简单，经长期严格训练，战斗能力和纪律性都很强。最终，以刘牢之等为骨干的“北府兵”成为晋军的中坚力量，在淝水之战中发挥了决定性作用。正如王夫之所总结评论的：“荆、湘、江、广据江东之上流，地富兵强，东晋之立国倚此也。而权奸内逼，边防外匮，交受制焉，亦在于此。居轻而御重，枝强而干弱，是以权臣窥天而思窃，庸人席富以忘危，其不殆也鲜矣。上流之势，以趋建业也则易，王敦、桓温之所以莫能御也；以度楚塞争淮表也则难，舟楫之利困于平陆，守险之长诎于广野，庾亮、桓温之所以出而即溃也。谢安任桓冲于荆、江，而别使谢玄监江北军事，晋于是而有北府之兵，以重朝权，以图中原，一举而两得矣。安咏诗而取‘讦谟远猷’之句，是役也，可不谓谟猷之讦远者与？”③

三是以攻为守，保持战略主动。相比于前秦的庞大军队，晋军无疑是较弱一方。但在谢安的统一指挥下，晋军并没有采取据守长江的被动防御战略，而是以攻为守主动出击，保持战略主动权。早在淝水之战前，前秦就已派兵南下江淮，围攻沿线重镇。对此，东

---

① 《金明馆丛稿初编·述东晋王导之功业》，第68页。

② 《晋书》卷八十四《刘牢之传》。

③ 《读通鉴论》卷十四《孝武帝》。

晋并没有因实力较弱就退而避战，而是采取了以攻为守的战略。太元四年（379），前秦大军攻破襄阳后，进攻江淮地区，先后攻占盱眙、三阿（今江苏金湖县东南），直逼东晋江北重镇广陵，淮南之战爆发，晋室震动。在强敌压境的情况下，谢安深知守住江北淮河一线的重要性，因此在加强首都建康防御的同时，令谢玄率北府兵自广陵出兵应敌。“诏玄发三州人丁，遣彭城内史何谦游军淮泗，以为形援。”① 谢玄从广陵起兵，在白马、君川一线连战连捷，前秦军几乎全军覆没，大将“难等相率北走，仅以身免”②。可以说，淮南之战的胜利使晋军保持了江淮防御区域的完整性，提振了军心士气，为以后淝水的战略决战做了铺垫。太元八年（383）八月，前秦大军全面发动对东晋的战争。南下之初，前秦军队进展顺利，遂以为南方不堪一击。大军进至项城，先遣苻融等进颍口，梁成等屯洛涧。东晋以谢玄为先锋，与征虏将军谢石、辅国将军谢琰等统兵 8 万拒敌。谢玄先派遣刘牢之击破洛涧之敌。“玄先遣广陵相刘牢之五千人直指洛涧，即斩梁成及成弟云，步骑崩溃，争赴淮水。牢之纵兵追之，生擒坚伪将梁他、王显、梁悌、慕容屈氏等，收其军实。”③ 洛涧一役拉开了整个战役的大幕，东晋不仅控制住了重要的战略据点，也从士气上给前秦迎头一击。而这时的苻坚灭东晋心切，径率 8000 轻骑直趋寿阳，想靠强大的军事实力降服东晋，派朱序前往东晋劝降。朱序原为东晋防守襄阳的将领，襄阳失守时被俘。他心怀故国，到东晋后向谢石详细汇报了前秦军情况，建议趁前秦各路兵马还没有集中、主力未到达前线之时，迅速发起反攻，以挫其锐气。“若坚百万之众悉到，莫可与敌。及其未会，击之，可以得志。”④ 晋军接受了朱序的建议，转守为攻，速遣北府兵进至淝水。在两军对峙中，晋军更是利用前秦军队后撤造成的混乱局面，迅速发起进攻，坚决

---

① 《晋书》卷七十九《谢玄传》。
② 《晋书》卷七十九《谢玄传》。
③ 《晋书》卷七十九《谢玄传》。
④ 《晋书》卷八十一《朱序传》。

追击，扩大战果，最终赢得了这一影响历史进程的关键一战。

遗憾的是，东晋并没能趁此良机收复北方。因为晋军所长者为水军，作战虽无长途跋涉之苦，但过了淮水则是北方，水军难逞其长。所以南北双方就以淮水为界，旷日持久地相持，处于拉锯战的胶着状态。黄仁宇先生曾说："北人所擅长的骑兵战术，至此已无法做有效的发挥。南人所长为水军，不仅兵力以舟楫输送，能够争取战场的主动，而且将士无行军之劳，粮糈有速达之效。只是这种长处，也不能向北延伸使用。淝水之战时，双方受地形限制的情形，已见其端倪。"① 一直到200多年后的589年，隋文帝杨广才以北方统一南方，结束了这长期分裂割据的历史。

第五节　北魏统一北方的战略指导

经过十六国时期百余年的残酷厮杀，北方又渐渐呈现出了走向统一的趋势。最终完成这一历史任务的是鲜卑族拓跋部所建立的北魏王朝。

拓跋氏是鲜卑族的一支，曾乘西晋末年动乱建立代国，后为前秦所灭。前秦帝国瓦解后，拓跋珪纠合旧部，于登国元年（386）召开部落大会，称代王，恢复代国，同年又改称魏王。拓跋珪以盛乐（今内蒙古和林格尔西北土城子）为政治中心，向四周开疆拓土，北方许多游牧民族纷纷归附。当时北方割据诸国中最为强盛的是慕容垂建立的后燕。慕容垂见拓跋珪势力日益强大，为控制北方，便于北魏登国十年（395）派太子慕容宝率大军进攻北魏。拓跋珪鉴于后燕军队来势汹汹，采取了避敌锐气的战略，率部西渡黄河，避免与其交战。半年后，乘后燕军师老兵疲，突然回军千里奇袭后燕，在

① 黄仁宇：《赫逊河畔谈中国历史》，生活·读书·新知三联书店，1992年，第66页。

参合陂大败10万燕军。燕军损失惨重，慕容宝单骑逃脱，仅以身免。参合陂大捷后，拓跋珪继续挥师南下，迅速攻占后燕占据的河北、山西等广大地区。天兴元年（398），拓跋珪定都平城（今山西大同东北），称皇帝，正式定国号魏，史称北魏。拓跋珪死后，拓跋氏势力继续向周边扩张，其孙太武帝拓跋焘继位后，更是大刀阔斧地开展统一北方的战争，从始光三年（426）到太延五年（439）的十余年时间里，拓跋焘统率北魏大军先后攻灭夏国、北燕和北凉等割据政权，统一了北方，从而与南方的刘宋政权并立，形成了南北朝对峙的新格局。

北魏能够在较短的时间里剪灭多个政权，完成北方的统一，其高明的战略指导是重要因素。

一、制定“先北后南”的战略方针

拓跋焘继位时，虽然经过祖、父两代经营，北魏已成为北方的强国，但其国家安全问题依然非常严峻，南北两个方向都强敌环伺。

在南方，有日益强大的刘宋王朝。刘裕是南朝几个朝代中最有能力、有作为的皇帝。他建立刘宋王朝后，实行政治改革，稳定政权。其儿子刘义隆继位后，经过三十多年的休养生息，人力物力雄厚，拥有南朝以来最大的国土，其版图东起大海，南至两广，西至巴蜀，北达黄河以南，国力达到极盛。尤其是以刘宋为代表的南方，坚持恢复中原的理想，而恢复中原势必发起北伐战争，与北魏迎头相撞。

拓跋焘继位时，虽然经过两代经营，北魏已成为北方的强国，但整个北方还有大夏、北凉、北燕、柔然等多个势力。其中，北凉据有河西走廊一带，其创建者为匈奴人沮渠蒙逊，全盛时期攻占了武威、酒泉、西海（今内蒙古额济纳旗东南）、金城（今甘肃兰州西北）、西平（今青海西宁）、乐都（今青海海东市乐都区）等郡。在外交上，北凉与北魏为敌，对外结好西域，南则先后向东晋、刘宋称臣。在北魏的东面，有汉人冯跋建立的北燕，定都龙城（今辽宁朝阳），据有今辽宁的广大地区。北魏西境则隔黄河与大夏为敌。

大夏是匈奴人赫连勃勃建立的民族政权，全盛时占据今陕西、河套以及山西南部等广大地区。大夏拥有精锐骑兵十余万，军事实力强大，对北魏构成直接的威胁。在北魏的北方，则有强大的游牧民族柔然。柔然强盛时，据有东起大兴安岭，西越阿尔泰山，南至大漠，北到贝加尔湖以南的广大地区，且拥有数十万精锐骑兵，不时越漠侵扰。北魏被这些政权包围，战略环境可谓非常恶劣，如不能进行正确的战略统筹和指导，连国家安全稳定都难以保证，更无余力与南方的刘宋对峙。而要南下攻取中原，就得先统一北方。当时的现实情况是，北方虽然强邻环伺，但这些势力并未结成联盟，而是各自为战，互不统属。而南方的刘宋虽实力较强，不断声言北伐，但因为缺乏与北魏相抗衡的骑兵，其所谓的北伐往往是虚张声势，实际上还在于自保。正如拓跋焘的谋士崔浩指出的，南方的刘宋不过“先声动众，以备不虞”“止望固河自守，免死为幸，无北渡意也”①。

拓跋焘采取多项措施稳定社会和发展经济，如整顿税制，分配土地给贫人，安置流民等。此外，他任用崔浩等汉族知识分子为辅弼，加强与中原汉族地主的结合，推进北魏社会政治封建化的进程，同时发展军备，提高军队作战能力。一系列政治、经济改革，奠定了北魏强盛的基础，使得北魏的国力日益兴盛，为统一北方军事活动的展开创造了极为有利的条件。在汉族谋士崔浩等人的辅佐下，拓跋焘制定了先北后南，各个击破，然后依靠精锐的骑兵优势相机南下的战略方针。

二、精心选择打击目标

北魏统一北方之战，是在面临诸多对手、情况复杂多变的背景下开展的。北魏统治者战略指导的高明，在于能够审时度势，确定优先打击目标，选择最有利的时机和最可行的方向作为突破口。

因北方的柔然连年入境骚扰，拓跋焘于始光二年（425）亲率大

---

①《魏书》卷三十五《崔浩传》。

军五路并进北伐柔然。柔然见魏军来势凶猛，不与魏军接战，而是向北逃遁，拓跋焘无功而返。此后，关于以谁为优先打击对象，北魏内部争论不休。有的主张先伐北燕，有的主张先攻柔然。北方士族出身的崔浩则认为应先击夏国，理由是“赫连氏土地不过千里，政刑残虐，人神所弃，宜先伐之”①。夏立国关中，其统治者赫连勃勃暴虐无道，任意屠杀臣民，搞得“夷夏嚣然，人无生赖”，导致国力衰弱，民众离心，赫连昌继位后，局面更趋恶化，已濒临全面崩溃的边缘。进攻它既有取胜的条件，又可据有关中战略形胜之地，北魏先伐夏国，无疑是战略上正确的选择。而一旦打下北方诸国中兵力最为强悍的夏国，不仅可以解除心腹之患，而且能对其他割据政权造成极大的威慑。拓跋焘接受崔浩“天应人和，时会并集，不可失也”② 的建议，决定先置柔然于不顾，抓住有利时机，首先对大夏发动进攻。这样，统一北方的战争就迈出了最为关键的一步，并最终实现了各个击破的战略目标。

三、适时转移用兵方向，实施机动指挥

根据战略形势的变化，随时调整自己的进攻方略，是战争指导者必须重视的问题。拓跋焘统一战争战略指导的高明，还表现为能够根据形势的变化，做出必要的调整，确保自己的战略意图能够得以实施。

在北方的诸多对手中，北魏最强劲的敌人是大夏和柔然。大夏兵力强悍且处于北魏的腹心地带，柔然则是当时亚洲东北部最强大的游牧帝国，地处北魏北面，经常凭借其强悍的骑兵南下侵扰北魏边地，威胁北魏腹心之地云中（今内蒙古托克托东北）、平城（今山西大同东北）等地。可当魏军北伐时，柔然往往远遁大漠，而当北魏退军之后，柔然又会举兵南下。

拓跋焘在攻取大夏的统万城之后，已经基本聚歼了大夏的有生

① 《资治通鉴》卷一百二十《宋纪二》，文帝元嘉三年六月。

② 《魏书》卷三十五《崔浩传》。

力量，大夏的灭亡指日可待。这时，柔然的不断南下侵扰就上升为主要威胁，于是拓跋焘及时做出决定，暂停攻灭夏国的战争，转而挥师北上，大规模反击柔然，在基本上解决了北方的边患之后，再重新回头收拾夏国的残余力量。这种因形势需要进行的战略调整收到了很好的效果，从中也可看出拓跋焘战略指挥的务实性与灵活性。神䴥二年（429），拓跋焘以太尉长孙嵩、卫尉楼伏连留守京师平城，而自率大军从东道向黑山（今内蒙古和林格尔附近），命平阳王长孙翰率军从西道向大娥山（今内蒙古托克托一带），两路夹击，向柔然王庭（今蒙古国哈拉和林西北）突然做向心攻击。柔然毫无准备，被魏军突袭后仓皇四散逃窜，拓跋焘命众追击，俘敌无数。经此一役，柔然元气大伤，国势日衰，最后被迫臣服北魏。

拓跋焘在统一北方的战争中，对付的主要是游牧民族政权。游牧民族战法上的最大特点是灵活机动，所以拓跋焘针对不同的作战对象，依靠精锐骑兵；或轻骑急进，进行闪电般的突袭战；或佯示虚弱，诱敌深入，调动敌人脱离坚城进行野外会战；或穷追不舍，大打歼灭战，以至每战必克。

拓跋焘统一北方，由此结束了五胡十六国的纷乱局面。

第六节　北周统一北方的战略指导

北魏自孝文帝迁都洛阳后，汉化的鲜卑贵族上层很快腐化，导致鲜卑族内部，以及鲜卑族与其他民族之间矛盾激化，爆发了六镇起义等各族人民大起义。在镇压各地起义的过程中，地方军阀崛起，导致北魏分裂为东魏、西魏。东魏和西魏为了吞并对方，互相争战。到了东魏武定八年（550），大将军高洋废掉东魏主，自称齐皇帝，建立了北齐政权。而在西魏，权臣宇文泰也趁机篡位，称帝建立北周。这样，北方形成了北齐、北周东西对峙的局面。最终，在周武帝宇文邕的统领下，北周在短短 3 年时间里就伐灭北齐，统一了北方。

一、奠定统一战争的政治经济基础

周武帝执政后，面对西弱东强的现实，励精图治，成功实施了一系列政治经济改革。政治上，周武帝注重严明法纪，整顿吏治，史称他“用法严整，多所罪杀。号令恳恻，唯属意于政。群下畏服，莫不肃然”①。在发展社会经济方面，周武帝继续推行宇文泰时期制定的均田制，巩固和扩大国家的经济基础，并注意兴修水利，发展农业。周武帝之前，西魏、北周的统治者为支持长期战争，经常把战俘和被征服地区的平民作为奴隶，分赐贵族大臣，如宇文泰取得梁朝的四川后，就大量将四川民众迁往关中；夺取江陵后，又将江陵城内和城郊的十余万人全部俘虏入关，分赐给当时关陇集团的贵族作为奴婢。周武帝即位后，前后五次下诏释放官、私奴婢，将这些奴婢纳入各地户口，地位等同编户齐民，这就解放了生产力，对于削弱奴隶制残余，发展封建生产关系非常有利。此外，周武帝还下令禁断佛道。当时北周寺院万余所，僧侣人数约一百万，占政府编户人口的大约十分之一。僧侣人数众多又不纳税，严重影响政府的财政收入，同时相应地加重了编户齐民的负担，也影响兵员征集。建德三年（574），周武帝下令废佛，把关、陇、梁、益、荆、襄地区几百年来僧侣地主的寺院、土地、铜像全部没收，增加国家的财富，作为伐齐的军费，近百万僧侣还俗成为国家编户齐民，大大增加了从事农业生产的人口。

二、改革兵制，壮大军事力量

府兵制创设于宇文泰时期。宇文泰领导了以武川镇军官为骨干的贺拔岳军团，据有关陇地区，但关陇一带的人力物力远不及北齐高欢占据的华北平原富庶。为与北齐和南方的陈朝相抗衡，“宇文泰除了在军事方面创置府兵来提高自己军队的战斗力和贯彻执行汉化

---

① 《周书》卷六《武帝纪下》。

政策以外，在统治阶级内部，还须加强团结关陇地区及河东地区世族大地主的工作，结成关陇统治阶级的联合阵线，俾与雄据山东的高欢和偏安江南的萧衍争一日之长”①。经过宇文泰的改革，鲜卑、汉族统治阶级的民族界限逐渐淡化。周武帝亲政后，更在军事上采取一系列改革措施，加强君主集权，扩大府兵来源。一方面，周武帝吸收均田制下的广大汉族农民充当府兵，扩充府兵力量；另一方面，消灭僧侣地主在经济上的势力，没收许多寺院财产和土地，而还俗的僧侣，年龄达到服兵役要求的，则编入府兵，进一步扩大了府兵来源，从而建设了一支规模达数十万人且战斗力很强的府兵队伍。除了扩大府兵的规模，周武帝还加强整军练武，以“蓄锐养威”，进行战争准备。

三、灵活运用外交手段扩展同盟

周武帝时期，与北周并立的势力，北方有强大的突厥，东方有北齐，南方有陈霸先建立的陈朝。为了实现伐齐统一北方这个最重要的战略目标，周武帝采取了灵活的外交策略。一是北与突厥和亲。突厥生活在大漠以北，逐水草游牧，富于马匹，全民皆兵，骁勇善战，军事实力远远强于中原各个势力，当时已建立纵贯大漠南北的游牧帝国。当时的北周、北齐都想联络突厥为自己的外援，并为此竞相讨好突厥。保定三年（563），北周与突厥实现和亲，周武帝迎娶突厥女为皇后，并每年“给缯絮锦彩十万段。突厥在京师者，又待以优礼，衣锦食肉者，常以千数”②，从而形成了与突厥联兵伐齐的战略态势。二是与陈朝结盟。侯景之乱后，梁元气大伤，乱作一团，北周之前的西魏统治者利用梁内讧的机会各个击破，将长江中上游地区纳入势力范围，只剩下江南的陈朝与西魏隔长江对峙。周武帝亲政后，通过灵活的外交手段，与陈朝化干戈为玉帛，约以联合攻齐，瓜分北齐之地。伐齐之前，周武帝还诱使陈朝进兵淮南牵

---

① 《魏晋南北朝史》，第 581 页。

② 《周书》卷五十《突厥传》。

制北齐，从而形成夹击之势，使北齐两面受敌，难以应付。三是对于北齐，周武帝派使者与其通好，一方面了解北齐国内虚实，另一方面在战略上麻痹北齐，“使彼懈而无备”①，以便观衅而动。建德四年（575），周武帝北和突厥、南联陈朝的战略方针实现后，决定大举伐齐，并为此增加边镇防卫。北齐也针锋相对加强边境防御。大臣于翼建议说：“且疆埸相侵，互有胜败，徒损兵储，非策之上者。不若解边严，减戍防，继好息民，敬等来者。彼必（善）[喜]于通和，懈而少备，然后出其不意，一举而山东可图。”② 周武帝依计而行，表面上仍坚持与北齐搞好关系，暗中进行大举出击的准备，以攻其不备。

四、根据实际调整作战方略

周武帝稳定内部政局后，立即着手伐齐统一北方的战争。这时，北周名将韦孝宽就如何开展伐齐统一北方的战争，向周武帝提出上中下三策。其一策认为，伐齐应立即乘隙而进，尤其在陈已攻取北齐淮南之地的情况下，北周如乘势进军，确实是一大良机。其二策认为，如果想从长计议，不立即进军，则可在与齐交界处广设屯田，与陈联合分其兵势，以逸待劳。而北齐由于政治混乱，政出多门，灭亡是早晚的事，待机而发可一战成功。其三策认为，如果周武帝欲持重待机，则可保持目前相持之势，外与北齐通好，内则养精蓄锐，强盛国势，“长策远驭，坐自兼并也”③。周武帝读了韦孝宽的三策，又问计于开府伊娄谦，伊娄谦认为，北齐已经“上下离心，道路仄目”④，正是用兵之时。武帝综合了于翼、韦孝宽、伊娄谦等人的意见，先派小司寇元伟与伊娄谦持重金出使北齐，以观动静，并麻痹对方。同时，一些大臣曾反对以洛阳为进攻目标的作战方案，

---

① 《资治通鉴》卷一百七十二《陈纪六》，宣帝太建七年二月。
② 《周书》卷三十《于翼传》。
③ 《周书》卷三十一《韦孝宽传》。
④ 《隋书》卷五十四《伊娄谦传》。

理由是，洛阳及其周边是北齐防守重点，重兵聚集，又当四冲之地，敌方救援方便，易守难攻，如全力攻围，势必顿兵坚城之下，所以他们劝周武帝不要正面进攻洛阳，最好是出奇兵从侧面绕道，突袭北齐腹心要地晋州（治平阳，今山西临汾），因为晋州一带既是北齐防线的要害之地，又是其防守薄弱之处，可以出其不意，一战而定。所谓“河南洛阳，四面受敌，纵得，不可以守。请从河北直指太原，倾其巢穴，可一举以定”①。

建德四年（575）七月，周武帝调遣十八万大军发动灭齐之战。大军以洛阳为目标，沿黄河两岸数路并进：齐王宇文宪率众二万直趋黎阳（治今河南浚县东）；随国公杨坚等率舟师三万自渭水入黄河，顺流而下；周武帝亲率六万大军直指河阴（治今河南孟津东北）以威胁洛阳；常山公于翼率众二万出陈、汝；梁国公侯莫陈芮率众二万奔太行道（即太行陉，在今河南沁阳市西北）；申国公李穆率众三万守河阳（治今河南孟州市西）道，以牵制和阻击北齐各路援军。八月，周武帝所率主力攻破河阴外城，北齐军退入内城固守。齐王宇文宪率领的北周军前锋也攻占今河南孟津，进围洛口（洛水入黄河处，今河南巩义市东北）东、西二城。周武帝于是挥军进围洛阳城，但久攻不克。同时，北周军队在攻克河阳南城②后，进攻河阳北城二十余天未下。到了九月，北齐右丞相高阿那肱率大军从太原南下救援洛阳，周武帝鉴于金墉（为当时洛阳城西北角上一小城）城坚难下，加之突然生病，立即改变原来的作战方案，下令退兵，撤军西还。

建德五年（576），周武帝决定再度出兵伐齐。出兵之前，周武帝一方面进一步了解了北齐的虚实，坚定灭齐的决心；另一方面，汲取第一次伐齐无功而返的教训，广泛听取大臣们的建议，合理地调整作战方案，改以晋州为攻击目标，并做周密部署。晋州为北齐

---

① 《北史》卷七十五《赵煚传》。

② 河阳有南、北、中三城，分别建于河桥（在今河南孟州市西南、孟津东北黄河上）桥南、桥北及河中洲上，为洛阳外围戍守要地。

重镇，地当晋阳（今山西太原西南）、洛阳之间。攻击晋州，可以扼其咽喉，攻其必救，歼灭北齐救援晋州之军，然后可以乘胜东进，直指北齐都城邺城。十月初，周武帝亲率步骑十四万五千人，直指平阳（今山西临汾西南）。十月下旬，北周军主力进抵平阳城下，面临北周大军压境而北齐又无援军的窘境，北齐晋州守将只得出降，北周军当夜即进入平阳，俘获北齐平阳城主等八千人，为进军晋阳打开了大门。攻下平阳后，周武帝一面命宇文宪率精兵二万沿汾水河谷向北挺进，攻下洪洞（今山西洪洞县北）、永安（今山西霍州），一面派柱国宇文盛率步骑一万到达汾水关（今山西灵石县西南汾河东岸），配合北进，威胁晋阳。在北周军凌厉的攻势下，北齐后主高纬不得不统率主力十万余出救平阳。鉴于北齐军来势凶猛，周武帝命梁士彦为晋州刺史，留精兵一万守平阳城，自率六军退到玉壁（今山西稷山西南），并命宇文宪的部队也向南撤退到玉壁附近。为迷惑齐军，周武帝还率军返回长安住了三天，发布诏书重申伐齐决心。十二月，周武帝突然回到汾水前线。北齐军主力到达平阳城下后，昼夜攻城。梁士彦苦守，北齐十万大军顿兵平阳城下达一个多月，师老兵疲。周武帝见齐军主力消耗严重，亲率八万主力在平阳城南与北齐主力决战，取得平阳大捷，北齐“军资甲仗，数百里间，委弃山积”①。平阳大捷后，周武帝命诸将乘胜追击齐军，兵锋直指晋阳，齐后主留下大臣守晋阳，自己率亲近逃回邺城。结果他一出晋阳，臣下纷纷投降北周。周武帝攻下晋阳后，又率大军自晋阳南下进围邺城，齐后主知道大势已去，把皇位禅让给八岁的儿子高恒，自己称太上皇，准备逃到南朝。次年，北周军攻克邺城，逃奔中的齐后主被北周追兵俘虏，北齐自王公以下皆降，各地州郡纷纷归附北周，北周很快平定了北齐全境，统一了整个北方。

周武帝灭北齐后，为了实现灭陈统一全国的目标，采取了一系列积极措施稳定北方。首先是废除北齐的苛政，与民休养生息，并大力招徕原北齐统治地区的士人，将北周的法律推行于北齐旧地。

---

① 《周书》卷六《武帝纪下》。

同时，南方的陈朝已呈衰弱之势。当周武帝联陈伐齐时，陈派大将吴明彻进兵取淮南。周武帝灭齐之后，立即派大军伐陈，夺得淮南之地，擒获陈大将吴明彻，消灭陈军主力三万多人。至此，北周的疆域，南抵长江沿岸，不仅据有长江以北广大地区，而且包括了长江中上游各地（湖北、四川），从北、西两个战略方向对陈朝形成包围，使陈朝无力与北周对抗，完全处于被动境地，北强南弱的形势已成定局。此后，周武帝又决定向北用兵，解决突厥对国家的威胁，“平突厥、定江南”，实现“天下一统”①。宣政元年（578）五月，周武帝征发各路大军，以柱国姬愿、东平公宇文神举为统帅，分五路北伐突厥，但到了月底，周武帝突然病重，北伐之事遂作罢。六月初，周武帝病逝。虽然继位的周宣帝残暴荒淫，碌碌无为，但后来外戚杨坚夺权后沿袭西魏以来的政策，继续增强国力，终于实现了周武帝统一全国的宏愿。

第七节　三国两晋南北朝时期统一战争的基本经验

统一战争是这一历史时期兵学发展的内在动力和特征，为后世留下了许多值得借鉴的宝贵经验。

首先是发展经济实力，为统一战争奠定坚实的基础。当时的统一战略实施者都把发展社会生产、增强经济实力作为从事统一战争的基本前提。如从曹操开始兴起的屯田制，一直为汉族统治政权所沿用，解决了军粮无着的问题，更厚植国力，奠定了统一战争的经济基础。而蜀汉为了“北定中原”，首先“五月渡泸，深入不毛”，平定南中地区的叛乱，然后又发展生产，整备兵甲，积蓄力量，等待时机，“欲以长策取胜，坐定天下”。北方少数民族入主中原后，也多吸纳汉族有识之士加入政权的统治和管理，实现清明政治，发

---

① 《周书》卷六《武帝纪下》。

展农业生产，稳定社会秩序。

其次是争取政治优势，为统一创造积极条件。一是克服国家统一问题上的意见分歧，达成内部的思想统一。如魏灭蜀、西晋灭吴前夕，司马昭与晋武帝司马炎均发布诏令晓谕众臣，申明兴师伐敌、完成统一的必要性，同时采纳钟会、张华、羊祜、杜预等人出兵攻伐的正确主张，拒绝了贾充、荀勖等重臣的反对意见，及时发动灭蜀、灭吴之役，实现统一全国的战略目标。二是集思广益，鼓励臣下为统一大业献计献策，择善而从。如西晋制定灭吴统一全国的战略方针，是晋武帝采纳羊祜的上疏、杜预数次表奏、王濬的上疏以及张华进言的结果。其基本内容依据的是羊祜上疏的建议，整个作战方案则是经过羊祜、杜预、王濬、张华等人近三年时间的研讨方才形成。三是积极发动对敌方的政治攻势，瓦解敌方的军心士气，争取敌方民众的理解与支持，为统一战争扫清障碍。这一时期统一战争的战略目标都是明确而公开的，即所谓“吊民伐罪”“混一天下”。如三国时期，蜀汉在平定南方以后，诸葛亮在《出师表》中提出了王业不偏安，当奖率三军，北定中原的主张。又如西晋发动灭吴之役前夕，重臣羊祜、杜预上疏奏表请求发兵，就正式提出宜当时定，以一四海，并宣布以孙皓为首的东吴政权荒淫凶逆，荆扬贤愚无不怨嗟，为顺利进军创造条件。因为统一已成为当时政治家公认的最高政治理念，也是一般社会民众的政治共识，“偏安”是不被认同的，所以进行统一战争总是名正言顺，具有号召力的。同时推行怀柔政策，抚恤、帮助敌方民众以争取人心。如西晋羊祜在镇守荆州期间，在处理与吴人关系上，“开布大信”，主动采取怀柔之策，争取到吴人的归附拥戴，为日后进兵做了很好的铺垫。又如杨坚，对于隋军所捕获的陈朝间谍，坚持采取优容感化政策，一律放归江南，既笼络人心，又利用他们传播隋军的声威，动摇陈朝的民心士气。

最后是发展对抗兵种，为统一创造军事条件。根据统一战争的需要，有重点地配置军事资源，发展主力兵种。当时的统一战争大多是自北向南进行，战场一般集中在淮河、长江一带，那里江河湖泊众多，决定了不适宜动用骑兵作战，而必须主要依赖水师突破江河险阻。因此，统一战争的指导者普遍把建造战船、建设水师、提高江河作战能力作为军事准备的重点来抓。如西晋王朝为统一全国，针对吴军水师实力较强且依赖长江天险的实情，致力于发展水军。晋武帝采纳羊祜的建议，委任王濬在蜀地修造各类战舰，训练士卒，终于组建起一支强大的水师，在灭吴战争中发挥了关键性的作用。

第八章　军事地理格局的重大演变

军事活动都要在特定的时空进行，必然受地理空间的较大影响。具体体现在两个方面：一是自然地理的状态，如山脉、沙漠、戈壁和江河的屏障，要道、隘口的阻隔；二是人造地理状态，如军事要塞的修建，军事工程的构筑。大体上，中国古代军事地理主要存在三种对立关系，即整体上以三面自然地理隔绝为依托的中原地区和周边地区的关系，早期以四关之中的关中险要地势为界的东西分立关系，以及以长江、淮河流域为险阻的南北对峙关系。同时，中国古代的军事地理格局受多重因素的影响和制约，区域经济的不平衡发展、军事政治权力的转移，以及人口的大规模流动等，都会对军事地理格局产生巨大推力。而军事地理格局的转换，也会反过来影响区域经济发展、军事政治实力转换、社会稳定和人口迁徙等。自公元前221年秦始皇灭六国实现统一后，中国军事地理结束了以函谷关为分野，东西对立的格局，更多地呈现出中央王朝以四周山脉、沙漠、河流和高原为屏障，外御游牧民族的“中央—周边”模式。三国时期，曹魏对北方的重新统一，孙吴在长江中下游的长期经营和蜀汉政权在西南的大开发，造成了三大区域在地理空间上的平行发展，这是三国局面得以维持的重要原因。但总体而言，这一时期北方经济还是要超过南方的，更非西南新开发地区所可比拟，因此西晋能够由北方而统一全国。然而，西晋政权内部早已形成不同的权贵集团，内部矛盾愈演愈烈，终于酿成统治阶级内部分裂的“八王之乱”。而随着西晋的内部分裂和对周边地区控制减弱，少数民族很轻易就突破了军事地理上的限制，纷纷入主中原，形成了东晋和北方少数民族政权间的南北分裂，长江和淮河流域成为南北双方对峙的战略线。这一局面一直持续到南北朝时期，由此中国军事地理格局由东西分立向南北对峙转换，并根据政治和军事斗争的需要，形成了若干军事重镇、战略要点和战略孔道。

第一节　三国时期之前的中国军事地理空间

冷兵器时代，军事地理的作用至关重要，往往决定着军事历史的走势和政治、军事斗争的成败。就中国军事地理的特征而言，其大体呈西高东低的走势，三面为陆地，东面环海洋，西部、南部为高山峻岭所屏障，北部为沙漠和山脉所隔绝，因此中华文化早期在黄河流域发展孕育，具有非常优越的地缘结构。有学者将中国军事地理格局比作一个有中央腹地、四角和四边的围棋盘，在这个不规范的围棋盘上，关中、河北、东南和四川分处四角，山西、山东、湖北和汉中是其四边，中原处四方之中，可以合天下之全势。① 而在这个近似围棋盘的地理格局中，各主要政治力量和军事集团持续了上千年的杀伐征战，也使中国古代兵学文化呈绵延不绝之势。

一、以黄河流域为地缘战略重心

中华民族早期的发源地在黄河流域。因有利的气候、土壤和水源，黄河流域成为古代中国经济文化最发达的地区，早期的军事强国主要分布在黄河中下游和上游。夏朝早期主要在黄河中游，即今山西中南部黄河和汾水区域，后向东南方向迁移，到达了黄河的重要支流伊河、洛河流域。就军事而言，夏朝是处于古代部落联盟向王朝国家过渡的阶段，建立起了原始的奴隶兵制，对集中指挥也有了严格的要求，如甘之战前的“甘誓”，就提出“用命，赏于祖。

① 参见《布局天下：中国古代军事地理大势》，第1页。

弗用命，戮于社。予则孥戮汝”①。根据史书和考古发掘双重考证，相比于夏朝存在的一些争议，商朝的统治历史基本上是可信的。商朝的统治范围大体在黄河的下游，即今河南、河北和山东范围内，末年才向淮河流域扩展。随后的周朝起于关中②，后向东迁移。周武王灭商后，开始分封诸侯国，到成王时，所封的诸侯国“其范围大致北起燕山，南至长江中下游，西起关中盆地的西缘，东至山东半岛中北部”③，基本上包括了中原地区。整体上，夏商周三代都处于邦国林立、小国寡民的状态，各国人口有限，军队数量不多。作战方式以车战和步战为主，主要使用青铜和石制兵器。在安阳殷墟发掘的小屯 C 区 M20 车马坑中发现了一辆四马战车和车上乘员的武器，包括青铜弓矢，箭的镞头有青铜质和石质两种。④ 因军队数量不过几万人，机动能力不强，对军队的控制和对地理空间的利用非常有限，所以交战双方都力避将有限的军力投入到复杂地形。如夏启讨伐有扈氏的甘之战、商灭夏的鸣条之战和武王伐纣的牧野之战，都距离都城不远，持续时间很短，且一战而灭人邦国。“所以在春秋以前的战争里，并没有出现两军长期对峙争夺的枢纽区域。”⑤

到了春秋战国时期，生产力有了较大发展，人口规模持续增加，各国军队数量较以往有了较大增长，秦国和楚国这样的强国兵力已近百万众，燕、齐、赵、韩、魏等大国也在五十万上下。技术方面，冶铁的进步和铁质兵器的使用，使得作战方式和范围不同于以往。这一时期，步战和骑战越来越频繁，作战范围也不再局限于适合车

---

① 曾运乾注，黄曙辉校点：《尚书·甘誓》，上海古籍出版社，2015 年。

② 关中是指陕西秦岭北麓渭河冲积平原一带，以地处四关之中而得名，其东为函谷关，南为武关，西面散关，北面萧关，加上陕北高原和秦岭山脉的屏障，以险要闻名，为历代兵家必争之地。

③ 葛剑雄：《统一与分裂：中国历史的启示》，商务印书馆，2013 年，第 29 页。

④ 参见杨泓：《中国古兵器论丛》（增订本），文物出版社，1985 年，第 83—84 页。

⑤ 宋杰：《中国古代战争的地理枢纽》，中国社会科学出版社，2009 年，第 10 页。

战的平坦开阔地形，而是向山林、河道和丘陵等地扩展。在大规模对抗和大范围作战中，如何利用地形来扩大进攻或增强防御，已经成为将帅考虑的重要问题。因此，这一时期的兵书对地理空间的利用多有阐述，如孙武在十三篇中就专列《九地篇》讨论作战中的地形问题。吴起在《论将》中提出“路狭道险，名山大塞，十夫所守，千夫不过，是谓地机”①，并在《应变》中详细阐述了各种地形条件下的作战方法和应变策略。但受当时技术条件限制，无论是青铜兵器还是铁质兵器，都适合野战杀伤，对凭借坚固的城池营垒据守之敌往往无可奈何，因此孙子认为上兵伐谋，其下攻城，“攻城之法，为不得已。修橹轒辒，具器械，三月而后成；距闉，又三月而后已。将不胜其忿而蚁附之，杀士三分之一，而城不拔者，此攻之灾也”②。由此可见，筑城防守成为一种有效的作战形式，在主要经济区、战略要冲和枢纽地带定都或修筑城池营垒愈发普遍。特别是到了战国后期，齐、楚、燕、秦等国在长期的争霸战争中脱颖而出，其国力不断增强，随着控制范围的扩大和军事辐射能力的延展，对地理空间的占有和利用越来越广泛。与各国相互征战的常态化和激烈化相伴生，险要地形和通道的地位、作用日趋凸显。如关中的东门户函谷关因其“路在谷中，深险如函”而成为东西分野的标志。函谷关以西的秦国凭借崤山、函谷关易守难攻的地理优势，与关东诸侯国展开了长期抗衡，并取得最终的胜利。

二、以关中为阻隔的东西格局

秦国以关中起家，占据地利之便，加之商鞅变法后国力日强，最终得以在与战国几大雄主的较量中成就霸业。贾谊就说，“秦孝公据殽函之固，拥雍州之地，君臣固守，以窥周室。有席卷天下，包举宇内，囊括四海之意，并吞八荒之心。当是时也，商君佐之，内

① 《吴子》卷下《论将》，《中国兵书集成》编委会：《中国兵书集成》第一册，解放军出版社、辽沈书社，1987年。

② 《十一家注孙子校理》卷上《谋攻篇》。

立法度，务耕织，修守战之备；外连衡而斗诸侯。于是秦人拱手而取西河之外”①。而其他六国的都城郢都、临淄、新郑、大梁、邯郸和蓟等也都是建立在可以带动和辐射周边的重要地域。秦始皇灭六国实现统一后，将都城放在了咸阳。后继者刘邦建立的西汉短暂定都洛阳后，又将都城西迁长安，这既适应了军事地理的客观实际，也促成了东西对立格局的固化。“秦朝与西汉时期建都于咸阳、长安，把国土划分为两大部分，其一是京师所在的‘山西’、‘关西’，或称‘关中’；其二是关外的‘山东’，或称为‘关东’。”② 地理形势上，洛阳位于伊洛盆地西端，地势西高东低，东往吴越，南下荆襄，西抵陇蜀，北达燕赵，通会四方。具体而言，洛阳东控虎牢，西扼崤函，南据龙门，北面黄河，四周山河拱卫，形成了很好的战略屏障。境内有黄河、洛河、伊河、涧河、汝河等水系，适于农业耕作灌溉，且地势较高，能防范黄河泛滥的风险。另外，洛阳相比于长安，虽然更便于向东部发展和控制四边，但其地幅狭小，也容易遭受各方的军事威胁，因此统治者会根据政治、经济、军事形势和时局变化，在洛阳与长安之间做出选择。如汉末董卓专摄朝政，遭到关东诸侯的联合讨伐，知洛阳不易镇守，遂烧宫室，挟持天子西迁长安。

三国以前，北方的战略枢纽区域经历了一个形成和转换的过程。夏商时期，政治军事重心在黄河中下游的今河南中东部和山东地区。后关中平原得到了开发，周人兴起，军事地理重心又由伊河、洛河流域向黄河上游的泾水、渭水区域转换，周朝统治者在洛邑建都经营，辐射控制周边。春秋战国时期，军事战略枢纽地区经历了一个由点的控制向面的扩展的转变，控制地区由平原延展到山区。豫西走廊成为东西对峙的主要战场，其地域以洛阳为中心，西至潼关，东到荥阳，北抵黄河流域，向南则达南阳盆地。“东西对抗的军事格

① 《史记》卷四十八《陈涉世家》。

② 宋杰：《三国兵争要地与攻守战略研究》（上册），中华书局，2019 年，第 23 页。

局和豫西的首要战略地位延续到东汉，以汉末董卓集团与关东诸侯联军的战争为尾声而暂告结束。”①

第二节 三国时期地理上的大分裂与区域枢纽的形成

根据战争的地域特点和兵家的地理认识，三国时期可以划分为中原争雄和南北对峙两大阶段。其间，整体上呈现国家分裂，北方、长江下游和益州三个区域平行发展的特点。首先是北方战乱，人口锐减，城镇荒芜，关中地区破坏非常严重。曹操虽统一了北方，但实力大打折扣，北方的恢复需要一个长期的过程。其次是随着孙氏父子开拓江东建立基业，长江中下游的战略地位越发重要，孙氏凭借江河险阻和水战便利几乎可以与北方相抗衡，江淮和江汉地带的战略重要性不断上升。“吴楚之民脆弱寡能，英才大贤不出其土，比技量力，不足与中国相抗，然自上世以来常为中国患者，盖以江汉为池，舟楫为用，利则陆钞，不利则入水，攻之道远，中国之长技无所用之也。”② 最后是刘备在长江上游的巴蜀站稳脚跟建立政权后，益州及周边地区得到了大开发，并凭借秦岭和关隘拒敌于外，支撑起了一个独立政权。从军事地理角度来看，曹魏在与蜀吴两国的长期对峙中，其边界东起广陵（今江苏扬州西北），西至陇西，绵延数千公里。在对峙中，各方互有攻防，但都是以几大军事重镇和要道为中枢，辐射周边，做以点带面的防御。在倚仗坚城要地固守的同时，耗敌军力补给，断其粮草供应，阻其归路，迫其退兵，是常见的战略战术。如嘉禾三年（234），孙权进巢湖口，欲攻合肥新城，入淮河、沔水，来势汹汹，魏明帝曹叡却认为守住合肥新城，

① 《中国古代战争的地理枢纽》，第13页。

② 《三国志》卷四《三少帝纪》注引《汉晋春秋》。

孙权必退。“昔汉光武遣兵县据略阳，终以破隗嚣，先帝东置合肥，南守襄阳，西固祁山，贼来辄破于三城之下者，地有所必争也。纵权攻新城，必不能拔。敕诸将坚守，吾将自往征之，比至，恐权走也。”① 这充分体现了兵家对当时战略形势的认识和对地理空间的利用。

一、北方军事地理重心由邺城转向许、洛

东汉末年的长期战乱，造成中央政府式微，中原地区的经济、社会遭受根本性的破坏，豫西地区作为传统军事政治重心的地位陡降。曹操于官渡一役击败袁绍，统一北方，将汉朝旧有领土的一大半系归麾下，在地理空间上建立起巨大的优势，为孙刘两家所恐惧，这也是引发两者联合抗曹的根本原因。诚如诸葛恪所说，“昔秦但得关西耳，尚以并吞六国，今贼皆得秦、赵、韩、魏、燕、齐九州之地，地悉戎马之乡，士林之薮。今以魏比古之秦，土地数倍；以吴与蜀比古六国，不能半之”②。然就军事地理重要性而言，这时较秦汉又有了较大变化。即使到了魏明帝曹叡时，从杜恕要求务本节用以安民事的上疏中，可略观其一二。“今大魏奄有十州之地，而承丧乱之弊，计其户口不如往昔一州之民，然而二方僭逆，北虏未宾，三边遘难，绕天略匝；所以统一州之民，经营九州之地，其为艰难，譬策羸马以取道里，岂可不加意爱惜其力哉?”③ 由此导致的结果就是“今荆、扬、青、徐、幽、并、雍、凉缘边诸州皆有兵矣，其所恃内充府库外制四夷者，惟兖、豫、司、冀而已”④。整个北方真正能够供给物资兵源的，唯有兖州、豫州、司州和冀州而已，这四州因其资源产出成为北方军事的重要战略支撑。其中，兖州为古九州之一，介于黄河与济水间，大体上在今山东西部、河北南部及河南

---

① 《三国志》卷三《明帝纪》。

② 《三国志》卷六十四《诸葛恪传》。

③ 《三国志》卷十六《杜恕传》。

④ 《三国志》卷十六《杜恕传》。

东北部，治陈留、东郡、济阴、山阳、任成、东平、济北和泰山八郡[①]，治所在昌邑（今山东巨野东南）。汉献帝初平年间，曹操镇压黄巾军起义后，即在与吕布和袁绍的激烈争夺中占得兖州，并以此为根据地进占豫州。

豫州在三国以前，就是传统的政治经济中心。三国时期，豫州共治颍川、襄城、汝南、弋阳、梁国、陈郡、沛国、谯郡、鲁郡和安丰等十郡[②]，是曹操着力恢复发展的地区。曹操任用枣祗招募百姓搞屯田制，对颍川郡经济的恢复起到了直接的作用。后来曹操之所以挟持汉献帝迁都许昌，正是因为地区经济已经有了一定的基础，可以支撑皇室政权的存在。司州又名司隶，治河南、原武、弘农、河东、平阳、河内和野王七郡[③]，包括今陕西中部、山西西南部和河南中部地区。司州作为北方统治者庇护西南地区的屏障，所临江河险要地势较多，是中原政权对抗外部威胁的主要防线。如果说兖州是曹操起兵创业的早期根据地，冀州则是曹操的立国之本。在《尚书・禹贡》中，冀州是九州之首，属北方枢纽地带，“带甲百万，谷支十年”[④]，早年为袁绍经营之地。袁绍与董卓反目后逃奔冀州，被拜为渤海太守，并从韩馥手里得到了冀州。这时沮授建议袁绍以渤海和冀州为根基，讨伐四方，号令天下。“济河而北，则渤海稽首。振一郡之卒，撮冀州之众，威震河朔，名重天下。虽黄巾猾乱，黑山跋扈，举军东向，则青州可定；还讨黑山，则张燕可灭；回众北首，则公孙必丧；震胁戎狄，则匈奴必从。横大河之北，合四州之地，收英雄之才，拥百万之众，迎大驾于西京，复宗庙于洛邑，号令天下，以讨未复，以此争锋，谁能敌之？比及数年，此功不难。”[⑤] 从沮授的分析可见，冀州北临幽州，东向青州，南凭济

---

① 参见顾颉刚、史念海：《中国疆域沿革史》，商务印书馆，1999 年，第 94 页。

② 参见《中国疆域沿革史》，第 94 页。

③ 参见《中国疆域沿革史》，第 94 页。

④ 《三国志》卷六《袁绍传》。

⑤ 《三国志》卷六《袁绍传》。

水，是军事核心地区。建安十八年（213）五月，汉献帝使御史大夫郗虑持节策命曹操为魏公，以冀州十郡封之。“今以冀州之河东、河内、魏郡、赵国、中山、常山、巨鹿、安平、甘陵、平原凡十郡，封君为魏公。”①

总体上看，随着三国时期经济、政治和军事形势的发展，北方军事地理重心也经历了一个变迁的过程。由于曹操在许昌地区搞屯田制，使得黄河地区的恢复较快，经济、政治重心由传统的冀州、邺城转向黄河地区的许昌、洛阳等河南中西部地区。而后，随着魏蜀吴三国对峙的持续，战线南移，军事对抗线由黄河向长江流域推进，许昌和洛阳地区成为曹魏政权南下和西进的战略后方，曹魏以此为军事地理中心沿黄河向南、向西和向东各个方向延展。

二、荆襄地区成为各方争夺的焦点

三国时期，中国地理出现南北割据、东西相争的局面。魏蜀吴三国围绕长江一线展开长期对峙，荆州、扬州和益州的地位凸显。荆州由于地处长江中游，有联络东西水上交通、隔绝南北地理屏障之作用，成为各方争夺的焦点，长江在中国军事地理中的独特地位也是从这一时期开始形成的。襄阳、樊城作为荆州的门户，成为三国斗争的焦点，也是魏晋南北朝时期用兵最多、争夺最激烈的地域。荆州处长江中游，以湖北南漳县西的荆山而得名。东汉末年，荆州领南阳、南郡、江夏、长沙、桂阳、武陵、零陵和章陵八郡。从军事地理格局上看，荆州位于长江水道中游，东连下游的扬州，南隔衡山和五岭，北抵伏牛山脉，西面则是上游的巫峡和汉中地区，是连接江汉平原和南阳盆地的要冲，起沟通南北、承载东西的重要枢纽作用。在与北方的交通联通上，从荆州既可由江陵北上，过今当阳、荆门、宜城等地直趋襄阳的“荆襄道”，即“江陵去襄阳步道五百，势同唇齿”②；也可自襄阳涉汉水过樊城，而后经过襄邓走廊

---

① 《三国志》卷一《武帝纪》。

② 《南齐书》卷十五《州郡志下·荆州》。

通道进入南阳盆地，这里有三条通道通往中原腹地[①]。战时，荆州可南据江陵，北守襄阳，控长江锁钥，观天下成败。中平六年（189）汉灵帝崩，刘表代王叡为荆州刺史，因北方兵乱四起，刘表遂合兵襄阳，以求自保而观形势。最初，南阳的袁术与孙坚联合，准备袭取荆州，后孙坚为流矢所杀，袁术兵败。董卓被吕布杀死后，李傕、郭汜率军入长安，“欲连表为援，乃以表为镇南将军、荆州牧，封成武侯，假节”[②]。此后，刘表击败了反叛的长沙太守张羡父子，“南收零、桂，北据汉川，地方数千里，带甲十余万”[③]。荆州虽然重要，但由于所处的地理位置属四战之地，很难做到独自保全。刘表生性狐疑，犹豫不决，在后来曹袁官渡对决前既不能乘其弊而起，也不肯择善而从。官渡一役，曹操在除去袁绍这个大敌后，北方基本上不再有大的势力能与曹氏争锋。短暂休整巩固后，曹操即携大军南下，荆州成为首要目标。

建安十三年（208），曹操讨伐刘表，大军未至，刘表就病死了，荆州局势遂一发不可收拾。赤壁之战后，曹操北撤，刘备得到了荆州大部，但孙刘联盟由于曹操的北遁和荆州问题出现破裂。实际上，从军事地理因素分析，这种破裂具有不可避免性。诸葛亮早在隆中就提出“跨有荆、益”的主张，视荆州为刘备政权长远发展的基础。而对于东吴政权来说，荆州处于江东上流，如果落于人手，始终是重大威胁。因此，刘表死后，作为东吴一流的军事战略家，鲁肃就意识到荆州局势的可能变化，进言孙权，极陈荆州的重要性，“夫荆楚与国邻接，水流顺北，外带江汉，内阻山陵，有金城之固，沃野

① 这三条通道分别是：向东北穿越伏牛山脉南麓与桐柏山脉北麓之间的方城隘口，到达华北大平原的南端；自南阳盆地沿白河支流河谷向北，越伏牛山脉分水岭，过鲁阳、陆浑等沿途隘口，进入伊水和洛水，抵达洛阳平原；自宛城向西，越今内乡、淅川入武关，经商洛山区和蓝田峡谷后进入关中平原。相关内容参见宋杰《三国兵争要地与攻守战略研究》（上册）第402—403页。

② 《三国志》卷六《刘表传》。

③ 《三国志》卷六《刘表传》。

万里，士民殷富，若据而有之，此帝王之资也”①。而后分析荆州内外各方势力情况，请命以吊刘表二子之名前去试探荆州内部情况：“今表新亡，二子素不辑睦，军中诸将，各有彼此。加刘备天下枭雄，与操有隙，寄寓于表，表恶其能而不能用也。若备与彼协心，上下齐同，则宜抚安，与结盟好；如有离违，宜别图之，以济大事。”②

赤壁之战后，在三国鼎立的大背景下，襄阳和樊城成为曹魏镇守南陲、抗击蜀吴的要镇。特别是襄阳，“它在曹魏一朝的军事地位与影响呈上升状态”③。诚如时人庾翼所言，“计襄阳，荆楚之旧，西接益梁，与关陇咫尺，北去洛河，不盈千里，土沃田良，方城险峻，水路流通，转运无滞，进可以扫荡秦赵，退可以保据上流”④。魏、蜀、吴三方围绕襄樊地区发动多次攻势，建安二十四年（219）关羽北征襄樊，揭开对这一地区争夺的序幕，随后的战事主要在魏、吴之间展开，如黄初元年（220）东吴大将陈邵，黄初七年（226）诸葛瑾、张霸，青龙二年（234）陆逊、诸葛瑾等都对此地用兵，但最终都没有成功。作为应对和防范蜀、吴北伐的重点方向，曹魏及后继的西晋政权历来重视襄樊地区的防御，多次将征南将军或荆州都督的治所设在这里，以加强防务，形势紧迫时更是调集重兵前往支援。

三、江淮地区成为魏、吴对抗的前线

除荆襄地区外，魏、吴在长江下游地区的争夺也非常频繁。淮河流域在双方的军事对抗中，地位越来越突出，并形成了合肥、濡须等重要的军事枢纽和战略支撑点，江淮地区成为长江下游南北双方逐鹿的竞技场，给当地的经济、社会带来了长期的破坏和冲击。“三国时，江淮为战争之地，其间不居者各数百里，此诸县并在江北

---

① 《三国志》卷五十四《鲁肃传》。

② 《三国志》卷五十四《鲁肃传》。

③ 《三国兵争要地与攻守战略研究》（上册），第61页。

④ 《晋书》卷七十三《庾翼传》。

淮南，虚其地，无复民户。吴平，民各还本，故复立焉。其后中原乱，胡寇屡南侵，淮南民多南度。”① 吴赤乌九年（246），吴国大将朱然率兵第二次征租中（今湖北沮河上游；一说指今湖北南漳境蛮河流域），斩获数千，当地民吏万余家北渡沔水逃亡。因租中距离襄阳仅一百五十里，对魏震动很大，权臣司马懿和曹爽对是否坚守沔南、留民沔水产生分歧，此即对当时地区战略形势的判断不同所致。袁淮曾向曹爽献计，将当地民众撤到淮水、汉水的北面，以消解东吴的水军之利。“当今宜捐淮、汉以南，退却避之。若贼能入居中央，来侵边境，则随其所短，中国之长技得用矣。若不敢来，则边境得安，无抄盗之忧矣。使我国富兵强，政修民一，陵其国不足为远矣。今襄阳孤在汉南，贼循汉而上，则断而不通，一战而胜，则不攻而自服，故置之无益于国，亡之不足为辱。自江夏已东，淮南诸郡，三后已来，其所亡几何，以近贼疆界易抄掠之故哉！若徙之淮北，远绝其间，则民人安乐，何鸣吠之惊乎？”②

在江淮地区的长期争夺中，逐渐形成了几大军事重镇和战略要冲，为兵家所重视。首先是作为“江淮首郡，吴楚要冲”的合肥。三国时期，合肥属魏国淮南郡，为扬州治所。因其处于江淮之间，自然成为魏吴战略攻防的重点。早年曹操认为刘馥可任以东南之事，遂表为扬州刺史。于是刘馥单骑来到合肥这座空城，建立州治。在刘馥治下，合肥城数年内恩化大行，百姓乐业，流民来归。“又高为城垒，多积木石，编作草苫数千万枚，益贮鱼膏数千斛，为战守备。”③ 由此，合肥开始建设发展成为一个军事重镇和对抗东吴的前沿据点。赤壁之战后，孙权趁曹操新败，采取以攻为守的态势主动出击。在军事战略选择上，孙权也是一改之前以荆州一路向敌的策略，从荆州和扬州两路出击。在荆州，孙权上表刘备为荆州牧，吴蜀联合以抗北方。而在扬州方向，东吴则是集中重兵，抢占水利先

① 《宋书》卷三十五《州郡志一·扬州》。
② 《三国志》卷四《三少帝纪》注引《汉晋春秋》。
③ 《三国志》卷十五《刘馥传》。

机。由此，江淮之间的合肥首当其冲，成为双方争夺的关键。对此，曹操也迅速做出调整，一方面将曹仁从江陵后撤到襄樊，另一方面在东部集中重兵与东吴在淮河流域展开争夺。曹操兵败赤壁后，率残军北还，留曹仁、徐晃守江陵，乐进守襄阳。孙权用吕蒙计，留下凌统抗拒曹仁，解救被曹仁军围困的夷陵，自率大军围攻东面的合肥，并派张昭侧面进攻九江的当涂以为牵制，由此拉开了吴、魏争夺合肥的大幕。曹操自荆州还，逼退孙权，也开始更加注重合肥地区的防御。魏将满宠认为，合肥南面面江靠湖，北面远接寿春，利于东吴发挥水势，防御起来比较困难，而加强防御的办法是在城外筑就新城。“合肥城南临江湖，北远寿春，贼攻围之，得据水为势；官兵救之，当先破贼大辈，然后围乃得解。贼往甚易，而兵往救之甚难，宜移城内之兵，其西三十里，有奇险可依，更立城以固守，此为引贼平地而掎其归路，于计为便”，“今贼未至而移城却内，此所谓形而诱之也。引贼远水，择利而动，举得于外，则福生于内矣”。[①] 有学者统计，公元208—278年，孙吴军队“对曹魏（及西晋）共发动过34次进攻作战（含主动出击，但未与敌交战即撤退的几次）；合肥方向的攻击为12次，占总数的35%”[②]。

位于合肥东南百余公里的濡须，是吴魏在江淮流域争夺的又一重要据点。濡须口地处吴地要害，是长江下游防御的关键。“江流至此，阔而多夹。阔则浪平，多夹则无风威，繇此渡江而趋繁昌，无七矶、三山之险也。石臼湖、黄池之水直通太湖，所限者东坝一坏土耳。百人剖之，不逾时也。陆则宁国县及泾县皆荒山小邑，方阵可前，一入广德，自宜兴窥苏、常，长兴窥嘉、湖，独松关窥杭州，三五日内事耳。然则濡须有警，不特建邺可虞，三吴亦未可处堂无患也。”[③] 建安十六年（211），孙权将治所从京口迁至秣陵。十七年

---

① 《三国志》卷二十六《满宠传》。

② 《中国古代战争的地理枢纽》，第187页。

③ 顾祖禹撰，贺次君、施和金点校：《读史方舆纪要》卷二十六《南直八·无为州》，中华书局，2005年。

(212)，在金陵邑故址石头山筑城，是为屯粮驻军的石头城，并改秣陵为建业。为加强建业的防御，孙权接受吕蒙的建议，作濡须坞以防御曹操。“权欲作坞，诸将皆曰：‘上岸击贼，洗足入船，何用坞为?’吕蒙曰：‘兵有利钝，战无百胜，如有邂逅，敌步骑蹙人，不暇及水，其得入船乎?’权曰：‘善。’遂作之。”① 后人认为此举对于东吴稳固新都建业、平衡南北地理格局意义重大。如顾祖禹在《读史方舆纪要》中就援引前人的评论，认为“孙氏既夹濡须而立坞，又堤东兴以遏巢湖，又堰涂塘以塞北道，然总不过于合肥、巢湖之左右，遏魏人之东而已。魏不能过濡须一步，则建（邺）［业］可以奠枕，故孙氏之为守易”②。从赤壁之战后吴、魏在江淮地区的争夺来看，魏军要南下作战，必须依赖水路解决运输问题，同时也为陆上提供掩护和策应。而在地理空间上，魏军南下的水路有三条，即东路由中渎水（古邗沟）自淮阴至广陵；中路沿淝水、巢湖、濡须水路线自寿春、芍陂过合肥入巢湖，经居巢、东兴（关）至濡须口；西路则由汉水自襄樊至沔口。在三条路线中，中渎水航行困难，广陵一带江面宽阔，渡江难度大，西路的汉水绕行到长江下游路途遥远，难以对东吴心腹地带构成威胁，而中路的淝水、濡须水最为便利，由此也成为各方争夺的军事要道。“这条路线水陆兼行，自华北大平原南下，可以通过黄河以南的泗、涡、颍、汝等诸条水道入淮，至寿春后沿（肥）［淝］水而行，经巢肥运河过合肥，进巢湖，再沿濡须水入江，顺流直下，即可到达建业、京口及太湖流域了。”③

四、汉中、祁山与陇右战略地位凸显

三国时期，南北双方开始在黄河、长江地域形成某种均势，是为三国鼎立局面形成的地理基础。而在这一大的地理对峙中，东面

---

① 《三国志》卷五十四《吕蒙传》注引《吴录》。

② 《读史方舆纪要》卷二十六《南直八·无为州》。

③ 《中国古代战争的地理枢纽》，第246页。

以淮河流域为中间线，双方反复争夺。西面以汉水上游为中间线，以汉中为双方斗争的枢纽。中间则以荆州为主战场。因这三面要面对扬州、荆州和益州的蜀、吴进攻，魏明帝曾将合肥、荆州和祁山并称为三座边防要镇。就汉中而言，其北面倚靠秦岭，南面有大巴山屏护，中部为汉中盆地，是长江第一支流汉江的源头。当南方控制汉中时，北方则只能倚靠秦岭的险要来保证西部边界的安全。作为沟通关中地区和四川盆地的交通枢纽，汉中被古代兵家称为“衢地”，因其四通八达，“北瞰关中，南蔽巴、蜀，东达襄、邓，西控秦、陇，形势最重”①，当北方越过秦岭，进占汉中地区时，南方更多是以大巴山屏障保证四川盆地的安全。与长江中下游吴魏沿江淮水道相抗衡不同，西线蜀、魏的争夺则以陆上征伐为主，交战区域集中在魏国西部的关中平原和蜀国的四川盆地，汉中也由此成为双方反复争夺的焦点地区。

建安十九年（214），刘备占领益州，曹操迅速于第二年西征张鲁，并派遣张郃侵入巴中，进图汉中。蜀将黄权进谏刘备，“若失汉中，则三巴不振，此为割蜀之股臂也”②。对于蜀国而言，汉中是四川盆地的门户，如若失守，则魏军可从褒斜道、傥骆道和子午道直趋汉中，而后过金牛道或米仓道，进入四川西部的成都平原或东部的巴中地区。对于魏国来说，汉中与其西部的关中平原相接，是其战略进攻的必经之路和防御的前沿地带。因此，蜀国的北伐都以汉中郡作为后方基地，魏国讨伐蜀国也多选择汉中做突破口。建安二十二年（217），法正建议刘备攻取汉中时，对汉中的战略形势做了深入分析，“曹操一举而降张鲁，定汉中，不因此势以图巴、蜀，而留夏侯渊、张郃屯守，身遽北还，此非其智不逮而力不足也，必将内有忧逼故耳。今策渊、郃才略，不胜国之将帅，举众往讨，则必可克。（之克）［克之］之日，广农积谷，观衅伺隙，上可以倾覆寇敌，尊奖王室，中可以蚕食雍、凉，广拓境土，下可以固守要害，

---

① 《读史方舆纪要》卷五十六《陕西五·汉中府》。

② 《三国志》卷四十三《黄权传》。

为持久之计”①。刘备听从了法正的建议，在建安二十四年（219）自阳平南渡沔水，进占汉中，这样蜀国的战略稳定性就有了切实保证。

此后，孙刘两家因荆州而产生冲突。孙权占据荆州后，曹操在襄阳地区重点设防，蜀国从荆州方向北定中原的路线几不可能。而西面是曹魏的雍州和凉州，大致以陇山为界，分为关中（陇东）和陇右两大区域。曹魏的防御是以富饶的关中地区为中心，而陇右因地形崎岖、物资补给困难而兵力投入较少。因此蜀国在前期国力较强时，会直接越秦岭出祁山，兵指关中寻求决战，而到了后期国力衰颓时，绕道陇右成为现实的选择。对于曹魏而言，其执行的战略是东置合肥、南守襄阳、西固祁山，对蜀采取扼守要点、坚城挫锐的策略，“西自陇西、南安、祁山、汉阳、陈仓，重兵以备蜀”②。由此，祁山和陇右地区为魏蜀争夺的重点区域。

祁山是三国时期魏蜀频繁交战的地区，史书多有提及。但就具体范围而言，史家和兵家的看法多有分歧。综合来看，祁山最初应该是指西汉水北岸的秦岭支脉。三国时期，因此地战事多发，故需依山筑城，凭险据守。“由于城垒和所在小山位于祁山山脉中部的南麓，故要塞即以祁山为名。久而久之，城堡所在的孤峰就习惯被称作祁山，而原来以祁山命名的那条山脉反而逐渐淡出人们的记忆了。”③ 这也与顾祖禹所载相合，即认为祁山在西和县北七里，“后汉末置城山上，为戍守处。城极严固。建安十八年马超据冀，郡将赵昂等据祁山以击超。超奔张鲁，引兵还围姜叙于祁山，夏侯渊驰救，超败走。其后诸葛武侯六出祁山，皆攻此城”④。也有当代学者考证，认为顾祖禹是将北魏时期的建安城误作祁山城了，而实际上祁山古城是位于礼县城东四十五里处西汉水北岸的祁山之上，西距唐宋时期长道县治十里，东距盐官古城二十里，始建于西汉时期，

---

① 《三国志》卷三十七《法正传》。

② 《通典》卷一百七十一《州郡一·序目上》。

③ 《三国兵争要地与攻守战略研究》（上册），第493页。

④ 《读史方舆纪要》卷五十九《陕西八·祁山》。

今名祁山堡，城堡顶部建有祁山庙，现名祁山武侯祠。祁山城名称几经变易，初称祁山城，北魏时为祁山军，宋代称祁山寨，南宋中期后称祁山堡至今。① 祁山之闻名，尤以诸葛亮北伐“六出祁山”为最。实际上，诸葛亮对祁山所在的天水郡境有两次作战。第一次是蜀建兴五年（227）诸葛亮率大军北驻汉中，上《出师表》，准备伐魏。次年春，诸葛亮佯为由斜谷道攻取眉县，“亮身率诸军攻祁山，戎陈整齐，赏罚肃而号令明，南安、天水、安定三郡叛魏应亮，关中响震”②。在战局不利的情况下，魏将高刚坚守祁山，郭淮和马遵退据上邽（今甘肃天水市），有效地牵制和分散了蜀军兵力。后魏明帝西镇长安，派张郃率军增援，在街亭大败马谡，迫使诸葛亮“拔西县千余家，还于汉中”③。第二次是蜀建兴九年（231），诸葛亮再次带兵伐魏。“九年春二月，亮复出军围祁山，始以木牛运。魏司马懿、张郃救祁山。夏六月，亮粮尽退军，郃追至青封，与亮交战，被箭死。”④ 这一次，诸葛亮造木牛流马运粮，以克服道路艰险后勤补给的难题，但仍因粮尽退兵。其年八月，诸葛亮病卒，葬于汉中定军山。对于诸葛亮为什么会对祁山屡出重兵这个问题，学界认为其目的是“断陇道”，“即借助陇山险峻的地势，扼守其间隘路来抗击曹魏的优势军队，以便实现割据陇右、增强国力的战略目的”⑤。到了蜀后期，蜀国国力消耗较大，军力更为孱弱，其北伐不再是以祁山为主要方向，而改向天水以西的陇西和南安，唯一的一次进攻祁山，是蜀延熙十九年（256），姜维向祁山方向发动的进攻，目标是天水郡的重镇上邽。“更整勒戎马，与镇西大将军胡济期会上

---

① 参见马建营：《论祁山古城及其名称的变易》，《天水师范学院学报》2016年第3期。

② 《三国志》卷三十五《诸葛亮传》。

③ 《三国志》卷三十五《诸葛亮传》。

④ 《三国志》卷三十三《后主传》。

⑤ 宋杰：《蜀汉用兵祁山与曹魏陇右战局之演变》，《军事历史研究》2017年第1期。

邽，济失誓不至，故维为魏大将军邓艾所破于段谷，星散流离，死者甚众。”① 由是陇西骚动，姜维求自贬削谢过。此战之后，蜀军元气大伤，姜维从此打消了进攻祁山地区的想法。这也是因为，蜀后期的战略指导更多地被认为是要断凉州之道以吞河西，“即企图先占领曹魏雍凉二州交界地带，切断河西走廊与陇西黄土高原的联系，进而割据凉州”②。陇右地区取代祁山成为又一个争夺要地。

古人以西为右，陇山（六盘山）是秦岭北端的余脉，陇右即为陇山以西地区。早在范晔的《后汉书》中，即见对陇右的记载，“赤眉杀更始，而隗嚣据陇右，卢芳起安定”③，但具体范围存疑。唐于贞观元年（627）将全国划分为十道，设置陇右道，地域在陇山以西、沙洲（今敦煌）以东的今甘肃、新疆大部和青海以东广大地域。唐景云二年（711），以黄河兰州段为界，在黄河以东设陇右道，黄河以西设河西道，由此，陇右地区的地理位置更加具体化。总体上看，三国时对陇右的描述远非确知，更多的是指陇山以西的一个大体概念，包括今甘肃省东南部和宁夏南部。“在凤翔府陇州西北六十里，巩昌府秦州清水县东五十里。山高而长，北连沙漠，南带汧、渭，关中四塞，此为西面之险。”④ 与陇右相连接的，南面是秦岭，东南是关中，为西部几大军事要地之上游。“东上秦、陇而雍、岐之肩背疏，南下阶、成而梁、益之咽喉坏，西指兰、会而河、湟之要领举。”⑤ 而陇右地区的西面，则是著名的河西走廊，包括黄河以西、祁连山以北、合黎山和龙首山以南、乌鞘岭以西的狭长区域，因此它又是关中地区通往河西走廊的必经之地。三国时期，因魏、蜀两国在这一地区长期争夺，陇右的战略重要性也得到了兵家的广泛关注，有谚语“关西出将，关东出相”。陇西地区是氐、羌等少数

---

① 《三国志》卷四十四《姜维传》。

② 宋杰：《蜀汉用兵祁山与曹魏陇右战局之演变》，《军事历史研究》2017年第1期。

③ 《后汉书》卷一上《光武帝纪上》。

④ 《读史方舆纪要》卷五十二《陕西一·陇坻》。

⑤ 《读史方舆纪要》卷五十九《陕西八·巩昌府》。

民族聚集区，民风彪悍，对汉政权造成了很大的困扰。正如班固在《汉书·地理志》所述，“天水、陇西，山多林木，民以板为室屋。及安定、北地、上郡、西河，皆迫近戎狄，修习战备，高上气力，以射猎为先”[①]。景元四年（263）秋，魏军分三路伐蜀，姜维退守剑阁，钟会进攻受挫，邓艾上书钟会，对形势进行了深入分析，“今贼摧折，宜遂乘之，从阴平由邪径经汉德阳亭趣涪，出剑阁西百里，去成都三百余里，奇兵冲其腹心。剑阁之守必还赴涪，则会方轨而进；剑阁之军不还，则应涪之兵寡矣。军志有之曰：‘攻其无备，出其不意。’今掩其空虚，破之必矣”[②]。随后，邓艾率入蜀的魏军“自阴平道行无人之地七百余里，凿山通道，造作桥阁。山高谷深，至为艰险，又粮运将匮，频于危殆。艾以毡自裹，推转而下。将士皆攀木缘崖，鱼贯而进”[③]，由此可见道路的艰险。而后魏军先登至江油，斩杀自涪（今四川绵阳）回绵竹防守的诸葛瞻，进军雒城（今四川广汉），逼迫刘禅遣使请降。此外，对于当地的氐、羌等少数民族，魏国和蜀国因其战略形势的需要采取了不同的政策。蜀国是稳定后方，西和诸戎；曹魏则采取了内迁政策，以防其与蜀政权相联通。

第三节　两晋南北朝时期军事地理格局转换的形成

赤壁之战后，曹魏在东置合肥、南守襄阳、西固祁山的整体防御部署下，采取休养生息、积蓄力量以待时机的战略，北方力量得到了很快的恢复和增长。司马氏篡政后仍执行这一政策，为后来的统一奠定了基础。同期，蜀、吴两国的统治者政令昏聩，国力更趋

① 《汉书》卷二十八下《地理志下》。
② 《三国志》卷二十八《邓艾传》。
③ 《三国志》卷二十八《邓艾传》。

削弱，形势急转直下，全国统一的时机日渐成熟。

一、“内诸夏而外夷狄”的传统秩序与区域地理界限的打破

受地缘结构、生产方式、政治制度和军事实力等多种因素影响，中国古代形成了汉民族居中央腹地、各少数民族居四边地域的地理特征，并形成了一种固定的模式和传统。通常，汉族统治者将周边民族称为“四夷”，即东夷、南蛮、西戎和北狄，并将国土由京畿向边疆延展，依次划分区域为甸服、侯服、宾服（《汉书》作“绥服”）、要服和荒服，依次为封内甸服、封外侯服、侯卫宾服、蛮夷要服、戎狄荒服。① 在“非我族类，其心必异”思想意识驱动之下，中央政权对各少数民族多采取隔离、羁縻与防范的政策，“袭冠带以辨诸华，限要荒以殊遐裔，区分中外，其来尚矣。九夷八狄，被青野而亘玄方；七戎六蛮，绵西宇而横南极。繁种落，异君长，遇有道则时遵声教，钟无妄则争肆虔刘，趋扇风尘，盖其常性也。详求遐议，历选深谟，莫不待以羁縻，防其猾夏”②。纵观中国古代政治军事史，华夷之间的关系对国家的治乱影响非常大。当中央王朝和周边民族关系稳定，边境秩序稳定的时候，国家往往呈现和平统一的局面。反之，当中央王朝势力减弱，控制力降低，周边少数民族往往会越过边界和自然分界线向中原腹地入侵，而周边民族的入侵进一步加剧了中原王朝的统治危机，最终使国家陷入虚弱、覆灭和分裂的境地。以匈奴为例，其为秦末汉初称雄北方的一个强大游牧

---

① “五服说”最早出现在《尚书·禹贡》中：“五百里甸服：百里赋纳总，二百里纳铚，三百里纳秸服，四百里粟，五百里米。五百里侯服：百里采，二百里男邦，三百里诸侯。五百里绥服：三百里揆文教，二百里奋武卫。五百里要服：三百里夷，二百里蔡。五百里荒服：三百里蛮，二百里流。”从畿服重地到藩属下国逐层管理，兼举文教武卫，声教迄于蛮荒。《尚书·禹贡》的“五服说”为后世多所阐发和诠释，逐渐演变成华夏王朝历来的治国理论和“华夷”之分的思想渊源。

② 《晋书》卷九十七《四夷传》。

民族，在西汉前期屡次威胁边境，后被汉武帝击败并分裂。汉宣帝初年，呼韩邪单于率众来降，汉朝对其采取和亲怀柔政策。光武帝刘秀将南匈奴数万人迁徙到河西（今甘肃、青海黄河以西）地区，后迁转到五原地区，连延七郡。董卓之乱后，东汉已对匈奴、鲜卑的南下无力应对，只好将百姓迁到山西，河套一带为匈奴所掌控。晋初，郭钦、江统等一批有识之士为之深忧，继而提出迁徙戎狄之论。“郭钦腾笺于武帝，江统献策于惠皇，皆以为魏处戎夷，绣居都鄙，请移沙塞之表，定一殷周之服。统则忧诸并部，钦则虑在盟津。”[①] 西晋灭吴后，实现了全国统一。但西晋是一个短命王朝，其败亡的后果就是国家重新分裂。从军事地理角度出发，晋武帝实行分封制与宗族出镇制导致中央统治力的削弱，这一过程中少数民族的大量内附并参与到晋统治阶层内部的斗争中，进而打破了中央与周边、华与夷的传统界限，最终的结果就是晋朝灭亡，北方少数民族政权林立，国家重新陷入分裂与混战。

西晋败亡固然是由于政治腐败、皇族内乱，但也与这一时期天灾疫情不断，民众生计了无着落引发社会动荡有关。比较大的包括咸宁元年（275）年底，京师洛阳发生大的疫情，“是月大疫，洛阳死者太半”[②]。到了咸宁二年（276）初，“先是，帝不豫，及瘳，群臣上寿。诏曰：‘每念顷遇疫气死亡，为之怆然。岂以一身之休息，忘百姓之艰邪？诸上礼者皆绝之’”[③]。同时，周边夷族内附速度很快，为后来的内乱和分裂埋下了隐患。据《晋书》记载，晋武帝在位二十余年时间里，少数民族内附情况如下：太康二年（281）夏六月，东夷五国内附；三年九月，东夷二十九国归化，献其方物；四年八月，鄯善国遣子入侍，假其归义侯；六年夏四月，扶南等十国来献，参离四千余落内附；七年，扶南等二十一国、马韩等十一国遣使来献；八年八月，东夷二国内附，十二月南夷扶南、西域康居

---

① 《晋书》卷一百一《载记序》。
② 《晋书》卷三《武帝纪》。
③ 《晋书》卷三《武帝纪》。

国各遣使来献；九年九月，东夷七国诣校尉内附；十年五月，鲜卑慕容廆来降，东夷十一国内附；太熙元年（290）二月，东夷七国朝贡。[①] 到了元康年间，关中地区的人口已有百万之数，而少数民族居于半数，“且关中之人百余万口，率其少多，戎狄居半，处之与迁，必须口实”[②]。自然灾害频发加剧了经济困难，这是少数民族内附的一大原因。如晋初，“武帝践阼后，塞外匈奴大水，塞泥、黑难等二万余落归化，帝复纳之，使居河西故宜阳城下。后复与晋人杂居，由是平阳、西河、太原、新兴、上党、乐平诸郡靡不有焉”[③]。侍御史郭钦上疏指出，“戎狄强犷，历古为患。魏初人寡，西北诸郡皆为戎居。今虽服从，若百年之后有风尘之警，胡骑自平阳、上党不三日而至孟津，北地、西河、太原、冯翊、安定、上郡尽为狄庭矣”[④]。而持续的自然灾害在加剧中原王朝农业收成压力的同时，反过来又使内附的少数民族生活艰难，起兵造反，周边少数民族频繁掠边，这些都成了压倒西晋王朝的稻草。同时，晋王朝内部各分裂势力也往往利用少数民族武装进行混战。影响比较大的一次，是晋元康六年（296）氐族人在关中叛乱，引起了大的震动。“氐帅齐万年反于关中，众数十万，诸将覆败相继。中书令陈准、监张华，以赵、梁诸王在关中，雍容贵戚，进不贪功，退不惧罪，士卒虽众，不为之用，周处丧败，职此之由，上下离心，难以胜敌。以观沉毅，有文武材用，乃启观讨之。观所领宿卫兵，皆趫捷勇悍，并统关中士卒，身当矢石，大战十数，皆破之，生擒万年，威慑氐羌。转东羌校尉，征拜右将军。”[⑤] 因这件事的触动，山阴令江统深恐频乱生变，认为应防微杜渐，于是作《徙戎论》。江统提出，国家治理的关键在“要荒”，即对边境少数民族的治理和防范。“《春秋》之义，

---

① 参见《晋书》卷三《武帝纪》。

② 《晋书》卷五十六《江统传》。

③ 《晋书》卷九十七《匈奴传》。

④ 《晋书》卷九十七《匈奴传》。

⑤ 《晋书》卷六十《孟观传》。

内诸夏而外夷狄。以其言语不通，贽币不同，法俗诡异，种类乖殊；或居绝域之外，山河之表，崎岖川谷阻险之地，与中国壤断土隔，不相侵涉，赋役不及，正朔不加，故曰‘天子有道，守在四夷’。”在列举了前朝处理华夷关系的利弊得失后，江统认为“非我族类，其心必异，戎狄志态，不与华同。而因其衰弊，迁之畿服，士庶玩习，侮其轻弱，使其怨恨之气毒于骨髓。至于蕃育众盛，则坐生其心。以贪悍之性，挟愤怒之情，候隙乘便，辄为横逆。而居封域之内，无障塞之隔，掩不备之人，收散野之积，故能为祸滋扰，暴害不测。此必然之势，已验之事也”①。有鉴于此，江统提出的策略是，迁徙冯翊、北地、新平、安定境内的羌族，安抚在先零（今甘肃、青海的湟水流域）、罕幵（今甘肃天水东南）、析支（今青海积石山至贵德河曲一带）等地；将扶风、始平、京兆的氐族迁出陇右，安顿在阴平、武都境内；发放途中所需食粮，令他们足以到达各地，各居本土，让属国、抚夷前往安顿集中他们。使戎人和晋地的汉人不杂居，各得其所，往上合乎古代夷夏有序的礼仪，向下又是盛世永存的规矩。他们纵使有侵犯中原的野心，一旦发生战争，也都远在中国之外，山河阻隔，虽敌寇暴虐，为患亦不深。江统提出的外迁夷族的策略并没有为晋武帝采用，但从中也可看出少数民族内附后带来的严重隐患，以及时人对少数民族大量内迁后破坏“华夷”秩序和区域地理界限所做的思考和应对策略。

西晋建立后，晋武帝大搞分封制。泰始元年（265），晋武帝即对宗室成员进行了大范围的分封，共分封了27位王，但留在京都担任要职的不过3位，多数皆到地方和边镇的封地。其分封的意图主要是由皇族近亲藩卫王室，镇守要冲，这从时臣段灼上陈的奏表中可见一斑：“臣以为太宰、司徒、卫将军三王宜留洛中镇守，其余诸王自州征足任者，年十五以上悉遣之国。为选中郎傅相，才兼文武，以辅佐之。听于其国缮修兵马，广布恩信。……所谓盘石之宗，天

---

①《晋书》卷五十六《江统传》。

下服其强矣。虽云割地，譬犹囊漏贮中，亦一家之有耳。”① “诸王宜大其国，增益其兵，悉遣守藩，使形势足以相接，则陛下可高枕而卧耳。”② 宗室诸王的分封与出镇，逐渐背离了政策的本意。晋武帝死后，晋惠帝司马衷登基。司马衷是个白痴，由太傅杨骏辅政，皇后贾南风为专朝政杀杨骏及皇室大臣，汝南王亮、赵王伦等八位皇族起兵造反，“八王之乱”由此爆发。“八王之乱”前后持续了16年，极大地动摇了西晋的统治根基。同时在大混战中，皇族宗室拉拢少数民族武装参加混战，使得各少数民族贵族武装得以壮大，并趁机进入中原发展势力。如王浚（字彭祖）在元康初年都督幽州诸军事，为自安计，还要“结好夷狄，以女妻鲜卑务勿尘，又以一女妻苏恕延”③。到河间王司马颙、成都王司马颖起兵内向时，王浚“大营器械，召务勿尘，率胡晋合二万人，进军讨颖”④。到了永嘉年间，羯族首领石勒进犯冀州，“浚遣鲜卑文鸯讨勒，勒走南阳”⑤。石勒早期率领的牧奴起义攻占了郧城、兖州，后投奔了刘渊。而刘渊出身匈奴贵族，于永兴元年（304）起兵，建都离石（今山西吕梁市离石区），定国号为汉，控制了并州大部。石勒和王弥等归附后，刘渊势力更胜，最终灭亡了西晋，这也意味着长江以北汉族正统统治的终结。诚如《晋书》所言，“聪之誓兵，东兼齐地；曜之驰旆，西逾陇山，覆没两京，蒸徒百万。天子陵江御物，分据地险，回首中原，力不能救，划长淮以北，大抵弃之”⑥。

二、东晋、南北朝时期南北均衡格局的形成

永嘉元年（307），司马睿在王导的建议下出镇建康，以躲避北方的混乱局面，但初期并不为当地势力所拥戴。“及徙镇建康，吴人

---

① 《晋书》卷四十八《段灼传》。
② 《晋书》卷四十八《段灼传》。
③ 《晋书》卷三十九《王浚传》。
④ 《晋书》卷三十九《王浚传》。
⑤ 《晋书》卷三十九《王浚传》。
⑥ 《晋书》卷一百一《载记序》。

不附，居月余，士庶莫有至者。”① 后在王导、王敦的帮助下，赢得江南望族顾荣、贺循等的支持，在江南站稳了脚跟。因琅邪王氏在东晋政权的建立和巩固中起到了决定性的作用，并长期把持朝政，遂形成“王与马，共天下”的局面。这种依靠南北士族支持建立的政权，隐含着皇权与门阀集团间错综复杂的矛盾，本身非常虚弱。同时期的北方，胡骑纵横肆虐，烧杀掳掠，再度陷入混乱局面。为躲避战乱，北方士民纷纷南渡长江，形成了大规模的北民南迁潮。由此，西晋实现的统一局面再次被打破。而从经济地理的角度来看，长江大致地处中国南北的中间线，随着北方长期战乱对生产的破坏，以及北民南迁潮中南方的大开发，南北经济一升一降，力量对比渐趋均衡，这也是东晋以后南北对峙得以保持的地理和经济原因。

东晋政权是以建康为中心，以扬州的经济军事为基础建立起来的。扬州的名字来源于“州界多水，水波扬也”“江南之气燥劲，厥性轻扬”②，最早的记载见《尚书·禹贡》篇的“淮、海惟扬州”。春秋时，扬州为吴国之地，后吴被越国所灭，扬州遂为越地。到了战国时，扬州为楚国之地。秦始皇灭六国一统天下后，扬州为九江、鄣郡、会暨和泗水等四郡所在之地。汉初，扬州是吴、楚、淮南诸国之境。到了汉武帝时设置十三州，淮南诸地为扬州，而淮北属徐州。三国时期，曹魏跨有淮南，把扬州的治所放在了寿春。西晋平吴后，将扬州的治所从寿春迁至建邺。③ 而扬州上游的荆州在军事地理上至关重要，它既是在上游对扬州的屏护，而当镇守将领有不

① 《晋书》卷六十五《王导传》。

② 《读史方舆纪要》卷十九《南直一》注引应劭语。

③ 三国两晋南北朝时期，建业城几度更名。211 年，孙权将其政治中心从京口（今江苏镇江）迁到秣陵（今江苏南京），第二年改名“建业”，意为建立帝王基业。280 年晋武帝灭吴后，将建业改名秣陵。不久后又将秣陵分而治之，秦淮河以北称建邺，秦淮河以南称秣陵。建业的“业”字加只耳朵，既避免了孙权“建立帝王基业”的含义，又表示“你这只耳朵拎在我晋武帝手里”。东晋政权建都建邺后，于 313 年改名建康，一是为避愍帝司马邺之讳，二是相对于北方的混乱，这里一片升平，军民康乐，遂改“建邺”为“建康”。

臣之心时又会构成重大威胁。“江南之为国盛矣，虽南包象浦，西括邛山，至于外奉贡赋，内充府实，止于荆、扬二州。”①

受政权内部权力斗争和政治、社会发展状况等多方掣肘，江南的统治者满足于偏安江南一隅，北伐的愿望并不强烈，有限的几次北伐都因投入支持小、决心不强而以失败告终。而北方处于五胡十六国阶段，各少数民族政权间的混战消耗很大，只有当实现了暂时的统一后才有可能进行大规模的南征。纵观这一历史时期的军事地理形势，主要的对抗行动集中在长江中下游的淮南和荆襄地区，尤以沿江淮间的寿春及周边交通要冲为重点，形成寿春、义阳、淮阴、钟离和盱眙五大军事重镇。

淮河源自河南南阳桐柏山，沿途经颍州、颍上、寿春、盱眙、淮安等地，分两条水道入长江和大海。“长淮南北大小群川，无不附淮以达海者，而涡、颍、汴、泗诸水则尤要害所关也。”② 淮河地区气候湿润、农业发达，是天然的粮仓，特别是三国时期，曹魏政权在两淮大规模屯田，打下了非常好的农业基础。同时，淮河地区水系发达，河流、湖泊众多，形成广泛的水网稻田区，对于北方的骑兵是非常大的抑制。淮河南北两岸气候和地理条件差别很大，淮北是连接北方和中原地带的重要枢纽，淮南则是长江北岸的天然屏蔽。“邳、徐之境，皆跨淮北，上接山东，所以联络中原，翼蔽肩背也。”③ 因此，这一地区历来兵争不息，战事不断。伏滔从桓温伐袁真至寿阳时，曾作《正淮》篇，总结为“爰自战国至于晋之中兴，六百有余年，保淮南者九姓，称兵者十一人，皆亡不旋踵，祸溢于世，而终莫戒焉”④。对于东晋、南朝来说，“守江必先守淮”，一旦淮河沿线被北方占领，那么以建康为中心的江东地区就完全暴露了。顾祖禹就认为，“自南北分疆，往往以长淮为大江之蔽。陈人失淮

---

①《宋书》卷五十四《孔季恭羊玄保沈昙庆传》。

②《读史方舆纪要》卷十九《南直一·淮河》。

③《读史方舆纪要》卷十九《南直一·淮甸》。

④《晋书》卷九十二《伏滔传》。

南，遂为隋人所并”①。

东晋定都建康后，南北割据局面再度形成，双方争夺的热点区域集中在江淮一线，尤以寿春为重。“东晋南朝的历代政权皆以其为要镇，屯驻重兵，修筑坚城，作为抗击北敌入侵的前哨阵地。而十六国及北朝的统治者南征时，也屡屡向这一地区用兵，力图控制该地，以便打开进军江南的大门。”② 沿淮河两岸交通险要之地，形成了义阳、寿春、钟离、盱眙、淮阴等一系列重要军事重镇，这也成为南北双方用兵的重要枢纽区域。

义阳位于今河南省南部，其郡治在今信阳西北，地处淮西要冲，北面直通中原，南面连接荆州，西面可进入襄阳地区，东面则是淮河和淝水，即古人所说的“群山环结，地形阻隘，北接陈、汝，襟带许、洛，南连襄、郢，肘腋安、黄，自古南北争衡，义阳常为重镇”③。南面的三处关隘更增加了义阳的险要，此三关即南北朝时义阳郡的平靖关、武阳关与黄岘关。北魏的拓跋英曾上书宣武帝，请求趁萧宝卷乱常之时讨伐义阳，并分析了攻取义阳的战略意义：“臣闻乘虚讨弱，事在速举，因危攻昧，徽捷可期。今宝卷乱常，骨肉相贼，蕃戍鼎立，莫知所归。义阳孤绝，密迩天境，外靡粮援之期，内无兵储之固。此乃临焚之鸟，不可去薪；授首之寇，何容缓斧。若此行有果，则江右之地，斯为经略之基；如脱否也，非直后举难图，亦或居安生疾。”④

钟离在今安徽省凤阳东北，沿用古钟离国之名，西晋时属淮南郡，东晋时设为钟离郡。钟离位于淮河中游，西面是汝水和颍水，东面是淮水和泗水，顾祖禹形容其“府西连汝、颍，东通楚、泗，为建业之肩背，中原之腰膂”⑤，认为南北朝时期南方失去钟离的结果，就是长江防线不稳，无力抗击中原政权的冲击。“南北朝时，钟

---

① 《读史方舆纪要》卷十九《南直一·淮河》。

② 宋杰：《寿春在东晋南朝的战略地位》，《史学集刊》2014 年第 5 期。

③ 《读史方舆纪要》卷五十《河南五·信阳州》。

④ 《魏书》卷十九下《南安王传》。

⑤ 《读史方舆纪要》卷二十一《南直三·凤阳府》。

离常为重镇，岂非以据淮之中，形势便利，阻水带山，战守有资乎？自陈人失淮南，而江边卑小，遂无以抗中原。”[①] 特别是钟离濒临长江淮河之间，雨季水势大，水网密布，不利行军作战，而到了冬春两季，淮河水量变小，部队机动和后勤运输较为便利，季节性的地理条件变化对作战的影响为兵家所广泛注意。北魏宣武帝南征，天监三年（504）元澄围攻钟离，宣武帝就下诏告诫，“钟离若食尽，三月已前，固有可克，如至四月，淮水泛长，舟行无碍，宜善量之。前事捷也，此实将军经略，勋有常焉。如或以水盛难图，亦可为万全之计，不宜昧利无成，以贻后悔也”[②]。后来果然遇到大雨，淮水暴涨，魏军无奈引归寿春，“还既狼狈，失兵四千余人”[③]。五年（506），拓跋英寇钟离，至次年三月淮水暴涨，梁军趁机乘舰登岸，魏军大败。“六年三月，春水生，淮水暴长六七尺。叡遣所督将冯道根、李文钊、裴邃、韦寂等乘舰登岸，击魏洲上军尽殪。景宗因使众军皆鼓噪乱登诸城，呼声震天地，大眼于西岸烧营，英自东岸弃城走。诸垒相次土崩，悉弃其器甲，争投水死，淮水为之不流。”[④]

盱眙取“张目为盱，举目为眙”[⑤] 之意。盱眙为群山所环绕，水陆交通发达。据胡三省所述，“东山、前浦皆在盱眙左右。东山之北则高家山，高家山之东则陡山，稍南则都梁山，都梁山之东北则古盱眙城。城临遇明河，又东径杨茅涧口，又东径富陵河口则君山，魏太武作浮桥于此。自此渡淮，稍东则龟山矣”[⑥]。盱眙西南十五里有三座城，再向西十五里即到达淮陵城，濒临池河，在这里有一个叫狮子渡的地方，也是北兵南渡的要津。“池河过淮陵城西而北入淮，谓之池河口。九山店，在淮北，南直淮陵。九山店之东则陷堌湖，南则马城，淮流至此谓之九山湾。其东则凤凰洲，在淮水中，

① 《读史方舆纪要》卷二十一《南直三·凤阳府》。
② 《魏书》卷十九中《任城王传》。
③ 《魏书》卷十九中《任城王传》。
④ 《梁书》卷九《曹景宗传》。
⑤ 《读史方舆纪要》卷二十一《南直三·盱眙县》。
⑥ 《读史方舆纪要》卷二十一《南直三·东山》。

约长十里。今土人亦呼九山湾为狮子渡，北兵渡淮之津要也。"① 在春秋时期，盱眙是吴国的"善道"之地，秦时为盱眙县，晋时为临淮郡治所。西晋永嘉之乱后，石勒起兵反晋，曾短暂占领盱眙。穆帝永和九年（353），姚襄与扬州刺史殷浩结怨，两者引兵大战。"浩遣刘启、王彬之伐山桑，襄自淮南击灭之，鼓行济淮，屯于盱眙，招掠流人，众至七万，分置守宰，劝课农桑。"② 东晋太元三年（378），苻坚派兖州刺史彭超率五万大军攻彭城，后将军俱难等率步骑七万寇淮阴、盱眙，占领盱眙后，东晋朝廷震动。"既而盱眙城陷，高密内史毛藻没，安之等军人相惊，遂各散退，朝廷震动。"③ 次年谢玄率兵进攻，秦兵败走。"玄进次石梁，与田洛攻盱眙，难、超出战，复败，退屯淮阴。……又与难等合战，谦之斩其将邵保，难、超退师淮北。"④ 这一时期最著名的，要属南朝刘宋时期的盱眙守卫战。元嘉二十七年（450），南朝宋文帝刘义隆贸然发动北伐，时盱眙太守沈璞认为盱眙处于南北兵争要地，要早做防范，故修城筑垒以备不虞。"璞以强寇对阵，事未可测，郡首淮隅，道当冲要，乃修城垒，浚重隍，聚材石，积盐米，为不可胜之算。"⑤ 后北伐军队在北魏的打击下果然大败，魏太武帝亲率魏军一直打到长江北岸后回撤，返回的途中围攻盱眙。在沈璞的组织下，盱眙守军面对北魏数十万步骑毫无惧色，拼死坚守，最终取得了盱眙守卫战的胜利。"及贼至，四面蚁集攻城，璞与质随宜应拒，攻守三旬，殄其太半，焘乃遁走。"⑥

淮阴，在今淮安市淮阴区西南，取淮河南岸之意。淮阴北隔泗水可望中原，西面是重镇钟离、盱眙和寿春，东连山阳而入海，南经邗沟入江，为南北要冲的兵争之地。顾祖禹指出，"盖淮阴去丹阳

① 《读史方舆纪要》卷二十一《南直三·曲溪堰》。
② 《晋书》卷一百十六《姚襄载记》。
③ 《晋书》卷七十九《谢玄传》。
④ 《晋书》卷一百十三《苻坚载记上》。
⑤ 《宋书》卷一百《沈璞传》。
⑥ 《宋书》卷一百《沈璞传》。

四百里而近，北对清、泗，则转输易通，南出江津，则风帆易达，繇淮入江，此其必争之道矣”①。淮阴在秦时置县，汉时仍为淮阴县，西晋为临淮郡治所，东晋南北对峙时被建成军事重镇。建兴元年（313），晋愍帝即位后，祖逖上书北伐，“屯于江阴，起冶铸兵器，得二千余人而后进”②。东晋永和年间，北中郎将荀羡北讨鲜卑时，曾对淮阴的战略重要性有过分析，“淮阴旧镇，地形都要，水陆交通，易以观衅。沃野有开殖之利，方舟运漕，无他屯阻”③。因屯兵无地，于是在此营立城池。太元三年（378），前秦的南下大军中，俱难率步骑七万寇淮阴，与谢玄展开交战，后前秦军败退。太元十年（385），谢玄镇守淮阴。宋明帝泰始三年（467），萧道成镇淮阴，他一方面经营此地，抵御北兵入侵，另一方面在淮阴建立起了政治和军事基础，为后来的建齐代宋打下了基础，即如梁朝的萧子显所总结的，“太祖作牧淮、兖，始基霸业，恩威北被，感动三齐。青、冀豪右，崔、刘望族，先睹人雄，希风结义”④。而作为淮南的重镇之一，淮阴与寿阳、盱眙等相连接，构成了整个江淮的防御体系。北魏太和十九年（495）孝文帝元宏南征，攻打钟离未克，准备在淮南修复古城，留兵驻守，安抚百姓，遭到了高闾的反对。高闾认为，淮阴、寿阳和盱眙这几个兵家重镇是相互倚仗策应的，在没有夺取这几大重镇的情况下，北方力量不能够在淮河流域长久立足，即“堰水先塞其源，伐木必拔其本。源不塞，本不拔，虽剪枝竭流，终不可绝矣。寿阳、盱眙、淮阴，淮南之源本也。三镇不克其一，而留兵守郡，不可自全明矣”⑤。

在江淮攻防重镇里，兵家又对寿春特别看重。从地理位置上看，寿春坐落在淮河中游南岸，东临淝水，南连汝水和颍水。寿春东面

---

① 《读史方舆纪要》卷二十二《南直四・淮安府》。

② 《晋书》卷六十二《祖逖传》。

③ 《南齐书》卷十四《州郡志上・北兖州》。

④ 《南齐书》卷二十八《崔祖思刘善明苏侃垣荣祖传》。

⑤ 《魏书》卷五十四《高闾传》。

是三吴富庶地区，北为中原腹地，西接陈、许，南距都城建康七百里，且外有江湖为阻，内有淮河和淝水的便利，经济也较为发达。东晋的伏滔对寿春的地理位置有很好的理解和描述，“彼寿阳者，南引荆汝之利，东连三吴之富；北接梁宋，平涂不过七日；西援陈许，水陆不出千里；外有江湖之阻，内保淮肥之固。龙泉之陂，良畴万顷，舒六之贡，利尽蛮越，金石皮革之具萃焉，苞木箭竹之族生焉，山湖薮泽之隈，水旱之所不害，土产草滋之实，荒年之所取给”①。就地区交通来看，寿春介于颍水入淮口和涡水入淮口之间，北上可顺淮水达徐州和泗口，也可经颍水和涡水抵达中原腹地，东北可沿淝水抵达合肥和长江，是水陆通道的咽喉所在。因此，在整个南北对峙期间，东晋和南朝统治者均在寿春构筑坚城，屯扎重兵，以抵御北方的威胁。而北方少数民族南下进攻，也多会选择距合肥三百里、距长江五百里、距建康七百里的寿春。北魏的源思礼就在上奏中提出：“寿春之去建邺，七百而已，山川水陆，彼所谙利。脱江湘无波，君臣效职，借水凭舟，倏忽而至，寿春容不自保，江南将若之何？”② 据统计，东晋、南北朝时期北军南征的进军路线上，寿春方向为12次，且重要的几次都是经过寿春。如，前秦进攻东晋的淝水之战，从450年到500年间北魏的四次大举南侵，579年北周攻取淮南，直到588年隋发起灭陈之战。同期，东晋、南朝北伐19次，寿春方向用兵8次，此地同样是呼应东西的北伐要途。晋元帝时期，后军将军应詹陈述寿春的战略重要性，“昔高祖使萧何镇关中，光武令寇恂守河内，魏武委钟繇以西事，故能使八表夷荡，区内辑宁。今中州萧条，未蒙疆理，此兆庶所以企望。寿春一方之会，去此不远，宜选都督有文武经略者，远以振河洛之形势，近以为徐豫之藩镇，绥集流散，使人有攸依，专委农功，令事有所局”③。齐高帝萧道成对垣崇祖说过，“我新有天下，夷虏不识运命，必当动其蚁众，

---

① 《晋书》卷九十二《伏滔传》。
② 《魏书》卷四十一《源思礼传》。
③ 《晋书》卷二十六《食货志》。

以送刘昶为辞。贼之所冲，必在寿春。能制此寇，非卿莫可”①。陈太建五年（573），南朝陈北伐，吴明彻攻克寿阳，宣帝下诏褒奖，“寿春者古之都会，襟带淮、汝，控引河、洛，得之者安，是称要害。……今兹荡定，恢我王略，风行电扫，貔武争驰”②。

泗水是继淮河后沟通长江、黄河的又一要途，史书将其入淮口称为泗口，因泗水一名清水，故亦称清口。因地处江淮要道，泗口历来为兵家所重视。特别是汉献帝建安五年（200），广陵太守陈登开凿了邗沟（淮安到扬州的淮扬运河）西道，泗口的战略位置更加重要，即“南必得而后进取有资，北必得而后饷运无阻”。东晋南北朝时期，泗口是南北战事比较频繁的地区，大的战事就有十余次。如祖逖死后，石勒再度攻陷北方已收复的土地，并逼近淮河、泗水流域。晋元帝任命卞敦为征虏将军、徐州刺史，镇守泗口。太宁元年（323），石勒大举南下，“及勒寇彭城，敦自度力不能支，与征北将军王邃退保盱眙，贼势遂张，淮北诸郡多为所陷”③。第二年，后赵进攻下邳和彭城，攻取东莞和东海，兖州刺史刘遐退守泗口，稳住了局势。“勒征徐、扬州兵，会石瞻于下邳，刘遐惧，又自下邳奔于泗汭。”④

在整个东晋南北朝期间，北方政权南下的主要进攻方向在扬州和荆州，即扬州方向由淮入江，以及荆州方向由许昌、南阳向襄阳经汉水、汝水入江。具体行军路线有四条：一是由彭城经下邳、淮阴至广陵入江，走的是泗水、淮河、中渎水至广陵入江的路线；二是由浚仪（治今河南开封）、陈、项、寿春、合肥、濡须口顺濡须水而入长江；三是由襄城、上蔡、义阳至江夏，水道顺汝水入淮，陆路由义阳（今河南信阳）经随县、安陆到长江；四是由南阳顺淯水（今河南白河）而下，穿襄邓走廊到襄阳入汉水至沔口（今湖北汉

---

① 《南齐书》卷二十五《垣崇祖传》。
② 《陈书》卷九《吴明彻传》。
③ 《晋书》卷七十《卞敦传》。
④ 《晋书》卷一百五《石勒载记下》。

口）入江。[1] 总体上看，大的用兵多集中在寿春、合肥方向，这条线路地理位置居中，便于两侧的相互策应。同时江淮地区河流纵横，水运便利，节省时间和耗费。寿春位于江淮之间的淝水南岸，地处南北要冲，水路交通便捷，是整个淮南防御体系的核心。

① 参见《中国古代战争的地理枢纽》，第 321—322 页。

第九章　主要军事家的军事思想

战争实践是孕育军事家和军事思想的丰厚土壤。长期频繁的战争中，涌现出了许多优秀的军事家，产生了丰富的军事思想和指挥战争的高超艺术。曹操、诸葛亮、羊祜、宇文泰、刘裕等是这一时期众多军事家的杰出代表，他们在战略决策思想、作战指导思想、富国强兵思想、建军治军思想、军事外交艺术及军事斗争策略等方面都有较大建树，在中国军事思想发展的历史长河中闪耀着独特光芒。这些既是对先秦两汉时期兵学理论成就的继承与发展，也为隋唐两宋兵学思想的再次繁荣兴盛准备了必要的条件。

第一节　曹操的军事战略思想

曹操（155—220），东汉末年著名的政治家和军事家，被追尊为武皇帝（魏武帝），三国时魏国的奠基者，在历史上受到非常高的评价。“太祖运筹演谋，鞭挞宇内，擥申、商之法术，该韩、白之奇策，官方授材，各因其器，矫情任算，不念旧恶，终能总御皇机，克成洪业者，惟其明略最优也；抑可谓非常之人，超世之杰矣。”①

据《三国志》记载，曹操字孟德，一名吉利，小字阿瞒，沛国谯县（今安徽亳州）人。祖父曹腾字季兴，年轻时做了黄门的属官。在秦汉时期，宫门多漆成黄色，故称黄门。东汉开始设立黄门专官，

---

①《三国志》卷一《武帝纪》。

称为给事黄门侍郎，是隶属于少府的官员，又是皇帝近侍，地位较为特殊。“给事黄门侍郎，秦官也。汉已后并因之，与侍中俱管门下众事，无员。及晋，置员四人。”① 永宁元年（120），邓太后诏令要选出“黄门从官年少温谨者配皇太子书”，由此曹腾被选中进宫侍候太子读书，太子特亲爱曹腾，饮食赏赐与众有异，太子即后来的汉顺帝刘保。刘保即位后，曹腾任小黄门，“迁至中常侍大长秋”②。汉桓帝刘志即位后，曹腾又被封为费亭侯。曹腾在宫中服务 30 余年，侍奉四任皇帝，不曾有大的过失，并以“好贤达能”著称，是汉桓帝时的权势人物。由于当时准许宦官收养子嗣袭取爵禄，曹腾就收养了曹操的父亲曹嵩。曹嵩以养子身份先为司隶校尉，后任大司农、大鸿胪，并在 187 年买到了太尉这一要职。陈寅恪先生称“魏统治者曹氏出身于寒族，且与阉宦有关”③，即指曹操出身不高，到了曹操这一代仍仰曹腾的余荫。曹操的阶级出身对其早期的发展是有利的，而他对王室正统和宦官阶层的态度又对他后来的政治军事生涯有直接影响。

作为曹嵩的长子，曹操年少时很机警，有智谋，但“任侠放荡，不治行业”。熹平三年（174），20 岁的曹操受举荐孝廉为郎，做了京都洛阳的北部尉，后因得罪权贵被迁往顿丘（今河南濮阳清丰县西南）为令。中平元年（184），黄巾军大起义爆发，曹操“拜骑都尉，讨颍川贼”④，因功升迁为济南相，自此在镇压起义军和参与诸路军阀混战中起家。而纵观曹操的整个军事生涯，以官渡之战和赤壁之战为限，先后可分为三个阶段。

第一个阶段是 189 年举义兵反董卓到 200 年赢得官渡之战。这一时期主要是建立和夯实个人势力。中平六年（189），并州牧董卓受诏进京，废汉少帝，改立陈留王为汉献帝，专擅朝政。曹操因董

---

① 《晋书》卷二十四《职官志》。

② 《三国志》卷一《武帝纪》注引《续汉书》。

③ 《陈寅恪魏晋南北朝史讲演录》，第 9 页。

④ 《三国志》卷一《武帝纪》。

卓残暴，不愿与其合作，召义兵五千人，拥兵割据，并号召天下英雄攻讨董卓。次年，各路武装集团成立讨卓联军，推袁绍为盟主，曹操为奋武将军。联军虽聚兵十万，但各路将领皆拥兵自保，以求发展个人势力，在战场采观望态度。曹操不满，独自率兵进击，大败，遂决意独立发展。汉献帝初平三年（192），曹操出任兖州牧，在与黄巾军的作战中大胜，得降卒三十余万，人口百余万，曹操聚其精锐编成青州兵，这也成为其后来征战的基础力量。立足兖州后，曹操佯顺袁绍，借机先后击败幽州的公孙瓒和南阳的袁术，破解了受南方和北面两路夹击的威胁。初平四年（193），徐州牧陶谦杀害曹嵩。“初，曹操父嵩避难琅邪，时谦别将守阴平，士卒利嵩财宝，遂袭杀之。”① 曹操为报父仇进兵徐州，后因粮尽退兵。第二年再攻徐州，吕布趁机夺取兖州大部。兴平二年（195），曹操三败吕布，收复兖州。建安元年（196），曹操兵进洛阳迎汉献帝，先封司隶校尉，录尚书事，参与朝政。后迁汉献帝都许昌，封司空，行车骑将军事，总揽朝政。此后，曹操采取分化瓦解的政策，先后击破张绣和吕布，与袁绍渐成争雄态势。建安四年（199），曹操兵屯官渡，准备和袁绍决战。在建安五年（200）二月至十月间，经过一系列的艰苦会战后，曹操彻底击败袁绍。

第二阶段是从官渡之战后到208年赤壁兵败。这一时期主要是完成统一北方的任务。建安七年（202），袁绍病死，袁谭、袁尚二子相争。曹操一鼓作气，先后消灭了二袁，平定冀州、青州和并州。建安十二年（207），曹操远征乌桓，赢得白狼山之战，“八月，登白狼山，卒与虏遇，众甚盛。公车重在后，被甲者少，左右皆惧。公登高，望虏陈不整，乃纵兵击之，使张辽为先锋，虏众大崩，斩蹋顿及名王已下，胡汉降者二十余万口”②。由此，曹操完成了北方的统一。建安十三年（208），曹操废除三公制，恢复丞相制，自任丞相，开辟玄武池训练水军，进击荆州刘表，准备南下完成统一大业。

---

① 《后汉书》卷七十三《陶谦传》。

② 《三国志》卷一《武帝纪》。

但北军由于不习水战、自身的大意轻敌等多重原因，在赤壁被孙权和刘备的联军所击败，由此也确立了南北分立、三方割据对抗的局面。

第三阶段为赤壁之战后，曹操为继续统一事业而进行的军事努力。兵败赤壁后，曹操重整旗鼓，亲征关中，大败马超、韩遂联军，接着平定凉州。建安十八年（213），曹操起兵40万，再次南下征伐孙权，因水军失利撤军。同期被封为魏公和魏王，名虽汉臣，实际上已位同皇帝。随后数年，曹操在汉中、襄樊等地与吴蜀相互征伐，各有胜负。建安二十五年（220）初，曹操病逝洛阳，终年66岁，正值其声名日隆之时。同年十月，曹丕代汉自立，立国号魏，追尊曹操为武皇帝。

一直以来，史家和兵家都对曹操推崇有加。相比于同一时期的袁氏兄弟，以及荆州的刘表、汉中的张鲁、徐州的陶谦、益州的刘焉和幽州的公孙瓒等地方割据势力，曹操统筹全局的战略思想和军事指挥能力最为突出。在魏、蜀、吴三个开国君主当中，曹操也是能力最强的一个。其军事战略思想尤为突出，可以概括为三个方面。

一、举义兵，挟天子，占据道义制高点

曹操是一个头脑比较清醒的政治人物，深谙以天子之诏、义兵之举为自己捞取政治资本的重要性，因此在军事生涯的初期就旗帜鲜明地反对宦官专政，划清了与自己阶级出身的界限，政治立场比较坚定。在汉室复杂的宫廷斗争中，凉州军事集团代表人物董卓利用外戚和宦官的内斗进军洛阳，控制了朝政大权。在这种情况下，曹操拒绝了董卓的拉拢，选择在陈留“散家财，合义兵，将以诛卓”①，军事生涯早期就打出“合义兵”“诛董卓”的旗号。初平元年（190）初，曹操与冀州的袁绍、陈留太守张邈、兖州刺史刘岱等地方豪强结成反董盟军，推袁绍为盟主。刘岱战死后，曹操得到兖州地方势力的代表人物济北相鲍信的支持，接任兖州刺史，并以兖

---

① 《三国志》卷一《武帝纪》。

州为根据地不断壮大。这时候，曹操倚重的主要是袁绍的大力支持，曹操把兖州作为自己的根据地，袁绍也视其为自己的势力范围，在对抗外部势力觊觎兖州上，曹、袁两人是一致的。到了 192 年，董卓为吕布所杀，东汉政权又落到董卓的大将李傕手中。这时曹操与袁绍结盟的政治军事基础不复存在，摆脱袁绍控制，为自己树立起正统地位不失为曹操最关键的战略抉择。建安元年（196），曹操击败汝南颍川黄巾军，攻下许县（今河南许昌），听从荀彧“奉迎天子都许”的建议，赶到洛阳朝见汉献帝，被封为建德将军、镇武将军，任司隶校尉、录尚书事，开始参与朝政。随后又以洛阳残破为由，使汉献帝迁都许县，自任大将军，总揽朝政，对外以天子的名义发号施令。挟天子以令诸侯，为曹操取得了政治上的优势。“尽管东汉王朝这时已摇摇欲坠，但汉献帝仍旧是一面旗帜，而且，曹操需要摆脱袁绍的控制，这是一个最好的途径，因为曹操可以以汉献帝的名义对袁绍发号施令，袁绍反而成为自己的臣属，否则即是‘不臣’。”① 曹操与袁绍矛盾的激化和公开化，就是从曹操挟天子都许昌开始的，最后在官渡，一场堪称史诗级的经典战役，使两者的矛盾得到了最终解决，经此一战，曹操也奠定了统一北方的基础。

二、据地蓄力，相机进取

初平二年（191）秋，在青州刺史臧洪的严厉打击下，青州百万黄巾军涌向西面的河北，一旦黄巾军与河北的黑山军会师，就会在黄河中下游形成绝对的优势力量。在这种战略形势下，袁绍以盟主身份号令各股势力集中打击起义军。在镇压黄巾义军的过程中，曹操“受降卒三十余万，男女百余万口，收其精锐者，号为青州兵”②。曹操从收编过来的起义军中选拔精锐，并以此“青州兵”为中坚，充实自己的军队，“这支青州兵以后在曹操转战中原的统一战

---

① 方诗铭：《曹操·袁绍·黄巾》，上海社会科学出版社，1995 年，第 4 页。
② 《三国志》卷一《武帝纪》。

争中曾起过很大的作用”①。在早期的经营中，除以青州兵为骨干力量外，曹操选择兖州作为战略基地也至为关键。兖州位于黄河和济水之间，东汉时期，昌邑（今山东巨野南）为兖州治所，下辖陈留、东郡、任城等八个郡国，介于今山东西部及河南东部区域，西北部遥望河北，战略位置非常重要。据《晋书》记载，“汉武帝置十三州，以旧名为兖州，自此不改。州统郡国八，县五十六，户八万三千三百”②。荀彧 29 岁就“去绍而从太祖”，是被曹操视为“吾之子房”的主要谋士，他力劝曹操首要任务是保住兖州：“昔高祖保关中，光武据河内，皆深根固本以制天下，进足以胜敌，退足以坚守，故难有困败而终济大业。将军本以兖州首事，平山东之难，百姓无不归心悦服。且河、济，天下之要地也，今虽残坏，犹易以自保，是亦将军之关中、河内也，不可以不先定。”③ 荀彧的见解正合曹操的心意，即以兖州为制衡天下的深根固本之地。曹操在早期也是重点围绕巩固兖州根据地展开行动，包括外拒死敌袁术和公孙瓒，内部镇压张邈、王匡的“泰山军”，以及后来与陈宫的反目。以这支青州兵为基础，以兖州为根据地，曹操通过战胜袁绍、消灭北方各割据集团而不断发展壮大，进而越过黄河流域向长江地区扩张。建安十三年（208），曹操“作玄武池以肄舟师”，罢三公（太尉、司徒、司空），置丞相、御史大夫，“夏六月，以公为丞相。秋七月，公南征刘表”④，可谓意气风发。这时，曹操面临两个挑战：一是势力不断膨胀引起各方惊惧，最终的结果就是孙刘两家的联合；二是以青州兵为主的北军不习水战，只能短期训练后仓促应战。加之因疏忽大意被周瑜火攻，最终落得个兵败赤壁的悲惨结局，成就了中国兵学史上的又一经典战例。至此，统一中国的努力遭受了大的挫折，时年 53 岁的曹操遂有了“对酒当歌，人生几何！譬如朝露，去日苦

---

① 《魏晋南北朝史》，第 31 页。

② 《晋书》卷十四《地理志上》。

③ 《三国志》卷十《荀彧传》。

④ 《三国志》卷一《武帝纪》。

多。慨当以慷，忧思难忘。何以解忧？唯有杜康”[①] 的慨叹。此后，曹操致力中原，巩固北方，大力整治水军，集中兵力于荆州，并着手离间孙刘联盟，逐渐恢复了赤壁之战前的优势地位。而此时也正值孙权袭击荆州，杀害蜀汉名将关羽，孙刘联盟濒于解体。

三、实行屯田，强国固本

屯田制的大规模实施是在汉代，指驻屯边郡的军士从事农业生产，实现粮食自给。汉文帝时，为抵御和防范少数民族对边境的袭扰，用晁错的建议招募戍边之民驻扎下来。“陛下幸忧边境，遣将吏发卒以治塞，甚大惠也。然令远方之卒守塞，一岁而更，不知胡人之能，不如选常居者，家室田作，且以备之。”[②] 汉武帝时期，因长期对西北用兵，粮草供应成为一大问题，为此在西北边境地区增设了大量新郡，建立起了60万人规模的驻兵屯田系统。“这些负有屯田和戍边双重任务的军队称屯田兵。屯田兵有警则战，无事则耕。这样大规模的屯田，保证了边防的后勤供应。”[③] 到了东汉末年，长期的兼并战争破坏了秦汉以来大一统的稳定局面，社会生产和百姓生活陷入破产边缘。“白骨露于野，千里无鸡鸣”，各州郡普遍面临无兵可募、无粮可征的局面。“自遭荒乱，率乏粮谷。诸军并起，无终岁之计，饥则寇略，饱则弃余，瓦解流离，无敌自破者不胜数。袁绍之在河北，军人仰食桑椹。袁术在江、淮，取给蒲蠃。民人相食，州里萧条。”[④] 细读这一时期的历史不难发现，粮草问题已然成为决定战争胜负的关键。作为一代枭雄，曹操对此当然有切身体会，也有切肤之痛，如早期在与吕布争夺兖州时，双方数度因粮尽而罢兵，“是岁谷一斛五十余万钱，人相食，乃罢吏兵新募者”[⑤]。曹操深知，“夫定国之术，在于强兵足食，秦人以急农兼天下，孝武以屯

---

① 《曹操集·诗集·短歌行》。
② 《汉书》卷四十九《晁错传》。
③ 黄水华：《中国古代兵制》，商务印书馆，1998年，第31页。
④ 《三国志》卷一《武帝纪》注引《魏书》。
⑤ 《三国志》卷一《武帝纪》。

田定西域，此先代之良式也”[①]。

与汉朝的边屯制度相比，曹操所实行的屯田制包括民屯和军屯两种，解决的既是经济问题，更是军事问题。民屯方面，汉末大量农民流离失所，土地荒芜严重，无主的土地都成了公田，主要的问题是缺少大量失去土地的劳动力。这方面贡献比较大的有两个人，一个是枣祗，一个是任峻。枣祗是东汉末年颍川（治今河南禹州）人，本来姓棘，其先人为避难，改姓为枣。曹操聚兵讨伐董卓时枣祗就投奔麾下，曾先后担任东阿令、羽林监、屯田都尉、陈留太守等职。在跟随曹操镇压起义军过程中，枣祗受农民义军亦战亦耕、兵农合一做法启发，首倡屯田制。建安元年（196），曹操击败了汝南、颍川的黄巾军，斩杀了刘辟、黄邵，何仪、何曼等率众投降，由此得到了大量的青壮劳力及农业生产工具，“是岁用枣祗、韩浩等议，始兴屯田”[②]。在枣祗的建议下，曹操按一定的生产和组织形式对收编的人力器具进行编制，在许昌一带大量无主土地上垦殖生产，“是岁乃募民屯田许下，得谷百万斛。于是州郡例置田官，所在积谷。征伐四方，无运粮之劳，遂歼灭群贼，克平天下”[③]。曹操特置典农中郎将一职，主管屯田事宜，通过屯田将大量流离失所的农民固定到土地上来，“由政府在内地推行屯田，使失去土地的农民重新和土地结合起来便成为首要的问题了”[④]。屯田的农民被称为“典农部民”，表明“农民一经应募屯田，便不再是郡县中的编户齐民，而隶属典农官吏了。自典农中郎将以下，形成一整套军事性质的组织，虽曰民屯，实具军事性质”[⑤]。枣祗虽英年早逝，但他倡导的屯田制影响深远。曹操认为枣祗“追赠以郡，犹未副之”，故对枣祗之子“宜加封爵，以祀祗为不朽之事”[⑥]。另一位比较重要的人物是任峻。

---

① 《三国志》卷一《武帝纪》注引《魏书》。

② 《三国志》卷一《武帝纪》。

③ 《三国志》卷一《武帝纪》注引《魏书》。

④ 《魏晋南北朝史》，第 37 页。

⑤ 万绳楠：《魏晋南北朝史论稿》，安徽教育出版社，1983 年，第 31 页。

⑥ 《三国志》卷十六《任峻传》注引《魏武故事》。

据史书记载，“会太祖起关东，入中牟界”① 时，任峻就跟随曹操，深得信任，曹操每次征伐，任峻经常留守统筹后勤供给。时枣祗建议屯田，曹操以任峻为典农中郎将，屯田许下。官渡之战时，任峻典军器粮运，敌人不敢靠近，陈寿评论曹操屯田的功效为“军国之饶，起于枣祗而成于峻”②。

最初，屯田主要集中在许昌和颍川，而随着曹操势力的急剧扩张，屯田的范围不断扩大，遍及洛阳、荥阳、原武（今河南原阳）、弘农（今河南灵宝北）、河内（今河南武陟西南）、野王（今河南沁阳）、汲郡（今河南卫辉西南）、襄城、汝南、梁国（今河南商丘南）、河东（今山西夏县西北）、上党（今山西长治北）、沛国（今安徽濉溪西北）、谯郡（今安徽亳州）、魏郡（今河北临漳西南）、巨鹿（今河北宁晋西南）等地。另，在长安、上邽、芍陂（今安徽寿县南）和皖城（今安徽潜山北）等军事重镇也实行屯田，以保证军队的粮饷供给。③ 屯田制的实施，为曹操提供了稳定的军粮供应，客观上也适应了当时的生产需要，对恢复北方农业经济、稳定社会秩序贡献很大。

第二节 诸葛亮的军事战略思想

诸葛亮（181—234），字孔明，琅邪阳都（今山东沂南南）人，三国时期杰出的政治家和军事家。在中国传统文化中，诸葛亮是一个被神化的人物，围绕他改编的一系列传奇故事一直广为流传，如孔明祭东风、草船借箭和空城计等，虽然有些是讹传，但也可看出后世对其推崇程度。台湾三军大学主编的《中国历代战争史》一书

---

① 《三国志》卷十六《任峻传》。

② 《三国志》卷十六《任峻传》。

③ 参见《魏晋南北朝史》，第114—115页。

评价诸葛亮，“其眼光之巨远，于其隆中策可以见之。彼于隆中之策定，终其身而践履之，使蕞尔之蜀汉，能巍然独立于魏吴两大之间；其治蜀之良，则使其敌国畏服。惜其死后，即无继起之人才；然蜀汉竟赖其余荫，延续国运于数十年之久，诚可谓伟矣”①。

诸葛亮是汉朝司隶校尉诸葛丰的后人，“少有逸群之才，英霸之器，身长八尺，容貌甚伟，时人异焉”②。诸葛亮早年丧父，时值叔父诸葛玄被袁术任命为豫章（今江西南昌）太守，诸葛亮和弟弟诸葛均跟随诸葛玄前往豫章。后东汉朝廷选派朱皓任豫章太守，诸葛玄就投奔旧交荆州牧刘表。诸葛玄死后，诸葛亮在南阳邓县（在今湖北襄阳）安家，号曰隆中，过起隐居的生活。隐居期间，诸葛亮熟读诸子百家，专注治国用兵之道，由此逐渐形成其战略思想，并因远见卓识而有盛名。

当时正值官渡之战后，曹操统一了北方，寻求南下。孙权以江东为根据地，徐图发展。另外两股比较重要的势力是占据荆州的刘表和盘踞益州的刘璋。刘备被曹操打败后依附于刘表，屯兵新野。建安十二年（207），在诸葛亮好友徐庶的推荐下，刘备拜访诸葛亮，前后三次始得见面。也就是在这次君臣会面中，诸葛亮给出了著名的《隆中对》，和盘托出一套成型的战略谋划。由《隆中对》始，诸葛亮一生都在积极创造机会和条件实现他所提出的战略目标。赤壁破曹后，诸葛亮辅助刘备占据荆州，进图益州，攻取成都以为基业。章武元年（221）刘备在成都称帝，“亮以丞相录尚书事”，负责军政事务。由此，三国鼎立的局面正式形成。章武三年（223），刘备病亡，临终托孤。刘禅继位后，封亮为武乡侯，领益州牧，总理军政事务。诸葛亮深知要实现恢复中原的目标，须先在内部恢复蜀国元气，外部维持与东吴的联盟，巩固西南统治薄弱地区。建兴三年（225），诸葛亮进军南中，七擒而降服孟获，重置郡县，抚定西南边境，加强经济联系，国力日增。226 年，曹丕病逝，曹叡继

① 《中国历代战争史》第四册《三国》，第 232 页。

② 《诸葛亮集》卷首《进诸葛亮集表》。

位。227年，诸葛亮给刘禅上《出师表》，统领10万大军进驻汉中，准备伐魏。次年，诸葛亮率主力出祁山，关中震动。但因马谡在街亭败于张郃，赵云在箕谷失利，诸葛亮撤军，第一次北伐失败。此后至建兴十二年（234），诸葛亮连年北伐，皆无功而返。也是在最后一次北伐的军中，诸葛亮忧劳成疾，在兵营中去世，终年54岁。蜀军还成都后，诸葛亮被追谥为忠武侯。

诸葛亮以谋略著称，治军以严谨闻，用兵以奇正胜，在军事后勤、军械制造和兵法阵法等方面都有大贡献。这里，我们重点对诸葛亮的战略谋划思想做归纳总结。

一、洞察大势，统筹全局

从董卓率领西凉兵进京乱政，到官渡之战后曹操逐一平定割据诸侯，中国的整个战略形势已经逐渐明朗：曹操统一北方，孙吴割据东吴，势力较为强大，统治也较为稳固；荆州的刘表和益州的刘璋都是汉室宗亲，据有长江和四川的险要，但力量相对较弱，只能割据一方暂取守势。刘备从汉灵帝末年讨黄巾军起家，也加入了诸强争霸的行列，只是苦于力量弱小，寄人篱下。他先是投奔徐州牧陶谦，驻屯小沛，因受到吕布的攻击，败走投奔曹操。曹操厚待刘备，封其为豫州牧，帮助他攻打吕布。其间刘备颠沛流离，就连妻子也先后两次为吕布所虏；后因参与反曹，建安五年（200）被曹操击败，投奔曹操的劲敌袁绍，这次连他的妻子和大将关羽都做了俘虏。此后不久发生了官渡之战，袁绍被打败，刘备再次逃亡，投奔荆州刘表，屯兵新野，受到了刘表的猜忌。建安十二年（207），刘备与诸葛亮在隆中相会，当时正值刘备在新野处于寄人篱下、朝不保夕的困难境遇。初次会面，刘备就道出了在“汉室倾颓，奸臣窃命，主上蒙尘”时局中自己的打算和苦闷：“孤不度德量力，欲信大义于天下，而智术浅短，遂用猖獗，至于今日。然志犹未已，君谓计将安出？”① 针对刘备的苦闷，诸葛亮先是用曹操打败袁绍的例子

---

① 《三国志》卷三十五《诸葛亮传》。

给他打了一剂强心针："自董卓已来，豪杰并起，跨州连郡者不可胜数。曹操比于袁绍，则名微而众寡，然操遂能克绍，以弱为强者，非惟天时，抑亦人谋也。"① 强调"人谋"的重要性，让刘备相信只要谋略得当，完全可以化被动为主动，后来居上。接着，诸葛亮分析了当时的战略局面和各方力量对比，以此为据来寻找徐图发展的空间。"今操已拥百万之众，挟天子而令诸侯，此诚不可与争锋。孙权据有江东，已历三世，国险而民附，贤能为之用，此可以为援而不可图也。"② 北方的曹操兵强马壮，势头正强，不可与争锋。孙权集团久居江东，依江而治占了地利，三世而民附用占了人和，也不可图。而曹强孙弱的局势给了刘备集团政治运作空间，那么，除去曹孙两股势力，暂时能够谋取立足之地的只有荆州的刘表和益州的刘璋。"荆州北据汉、沔，利尽南海，东连吴会，西通巴、蜀，此用武之国，而其主不能守，此殆天所以资将军，将军岂有意乎？"③ 诸葛亮建议先占据荆州这个长江咽喉、东连西通之地，这让处于颠沛流离之际的刘备看到了曙光。此时正值刘表集团内部产生矛盾，刘表因后妻之言喜爱小儿刘琮而不悦长子刘琦，刘琦在诸葛亮的建议下外出避祸，去江夏做了太守。建安十三年（208）刘表卒，局势就变得混乱起来。先是刘琮在曹军进逼下"遣使请降"，曹操占据了荆州，刘备被迫又率其众南行。危局面前，诸葛亮站了出来，请使东吴，劝说孙权联刘抗曹。在赤壁大败曹操后，刘备集团在诸葛亮的努力下，依靠"人谋"取得了荆州这一落脚点，实现了战略目标的第一步。

二、跨有荆益，鼎足而立

在占有荆州，有了立足点后，诸葛亮把目标放在了西南的益州。荆州地理位置虽然重要，但所辖区域有限，且水路、旱路皆易受到

---

① 《三国志》卷三十五《诸葛亮传》。

② 《三国志》卷三十五《诸葛亮传》。

③ 《三国志》卷三十五《诸葛亮传》。

攻击，要作为徐图霸业割据一方的基地，经济和军事上远远不够。因此，诸葛亮在《隆中对》中提出了西进战略，占据益州，割据一方。地理位置上，“益州险塞，沃野千里，天府之土，高祖因之以成帝业”①。而从当时的可能条件来看，“刘璋暗弱，张鲁在北，民殷国富而不知存恤，智能之士思得明君”。刘璋在益州统治不力，又有张鲁在北面相威胁，后方不稳，刘备夺取益州是有成功的可能的。而一旦夺取了益州，也就能够利用其物产丰饶、地形险峻的优势，巩固赤壁之战后孙、刘的联盟，平定西南少数民族，形成牵制和抗衡曹操之局，即“将军既帝室之胄，信义著于四海，总揽英雄，思贤如渴，若跨有荆、益，保其岩阻，西和诸戎，南抚夷越，外结好孙权，内修政理”②。有了稳定的局势做保障，通过加强内外建设，可增强国力和军事实力，为统一战争积蓄力量。赤壁大战后，曹操引军回到了邺城，刘备趁机占据了荆州。荆州下辖八郡，刘备征服了武陵（治临沅，今湖南常德西）、长沙（治临湘，今湖南长沙）、桂阳（治郴县，今湖南郴州）、零陵（治泉陵，今湖南永州北）四郡，任命诸葛亮为军师中郎将，负责督促零陵、桂阳、长沙三郡缴赋税，以保证军事供应。③ 至此，刘备集团占据了荆州及江南四郡，可谓是赤壁之战的最大赢家。此时，刘备集团一方面要在荆州站稳脚跟后图谋西进取蜀，另一方面还要提防其他集团觊觎蜀地。此时曹操新败，各争霸诸侯也都兼并得差不多了，最有可能与刘备竞争蜀地的也就只有东吴孙权了。

孙权对于大战后刘备集团的扩军占地已有防范之心，并采取措施，一方面是“进妹固好”，将妹妹嫁给刘备巩固联盟关系，另一方面既然不能“越荆有蜀”，那么就遣使与刘备相约共击刘璋，由此制

---

① 《三国志》卷三十五《诸葛亮传》。

② 《三国志》卷三十五《诸葛亮传》。

③ 另外四郡分别为曹操和孙权占有。曹操占据了南阳（治宛县，今河南南阳）和章陵（治章陵，今湖北枣阳南），孙权占据了南郡（治公安城，今湖北公安北）和江夏（治武昌，今湖北鄂州）。

造占据蜀地的机会。于是，孙权派遣使者游说刘备："米贼张鲁居王巴、汉，为曹操耳目，规图益州。刘璋不武，不能自守。若操得蜀，则荆州危矣。今欲先攻取璋，进讨张鲁，首尾相连，一统吴、楚，虽有十操，无所忧也。"① 如果让孙权派兵进入四川，那后果就很严重了，诚如荆州主簿殷观所言："若为吴先驱，进未能克蜀，退为吴所乘，即事去矣。"② 刘备和诸葛亮对东吴的要求委婉地予以拒绝："益州民富强，土地险阻，刘璋虽弱，足以自守。张鲁虚伪，未必尽忠于操。今暴师于蜀、汉，转运于万里，欲使战克攻取，举不失利，此吴起不能定其规，孙武不能善其事也。曹操虽有无君之心，而有奉主之名，议者见操失利于赤壁，谓其力屈，无复远志也。今操三分天下已有其二，将欲饮马于沧海，观兵于吴会，何肯守此坐须老乎？今同盟无故自相攻伐，借枢于操，使敌承其隙，非长计也。"③ 孙权见商量不成，就派遣孙瑜率水军驻夏口，刘备集团也做了针对性部署，"使关羽屯江陵，张飞屯秭归，诸葛亮据南郡，备自住孱陵"④。孙权怕硬来引起战争破坏联盟体系，为随时可能南下的曹操所乘，"因召瑜还"，于是就放弃了。在抵制了外来的竞争后，刘备要攻取四川就易如反掌，只需等待时机和借口。建安十六年（211），益州牧刘璋因张鲁的军事威胁，特意派遣法正迎刘备入川，为刘备创造了良机。

中国地理走向呈西高东低、归流入海之势，四川和关中地区据有黄河、长江上游之势，攻时可东出南下北进，守时可依托险要地形，自秦汉以来就是兵家形胜之地。"夫江南所恃以为固者长江也，而四川据长江上游，下临吴、楚，其势足以夺长江之险。河北所恃以为固者黄河也，而陕西据黄河上游，下临赵、代，其势足以夺黄

① 《三国志》卷三十二《先主传》注引《献帝春秋》。

② 《三国志》卷三十二《先主传》。

③ 《三国志》卷三十二《先主传》注引《献帝春秋》。

④ 《三国志》卷三十二《先主传》注引《献帝春秋》。

河之险。是川、陕二地，常制南北之命也。”① 四川江河水系密布，土地肥沃，物产丰饶，被称为天府之国。特别是秦汉以后，北人南迁使得江南得到了经济上的开发，政治军事上的重要性也随之上升。诸葛亮知道，一旦鼎足之势形成，刘备集团就占据了地理上的优势，因四川和陕西是上游之地，可以凭险据守伺机东出，荆州又有水上之利，一旦局势有变，可立即从荆州和秦川两地出兵，一统中国。即“天下有变，则命一上将将荆州之军以向宛、洛，将军身率益州之众出于秦川，百姓孰敢不箪食壶浆以迎将军者乎？诚如是，则霸业可成，汉室可兴矣”②。这里可以看出，要想最终实现两路齐出统一中国的目标，还是要有外部局势大的变化才可能，这就存在很大的不确定性了。关于这一战略的缺陷，前文已讨论过“跨有荆、益”的现实可能性，同时也要注意另一个重大制约，四川在乱世容易建立分裂政权，但没有任何一个政权完成过统一大业，这与四川的地理特征不无关系。然纵观当时的整个形势发展，也实属无奈之举。最让诸葛亮没有想到的是，他制定的三步走战略第一步比较成功，但第二步在实施中就出现纰漏。一是关羽在镇守荆州时刚愎自用，不但没有夺取襄阳和樊城，反而使脆弱的孙刘联盟解体，孙权夺取了荆州；二是关羽死后刘备急于为兄弟报仇，举兵伐吴，夷陵兵败，既破坏吴蜀联盟，又元气大伤，此后仅能自保。后来诸葛亮只能以攻为守，连年北伐。

三、维持蜀吴联盟，保持战略平衡

三国鼎立的局势能否维持，关键在于孙刘两家的联盟关系，而这种联盟关系受到两方面的挑战：一是曹操南下压力陡降后，孙刘两家围绕荆州的争夺矛盾渐渐公开化、尖锐化；二是刘备死后蜀国政治局势和外交战略的走向。赤壁之战后，刘备暂占荆州，并向长江上游的四川方向发展势力，尽得巴蜀和汉中，自称汉中王，势力

---

① 《读史方舆纪要》卷五十二《陕西一》。

② 《三国志》卷三十五《诸葛亮传》。

急剧膨胀，引起了孙权的警觉。“权以备已得益州，令诸葛瑾从求荆州诸郡”①，要求刘备归还荆州各郡，刘备以凉州未定相敷衍。在这种情况下，孙权向荆州的南部三郡派遣长吏，“关羽尽逐之”，孙刘矛盾由此而起，昔日的盟友变成了战场的对手。对于东吴政权来说，荆州是要极力控制的，它事关整个长江防线的安全，而长江防线的安全与否又直接决定了东吴政权是否巩固的问题。最终的结果，是关羽被杀，蜀吴战事随后而起。刘备为关羽报仇率军伐吴，不料败给了东吴青年才俊陆逊，病死白帝城。根据刘备临终遗言，刘禅继位，诸葛亮以丞相之职全权辅政。先主托孤使得诸葛亮责任更重，要巩固蜀国政权，当务之急有两点：一是恢复吴蜀联盟，并立抗曹；二是安定南中巩固政权，并为以后的北伐做准备。蜀国本就地狭民弱，孙刘联盟出现裂痕，又逢刘备死后幼主登基，危急形势下，诸葛亮“深虑权闻先主殂陨，恐有异计，未知所如”②。后遣邓芝修好于吴的时候，孙权的一番话更有所印证：“孤诚愿与蜀和亲，然恐蜀主幼弱，国小势逼，为魏所乘，不自保全，以此犹豫耳。”③ 邓芝的进劝之词反映出蜀吴并立抗曹的基础还是存在的：“吴、蜀二国四州之地，大王命世之英，诸葛亮亦一时之杰也。蜀有重险之固，吴有三江之阻，合此二长，共为唇齿，进可并兼天下，退可鼎足而立，此理之自然也。大王今若委质于魏，魏必上望大王之入朝，下求太子之内侍，若不从命，则奉辞伐叛，蜀必顺流见可而进，如此，江南之地非复大王之有也。”④ 此后，诸葛亮一直在极力维系这种联盟关系，因为这是确保蜀国能够割据一方的重要前提。

四、以攻代守，极力北伐

在稳定了与东吴的盟友关系后，西南诸少数民族的叛乱袭扰还是一个很大的不稳定因素。刘备死后，“南中诸郡，并皆叛乱，亮以

---

① 《三国志》卷四十七《孙权传》。
② 《三国志》卷四十五《邓芝传》。
③ 《三国志》卷四十五《邓芝传》。
④ 《三国志》卷四十五《邓芝传》。

新遭大丧，故未便加兵”①。建兴三年（225）春，诸葛亮率众南征，至秋悉平。诸葛亮通过七擒孟获赢得夷人诚服后，采取以夷治夷的手段，“今吾欲使不留兵，不运粮，而纲纪粗定，夷、汉粗安故耳”②。经过3年的努力，蜀国内外安定，国力得到恢复，于是开始治军讲武，准备北伐。建兴五年（227），诸葛亮驻军汉中，临行前上书刘禅，此即《出师表》。从《出师表》中可以看到，诸葛亮对形势是有清醒认识的：“先帝创业未半而中道崩殂，今天下三分，益州疲弊，此诚危急存亡之秋也。”③ 对国事的安排和18岁后主的叮嘱，反映的是其对内政外事的担忧，同时也指出了其战略目标：“今南方已定，兵甲已足，当奖率三军，北定中原，庶竭驽钝，攘除奸凶，兴复汉室，还于旧都。此臣所以报先帝，而忠陛下之职分也。”④ 此后，诸葛亮离开成都，屯兵阳平，开始实行《隆中对》里提出的第三步战略：北定中原。228年春，诸葛亮宣称要从斜谷道进攻眉县，令赵云、邓芝实施佯攻，“亮身率诸军攻祁山，戎陈整齐，赏罚肃而号令明，南安、天水、安定三郡叛魏应亮，关中响震”⑤。但由于先锋马谡在街亭（今甘肃庄浪东南）的失败，北伐功亏一篑。此后，诸葛亮分别在228年冬、229年、231年、234年数次北伐，但由于实力有限、粮草不济等多种因素，最终都无功而返。诸葛亮曾在231年出祁山时“以木牛运，粮尽退军”，234年率大军出斜谷时“以流马运”，并“分兵屯田，为久驻之基”，以解决“每患粮不继，使己志不申”⑥ 的境况。这也反映出了四川虽地势险阻易守难攻，但也有资源有限的地域局限性。234年八月，诸葛亮病死军中，时年54岁。

从隆中受任于败军之际、奉命于危难之间，到先帝创业未半而

①《三国志》卷三十五《诸葛亮传》。
②《三国志》卷三十五《诸葛亮传》注引《汉晋春秋》。
③《三国志》卷三十五《诸葛亮传》。
④《三国志》卷三十五《诸葛亮传》。
⑤《三国志》卷三十五《诸葛亮传》。
⑥《三国志》卷三十五《诸葛亮传》。

中道崩殂、益州疲弊的危急存亡之秋，诸葛亮总能临危受命，辅助刘备父子28年，在困难的环境中谋划和践行其在隆中提出的战略思想，并根据形势变化适时做出战略调整，以尽报先帝而忠后主的臣子职分，为后世所推崇和景仰。

第三节　孙权的军事战略思想

孙权（182—252），字仲谋，吴郡富春（今浙江杭州富阳区）人，魏晋时期吴国的开国君主，著名的政治家、军事家。据《三国志·吴书》记载，东吴孙家世代仕吴，“盖孙武之后也”①，很可能是兵圣孙武的后人。

东汉末年的乱世当中，孙权的父亲孙坚、哥哥孙策开创了江东基业，父子三人都是响当当的人物。孙坚少为富春县吏，17岁杀海贼而显闻，后任盱眙丞和下邳丞，历佐三县，吏民亲附。因镇压黄巾军起义有功，拜为别部司马，后任长沙太守，封乌程侯。董卓擅政后，孙坚举兵讨卓，投奔袁术，袁术上表孙坚为破虏将军，领豫州刺史。初平三年（192），袁术派遣孙坚征伐荆州刘表，孙坚被刘表部将黄祖的军士射杀。孙坚死后，孙策作为长子继承家业，背离袁术，回江东创立基业，占据了江东六郡②。此时的孙权常跟随孙策左右，“性度弘朗，仁而多断，好侠养士，始有知名”③。孙权每次参与谋划，都显示出了与众不同的见识，使孙策自以为不及。建安五年（200），曹操与袁绍相持于官渡，孙策本欲偷袭许昌迎接汉

---

① 《三国志》卷四十六《孙坚传》。

② 江东六郡分别为丹阳郡（郡治初在宛陵，吴移治建业，今江苏南京）、吴郡（郡治今江苏苏州）、会稽郡（郡治今浙江绍兴）、豫章郡（郡治今江西南昌）、庐陵郡（郡治初在石阳，吴移治高昌，今江西泰和西北）、庐江郡（郡治今安徽潜山）六郡。

③ 《三国志》卷四十七《吴主传》注引《江表传》。

献帝，在发兵前被前吴郡太守许贡的门客射杀，时年 26 岁。临终之际，孙策嘱托张昭等辅佐孙权。孙权之所以能在诸强争雄的时代割据一方，除江东占有水上之利，得周瑜、鲁肃、张昭等扶持外，其本身的雄才大略更是重要原因。

孙权虽贵为国主，但统兵打仗的才能也是很突出的。建安十八年（213），曹操攻濡须。据史书记载，曹操乘油船夜渡洲上，为孙权所攻取，而后坚守不出，由此发生了历史上著名的草船借箭的故事。“权乘大船来观军，公使弓弩乱发，箭着其船，船偏重将覆，权因回船，复以一面受箭，箭均船平，乃还。”① 正是在濡须口作战期间，曹操观孙权舟船器仗军伍整肃，喟然叹曰：“生子当如孙仲谋，刘景升儿子若豚犬耳。”濡须口僵持一个多月后，孙权写了封信给曹操，劝曹“春水方生，公宜速去”，并附上一张字条，“足下不死，孤不得安”。看到信件之后，曹操对诸将说，“孙权不欺孤”，退兵北还。②

总体上看，孙权的军事战略思想主要体现为以下几个方面。

一、保江东，观成败

孙策趁北方混乱，曹操、刘备、袁绍、吕布和张绣等互相攻伐无暇他顾的时机，用兵江东，在长江以南建立了自己的根据地。临死之前，孙策为孙权制定了战略方针，即对张昭等说的“中国方乱，夫以吴、越之众，三江之固，足以观成败”③。一方面是要整合吴、越的力量，凭借长江险固，抗击北方割据势力的压力；另一方面则是要观成败，观察北方各势力的混战消耗情况，趁机向南方扩大地盘，据有包括今江浙、广东、福建和湖南的东南大部。孙权主政江东后，面临内部和外部双重压力，形势很是险恶。孙权虽然占有江东六郡，“然深险之地犹未尽从，而天下英豪布在州郡，宾旅寄寓之

---

① 《三国志》卷四十七《吴主传》注引《魏略》。

② 参见《三国志》卷四十七《吴主传》注引《吴历》。

③ 《三国志》卷四十六《孙策传》。

士以安危去就为意，未有君臣之固”①。就是说这时候六郡内深险地区的山越和宗族势力还没有完全服从，跟随孙策从北方来的流寓人士考虑更多的是个人的安危和前途，君臣之间的关系并不牢固，以庐江太守李术为代表的内部势力看到孙氏孤寡羸弱，遂发展私人势力，起了反叛之心。孙权依靠张昭、周瑜等“谓权可与共成大业，故委心而服事焉”的先朝重臣，招揽鲁肃、诸葛瑾等名士才俊，“分部诸将，镇抚山越，讨不从命”，征讨李术、黄祖等，很快就稳定了局势。②

二、跨有荆扬，征伐四方

魏晋南北朝是中国地理大分裂时期，北方的战乱导致大量的北民南徙，孙氏在长江下游建立的政权正是这种历史趋势的一个体现，开中国古代军事史上南北对峙的先河。“孙氏家族成为长江下游的统治者靠的是与权势家族的联盟。权势家族既有刚从北方来的移民，也有自汉代便在当地打下根基的家族。”③ 凭借占据长江中下游的天险要道、水军的优势，以及与南方世家大族的融合，吴国成为三国中政权存续最长的一方，这与孙权时期确立的跨有荆扬的军事战略有很大关系。在建安五年（200）与鲁肃初次见面的谈话中，鲁肃的意见反映了孙权的真实想法，因而孙权才会对鲁肃“益贵重之”。鲁肃认为，“汉室不可复兴，曹操不可卒除。为将军计，惟有鼎足江东，以观天下之衅。规模如此，亦自无嫌。何者？北方诚多务也。因其多务，剿除黄祖，进伐刘表，竟长江所极，据而有之，然后建号帝王以图天下，此高帝之业也”④。既不能复兴汉室，也不能短时间内打败曹操，孙权最好的选择就是趁北方战乱之机先占据长江，以江东为根据地，进伐刘表夺取荆州，横跨荆州、扬州，将整个长

---

① 《三国志》卷四十七《吴主传》。

② 参见《三国志》卷四十七《吴主传》。

③ ［美］陆威仪著，李磊译，周媛校译：《分裂的帝国：南北朝》，中信出版社，2016 年，第 36 页。

④ 《三国志》卷五十四《鲁肃传》。

江中下游据而有之，而后建号称帝以统一天下。鲁肃横跨荆扬、三分天下的建议与诸葛亮的横跨荆益、三分天下有异曲同工之妙，荆州水道是战略枢纽，后来也成为各方争夺、吴蜀反目的焦点。鲁肃的建议是符合孙权的战略预期的，只是当时人心未定，政权尚未巩固，因此才会发出“今尽力一方，冀以辅汉耳，此言非所及也”①的无奈之语。建安八年（203）孙权西伐黄祖，过豫章、平鄱阳、讨乐安、领海昏。建安十年（205），孙权派贺齐攻讨上饶，分为建平县。建安十二年（207）、十三年（208），孙权再次西征黄祖，最后“枭其首，虏其男女数万口”②。消灭江夏太守黄祖使孙权报了家仇，也标志着孙权开始西取荆州，把全据长江正式确立为自己的战略方针。赤壁之战后，孙权占据了荆州、扬州长江中下游一线，稳固了政权基础，但受实力和形势所限，始终无法向西突破，全据长江，这也是其最终无法成就统一大业的重要原因之一。台湾学者劳榦对东吴所处地理条件有过中肯的分析：“吴国的形势虽然较好，但也始终不能有为。当时不能有所成就的原因，大致是：（一）吴国非产马之区，不能利用骑兵，举行北伐。（二）吴国本国有后顾之忧，山越未曾平服，需要大量军队来防守。但从另外方面来说，吴国对于中原的交通远较蜀国为方便，并且和吴国邻近的中原地区，正是关东富庶之区，及颍川、汝南等文化较高之区；当中原有变之时，大量的中原财富，大量的中原人民，大量的中原才士，都移到江南。试看一看《吴志》所记诸臣，中原人士之多，也不下于蜀汉，但其表现的成绩，似乎还在蜀汉诸臣以上。”③

三、举贤任能，会聚英才

东汉末年以来，江东地区逐渐形成了四姓八族的门阀政治，即吴郡的顾、陆、朱、张四大姓和陈、桓、吕、窦、公孙、司马、徐、

---

① 《三国志》卷五十四《鲁肃传》。

② 《三国志》卷四十七《吴主传》。

③ 《魏晋南北朝简史》，第38—39页。

傅八个大族。这些强宗大族不仅家境殷实，积聚了大量财富，且都拥部曲、佃户，有很强的私人武装。利用好了，他们是东吴政权的根基，反之则是潜在的反叛威胁。因此，东吴政权的基础在于江南士族的支持，“孙权实力的强大、江南经济的发展和大族势力的形成为东吴建国创造了基础”①。能够与江南强宗大族结成利益联盟，调和南北士族纷争，并倚靠和选用有突出才能的将领，是孙权的突出才能和特点。诚如孙策临终所言：“举江东之众，决机于两陈之间，与天下争衡，卿不如我；举贤任能，各尽其心，以保江东，我不如卿。”② 在北民南渡的人物中，要以张昭与鲁肃为代表。张昭字子布，彭城人，汉末为躲避战乱渡江来到了扬州。“孙策创业，命昭为长史、抚军中郎将，升堂拜母，如比肩之旧，文武之事，一以委昭。”③ 孙策临死时托付张昭辅佐孙权，张昭也是尽心竭力，敢于直谏。如孙权田猎时喜欢骑马射虎，张昭认为这是逞匹夫之勇的不负责任之举，脸色大变，直接提出批评：“将军何有当尔？夫为人君者，谓能驾御英雄，驱使群贤，岂谓驰逐于原野，校勇于猛兽者乎？如有一旦之患，奈天下笑何？”④ 对于张昭的严词劝谏，孙权或辞谢，或笑而不答。晚年的孙权酗酒成性。对于孙权酗酒的习惯，张昭就批评他“昔纣为糟丘酒池长夜之饮，当时亦以为乐，不以为恶也”⑤，把孙权比作荒淫无度的商纣王，孙权默然而感到惭愧，就撤了酒席，可见其气度雅量。

赤壁之战后，吴都尉赵咨受遣出使魏国。在回答魏文帝曹丕“吴王何等主也”的诘问时，赵咨评价孙权“纳鲁肃于凡品，是其聪也；拔吕蒙于行陈，是其明也；获于禁而不害，是其仁也；取荆州而兵不血刃，是其智也；据三州虎视于天下，是其雄也；屈身于

---

① 张鹤泉：《魏晋南北朝史：分裂与融合的时代》，中信出版社，2017 年，第 61 页。

② 《三国志》卷四十六《孙策传》。

③ 《三国志》卷五十二《张昭传》。

④ 《三国志》卷五十二《张昭传》。

⑤ 《三国志》卷五十二《张昭传》。

陛下，是其略也”①。赵咨此言虽有对主上溢美之嫌，却也是对孙权军事谋略和知人善任治军思想的客观总结。

第四节　司马懿的军事谋略思想

司马懿（179—251），字仲达，河内温县（今河南温县西南）人，三国时期的军事家和政治家。

与出身寒门的曹操不同，司马懿出自世族大地主之家。司马懿的祖父司马儁做过颍川太守，父亲司马防做过京兆尹。司马懿在兄弟八人中排行第二，因八兄弟颇有名望，且表字里都有一个“达”字，故时人称之为“八达”。按照《晋书》的描述，司马懿“少有奇节，聪明多大略，博学洽闻，伏膺儒教。汉末大乱，常慨然有忧天下心”②。建安六年（201），被郡里推举为上计掾③。曹操做司空时，曾经请司马懿出来做官，但司马懿“知汉运方微，不欲屈节曹氏，辞以风痹，不能起居”④。等到曹操做了丞相后，“又辟为文学掾”，司马懿才在“若复盘桓，便收之”的威胁下“惧而就职”。建安二十二年（217），曹丕做了魏王世子，对司马懿颇为信任，“迁太子中庶子。每与大谋，辄有奇策，为太子所信重”⑤。曹丕代汉称帝后，司马懿先后任侍中、尚书、右仆射、给事中、录尚书事等。曹丕死，魏明帝曹叡继位，受曹丕遗命，司马懿与曹真、曹休、陈群

---

① 《三国志》卷四十七《吴主传》。

② 《晋书》卷一《宣帝纪》。

③ 上计是古代中央对地方财政进行控制的一种制度。地方行政长官定期向上级呈上计文书，报告地方治理状况，朝廷据此评定地方行政长官的政绩。汉代颁布有专门的法规《上计律》。上计掾是古代佐理州郡上计事务的官吏。

④ 《晋书》卷一《宣帝纪》。

⑤ 《晋书》卷一《宣帝纪》。

一同辅政。在这一时期，司马懿西拒蜀汉诸葛亮北伐，东平辽东公孙渊反叛，升迁太尉，权势大张。曹叡死后，司马懿又与曹爽共同辅助8岁的幼主曹芳登基。此时，司马懿已经引起曹氏的戒惧，在曹爽独掌军政大权后，司马懿卧床称病麻痹对手，而后趁曹爽随小皇帝曹芳出城之机发动政变，杀曹爽，控制魏政权。嘉平三年（251）四月，司马懿觉察到太尉王凌要发难，亲率中军泛舟沿流，九日而到甘城，迫其仰鸩而死。同年八月，司马懿死于京师洛阳，葬于河阴，时年73岁。此时曹魏政权已完全在司马氏家族的掌握之中，代魏自立只是时间问题了。西晋建立后，追封司马懿为宣帝。

作为魏晋过渡时期的关键人物，司马懿有很鲜明的军事谋略思想和决策艺术，主要表现为以下几个方面。

一、隐忍自保，蓄力待发

司马懿作为曹魏政权的重臣，自曹丕以降辅佐三代魏国君主，却一直生活在曹氏政权的猜忌和打压之下，政治地位一直不稳，很多时候连身家性命都岌岌可危。然而他能够多次度过危机，直到晚年终有所成，很重要的一点是危险环境下的隐忍和临危不乱，是蓄力待发的权谋，也是城府极深的奸诈。也正因此，《晋书》说他“内忌而外宽，猜忌多权变”①，陈寅恪认为司马氏能够夺取到曹氏的政权，首先一点是“司马懿的坚忍阴毒，远非汉末同时儒家迂缓无能之士所能比”②。《晋书》记载，曹操察觉到司马懿有雄心大志，又听说他有狼顾相，打算试探一下，“乃召使前行，令反顾，面正向后而身不动”③，认为他阴谋险诈不好控制。后来，曹操又梦见三匹马在一个马槽里抢食吃，由此联想到司马懿名字里有一个马字，对他更生猜忌和防范之心，始终不肯委以重任。建安二十一年（216），曹操被汉献帝册封为魏王，第二年十月立曹丕为魏太子，司马懿迁

---

① 《晋书》卷一《宣帝纪》。

② 《陈寅恪魏晋南北朝史讲演录》，第14页。

③ 《晋书》卷一《宣帝纪》。

太子中庶子，为曹丕所倚重。正是因为“太子素与帝善，每相全佑，故免”①。在得到曹丕庇护的同时，司马懿一心事魏，事无巨细，甘为劳苦，逐渐赢得曹操的信任。“帝于是勤于吏职，夜以忘寝，至于刍牧之间，悉皆临履，由是魏武意遂安。”② 从中我们也可以看出司马懿忠于职守、勤于职守的程度，就连采樵牧马这些人家的事情也要亲自上门询问。建安二十五年（220），曹操逝世，曹丕继任丞相、魏王，同年受禅登基，以魏代汉，建立魏国，司马懿遂受重用，被封为安国乡侯，转任督军、御史中丞，后又迁为侍中、尚书右仆射。黄初七年（226）曹丕病逝，司马懿与陈群、曹真受遗诏辅政，改封舞阳侯。这时候曹魏政权还不是太虚弱，曹氏的地位和声望也要比司马懿高得多，因此司马懿还得隐忍。魏太和元年（227），诸葛亮策反新城太守孟达，司马懿前往平定，“斩达，传首京师”③。景初二年（238），辽东太守公孙渊叛魏，司马懿率兵四万征讨，在离别京师前与送行的父老故旧宴饮累日，怅然而作歌：“天地开辟，日月重光。遭遇际会，毕力遐方。将扫群秽，还过故乡。肃清万里，总齐八荒。告成归老，待罪舞阳。”④ 从“告成归老，待罪舞阳”两句可见，长期受曹魏政权疑忌的司马懿对政治前途充满忧虑。在平叛之战中，司马懿率大军三战三捷，斩公孙渊父子，平辽东四郡，收户四万，口三十余万。景初三年（239），魏明帝曹叡病逝，年仅 8 岁的曹芳继位，司马懿和大将军曹爽受遗诏辅佐少主。随后司马懿率军击败吴将朱然，歼敌万余；击败诸葛恪，攻取皖城（今安徽潜山）。此时，曹爽“迁太后于永宁宫，专擅朝政，兄弟并典禁军，多树亲党，屡改制度”⑤，指使曹芳诏令司马懿改任太傅，夺其兵权，曹爽与司马懿渐成水火。正始八年（247）五月，司马懿以退为进，“称疾不与政事”，作重病卧床势骗过前来打探消息的河南尹李胜，

① 《晋书》卷一《宣帝纪》。
② 《晋书》卷一《宣帝纪》。
③ 《晋书》卷一《宣帝纪》。
④ 《晋书》卷一《宣帝纪》。
⑤ 《晋书》卷一《宣帝纪》。

李胜回去后告诉曹爽，“司马公尸居余气，形神已离，不足虑矣”①。司马懿成功骗过曹爽。嘉平元年（249）春，司马懿利用曹芳出洛阳祭扫高平陵，曹爽兄弟跟随外出的时机，上奏永宁太后请求废曹爽兄弟，兵屯司马门控制京城，随后诛杀曹爽兄弟及其党羽，是为“高平陵之变”。

司马懿的政治人生一头一尾两次装病，也可看出他是个有大野心的人。第一次装病是为了择主而仕，有一个好的发展前途。第二次装病是为了蓄力待发，给曹魏政权最后一击。正是因为司马懿靠权谋、阴谋，甚至是阴毒的手段取得了成功，所以史家一直对司马氏的天下很不齿，即使《晋书》也不讳言。晋明帝司马绍曾向大臣王导问起自家得天下的由来，“导乃陈帝创业之始，及文帝末高贵乡公事”。明帝做捂脸状说“如若公言，晋祚复安得长远”②。就连后赵凶狠残暴的羯人皇帝石勒都认为司马懿很不堪。在宴请高句丽、宇文屋孤使节时，徐光颂扬石勒作为帝王，其历史地位仅次于轩辕帝，而石勒对自己，也对前人有个总体评价和定位：“人岂不自知，卿言亦以太过。朕若逢高皇，当北面而事之，与韩彭竞鞭而争先耳。脱遇光武，当并驱于中原，未知鹿死谁手。大丈夫行事当礌礌落落，如日月皎然，终不能如曹孟德、司马仲达父子，欺他孤儿寡妇，狐媚以取天下也。朕当在二刘之间耳，轩辕岂所拟乎！”③ 因此缘由，唐太宗李世民说司马懿“夫征讨之策，岂东智而西愚？辅佐之心，何前忠而后乱？故晋明掩面，耻欺伪以成功；石勒肆言，笑奸回以定业”④。

《晋书》评价其“迹其猜忍，盖有符于狼顾也”⑤。司马懿的隐忍之心，符合其狼顾本性，内心是充满阴谋和奸诈的。但对于政治人生来说，特别是在魏晋南北朝那个世道混乱、枭雄当道的年月，

---

① 《晋书》卷一《宣帝纪》。
② 《晋书》卷一《宣帝纪》。
③ 《晋书》卷一百五《石勒载记下》。
④ 《晋书》卷一《宣帝纪》。
⑤ 《晋书》卷一《宣帝纪》。

也是走向成功的一条正常途径而已。而当年曹操对太子曹丕说的话最终一言成谶："司马懿非人臣也，必预汝家事。"①

二、因时用兵，扼喉捲心

司马懿非常强调因时用兵，抓住稍纵即逝的战机。刘备攻取成都占据益州时，司马懿正跟随曹操讨伐张鲁。司马懿给曹操的建议中最早体现了其战略思想："刘备以诈力虏刘璋，蜀人未附而远争江陵，此机不可失也。今若曜威汉中，益州震动，进兵临之，势必瓦解。因此之势，易为功力。圣人不能违时，亦不能失时矣。"② 司马懿对局势变化的敏感洞察，被对其深怀戒惧之心的曹操所拒绝："人苦无足，既得陇右，复欲得蜀！"③ 由此，曹操也错失了刘备在四川立足未稳时予以致命一击的良机。

司马懿对地理形势了然于心，对荆州这一南北水陆战略要冲有非常清醒的认识，始终坚持要保持对荆州的威慑和控制，以割裂吴蜀联盟，掌握战略主动。赤壁之战后，刘备占据荆州大部，关羽围攻樊城，水淹七军，迫使曹魏大将于禁投降。此时曹操认为，许昌作为都城距离樊城太近了，欲迁都回河北。司马懿极力劝谏，认为于禁事件对国事没有大的损害，这时候迁都既示弱于敌，又会因失去对长江周边的控制而使从淮河到沔水一线的人们陷入恐慌，"荆楚轻脱，易动难安"。曹丕刚继位，正当孙权率兵西过，魏朝野震动，大臣们纷纷议论，以为樊城、襄阳粮食短缺，没有办法坚守抵御吴军，要求把镇守襄阳的曹仁撤回到宛城。司马懿却不以为然，认为有两点决定了不能放弃襄阳。一是孙权刚刚因为夺取荆州杀了关羽而与蜀汉成仇，不敢对魏国动手，即"孙权新破关羽，此其欲自结之时也，必不敢为患"④。二是襄阳是进退攻守的战略要地，不可放

① 《晋书》卷一《宣帝纪》。
② 《晋书》卷一《宣帝纪》。
③ 《晋书》卷一《宣帝纪》。
④ 《晋书》卷一《宣帝纪》。

弃，“襄阳水陆之冲，御寇要害，不可弃也”①。然而司马懿的意见最终还是没有被采纳，魏国自动放弃了樊、襄这两个战略要地，东吴借此重新恢复了水上防线。在斩孟达后，曹叡曾问询司马懿“二虏宜讨，何者为先”②，即蜀汉和东吴两个政权都割据一方，且互为掎角之势，三足鼎立的局面该先从何处破起。司马懿答曰：“吴以中国不习水战，故敢散居东关。凡攻敌，必扼其喉而捣其心。夏口、东关，贼之心喉。若为陆军以向皖城，引权东下，为水战军向夏口，乘其虚而击之，此神兵从天而堕，破之必矣。”③ 司马懿认为关键点在东吴，东吴仰仗的是水战以扼守长江沿线要点，提出了陆上向皖城进攻吸引敌人主力，创造其夏口空虚的局面，再以奇兵击破之。试想孙吴一旦失去了夏口这个长江门户，整个水上防线就被打开了缺口，已经败了一半。然而最后司马懿的意见还是没有得到积极的回应，即《晋书》记载的“天子并然之，复命帝屯于宛”④。魏国后期，开基创业的重臣相继辞世，加之诸葛亮北伐的军事压力，使得曹魏政权不得不倚重司马懿，但司马懿只是忠实地执行曹氏家族的政策和命令，难以施展其一统天下的雄心壮志和军事才能，这也是其晚年对曹氏做背后一击的一个重要因素。

三、善因事变，料敌先胜

纵观司马懿的军事生涯，他指挥的几次大的战役无不建立在知敌、料敌基础上，善因事变，能根据对手和战场情况灵活用兵，显示了高超的指挥艺术。这里，我们从镇压准备叛魏的新城太守孟达和平定辽东太守公孙渊这两次用兵做分析。太和元年（227），蜀汉叛将孟达“连吴固蜀，潜图中国”⑤。司马懿根据判断认为，“达无

---

① 《晋书》卷一《宣帝纪》。
② 《晋书》卷一《宣帝纪》。
③ 《晋书》卷一《宣帝纪》。
④ 《晋书》卷一《宣帝纪》。
⑤ 《晋书》卷一《宣帝纪》。

信义，此其相疑之时也，当及其未定促决之”①。先是以书信稳住孟达，而后倍道兼行，八日到其城下。在给诸葛亮的书信中，孟达估算屯兵宛城的司马懿距离洛阳有八百里的路程，距离新城更有一千二百里。从司马懿上表天子到最后出征抵达新城需一个月，这期间守军有充分的时间加强防御，由此孟达判断“司马公必不自来；诸将来，吾无患矣”②。等到司马懿率大军赶到，孟达又修书告知诸葛亮：“吾举事八日，而兵至城下，何其神速也!”③ 司马懿直造城下后八道攻之，“斩达，传首京师。俘获万余人，振旅还于宛”④。由此一役，司马懿显露出了高明的指挥艺术，赢得了善战的名声，并由此开始掌控魏国军权。

景初二年（238），司马懿率四万步骑征讨公孙渊，同样体现了其善因事变、料敌先胜的思想。公孙渊得到司马懿征讨消息后向孙权求救，孙权在书信中提醒：“司马公善用兵，变化若神，所向无前，深为弟忧之。”⑤ 与八日到城下打击孟达的速决战不同，这次司马懿并不急于进攻，而是用声东击西之计，“盛兵多张旗帜出其南，贼尽锐赴之。乃泛舟潜济以出其北”⑥。先在南面虚张声势吸引公孙渊主力，魏军主力则偷偷渡过辽水从北面出击，“傍辽水作长图，弃贼而向襄平”⑦，直逼敌襄平（今辽宁辽阳市）大本营。在回答诸将的疑问时，司马懿对其作战意图和部署进行了说明：“贼坚营高垒，欲以老吾兵也。攻之，正入其计，此王邑所以耻过昆阳也。古人曰，敌虽高垒，不得不与我战者，攻其所必救也。贼大众在此，则巢窟虚矣。我直指襄平，则人怀内惧，惧而求战，破之必矣。”⑧ 接着司

① 《晋书》卷一《宣帝纪》。
② 《晋书》卷一《宣帝纪》。
③ 《晋书》卷一《宣帝纪》。
④ 《晋书》卷一《宣帝纪》。
⑤ 《晋书》卷一《宣帝纪》。
⑥ 《晋书》卷一《宣帝纪》。
⑦ 《晋书》卷一《宣帝纪》。
⑧ 《晋书》卷一《宣帝纪》。

马懿整顿阵列前进，公孙渊军果然出来截击。司马懿对诸将说：“所以不攻其营，正欲致此，不可失也。”① 于是指挥魏军痛击，三战皆捷，乘胜进围襄平。这时正值雨季，辽水暴涨，平地数尺的大雨连续月余，魏军恐慌。司马懿令军中敢有言徙者斩，杀了都督令史张静，安定了军心。至大雨止，“遂合围。起土山地道，楯橹钩橦，发矢石雨下，昼夜攻之”②。在完全掌握战场主动的情况下，司马懿拒绝了公孙渊投降的请求，将其斩于梁水之上星坠之所。进城后，“男子年十五已上七千余人皆杀之，以为京观”③。伪公卿已下皆伏诛，又杀了两千多人，收编百姓四万户三十余万人。滥杀既有司马懿为显功名和防祸乱再起的意图，也暴露了其嗜杀阴毒的一面。斩孟达和平公孙渊两次战役，司马懿采取了完全不同的策略，显示了其机动灵活的作战指挥艺术。在与孟达的对阵中，司马懿兵多粮少，军队数量是敌人的四倍，粮草只有一个多月的供应，因此八道攻城，速战歼敌。而平定公孙渊之战，司马懿虽然兵少但粮食供应充足，又恰逢大雨倾盆，失去了速战的可能性，因此司马懿只顾虑一点，即防止公孙渊弃城逃跑，作战重心在于迅速完成合围困守之势。

四、坚壁据守，慎战为先

对于孟达、公孙渊这样的对手，司马懿往往是主动出击，因为有十足的把握。而在与诸葛亮的对峙中，司马懿要谨慎得多，往往采取守势，先立于不败之境地，而后用消耗战的办法让诸葛亮知难而退，正暗合兵家的“先为不可胜，以待敌之可胜”的思想。在整个魏蜀对峙时期，双方共进行了 18 次战争，其中诸葛亮 6 次北伐。从这一时期双方实力对比看，魏国要远强于蜀国，但由于诸葛亮志在北复中原、还于旧都，励精图治，整军备战，因此魏军反倒是处于防御地位。太和五年（231），诸葛亮第四次北伐，“寇天水，围将

---

① 《晋书》卷一《宣帝纪》。
② 《晋书》卷一《宣帝纪》。
③ 《晋书》卷一《宣帝纪》。

军贾嗣、魏平于祁山”①，再次威胁魏国。魏明帝曹叡对司马懿说："西方有事，非君莫可付者。"② 派司马懿屯兵长安，都督雍、梁二州诸军事。从太和五年至青龙二年（234）诸葛亮在五丈原（今陕西岐山南斜谷口西侧）病故，司马懿与诸葛亮交手三年，各有胜负。这一过程中，司马懿多采取先凭险固守消耗蜀军，再利用有利战机主动出击的策略，使诸葛亮劳师无功，虚耗国力。在“时朝廷以亮侨军远寇，利在急战，每命帝持重，以候其变”③ 的情况下，司马懿的消耗战略是符合魏明帝曹叡的想法的，但对军队士气却是不小的打击。加上“亮数挑战，帝不出，因遗帝巾帼妇人之饰”④，激得魏军将士要出营搏命。眼看消耗战要破产，司马懿与魏明帝来了一段“即兴表演”，先是司马懿向朝廷上书佯出营决战，后朝廷派辛毗“杖节为军师以制之”，这样司马懿不出战就名正言顺。以诸葛亮之睿智，对这一点自是心知肚明，在与姜维的对话中道出了其中关键："彼本无战心，所以固请者，以示武于其众耳。将在军，君命有所不受，苟能制吾，岂千里而请战邪！"⑤ 意思就是你司马懿是个统兵在外很会打仗的人，如果真的要出战，还用得着去请示远在千里之外的魏明帝吗？只是做做样子罢了。也正是因为谨慎用兵，才有了“死诸葛走生仲达”的历史典故。青龙二年八月，诸葛亮病死军中，秘不发丧，蜀军烧毁营地撤退，得到百姓报告这一消息的司马懿出兵追赶。这时诸葛亮的长史杨仪反旗鸣鼓做战斗状，司马懿“以穷寇不之逼，于是杨仪结阵而去”⑥。后来司马懿听到在百姓间流传的谚语“死诸葛走生仲达”后，笑言“吾便料生，不便料死故也”。

---

① 《晋书》卷一《宣帝纪》。
② 《晋书》卷一《宣帝纪》。
③ 《晋书》卷一《宣帝纪》。
④ 《晋书》卷一《宣帝纪》。
⑤ 《晋书》卷一《宣帝纪》。
⑥ 《晋书》卷一《宣帝纪》。

第五节　羊祜的军事谋略思想

羊祜（221—278），字叔子，泰山南城（今山东平邑南）人，西晋时期著名的军事家、战略家。

羊祜出身官吏世家，“世吏二千石，至祜九世，并以清德闻”①。祖父羊续做过汉朝南阳太守，父亲羊衜是曹魏时期的上党太守，外祖父是汉代名儒、左中郎将蔡邕，姐姐羊徽瑜是司马师的第三任妻子景献皇后。在魏晋时期，羊祜的出身无疑为仕途发展搭建了重要阶梯，但超出同时代人的战略眼光和作为，又不是出身所能决定的。司马昭做大将军执掌朝政时，拜羊祜为中书侍郎，权臣钟会被诛后，羊祜又拜相国从事中郎，与荀勖共掌机密。之后羊祜遣中领军，统管宫廷宿卫。司马炎受禅称帝后，决定对吴用兵，以祜为都督荆州诸军事，镇襄阳（今湖北襄樊），积极准备征伐吴国。咸宁二年（276），吴国大将陆抗病逝，羊祜上《平吴疏》，为晋武帝司马炎采纳。咸宁四年（278），羊祜病卒。一年后，晋武帝以羊祜的谋划和长期准备为基础，出兵伐吴，并于280年灭亡吴国，实现了统一。

羊祜的军事谋略思想主要可归纳为以下几个方面。

一、整军经武，怀柔致远

西晋控制了长江上游后，荆州就成为晋吴军事对峙的焦点。早在羊祜之前，晋文帝司马昭就制定了“宜先取蜀，三年之后，因巴蜀顺流之势，水陆并进，此灭虞定虢，吞韩并魏之势也”② 的策略。这实际上成了西晋初期的国家战略，晋武帝是这一既定战略的执行者，所以才会派羊祜去了最重要的荆州。泰始五年（269），晋武帝

① 《晋书》卷三十四《羊祜传》。

② 《晋书》卷二《文帝纪》。

派羊祜出任荆州诸军都督，同时派卫瓘都督青州诸军事、司马伷都督徐州诸军事，为日后伐吴做准备。到任后，羊祜开始积极谋划伐吴方略，主要分两个步骤：一是休养生息、怀柔致远，做物质、军事和民心上的伐吴准备；二是观察形势发展，时机成熟后向晋武帝上《平吴疏》，将前期准备付诸伐吴实践。羊祜到达荆州前线后，发现形势并不乐观，要实现伐吴大计，需要重点解决三个问题，即建立一支能够与东吴沿江相抗衡的水军，解决军粮供应问题，以及舒缓长期战争导致的军民厌战情绪。羊祜认为，伐吴必借上游之势，占据了上游地利后还要有人和，建立一支能战的水军需要时间，更需要人才。于是羊祜观察寻找合适的水军人才，最终发现了时任益州刺史的王濬，知其可任。史载，羊祜从东吴的民谣中得到启发："阿童复阿童，衔刀浮渡江。不畏岸上兽，但畏水中龙。"① 王濬的小名正好叫阿童。与其说羊祜的想法是一种迷信思想，更合理的解释应该是他从民谣中得知吴人对王濬很惧怕，这正与羊祜对王濬能力的判断相印证。于是"因表留濬监益州诸军事，加龙骧将军，密令修舟楫，为顺流之计"②。最终，王濬的水军在伐吴之战中顺江直下，第一个进入了吴国都城建业。关于军粮供应问题，长期战乱导致生产破坏，人民与土地相分离，军需与后勤补给是困扰伐吴的又一难题。荆州地处两湖平原（江汉平原和洞庭湖平原），地势低平，土壤肥沃，物产丰饶，在汉末北民南迁过程中本已得到充分开发，但赤壁之战以来，荆州是魏晋与蜀、吴各方互为攻伐的集中地，屡遭战乱破坏，"荆州残荒，外接蛮夷，而以吴阻汉水为境，旧民多居江南"③。羊祜到了荆州后，发现靠强迫百姓垦田种粮远达不到要求，必须实行军垦制度，而荆州处在两军对峙的最紧张地段，"吴石城守去襄阳七百余里，每为边害"④。如何能抽调大批士兵垦田而又

---

① 《晋书》卷三十四《羊祜传》。
② 《晋书》卷三十四《羊祜传》。
③ 《三国志》卷九《夏侯尚传》。
④ 《晋书》卷三十四《羊祜传》。

不会弱化军事防御，是羊祜首先要解决的问题。“祜患之，竟以诡计令吴罢守。”①《晋书》没有交代具体的经过，只是说羊祜用诡计使得吴军撤离了石头城，解除了襄阳的威胁。“于是戍逻减半，分以垦田八百余顷，大获其利。”② 羊祜刚到荆州的时候，军无百日之粮，及至季年，有十年之积。在积极垦田的同时，羊祜也践行了孙子“因粮于敌”的思想，“乃进据险要，开建五城，收膏腴之地，夺吴人之资，石城以西，尽为晋有”③。在占据东吴肥沃良田的同时，也将战线向吴国土延伸，于是吴人前后来降者络绎不绝。赤壁之战起，荆州成为南北各方激烈争夺的军事焦点，战火连绵六十年，人民流离失所，自然对战争深恶痛绝。羊祜到任后，并没有单纯从军事观点出发整军备战，而是采取怀柔政策，极力争取民心，将恢复生产和生活秩序作为要务，于是办学兴教，仁政施于远近，对东吴的民众也“开布大信”，投奔晋朝的吴人去留随意。泰始八年（272），羊祜与东吴名将陆抗在西陵（今湖北宜昌）有过一场交战，羊祜大败被贬，也由此认识到打败吴国不可能一蹴而就，应做长期准备。此后，羊祜对吴国采取了两条战线作战，一条战线是军事上的经武备战施压，另一条战线是民心上的怀柔攻心之战。《晋书》以大篇幅记载了这方面的内容：“每与吴人交兵，克日方战，不为掩袭之计。将帅有欲进谲诈之策者，辄饮以醇酒，使不得言。人有略吴二儿为俘者，祜遣送还其家。后吴将夏详、邵颛等来降，二儿之父亦率其属与俱。吴将陈尚、潘景来寇，祜追斩之，美其死节而厚加殡敛。景、尚子弟迎丧，祜以礼遣还。吴将邓香掠夏口，祜募生缚香，既至，宥之。香感其恩甚，率部曲而降。祜出军行吴境，刈谷为粮，皆计所侵，送绢偿之。每会众江沔游猎，常止晋地。若禽兽先为吴人所伤而为晋兵所得者，皆封还之。于是吴人翕然悦服，称为羊公，

① 《晋书》卷三十四《羊祜传》。

② 《晋书》卷三十四《羊祜传》。

③ 《晋书》卷三十四《羊祜传》。

不之名也。”[①] 东吴大将陆抗称赞羊祜的德量，“虽乐毅、诸葛孔明不能过也”[②]，对羊祜十分信任。“抗尝病，祜馈之药，抗服之无疑心。”[③] 陆抗对羊祜的做法看得很透彻，曾告诫手下的将士，“彼专为德，我专为暴，是不战而自服也。各保分界而已，无求细利”[④]。从中可以看出，羊祜打的是一场政治仗、人心仗，而不是单纯的军事仗。

二、举有成资，谋有全策

羊祜去世两年后，晋朝根据他的遗策和战略谋划灭吴，晋武帝大功告成后执爵而泣曰：“此羊太傅之功也。”并将羊祜的克定之功昭告天下：“祜受任南夏，思静其难，外扬王化，内经庙略，著德推诚，江汉归心，举有成资，谋有全策。”[⑤] 举有成资、谋有全策，是对羊祜的褒奖之辞，也体现了羊祜战略谋划的精髓与主旨。《孙子兵法》强调未战而先胜，要经之以五事（道、天、地、将、法），校之以七计（主孰有道，将孰有能，天地孰得，法令孰行，兵众孰强，士卒孰练，赏罚孰明）而索其情，以实现庙算先胜，这种未战先胜、庙算决胜的思想为后世所推崇。作为一代兵学大家，羊祜对于孙子的思想精髓自然有非常透彻的理解。通过对晋吴双方战略力量的对比分析，羊祜看到了战略形势发展和行将统一的大趋势。蜀国灭亡后，晋强而图治，东吴弱而自乱，大一统的战略态势再次显现。司马炎在羊祜、杜预等贤臣良将的辅佐下，消灭了蜀国政权，控制了川陕上游之地，国力日昌。而同期的东吴统治阶级内部争权夺利，纷争不断，国力日衰。特别是末代君主孙皓罔顾天下大势，一味酗酒纵乐，私刑乱政，“是以上下离心，莫为皓尽力，盖积恶已极，不

---

① 《晋书》卷三十四《羊祜传》。
② 《晋书》卷三十四《羊祜传》。
③ 《晋书》卷三十四《羊祜传》。
④ 《晋书》卷三十四《羊祜传》。
⑤ 《晋书》卷三十四《羊祜传》。

复堪命故也”①。军力对比上，晋军本有50万，加上10万蜀国降兵，总数约60万。而同期的吴军约23万，且沿长江一线分散部署，力量较为薄弱。是故，羊祜的《平吴疏》特别强调，“夫期运虽天所授，而功业必由人而成”②，极力说服晋武帝抓住战略时机。对于东吴长期仰仗的长江天险，羊祜认为“凡以险阻得存者，谓所敌者同，力足自固。苟其轻重不齐，强弱异势，则智士不能谋，而险阻不可保也”③，这也是中国古代兵学家“山河之固，在德不在险”思想的集中体现。随后，羊祜将蜀、吴情况做了比较：

> 蜀之为国，非不险也，高山寻云霓，深谷肆无景，束马悬车，然后得济，皆言一夫荷戟，千人莫当。及进兵之日，曾无藩篱之限，斩将搴旗，伏尸数万，乘胜席卷，径至成都，汉中诸城，皆鸟栖而不敢出。非皆无战心，诚力不足相抗。至刘禅降服，诸营堡者索然俱散。今江淮之难，不过剑阁；山川之险，不过岷汉；孙皓之暴，侈于刘禅；吴人之困，甚于巴蜀。而大晋兵众，多于前世；资储器械，盛于往时。……今不于此平吴，而更阻兵相守，征夫苦役，日寻干戈，经历盛衰，不可长久，宜当时定，以一四海。④

羊祜正是看到了这种历史大势，看到了一统天下的可能性和必然性，才会不顾朝廷重臣贾充、荀勖、冯紞等人的反对，极力主张伐吴。

从《晋书》的多处记载可见，羊祜的性格是不喜与权臣交恶，宁可屈居其下，避其锋芒。如，司马炎受禅称帝后，羊祜以佐命之勋，进号中军将军，加散骑常侍，改封郡公，邑三千户。羊祜不想成为朝中权臣的嫉恨排挤目标，所以固让封公，只受侯爵。对于王佑、贾充、裴秀这些前朝名望，“祜每让，不处其右”⑤。都督荆州

---

① 《三国志》卷四十八《孙皓传》。
② 《晋书》卷三十四《羊祜传》。
③ 《晋书》卷三十四《羊祜传》。
④ 《晋书》卷三十四《羊祜传》。
⑤ 《晋书》卷三十四《羊祜传》。

诸军事不久，“后加车骑将军，开府如三司之仪”，这在崇尚门第的魏晋时期是非常大的荣耀，但羊祜上表固让，理由是“今臣身托外戚，事连运会，诫在过宠，不患见遗”①。羊祜不以个人功名为念，为人为官低调内敛，避免引起权臣猜忌。但在伐吴的问题上，他是力争不屈，不惜与权臣决裂，且得到了晋武帝和杜预、张华等人的支持，“时帝密有灭吴之计，而朝议多违，唯预、羊祜、张华与帝意合”②。上《平吴疏》后，贾充、荀勖等当权守旧大臣极力反对。当时正好赶上了秦凉方向晋军与胡人的战事屡次失利，羊祜认为吴平则胡自定，但大多数人持不同看法，羊祜只有空叹：“天下不如意，恒十居七八，故有当断不断。天与不取，岂非更事者恨于后时哉！”③

直到羊祜重病卧床后，一直犹豫不决的晋武帝才终于下定决心，让羊祜统兵伐吴，羊祜看出这是主上帮他实现平吴夙愿，是对他前期运筹准备的一个安慰，因此回答说：“取吴不必须臣自行，但既平之后，当劳圣虑耳。功名之际，臣所不敢居。若事了，当有所付授，愿审择其人。”④ 最后羊祜推荐杜预作为自己的继任者，体现了知人之明。杜预不仅具有卓越的军事指挥才能，在灭吴的态度上也能与羊祜保持一致，积极支持发起灭吴战争。羊祜死后，杜预被拜为镇南大将军，都督荆州诸军事。杜预一方面“明于筹略”，具有很强的军事才能，另一方面心胸宽阔、顾全大局，有统帅之风，在最后的灭吴战争中发挥了重要作用。

三、多路齐发、水陆俱下联合作战

羊祜认为，西晋攻取四川，扼长江上游，已经对东吴构成根本性威胁，且经过数年的恢复经济和整兵备战，具备了伐吴的条件，

---

① 《晋书》卷三十四《羊祜传》。
② 《晋书》卷三十四《杜预传》。
③ 《晋书》卷三十四《羊祜传》。
④ 《晋书》卷三十四《羊祜传》。

进而提出具体的作战方略："今若引梁益之兵水陆俱下，荆楚之众进临江陵，平南、豫州，直指夏口，徐、扬、青、兖并向秣陵，鼓旆以疑之，多方以误之，以一隅之吴，当天下之众，势分形散，所备皆急。巴汉奇兵出其空虚，一处倾坏，则上下震荡。吴缘江为国，无有内外，东西数千里，以藩篱自持，所敌者大，无有宁息。"① 羊祜的作战方略有两个突出特点为后世兵家广为称道。一是多路齐发。因为吴国在长江数千里各要害处沿途设防，兵力分散，多路同时进攻，使吴守不知所重，救不知所处，以达到各个击破的效果。二是选择上游益州的峡江河道作为突破口。峡江河道较为宽阔，王濬的大型水师沿汹涌江水而下，势不可当，使吴军水师无法展开拦截。最后达到的效果就是，"自濬发蜀，兵不血刃，攻无坚城，夏口、武昌，无相支抗。于是顺流鼓棹，径造三山"②。正如后世评论指出的那样，"西晋以益州水军为进攻主力攻破西陵、直捣建业的成功战例，给后世兵家政要留下非常深刻的印象。在沿中渎水、濡须水和汉水南征船队容易受阻的情况下，集结重兵从三峡实现突破，顺流摧毁南方政权的沿江要戍，成为一项相当有利的战略选择"③。

第六节　杜预的军事谋略思想

杜预（222—284），字元凯，京兆杜陵（今陕西西安东南）人，是羊祜同期的又一位著名的军事战略家，灭吴之战的关键人物。

杜预出身曹魏官宦大族，祖父杜畿曾任魏尚书仆射，父亲杜恕曾任幽州刺史，自己则娶了司马懿的次女高陆公主，只是晋武帝代魏自立前高陆公主已去世。魏正元二年（255）拜尚书郎，四年后

---

① 《晋书》卷三十四《羊祜传》。
② 《晋书》卷四十二《王濬传》。
③ 《三国兵争要地与攻守战略研究》（上册），第337页。

"转参相府军事"。景元四年（263）曹魏派钟会伐蜀，杜预任镇西长史。后钟会灭蜀后图谋反叛被镇压，钟会的幕僚部下都被害，"唯预以智豁免"①。泰始六年（270），鲜卑首领秃发树机能率部进犯陇右地区，杜预被派往前线配属安西将军石鉴作战，"给兵三百人，骑百匹"，后杜预为石鉴陷害，仅以身免。泰始七年（271），匈奴人刘猛举兵反叛，朝廷重新起用杜预任度支尚书，掌管政府的经济事务，杜预提出利国救边之计五十余条。羊祜病卒后，杜预拜镇南大将军，都督荆州诸军事，接替羊祜积极筹划灭吴。吴亡后，杜预继续镇守襄阳，发展农业，使荆州附近地区的经济秩序得以恢复，被百姓亲切地称为"杜父"。太康六年（285），杜预被西晋朝廷调回任司隶校尉，"行次邓县而卒，时年六十三"。

杜预"身不跨马，射不穿札，而每任大事，辄居将率之列"②，是中国古代文人统兵、儒者治军的典型代表。他的战略思想主要体现在以下三个方面。

一、因势决策，料敌胜战

杜预善筹谋，重始终，有"武库"之美称。凡事必深思熟虑，考虑各种可能的结果并做准备。按照房玄龄的描述，"预公家之事，知无不为。凡所与造，必考度始终，鲜有败事。或讥其意碎者，预曰：'禹稷之功，期于济世，所庶几也。'"③ 这种性格特点在进行战略决策时表现得非常明显。在是否伐吴问题上，晋武帝犹豫不决，朝廷也分为两派，杜预与羊祜、张华等是主张伐吴的少数派。特别是羊祜去世后，杜预成了伐吴派的中坚分子。他看到形势变化带来的战机，即东吴主力驻扎都城建业，而荆州两侧的乐乡、西陵和夏口、武昌辖区兵力不足，一旦开战，难以互相支援。而他最担心的就是东吴兵力调整，将军队主力转移到荆州附近地区，使伐吴的有

① 《晋书》卷三十四《杜预传》。
② 《晋书》卷三十四《杜预传》。
③ 《晋书》卷三十四《杜预传》。

利时机错失。这种担忧，他在向晋武帝上的第二书中说得很清楚，“自秋已来，讨贼之形颇露。若今中止，孙皓怖而生计，或徙都武昌，更完修江南诸城，远其居人，城不可攻，野无所掠，积大船于夏口，则明年之计或无所及”①。实际上，杜预的担忧是有道理的。建业偏下游，距离荆州千里之遥，往来救助不易这一点，东吴政权是很清楚的。孙权刚称帝时定都武昌就是解决这个问题，无奈江东大族反对，随后迁都去了建业。甘露元年（265），孙皓曾迁都武昌，但荆州地区经济破坏严重，物资需要从扬州地区运送，加之贵族官僚强烈反对，民谣传唱：“宁饮建业水，不食武昌鱼；宁还建业死，不止武昌居。”② 无奈之下，孙皓又迁回建业。杜预正是看到了这一从水上肢解东吴防线的有利战机才极力主张出兵，劝晋武帝早下决心，而后形势的发展也证明了杜预谋划和决策的正确性。

杜预所上的《平吴表》，对于晋武帝定下伐吴战争的决心起到了非常大的作用。杜预继羊祜之后担任镇南大将军、都督荆州诸军事，缮甲兵，耀武威，大破东吴西陵督张政，并用离间计使吴主孙皓将东吴名将张政撤换，改任无能的刘宪守西陵峡。伐吴的各项准备已经就绪后，杜预请求朝廷确定伐吴日期，晋武帝答复过一年再说，杜预上书晋武帝，坚决要求立即出兵，指出目前敌人只是戒严，长江下游没有军队上溯，从情理和形势推测，东吴应该是无计可施，力量难以顾全上下两头，如果增兵西上则其国都必然空虚。间隔十余天，杜预又上表，提醒晋武帝如不抓紧时机，孙皓调动部署，计划就更难实现了。晋武帝正在和中书令张华一块下围棋，杜预的上表恰巧送到，张华把棋盘推到一边，也劝说伐吴，认为朝野上下清平，国家富足，兵强马壮，号令一出，天下统一行动；吴中主子荒淫骄奢，诛杀贤能之士，现在讨伐他，可以不费力即予平定。晋武帝这才批准了杜预的攻吴计划。

---

① 《晋书》卷三十四《杜预传》。

② 《三国志》卷六十一《陆凯传》。

二、富国强兵，备战强边

平定吴国实现统一后，杜预并没有居功自傲，而是“累陈家世吏职，武非其功，请退”①。这种功成请退的做法在中国古代不乏其人，一方面是消弭皇权的猜忌，另一方面也是要留下一个好的名声，实为不争之争。晋武帝的挽留使杜预的政治地位进一步巩固，而后他致力于巩固荆州地区的统治。杜预强调“天下虽安，忘战必危”②，认为筹备伐吴需要积极备战，消灭了吴国也并非就此天下太平，不能成为废军弛武的借口。长期战乱使得国内矛盾激化，周边少数民族正环伺而动，要保持国家的统一安定，需要强大的武力做后盾。自称“有左传癖”的杜预基于对先秦兵家思想的深刻理解，以富国强兵思想为指导，积极加强国家军事建设，比较注重两点。一是恢复发展生产，实现政治清明统治，为强兵备战提供经济和政治基础。泰始七年（271），朝廷起用“明于谋略”的杜预，“是时朝廷皆以预明于筹略，会匈奴帅刘猛举兵反，自并州西及河东、平阳，诏预以散侯定计省闼，俄拜度支尚书。预乃奏立藉田，建安边，论处军国之要。又作人排新器，兴常平仓，定谷价，较盐运，制课调，内以利国外以救边者五十余条，皆纳焉”③。在荆州任上，杜预“勤于讲武，修立泮宫”④，整修前代沟渠，引滍水、淯水灌溉万顷农田，彻底解决军粮供应问题。同时发展畜牧业，因为“匹牛匹马，居则以耕，出则以战”⑤，是骑兵作战和粮草运输的根本保证。在杜预努力下，荆州地区日益富庶稳固，杜预本人也深受百姓爱戴。二是针对周边少数民族的袭扰，主动造势破局。“攻破山夷，错置屯营，分据要害之地，以固维持之势。”⑥ 在解决了眼前的威胁后，杜

① 《晋书》卷三十四《杜预传》。
② 《晋书》卷三十四《杜预传》。
③ 《晋书》卷三十四《杜预传》。
④ 《晋书》卷三十四《杜预传》。
⑤ 《晋书》卷二十六《食货志》。
⑥ 《晋书》卷三十四《杜预传》。

预认识到，要从根本上解除少数民族威胁，就要从军事地理上破局。由于沔水和汉水到达江陵的水道绵延千余里，向北更是没有通路。这一区域内有巴丘湖，沅水、湘水也在这里汇集，加上地形陡峭，高山林立，是少数民族与国家抗衡的依仗之所，即“旧水道唯沔汉达江陵千数百里，北无通路。又巴丘湖，沅湘之会，表里山川，实为险固，荆蛮之所恃也”①。于是，“预乃开杨口，起夏水达巴陵千余里，内泄长江之险，外通零桂之漕”②，一举解决了长期袭扰晋朝的边患问题，当地人歌颂他“后世无叛由杜翁，孰识智名与勇功”。

三、以计代战，以一当万

战场上杜预指挥灵活，善于避开强敌，以计谋取胜。杜预来到荆州后，遇到的第一个对手是吴国西陵督张政。杜预趁张政没有防备，出奇制胜，首战大捷。但张政是吴名将，一个很注重名声的人，“据要害之地，耻以无备取败，不以所丧之实告于孙皓”③。杜预深知张政是吴国将领中很有能力的一位，就利用他不肯把战场实情向国内汇报这件事，把俘虏的吴军都释放回去给吴主通风报信，巧用离间计。孙皓果然把张政召回国内，派遣武昌监刘宪代替他。这样，杜预成功扰乱了吴军，实现了“亲而离之”的兵者诡道思想，“故大军临至，使其将帅移易，以成倾荡之势”④。随后，杜预在一个月的时间里两次表陈请求伐吴。伐吴之战开始后，杜预率南征大军出襄阳，到达江陵后却围而不攻，派手下将领循江西上，按计划顺次攻下沿途城邑。此举主要是考虑到“以往孙吴在南郡战区的防御行动都是固守江陵坚城，以待南岸乐乡、公安等地的主力部队渡江来援”⑤。杜预认为与其在江陵城外与孙吴守军、援军恶斗，不若从外

① 《晋书》卷三十四《杜预传》。
② 《晋书》卷三十四《杜预传》。
③ 《晋书》卷三十四《杜预传》。
④ 《晋书》卷三十四《杜预传》。
⑤ 《三国兵争要地与攻守战略研究》（上册），第462页。

部剪除乐乡、公安等地的援军，使城不攻自破。随后用八百骑兵泛舟夜渡，袭击乐乡（今湖北松滋东北），沿途放火张旗，虚张声势，造成心理威慑，使驻守乐乡的吴都督孙歆惊呼“北来诸军，乃飞渡江也”①。最后晋军潜入城中，俘虏了孙歆。经此一战，杜预的指挥艺术得到了充分体现和认可，以至于军中将士称赞他“以计代战一当万”②。在俘获南岸敌主将、打乱江陵外部防御体系后，杜预下令对江陵展开全面进攻，斩杀了江陵督将伍延，占领了该城。“既平上流，于是沅湘以南，至于交广，吴之州郡皆望风归命，奉送印绶，预仗节称诏而绥抚之。凡所斩及生获吴都督、监军十四，牙门、郡守百二十余人。又因兵威，徙将士屯戍之家以实江北，南郡故地各树之长吏，荆土肃然，吴人赴者如归矣。”③

接下来召开的诸路伐吴大军将领会议上，有人提出酷暑天气来临，雨水泛滥，北方军队不适应南方天气，会发生大规模疫病，不能一举打败吴国，建议等到冬天再继续进攻。杜预深知军队士气的重要性，不为所动，指出“昔乐毅借济西一战以并强齐，今兵威已振，譬如破竹，数节之后，皆迎刃而解，无复着手处也”④，继续指挥大军直接进攻秣陵，一举而下，所过吴人城邑，莫不束手就擒，由此将士更加信服。也因杜预善于用兵，吴人“惮其智计”，对他又恨又怕。在攻打江陵时，吴人在狗脖子上系水瓢，在有瘤瘿的树上刻“杜预颈”，以讽刺他的大脖子病，发泄对他的不满。

第七节　石勒的军事谋略思想

石勒（274—333），小名匐勒，字世龙，上党武乡（今属山西）

---

① 《晋书》卷三十四《杜预传》。
② 《晋书》卷三十四《杜预传》。
③ 《晋书》卷三十四《杜预传》。
④ 《晋书》卷三十四《杜预传》。

人，羯族，后赵开国皇帝，著名军事家。

羯族来源于匈奴别部羌渠部，隶属于匈奴。石勒的祖父耶奕于，父亲周曷朱，并为部落小率。由于自小生于胡部，石勒曾被贩为奴，在乱世的底层夹缝中求生存，没有受过基本的教育，连“石勒”这个名字还是在投靠牧率[①]汲桑后由汲桑所起。但石勒学习能力较强，“勒手不能书，目不识字，每于军中令人诵读，听之，皆解其意”[②]。与同期的其他少数民族将领一样，石勒有胡人嗜杀好勇的特点，“长而壮健有胆力，雄武好骑射”，这在其军事生涯中产生了较大影响。

西晋永兴二年（305），32 岁的石勒跟随汲桑在河北起兵反晋，先投奔原成都王司马颖帐下将军公师藩，后投奔匈奴贵族首领刘渊。在刘渊麾下，石勒先攻邺城（今河北临漳西南），南击兖州（今山东郓城西北），转上党（今山西长治北），实力不断增强。到河瑞元年（309）四月，石勒通过攻巨鹿（今河北宁晋西南）、常山（今河北石家庄东），陷冀州（治今河北衡水市冀州区），建立起了十余万人的军队。随后又南渡黄河，攻陷白马（今河南滑县东北），东袭鄄城（今山东鄄城北），连克南阳和襄阳。刘聪继位后，加石勒镇东大将军，督并、幽两州诸军事，领并州刺史。随后，石勒击败晋大司马王浚，控制了并、幽、冀三州。而后进行了短暂调整，巩固势力范围。大兴元年（318），刘聪卒，刘曜即汉帝位，以石勒为大司马、大将军，加九锡，晋爵赵公。大兴二年（319），刘曜改国号为赵，史称前赵。年底，石勒在襄国称王，建立后赵。太和二年（329），石勒灭前赵。建平元年（330），石勒称帝，四年（333）病卒。

石勒具有过人的军事才能和高超的作战指挥艺术，诚如吕思勉先生所言，“羯本小种，所以能纵横中原，几至尽并北方者，非其种姓之强大，实由勒在诸胡中剽狡独绝”[③]。

---

① 牧率是西晋时期设置的官职，指国家牧场中的低级官吏，也称牧帅。

② 刘义庆著，刘孝标注，余嘉锡笺疏，周祖谟等整理：《世说新语笺疏》卷中之上《识鉴第七》注引《晋纪》，中华书局，2007 年。

③ 吕思勉：《两晋南北朝史》，上海古籍出版社，1983 年，第 160—161 页。

一、以襄国为基地统一北方

从305年跟随汲桑河北起兵，到312年从葛陂（今河南新蔡北）北上，石勒的军事战略有一个大的转变，即由前期的流动作战变为以襄国为中心根据地作战。嘉平元年（311）十月，石勒计杀王弥，领并州刺史后，攻略豫州（今河南淮阳）诸郡，临江而还，屯葛陂，准备攻击北中郎将刘演驻守的三台。张宾向石勒进言，详细分析了所处的战略环境和应采取的战略步骤。“刘演众犹数千，三台险固，攻守未可卒下，舍之则能自溃。王彭祖、刘越石大敌也，宜及其未有备，密规进据罕城，广运粮储，西禀平阳，扫定并蓟，桓文之业可以济也。且今天下鼎沸，战争方始，游行羁旅，人无定志，难以保万全、制天下也。夫得地者昌，失地者亡。邯郸、襄国，赵之旧都，依山凭险，形胜之国，可择此二邑而都之，然后命将四出，授以奇略，推亡固存，兼弱攻昧，则群凶可除，王业可图矣。”① 张宾认为，石勒部当前大敌是王浚和刘琨，而不是三台这样的地方。当今天下大乱，战争才刚刚开始，会持续非常长的时间。为长远计，应以邯郸或襄国这样依山凭险的地方为都城，恢复生产，广聚粮储，建立稳固的后方，而后以此为基础向外扩张势力，消灭异己，成就王业。张宾进一步建议，要尊刘聪为盟主，趁各县庄稼成熟迅速收割储备，以固攻守。“今我都此，越石、彭祖深所忌也，恐及吾城池未固，资储未广，送死于我。闻广平诸县秋稼大成，可分遣诸将收掠野谷。遣使平阳，陈宜镇此之意。”② 石勒听从张宾的劝告，于永嘉六年（312）进兵河北，攻占襄国，上表刘聪。“刘聪署勒使持节、散骑常侍、都督冀幽并营四州杂夷、征讨诸军事、冀州牧，进封本国上党郡公，邑五万户，开府、幽州牧、东夷校尉如故。”③

此时，王浚派督护王昌及鲜卑部段就六眷、段末柸等五万余人

---

① 《晋书》卷一百四《石勒载记上》。

② 《晋书》卷一百四《石勒载记上》。

③ 《晋书》卷一百四《石勒载记上》。

讨伐石勒。石勒大败来军，生擒鲜卑部最为强悍的段末柸，枕尸三十余里，获铠马五千匹。鲜卑人收拢败兵后遣使送质求和，请段末柸还，而诸将都劝石勒杀段末柸以挫之。石勒抑制住了嗜杀的冲动，力排众议，“‘辽西鲜卑，健国也，与我素无怨仇，为王浚所使耳。今杀一人，结怨一国，非计也。放之必悦，不复为王浚用矣。’于是纳其质，遣石季龙盟就六眷于渚阳，结为兄弟，就六眷等引还”①，这显示了一个军事战略家的远见与胸襟。建兴元年（313），石勒攻破邺城后，“命段末柸为子，署为使持节、安北将军、北平公，遣还辽西。末柸感勒厚恩，在途日南面而拜者三，段氏遂专心归附，自是王浚威势渐衰”②。《魏书》对此也有记载：“勒登城望之，见将士皆释仗寝卧，无警备之意，勒因其懈怠，选募勇健，穿城突出，直冲末波，生禽之。置之座上，与饮宴尽欢，约为父子，盟誓而遣之。末波既得免，就六眷等遂摄军而还，不复报浚，归于辽西。自此以后，末波常不敢南向溲焉，人问其故，末波曰：‘吾父在南。’其感勒不害己也如此。”③ 在稳定形势后，石勒以襄国为中心向周边郡县扩张，314 年奇袭幽州，杀刺史王浚，316 年依险设伏，打败并州刺史刘琨。在占有黄河中下游地区后，石勒又向关东地区发展，并最终灭亡前赵，实现了北方的统一。

二、千里突袭幽州

占据幽州的王浚是挡在石勒面前的一个主要敌人。王浚，字彭祖，太原晋阳人，世家大族出身，任宁朔将军、持节、都督幽州诸军事。趁西晋“八王之乱”时，王浚扩充个人势力，占据幽州，晋惠帝时被任命为幽州刺史。王浚在幽州为政苛暴，“以矜豪日甚，不亲为政，所任多苛刻；加亢旱灾蝗，士卒衰弱”④。

---

① 《晋书》卷一百四《石勒载记上》。

② 《晋书》卷一百四《石勒载记上》。

③ 《魏书》卷一百三《徒何段就六眷传》。

④ 《晋书》卷三十九《王浚传》

经过长期战争的残酷磨砺，石勒的政治军事经验已经非常丰富。在稳定襄国，平定山东各郡县后，石勒开始瞄准幽州。他并没有贸然攻打王浚，而是遵从张宾“夫立大事者必先为之卑”① 的建议，遣舍人送上大量奇珍异宝，并奉表推王浚称帝。“勒本小胡，出于戎裔，值晋纲弛御，海内饥乱，流离屯厄，窜命冀州，共相帅合，以救性命。今晋祚沦夷，远播吴会，中原无主，苍生无系。伏惟明公殿下，州乡贵望，四海所宗，为帝王者，非公复谁？勒所以捐躯命、兴义兵诛暴乱者，正为明公驱除尔。伏愿殿下应天顺时，践登皇阼。勒奉戴明公，如天地父母，明公当察勒微心，慈眄如子也。”② 时镇守范阳的司马游统阴谋反叛王浚，派遣使者向石勒投降。“勒斩其使，送于浚，以表诚实。浚虽不罪统，弥信勒之忠诚，无复疑矣。”③ 在王浚使臣来探访时，“勒命匿劲卒精甲，虚府羸师以示之，北面拜使而受浚书”④。对王浚送来的麈尾，“勒伪不敢执，悬之于壁，朝夕拜之，云：‘我不得见王公，见王公所赐如见公也。’”⑤。在成功迷惑王浚后，石勒出其不备，率轻骑千里奇袭幽州。大军行至柏人（今河北隆尧西）时，石勒遣使送书信给刘琨，“陈己过深重，求讨浚以自效”⑥，巧妙利用刘、王二人的矛盾，成功消除了后顾之忧。而此时的王浚还在设宴以待石勒。“勒晨至蓟，叱门者开门。疑有伏兵，先驱牛羊数千头，声言上礼，实欲填诸街巷，使兵不得发。”⑦ 最后，王浚被活捉，驿送回襄国市斩之，石勒封王浚首献捷于刘聪。

---

① 《晋书》卷一百四《石勒载记上》。
② 《晋书》卷一百四《石勒载记上》。
③ 《晋书》卷一百四《石勒载记上》。
④ 《晋书》卷一百四《石勒载记上》。
⑤ 《晋书》卷一百四《石勒载记上》。
⑥ 《晋书》卷一百四《石勒载记上》。
⑦ 《晋书》卷一百四《石勒载记上》。

三、计赚并州

突袭幽州一战，显示了石勒卓越的智谋和指挥才能。而控制幽州，扩大了势力范围，同时也暴露了石勒的实力和野心，引起刘琨疑惧。后者在给愍帝的上疏中，坦言自己所处的困难境地："勒据襄国，与臣隔山，寇骑朝发，夕及臣城，同恶相求，其徒实繁。自东北八州，勒灭其七，先朝所授，存者唯臣。是以勒朝夕谋虑，以图臣为计，窥伺间隙，寇抄相寻，戎士不得解甲，百姓不得在野。天网虽张，灵泽未及，唯臣孑然与寇为伍。自守则稽聪之诛，进讨则勒袭其后，进退唯谷，首尾狼狈。"①

建兴四年（316），石勒进兵乐平（今山西昔阳），刘琨派遣将军姬澹率众十余万讨石勒，自己率大军随后跟进。这时有人向石勒谏言，认为深沟高垒以避强敌锋芒，才是应对刘琨大军压境的万全之策。石勒却认为，"澹大众远来，体疲力竭，犬羊乌合，号令不齐，可一战而擒之，何强之有！寇已垂至，胡可舍去，大军一动，岂易中还！若澹乘我之退，顾乃无暇，焉得深沟高垒乎！此为不战而自灭亡之道"②，当场斩杀了建议退守之人，下令迎敌。"以孔苌为前锋都督，令三军后出者斩。"③ 战术部署上，石勒在战场的山顶设置两道伏兵，本人亲率轻骑兵佯败诱敌，待敌近迫后伏兵尽出，对全力追赶的姬澹大军前后夹攻，大破之，获铠马万匹，刘琨的长史李弘以并州降于勒。刘琨兵败后投奔鲜卑部段匹磾，后因卷入鲜卑内部斗争而被杀。大兴四年（321），石勒大军攻破段氏据守诸城，控制了并州、冀州和幽州。东晋太宁元年（323），石勒派石虎率步骑四万进军青州，曹嶷出城纳降，由此石勒占据了并、冀、幽、青四州，在北方形成与前赵对峙的局面。

---

① 《晋书》卷六十二《刘琨传》。
② 《晋书》卷一百四《石勒载记上》。
③ 《晋书》卷一百四《石勒载记上》。

四、攻取洛阳、长安，统一北方

大兴二年（319），刘曜改国号为赵（史称前赵），迁都长安。同年，石勒改元称赵王，“始建社稷，立宗庙，营东西宫”①，建立后赵政权。此时，羽翼已丰的石勒将战略目标定为攻取洛阳和长安，实现统一北方。要完成统一，首先要解决后顾之忧。大兴二年，石勒在攻破鲜卑段匹磾后，后方还有两股牵制力量，一个是进据河南决意北伐的祖逖，另一个是青州的曹嶷。东晋的征北将军祖逖强力北伐，一路势如破竹，“自河以南多背勒归顺”②。石勒对祖逖很忌惮，不敢直接对抗，而是采取缓和关系的策略，下书曰：“祖逖屡为边患。逖，北州士望也，傥有首丘之思。其下幽州，修祖氏坟墓，为置守冢二家。冀逖如赵他感恩，辍其寇暴。”③ 祖逖听了很受用，遣参军王愉为使去见石勒，赠以方物，修结和好。石勒也回以厚礼，使兖州和豫州这一前沿地区的形势安定下来。不久，祖逖的牙门将童建因害新蔡内史周密，遣使向石勒表达归顺之意。石勒斩杀来使，报送首级给祖逖，“天下之恶一也。叛臣逃吏，吾之深仇，将军之恶，犹吾恶也”④。由于这件事，石勒和祖逖关系更为密切，“自是兖豫间垒壁叛者，逖皆不纳，二州之人率多两属矣”⑤。等到大兴四年（321），祖逖忧愤而死，石勒开始大肆进攻河南，祖逖的弟弟祖约不能敌，退守寿春。石勒派大将王阳屯兵豫州，占据了祖逖北伐收复的河南大片土地。击败祖约后，石勒又派石虎率四万步骑讨伐曹嶷，尽杀嶷众，“青州诸郡县垒壁尽陷”⑥。

将东晋势力相继赶到江淮地区和击败曹嶷后，石勒在北方的劲敌只剩下前赵政权。太宁二年（324）春，石勒派司州刺史石生斩杀

---

① 《晋书》卷一百五《石勒载记下》。
② 《晋书》卷一百五《石勒载记下》。
③ 《晋书》卷一百五《石勒载记下》。
④ 《晋书》卷一百五《石勒载记下》。
⑤ 《晋书》卷一百五《石勒载记下》。
⑥ 《晋书》卷一百五《石勒载记下》。

新安的前赵河内太守尹平，石勒和刘曜彻底决裂，此后，前后赵围绕洛阳展开争夺，主要兵力集中在河东、弘农一线。到夏季，石生攻破许昌、颍川，是年冬进据洛阳，“于是，司、豫、徐、兖四州之地，尽为后赵所有，而以淮水与东晋为界”①。咸和三年（328），石勒与刘曜展开洛阳大决战。冬天，刘曜在高侯打败石虎，围攻洛阳金墉城。石勒命击退祖约的石堪、石聪等自寿春会兵荥阳，石虎进据石门，自统步骑四万向金墉城进发。进军途中，石勒对手下大将徐光分析了战场形势，“曜盛兵成皋关，上计也；阻洛水，其次也；坐守洛阳者成擒也”②。最后探知刘曜集十余万大军于城西，石勒大悦，对左右说：“可以贺我矣。”由此可见，石勒对于度己知敌、排兵布阵、利用地形地势已有很深刻见解。相比之下，在石勒大军压境时，刘曜居然长时间顿兵洛阳城下，只顾饮酒为乐，没有明确的军事部署，最终在石勒、石虎、石堪几路大军的夹击下迅速败亡。上阵前刘曜还饮酒数斗，结果战场上坠马被俘，洛阳大战以石勒的全胜告终，前赵精锐损失殆尽。第二年，前赵太子刘熙率百官出逃上邽，前赵大乱。石勒趁机派遣石生率洛阳大军进攻长安，前赵将军蒋英、辛恕等开城纳降，前赵亡。建平元年（330）石勒称帝，北方除甘肃与东北地区皆归石勒，由此基本实现了统一北方的战略目标。

盛世文略，乱世武功。从一个命不由己的奴隶，到一统北方的后赵开国君主，出身低微的石勒仅靠胡人的勇武嗜杀是远远不够的，最后的成功更多地体现在，他于吸纳中原文化和战争实践历练的基础上，逐渐形成自己的军事谋略和军事思想，并不断成熟完善。总体上看，石勒深具不同于一般胡人将帅的特质，可归纳为两点。一是有勇亦有谋，能够更多地从战略全局，以发展的眼光看待形势变化，而他同时代的很多胡人将领则是停留在单纯的军事层面。将军事战略放在政治方略之下，即“军略”服从于“政略”，是石勒区

① 《中国历代战争史》第五册《两晋》，第116—117页。
② 《晋书》卷一百五《石勒载记下》。

别于其他少数民族将领的一个鲜明特点。二是知人善任。石勒虽目不识丁，却能知人善任，以驭人之才弥补自身的缺陷。石勒最早从汲桑，以十八骑起家，到永嘉三年（309）夏攻巨鹿、常山时，“乃引张宾为谋主，始署军功曹，以刁膺、张敬为股肱，夔安、孔苌为爪牙，支雄、呼延莫、王阳、桃豹、逯明、吴豫等为将率”①，这些人辅佐石勒，在统一战争中发挥了至关重要的作用。其中的代表人物是张宾和石虎，张宾被石勒“引为谋主”，每次上朝“常为之正容貌，简辞令，呼曰‘右侯’而不名之，勒朝莫与为比也”。史家评价，“机不虚发，算无遗策，成勒之基业，皆宾之勋也”②。石虎是石勒的侄子，性情残忍，游荡无度，是个非常有争议的人物，但由于他弓马娴熟，作战勇猛，“御众严而不烦，莫敢犯者，指授攻讨，所向无前，故勒宠之，信任弥隆，仗以专征之任”③。

第八节　王猛的军事谋略思想

王猛（325—375），字景略，北海剧县（今山东昌乐西北）人，十六国时前秦著名的战略家、军事家。

王猛出身贫苦，小时候以售卖畚箕为业，但志向远大，尤好兵书，做事稳健，晋书形容其“怀佐世之志，希龙颜之主，敛翼待时，候风云而后动”④。王猛初仕北伐的桓温，桓温南还时拜王猛为高官督护，请他一起南下，被王猛拒绝。后猛受苻坚所召，君臣异符同契，如刘备诸葛亮君臣之遇。苻坚诛苻生僭位后，拜王猛为中书侍

① 《晋书》卷一百四《石勒载记上》。
② 《晋书》卷一百五《石勒载记下》。
③ 《晋书》卷一百六《石季龙载记上》。
④ 《晋书》卷一百十四《王猛载记》。

郎，时王猛年方36岁，一年中五次升迁，“权倾内外，宗戚旧臣皆害其宠”①。后任宰相，宰政公平，外修兵革，内崇儒学，劝课农桑，使前秦兵强国富，实力大增。王猛的军事思想包括治乱以法的政治建设思想、谋略制胜的作战指导思想和统一战争的战略筹划。其中，关于统一战争的大战略思想集中于王猛临终遗言，可惜并没有引起苻坚的足够重视，这也是前秦淝水之战大败的一个重要原因。

一、治乱以法的政治建设思想

前秦作为氐族贵族建立的政权，与其他少数民族一样，面临着如何汉化，如何引入和适应中原文化制度的问题。苻坚部的氐族贵族政权初期，社会秩序比较混乱，“豪右纵横，劫盗充斥”现象比较突出。时任侍中、中书令、京兆尹的王猛认识到“宰宁国以礼，治乱邦以法”②，只有严刑峻法方能维护社会秩序，稳定生产秩序，为对外统一战争做准备。特进、光禄大夫强德是太后的弟弟，常醉酒闹事，横行市井，百姓深以为患，王猛捕而杀之，陈尸于市。数旬之间，20多位不法贵戚和豪强被诛杀，“于是百僚震肃，豪右屏气，路不拾遗，风化大行”，苻坚因而感叹，“吾今始知天下之有法也，天子之为尊也”③。在王猛的带动下，前秦政权遣使巡察四方及戎夷部落，以法度整顿社会秩序，劝课农桑，增强国力。王猛为相后，勤于治国理政，前秦呈现出一派政治修明、兵强士练、经济繁荣、国力强盛的景象。“猛宰政公平，流放尸素，拔幽滞，显贤才，外修兵革，内崇儒学，劝课农桑，教以廉耻，无罪而不刑，无才而不任，庶绩咸熙，百揆时叙。于是兵强国富，垂及升平，猛之力也。”④前秦大治，为后来的统一战争奠定了坚实的基础。以此为基础，前秦趁桓温北伐前燕之机着力向西拓展，乘前燕内乱伐而灭之，又消灭了仇池杨氏、前凉代国等北方割据政权，统一了北方，所谓“平燕

---

① 《晋书》卷一百十四《王猛载记》。
② 《晋书》卷一百十四《王猛载记》。
③ 《晋书》卷一百十三《苻坚载记上》。
④ 《晋书》卷一百十四《王猛载记》。

定蜀，擒代吞凉，跨三分之二，居九州之七”①，建立起东起高句丽，西至西域及梁、益等州（今甘肃、陕西、四川等地），南迄江淮的庞大帝国。

二、谋略制胜的作战指导思想

作为苻坚依仗的重臣，王猛在前秦统一北方的战争中发挥了无可替代的作用。苻坚在王猛等人的辅佐下，志在统一天下，而当时前秦周边群雄环伺，战略形势错综复杂：东南方的东晋政权已经稳定下来，东面的前燕与前秦相隔最近，势力也最为强大，西面有仇池杨氏和前凉政权，北面有鲜卑拓跋氏建立的代国。在南北分治、北方大乱和周边强敌林立的态势下，如何确定军事行动的目标与次序，是一个事关全局的战略问题。按照中国传统远交近攻的思想，征服前燕是前秦的优先战略。前燕是鲜卑贵族首领慕容儁建立的政权，占据了冀、兖、青、并、豫、徐、幽诸州，并击败东晋占有洛阳，势力最为强大。自慕容恪死后，前燕开始走下坡路，但苻坚深惧曾大败桓温的慕容垂威名，不敢轻易开战。此时恰值前燕内乱，慕容垂来投，苻坚大悦，亲自到长安郊外迎之，执其手曰：“天生贤杰，必相与共成大功，此自然之数也。要当与卿共定天下，告成岱宗，然后还卿本邦，世封幽州，使卿去国不失为子之孝，归朕不失事君之忠，不亦美乎！”② 由此坚定了战争决心。太和四年（369），前秦以前燕背割地之约为借口，遣王猛等率步骑三万讨伐，第二年攻破洛阳，追至邺城，前燕之州郡牧首及六夷渠帅尽降，前燕亡。此后，前秦于咸安元年（371）灭仇池、太元元年（376）灭前凉和代，北方遂告统一。

三、统一战争的战略筹划

统一北方后，苻坚志在南下，一统中国。王猛明智地指出，目

① 《晋书》卷一百十五《苻登载记》。

② 《资治通鉴》卷一百二《晋纪二十四》，海西公太和四年十一月。

前策略的重心应是保持国内稳定，消化解决各种矛盾，尤其对暂时归附的鲜卑、羌等族要留有戒心，并设法慢慢解决、消化这些问题，保证国家内部安定和稳固北方形势。当时的实际情况和后来的形势发展，都证明了王猛的政治远见和战略眼光。具体而言，由纷乱分裂走向天下一统虽为大势所趋，是中国历史发展中不可抗拒的主流，但这是一个至为复杂的历史过程，强烈的愿望并不能不顾客观形势，只有历史条件成熟了，统一大业的实现方可水到渠成、瓜熟蒂落，否则只能欲速不达，甚而导致整个统一进程的顿挫。王猛清醒地认识到了这一点，故临终之际特别告诫苻坚要等待时机，不可贸然发动对东晋的战争。但苻坚未能体味王猛的良苦用心，反而将王猛的谆谆劝导和战略谋划弃若敝屣，在统一条件尚不具备的情况下倾全国之力仓促发动战争，结果落得个身死国灭。

王猛的临终嘱托并不反对统一，他是把统一作为远期或最终目标来认识和追求的。统一虽是历史发展的必然，但追求统一不应该马上付诸对东晋的军事行动，绝不能只见自己表面的强大而无视内部的问题，尤其是不能无视各种不利于统一的条件。前秦虽然在较短的时间里逐一兼并了北方各割据政权，但靠的是强大的军事力量。前秦虽暂时统一了北方，但内部有严重的民族矛盾，刚刚归附的民族多怀二心，只是未有时机，所以只有在内部整合巩固的基础上，方可谋求考虑用兵南方。就南方而言，晋室南渡后，一直面临着生死存亡的问题，同时，它虽顿失中原，偏安一隅，却仍以中原正统自居，有北伐中原、重建全国政权的理想。谢安执政后，又进用贤才，团结大臣，选拔了一批文武人才，在政治、军事方面，君臣辑睦、内外同心，社会经济上百姓乐业，谷帛殷阜。因中原战乱流寓到南方的北方人民，除有故国之思外，还有保护新家园求安定的思想，并未对东晋政权失望。这就是当时的“时势”。所以，王猛提出在目前刚刚完成北方统一的情况下，应暂“不以晋为图”，而要与东晋保持友善的睦邻关系，集中精力，专心解决内部问题，为日后的统一战争积蓄力量和创造条件。

第九节　刘裕的军事谋略思想

刘裕（363—422），字德舆，小名寄奴，彭城（今江苏徐州）人，是汉高帝刘邦之弟楚元王刘交的后人，南朝宋开国君主，著名的政治家和军事家。

刘裕从小家境贫寒，但风骨不凡，志向远大。《宋书》载，刘裕"身长七尺六寸，风骨奇特。家贫，有大志，不治廉隅。事继母以孝谨称"①。早年应募参加北府军，为北府军将领刘牢之的参军，在镇压孙恩、卢循农民义军的过程中崭露头角。401 年迁升建武将军，下邳太守。402 年，荆州刺史桓玄叛乱，刘牢之倒戈降桓玄。桓玄攻入建康后，调刘牢之为会稽内史，夺其兵权。刘牢之又反桓玄，部将多离散，最终自缢而亡。桓玄掌握朝政后，逐杀北府军旧将，独重刘裕。刘裕也采取养晦战略，还居京口（今江苏镇江），后任彭城内史。403 年，桓玄篡位称帝，改国号为楚。刘裕以打猎为名，聚集北府军中下级将领，以匡扶晋室号召，从广陵和京口向建康进发，传檄声讨桓玄。进至覆舟山（今江苏南京市太平门西侧）后，刘裕命老弱士兵登山摇旗，造成疑兵假象，并亲自冲锋陷阵。"时东北风急，因命纵火，烟焰张天，鼓噪之音震京邑。"② 桓玄势去西逃，随后被杀。刘裕入建康城，"于是推高祖为使持节、都督扬徐兖豫青冀幽并八州诸军事、领军将军、徐州刺史"③。这样，刘裕通过掌控北府军，控制了东晋的军政权力。

义熙元年（405），刘裕拥戴晋安帝司马德宗复位，"乃改授都督

---

① 《宋书》卷一《武帝纪上》。
② 《宋书》卷一《武帝纪上》。
③ 《宋书》卷一《武帝纪上》。

荆、司、梁、益、宁、雍、凉七州，并前十六州诸军事，本官如故”①。409年，南燕慕容超再次派兵南下劫掠淮北地区。刘裕从建康出发，挥师北伐，长驱直过大岘（今山东沂水县北），击破燕军主力于临朐（今山东临朐县），围困燕国都城广固（今山东青州市西北）半年之久，最后俘获慕容超，灭亡南燕，“从而使东晋的疆域推进到黄河下游，直接与北魏毗邻”②。此后数年，刘裕先后镇压卢循起义军，杀荆州刺史刘毅，攻灭割据益州的谯纵，袭杀豫州刺史诸葛长民，击败荆州刺史司马休，收复了黄淮之间、汉水上游及关中等大片地区。在消灭起义军和地方割据政权的同时，刘裕采取一系列恢复和发展经济的政策，为北伐中原做准备。义熙十二年（416），“会羌主姚兴死，子泓立，兄弟相杀，关中扰乱”③，刘裕统领晋军分兵北伐，一路势如破竹，攻破长安，后秦灭亡。418年，刘裕任相国、宋公，派人缢死晋安帝，另立司马德文为晋恭帝。420年，刘裕代晋称帝，立国号为宋，史称宋武帝。永初二年（421），杀晋恭帝。次年，于建康病逝。

东晋后期，垄断权力的高门士族导致了军事政治的软弱涣散。一方面是帝室倾颓，藩镇反叛，农民起义，社会矛盾激化。另一方面是统治集团内部一味骄奢淫逸，敛财嗜酒，缺少实际的政治军事才能，在此大环境下很难再出现谢玄一般的将帅之才。刘裕之所以能胜出，重在两个方面：与桓玄这样的东晋内部对手比，有更坚强的统帅性格，而对于北方政权对手，又在谋略和手段上胜过一筹。纵观这一历史时期南北双方几次大的军事交锋，即桓温的北伐、苻坚南下和拓跋焘南征等，大都所获有限。只有刘裕组织的北伐，灭掉了南燕和后秦两个北方政权，西征巴汉也取得胜利，恢复了对黄河以南地区的统治。北伐的胜利，虽是南北经济结构和力量对比发生变化的结果，但刘裕在整个北伐过程中表现出的谋略思想和统帅

---

① 《宋书》卷一《武帝纪上》。

② 裘士京：《试论刘裕》，《史学月刊》1984年第2期。

③ 《宋书》卷二《武帝纪中》。

才能，也是重要影响因素。

一、战争指导上善于把握和创造战机

台湾三军大学编著的《中国历代战争史》，总结刘裕战胜桓玄的因素有四点：一是有完美的统帅性格，勇毅、坚忍、机智、果决，无一不备，又有济世怀抱与艰苦卓绝之精神，故能攻无不取，战无不克；二是看准桓玄弱点，赤手挥戈而驱之，遂能建立震古奇功，赢得举世人心；三是举义兵，复晋室，光明正大，号召力强；四是计划切实严密，执行机敏勇决。① 其中对于刘裕统帅性格与指挥能力的分析，较为中肯。刘裕在消灭桓玄，掌控东晋朝政后，东晋重新恢复了国内的稳定。经过几年的恢复生产，南方出现了短暂的向好时期。同期，受国内的政治动乱和频繁战争影响，北方各民族政权消耗都很大。南北平衡逐渐被打破，形势的发展出现了有利于北伐的契机。在北方政权中，南燕和后秦与东晋接壤，自然成了北伐的主要目标。特别是南燕王慕容德死后，慕容超袭位，屡为边患。义熙五年（409）二月，南燕再次大掠淮北地区，"执阳平太守刘千载、济南太守赵元，驱略千余家"②。三月，刘裕向晋安帝上书北伐，一方面是看到了南北力量格局的变化，认为北伐的时机已经到来，另一方面也意在"立功中原，增加本身勋望，以为将来取代晋室之阶梯"③。

在击灭南燕后，与东晋接壤的强敌后秦成了刘裕的下一个目标。但当时刘裕的权力并不稳固，东晋国内还有农民起义军，以及蠢蠢欲动的反对势力，北伐后秦的时间只能推迟。义熙六年（410）刘裕灭亡南燕时，岭南的卢循、徐道覆起义军趁机占据江州（治今江西九江），刘裕匆忙回防建康。击败起义军后，刘裕又先后消灭了荆州刺史刘毅和豫州刺史诸葛长民，讨平了益州谯纵政权，接着又大败

---

① 参见《中国历代战争史》第五册《两晋》，第381—382页。

② 《宋书》卷一《武帝纪上》。

③ 《中国历代战争史》第五册《两晋》，第397页。

荆州刺史司马休，“东晋恢复了对黄河以南的山东、豫南、鄂北以及巴、蜀的统治，实力进一步增强，政局稳定”①。后秦方面，义熙十二年（416），姚兴死，姚泓继位，兄弟相杀，关中扰乱。加之后秦周边的夏、西秦、杨氏等不断侵吞边境，与后秦结为姻亲的北魏正处于困难时期，无力支援。刘裕正是等待和把握住了这一有利时机，发起了北伐战争。战略时机的选择得当，是顺利实施北伐的先决条件，这也体现了孙子“先为不可胜，以待敌之可胜”② 的思想。

二、作战筹划上审时度势，料敌先胜

刘裕决定北伐南燕时，朝中许多大臣持反对意见，认为“贼闻大军远出，必不敢战，若不断大岘，当坚守广固，刈粟清野，以绝三军之资，非唯难以有功，将不能自反”③。对此，刘裕早已“揣之熟矣”，认为“鲜卑贪，不及远计，进利克获，退惜粟苗。谓我孤军远入，不能持久，不过进据临朐，退守广固。我一得入岘，则人无退心，驱必死之众，向怀贰之虏，何忧不克。彼不能清野固守，为诸君保之”④。义熙五年四月，刘裕亲率水陆大军由建康出发，沿淮水进入泗水。五月，至下邳，留船舰辎重作为后方基地。步兵进驻琅邪（今山东临沂西）以为前进基地，所过皆筑城留守，防备并州和徐州的燕军骑兵袭击粮道切断退路。随后形势发展果如刘裕所料，当晋军迫近的消息传来后，南燕大将公孙五楼建议“宜断据大岘，刈除粟苗，坚壁清野以待之。彼侨军无资，求战不得，旬月之间，折棰以笞之耳”⑤。对于公孙五楼这一据险固守、坚壁清野、消耗晋军的合理建议，慕容超不以为意，认为“彼远来疲劳，势不能久，

① 《中国军事史》编写组：《中国历代军事战略》（上册），解放军出版社，2002 年，第 578 页。

② 《十一家注孙子校理》卷上《形篇》。

③ 《宋书》卷一《武帝纪上》。

④ 《宋书》卷一《武帝纪上》。

⑤ 《宋书》卷一《武帝纪上》。

但当引令过岘，我以铁骑践之，不忧不破也。岂有预芟苗稼，先自蹙弱邪”①。等大军过了大岘山，刘裕高呼“吾事济矣”。

很快，广固大城被攻破，慕容超困守小城，形势危急下急派尚书郎张纲“称藩于姚兴，乞师请救。兴伪许之，而实惮公，不敢遣”②。张纲在从长安返回的途中被泰山太守申宣俘获，执送于广固城下，以示城内，城内莫不失色。慕容超转而请求称藩，割让大岘山为两国分界线，献马千匹，被拒。这时，后秦遣使告刘裕：“慕容见与邻好，又以穷告急，今当遣铁骑十万，径据洛阳。晋军若不退者，便当遣铁骑长驱而进。”③ 对于姚兴的威胁，刘裕答复：“语汝姚兴，我定燕之后，息甲三年，当平关、洛。今能自送，便可速来。”④ 在向录事参军刘穆之的解释中，刘裕道出了自己对形势的判断，即“此是兵机，非卿所解，故不语耳。夫兵贵神速，彼若审能遣救，必畏我知，宁容先遣信命。此是其见我伐燕，内已怀惧，自张之辞耳”⑤。

三、用兵上多路进击，出奇制胜

孙子强调，“凡战者，以正合，以奇胜。……战势不过奇正，奇正之变，不可胜穷也”⑥。在西讨剿灭谯蜀政权时，刘裕洞悉谯纵的心理，采用奇正相合、出奇制胜的战法。战前，刘裕与朱龄石密谋，“刘敬宣往年出黄虎，无功而退。贼谓我今应从外水往，而料我当出其不意，犹从内水来也。如此，必以重兵守涪城，以备内道。若向黄虎，正堕其计。今以大众自外水取成都，疑兵出内水，此制敌之奇也”⑦。为防止军情泄露，刘裕交给朱龄石一封密函，上书“至白

① 《宋书》卷一《武帝纪上》。
② 《宋书》卷一《武帝纪上》。
③ 《宋书》卷一《武帝纪上》。
④ 《宋书》卷一《武帝纪上》。
⑤ 《宋书》卷一《武帝纪上》。
⑥ 《十一家注孙子校理》卷中《势篇》。
⑦ 《宋书》卷四十八《朱龄石传》。

帝乃开”。大军在挺进过程中，都不知道走哪条进攻水道。到了白帝城打开密函，上书：“众军悉从外水取成都，臧熹、朱林于中水取广汉，使羸弱乘高舰十余，由内水向黄虎。”① 于是几路大军倍道兼行，而谯纵果然在内水重点设防，屯重兵戍涪城，遣其前将军秦州刺史侯辉、尚书仆射蜀郡太守谯诜等率众万余屯彭模，夹水为城。这样，晋军朱龄石主力沿西侧岷江外水主攻彭模，臧喜部沿沱江中水直取成都，而佯攻部队沿东侧涪江内水起牵制作用。三路齐发，互为掩护配合，顺利实现了既定目标。

在伐后秦之战中，刘裕同样是采取水陆联合、多路进击合围洛阳的战法。“先是遣冠军将军檀道济、龙骧将军王镇恶步向许、洛”，“又遣北兖州刺史王仲德先以水军入河”。② 此外，建武将军沈林子、彭城内史林遵孜率领水军出石门（今河南荥阳东北），由汴水进入黄河，新野太守朱超石、宁朔将军胡藩向阳城（今河南登封东南）发起进攻，几路大军对洛阳形成夹击之势。另有振武将军沈田子、建威建军傅弘之朝武关方向进发，牵制关中地区的秦军。而刘裕率水师主力驻扎彭城，沿着黄河向上游进发，各路大军会攻洛阳而后向潼关、长安方向进攻。在整个战争中，东晋军队始终沿着水路前进，由长江入淮河、泗水、汴水，最后沿着黄河挺进，一方面发挥晋军水上优势，实现快速机动和后勤输送，另一方面“后秦的荥阳、洛阳、潼关等要点都背靠黄河，东晋的水军控制了黄河，这些要点的北侧和后方都随时受着东晋水军的威胁，并切断了这些要点与北魏的联系”③。

四、灵活使用诸军种、兵种联合作战

决定北伐成败的一个关键因素，是如何限制少数民族骑兵部队，同时发挥自身水师优势。北伐南燕，对进击路线的选择就有这方面

---

① 《宋书》卷四十八《朱龄石传》。

② 《宋书》卷二《武帝纪中》。

③ 《中国历代军事战略》（上册），第588页。

的考虑。南燕的疆治分五州，分别为并州、徐州、兖州、幽州和青州，都城在广固。刘裕向广固进兵，有四条通道可供选择：一是自临沂东北途经莒县，穿越沂山直达广固；二是自临沂经过新莱、莱芜，过博山、淄川，兵临临淄；三是沿泗水经铜山、独山湖进至曲阜，后向东北方向到达临淄；四是自莒县经诸城出潍水西向广固。前两条道路是沿着东部的山道进攻，路途较近但险要，后两条道路更多依赖水路，但迂回过远。刘裕选择了第一条道路，出于三方面考虑：一是路途最近，可避开后秦和北魏的边境，免于翼侧暴露的危险；二是便于利用泗水、沂水和沭水输送人员和补给物资；三是在山路作战，可极大地限制鲜卑骑兵。进击途中，刘裕采用步步为营的策略，所过皆筑城留守，以防对方骑兵袭击。晋军经过大岘（穆陵关）险隘后，占据了离临朐城四十里的巨蔑水，从而得享水路运输机动的便利。随后，晋军采取方阵队形，步兵、骑兵、车兵、水军联合行动，抵挡住了南燕万余铁骑的冲击，顺利攻破临朐，近围广固。“众军步进，有车四千两，分车为两翼，方轨徐行，车悉张幔，御者执矟。又以轻骑为游军。军令严肃，行伍齐整。”①

五、知人善任，大胆提拔和使用优秀将才

刘裕出身贫寒，靠战功由北府军的底层一步步打拼上来。后来的战争中，他一方面紧紧依靠北府兵这个集团，另一方面也对军中出身寒门、能力突出的将领给予重用，一举打破了东晋以来高门士族出任将帅的局面，给军队的组织指挥注入了新活力。北府军中，先后被提拔的将领有胡藩、白孙、王镇恶、檀道济和朱龄石等，这些人都有独当一面的能力，在刘裕的北伐战争中发挥了重要作用。胡藩，字道序，豫章南昌人，原在桓玄手下任职。刘裕击败桓玄后，“素闻藩直言于殷氏，又为玄尽节，召为员外散骑侍郎，参镇军军事”②。胡藩是一个重义气，又勇略兼具的人才。如北伐南燕时，燕

---

① 《宋书》卷一《武帝纪上》。

② 《宋书》卷五十《胡藩传》。

军重兵屯驻临朐，胡藩向刘裕献计，“贼屯军城外，留守必寡，今往取其城，而斩其旗帜，此韩信所以克赵也”①。刘裕采纳了胡藩的计策，派遣他和檀韶等突袭临朐，一举而克。王镇恶是前秦名将王猛的孙子，河东太守王休的儿子。前秦苻氏败亡后，王镇恶随叔父归顺东晋，客居荆州。“颇读诸子兵书，论军国大事，骑乘非所长，关弓亦甚弱，而意略纵横，果决能断。”② 北伐南燕攻打广固时，有人向刘裕推荐了临澧县令王镇恶，刘裕即刻派人召见，二人相谈默契。次日，刘裕对周边的僚属说：“镇恶，王猛之孙，所谓将门有将也。”③ 随即任命王镇恶为青州治中从事史，行参中军太尉军事，署前部贼曹。后刘裕讨伐北府军将领刘毅时，王镇恶主动请缨：“公若有事西楚，请赐给百舸为前驱。”④ 在战斗中，王镇恶身先士卒，率部攻破江陵城，逼迫刘毅自缢。此战，“镇恶身被五箭，射镇恶手所执稍，于手中破折”⑤。攻破江陵 20 天后，刘裕才亲率大军赶来。义熙十二年（416），王镇恶与檀道济会师成皋（今河南荥阳市汜水镇西），攻破洛阳。第二年，进击渑池，攻破潼关，占领长安，一举灭亡后秦。檀道济是左将军檀韶的弟弟，少为孤儿，早期跟随哥哥投奔刘裕，在战场上“率厉文武，身先士卒，所向催破”⑥。在北伐后秦的战争中，檀道济为前锋，率军出淮水、淝水，“所至诸城戍望风降服”⑦。战场上，檀道济和王镇恶相互配合，是刘宋政权的开国功臣。刘裕赏识朱龄石的才干，在义熙八年（412）擢升其为益州刺史，命率兵伐蜀，遭到大多数人的反对。“众咸谓自古平蜀，皆雄杰重将，龄石资名尚轻，虑不克办，谏者甚众，高祖不从。乃分大军

---

① 《宋书》卷五十《胡藩传》。
② 《宋书》卷四十五《王镇恶传》。
③ 《宋书》卷四十五《王镇恶传》。
④ 《宋书》卷四十五《王镇恶传》。
⑤ 《宋书》卷四十五《王镇恶传》。
⑥ 《宋书》卷四十三《檀道济传》。
⑦ 《宋书》卷四十三《檀道济传》。

之半，猛将劲卒，悉以配之。”① 就连敬皇后的弟弟臧熹，也归朱龄石节度指挥。最后一战灭谯蜀，众人“咸服高祖之知人，又美龄石之善于其事”②。

后世兵家对刘裕的军事才能，特别是北伐之功给予了高度评价。如清代的王夫之在《读通鉴论》中评述道：“中原之失，晋失之，非宋失之也。宋武兴，东灭慕容超，西灭姚泓，拓跋嗣、赫连勃勃敛迹而穴处。自刘渊称乱以来，祖逖、庾翼、桓温、谢安经营百年而无能及此。后乎此者，二萧、陈氏无尺土之展，而浸以削亡。然则永嘉以降，仅延中国生人之气者，唯刘氏耳。举晋人坐失之中原，责宋以不荡平，没其挞伐之功而黜之，亦大不平矣。”③

第十节　拓跋珪的军事谋略思想

拓跋珪（371—409），字涉圭，鲜卑族军事统帅，北魏王朝的创建者，杰出的政治家、军事家。

拓跋珪祖父拓跋什翼犍是代国的首领，史载代国疆土“东自濊貊，西及破落那，南距阴山，北尽沙漠，率皆归服，有众数十万人”④。建国三十九年（376），代国灭亡，拓跋珪随母亲贺兰氏寄居匈奴独孤部首领刘库仁部落。386 年，拓跋珪在各部大人的拥戴下趁乱复立代国，即位于牛川（今内蒙古兴和西北东洋河南），同年更国号为魏，建立魏国。398 年，拓跋珪迁都平城，称帝，是为道武皇帝。立国后，拓跋珪逐步兼并势力最大的独孤部，北面击败高车与柔然，东北面击败库莫奚，南面联合后燕平定河套以南诸部。而后诱敌深入，将后燕主力全歼于参合陂，创造了中国古代战争史上一

① 《宋书》卷四十八《朱龄石传》。

② 《宋书》卷四十八《朱龄石传》。

③ 《读通鉴论》卷十五《宋武帝》。

④ 《资治通鉴》卷九十六《晋纪八》，成帝咸康四年十一月。

次以弱胜强的经典战例。拓跋珪在长期的战争实践中形成了灵活实用的军事思想和作战指挥艺术，这在参合陂之战、北魏攻后燕之战、柴壁之战等过程中得到充分体现。

一、先急后缓，逐个击灭

新兴的北魏政权，四周强邻环伺，南边有独孤部，北边有贺兰部，东边有库莫奚部，西边河套一带有铁弗部，阴山以北有柔然部和高车部，此外还有太行山以东慕容垂的后燕和太行山以西慕容永的西燕。然而复杂凶险的战略环境，是影响国家安全和制约对外发展的不利因素，也是锤炼卓越军事谋略家的舞台和沃土。拓跋珪审时度势，采取灵活结盟的策略，利用后燕和西燕的矛盾，先与后燕结好，牵制西燕的侵犯；其后又与西燕联盟，遏制了后燕的扩张，从而保持了本国南部的安全。登国二年（387）至九年（394），在后燕慕容麟的配合下，拓跋珪采取先急后缓、逐个击灭的作战指导思想，先后攻灭了独孤部、贺兰部，又大破高车、蠕蠕诸部，军事实力不断壮大，成为塞外唯一强国。

首先，击败拓跋窟咄和刘显，攻灭势力最大的独孤部。独孤部原为匈奴人的一支，因与拓跋部世代通婚，关系很深，是拓跋联盟的重要成员。太元十年（385）八月，独孤部发生内乱，刘库仁的儿子刘显继位。刘显雄心勃勃，欲称雄北方，并将矛头首先指向拓跋珪。淝水之战后，刘显处境困难，遂竭力扶持什翼犍的少子拓跋窟咄，以牵制拓跋珪。登国元年（386）四月，拓跋珪放弃原来的封号改称魏，刘显拥立拓跋窟咄与拓跋珪争夺王位，拓跋珪的首领地位遭到严重挑战。在此局势下，拓跋珪先是遣使后燕，向燕主慕容垂求援，后者派其子赵王慕容麟统率步骑六千余人来援。拓跋珪和慕容麟分兵合击驻扎在高柳（今山西阳高）的拓跋窟咄，拓跋窟咄几乎全军覆没，本人逃到刘卫辰处，被后者杀死。拓跋珪悉收其众，并以代人库狄干为北部大人。

登国二年三月，后燕上谷人王敏杀太守封戢，代郡人许谦也赶走太守贾闰，均宣布依附刘显。时刘显以马邑（今山西朔州）为基地，四处扩展，地广兵强，雄踞北方。但不久，刘显兄弟陷入纷争，给北魏出兵提供了良机。魏长史张衮认为："显志大意高，希冀非望，乃有参天贰地，笼罩宇宙之规。吴不并越，将为后患。今因其内衅，宜速乘之。若轻师独进，或恐越逸。可遣使告慕容垂，共相声援，东西俱举，势必擒之。然后总括英雄，抚怀遐迩，此千载一时，不可失也。"① 拓跋珪采纳张衮的意见，派使臣安同乞师于后燕。因刘显抢走了刘卫辰献给燕王慕容垂的大批良马，慕容垂遂以此为借口，遣太原王慕容楷协助赵王慕容麟进攻刘显，刘显大败后率残部撤回马邑西山。拓跋珪与慕容麟会师，又破刘显于弥泽（今山西朔州市西南），刘显逃往西燕。慕容麟尽收其部众，获牛马无数。

其次，拓跋珪击败库莫奚，大破高车、柔然诸部。库莫奚属东胡，是两晋时期生活在今内蒙古赤峰以北地域的一支游牧民族。登国三年（388）六月，拓跋珪于弱洛水（今内蒙古西拉木伦河）南大破东胡库莫奚。七月，库莫奚复袭魏军，拓跋珪再次将其击败。登国四年（389）正月，拓跋珪发兵进攻高车（即敕勒部，居今蒙古国乌兰巴托一带），大获全胜。二月，拓跋珪又击吐突邻部于女水（今内蒙古西拉木伦河西），大破之。事平之后，拓跋珪将吐突邻部落全部迁移。登国五年（390）四月，拓跋珪联合后燕赵王慕容麟在意辛山（今内蒙古四子王旗西北边境）共同攻击北方游牧部落贺兰、纥突邻及纥奚三部，战败的纥突邻、纥奚向魏投降。

柔然，又称芮芮或蠕蠕，是东胡族的一支，原臣服于拓跋氏的代国。前秦灭代，改附于铁弗匈奴部刘卫辰。铁弗部落源于匈奴，位于拓跋部的西面，剽悍凶猛，主要活动于黄河以西的朔方一带。铁弗部落频繁骚扰拓跋部，是拓跋部的宿敌。拓跋珪重建代国（后改国号为魏）后，陆续征伐四方，唯有柔然仍依附于刘卫辰，与北魏相抗衡。拓跋珪率军攻之，大破柔然，并迁徙柔然部众于云中郡（治今内蒙古托克托东北古城镇）。

最后，拓跋珪平定河套以南诸部。刘卫辰之子直力鞮率八九万

---

① 《魏书》卷二十四《张衮传》。

人攻北魏南部。拓跋珪率兵五六千人设伏于铁岐山（今内蒙古固阳西北）南，大破之，获其器械辎重及牛羊二十余万，直力鞮弃军单骑遁逃。魏军乘胜追击，自五原郡金津（今内蒙古包头西）强渡黄河，插入刘卫辰境，直逼其都城代来城（今内蒙古伊金霍洛旗西北）。匈奴部众骇乱，刘卫辰父子弃城逃走。拓跋珪遣大将伊谓率轻骑穷追不舍，至木根山（今内蒙古鄂托克前旗西）俘直力鞮，刘卫辰被部下所杀。魏军于盐池（今宁夏回族自治区东）诛刘卫辰宗党五千余人，皆投尸于黄河，刘卫辰少子刘勃勃亡奔薛干部。此战，刘卫辰恃强自傲，终致国破人亡，而拓跋珪则乘其所骄，以少胜多，穷追不舍，大获全胜。从此，河套以南诸部皆降，魏缴获战马三十余万匹，牛羊四百余万头，实力大增。

二、后发制人，攻心为上

拓跋珪在指挥作战中重视掌握敌情，并能正确判断敌我态势，长于谋划，先计后战，往往根据战场态势采取后发制人策略，先示弱远避，诱敌深入，待敌疲而后击。拓跋珪势力初起之时，后燕慕容垂出于利益及形势考量，积极支持拓跋珪征服独孤部及贺兰部，统一内部，复国建魏，以作为其控扼塞北诸部的附属之国。随着势力的日渐雄厚，魏国欲谋独立，并屡犯臣服于后燕的塞外诸部族，双方的矛盾逐渐激化，终因索马之事而绝交。之后，后燕集中兵力巩固后方，先后击灭翟魏、西燕，挟连胜之势，欲以武力征服北魏。登国十年（395）五月，慕容垂以太子慕容宝为伐魏主帅，与辽西王慕容农、赵王慕容麟等领兵八万，远征北魏；另遣范阳王慕容德、陈留王慕容绍率步骑一万八千人为后援。

孙子曰，“知彼知己者，百战不殆”①，认为战争的胜利是建立在事先对敌我双方情况的充分了解基础上的，全面掌握敌情与我方情况是制胜的前提条件。就战争双方的指导者而言，拓跋珪远胜于慕容宝。早在战争爆发之前，拓跋珪就已全面掌握了敌情。登国三

---

① 《十一家注孙子校理》卷上《谋攻篇》。

年（388），拓跋珪击败库莫奚之后，已有图燕之志，便于八月派九原公元仪至中山（今河北定州），一则向燕主致谢，二则洞察燕国虚实。元仪还魏后，对拓跋珪说："燕主衰老，太子暗弱，范阳王自负材气，非少主臣也。燕主既没，内难必作，于时乃可图也。今则未可。"① 拓跋珪由此知晓后燕统治者的真实状况。反观慕容宝，身为后燕军统帅，短于治军，骄傲轻敌，既不知彼又不知己，在指挥作战、临阵应变方面远逊于拓跋珪。

尽管如此，战争双方在战前仍呈现出燕强魏弱的总体态势。综合比较双方的军事实力，后燕军队以重装骑兵和重装步兵为主，作战经验丰富，且人多势众，总体实力居于优势；北魏军队以轻装骑兵为主，兵少将寡，实力显弱，不足以与后燕军队正面抗衡。大战在前，庙算为先。拓跋珪召集谋臣将帅们商议对敌之策，不少将领对强大的后燕心存畏惧。长史张衮洞察时势，认为"宝乘滑台之功，因长子之捷，倾资竭力，难与争锋"②，建议拓跋珪"宜羸师卷甲，以侈其心"③，即魏军伪装畏敌，退兵回避，让对方产生骄傲轻敌之心，而后待机破敌。拓跋珪接受其建议，采取了避敌锋锐、后发制人的作战指导方针，把部落国人全部向西迁移，率二十万大军西渡黄河千余里，以避燕军兵锋。燕军自五月出兵至十月，未能与魏军决战，师老兵疲，士气低落。慕容宝无计可施，被迫撤军。此外，拓跋珪在军事实践中注重运用心理战，通过怀柔之策感化燕军俘虏，通过传播虚假消息扰乱敌军，最终收到了涣散对手军心、瓦解其士气的效果，在一定程度上削弱了燕军的战斗力。

登国十年（395）七月，后燕军至魏地五原（今内蒙古包头西），收降北魏别部三万余家，掠取粮食百余万斛，放置黑城（今内蒙古呼和浩特西北）。慕容宝在获得粮食之后，因为粮草丰足，不再疏通塞上通往燕国的粮道，而是率领后燕军进至河水（黄河）边，

① 《资治通鉴》卷一百七《晋纪二十九》，孝武帝太元十三年八月。
② 《魏书》卷二十四《张衮传》。
③ 《魏书》卷二十四《张衮传》。

赶造船只，准备南渡河水与魏军主力决战。拓跋珪得知燕军通往燕国的粮道无兵之后，下令陈留公拓跋虔率一部分军队驻扎在河东，东平公拓跋仪率一部分军队驻扎在河北，略阳公拓跋遵率军绕到河的南岸，堵截燕军归路。拓跋珪先后派出的这三路大军悄悄包抄到后燕军队的侧翼和后方，切断了他们回国都中山的道路，彻底断绝燕军与国内的通信联络。

慕容宝排列军队于河北岸，准备渡河进攻魏军，突起暴风，数十艘船漂至南岸。魏军俘获燕军三百余人，全部赐给衣服遣还，以分化瓦解燕军。拓跋珪派兵截获来往于五原至燕都中山的燕国信使，得知燕王慕容垂已得重病的消息，而燕军却消息闭塞，一无所知。拓跋珪遂令所俘燕使隔河向燕军假传“若父已死，何不早归”①，谎称慕容垂已死，结果“（慕容）宝等忧恐，士卒骇动”②。燕军军心动荡，不敢南渡与魏军作战。慕容麟部将慕舆嵩等以为慕容垂真死，阴谋奉慕容麟为燕主，事泄被杀。慕容宝与慕容麟互相怀疑，后燕军心益乱。拓跋珪对燕军实施的心战战法收到了显著的成效。

三、千里奔袭，歼敌务尽

孙子主张在作战中要做到“并敌一向，千里杀将”③，奔袭千里，擒杀敌将。拓跋珪在灭柔然之战、参合陂之战中都很好地贯彻了穷追猛打、歼敌务尽的作战指导思想，适时把握战机，最大程度扩大战果。拓跋珪重建代国（后改国号为魏）后，陆续征伐四方，唯有柔然仍依附于刘卫辰，与北魏相抗衡。拓跋珪率军攻之，柔然举部向西逃遁，魏军追奔六百里。时魏军军粮不继，诸将请求还师，拓跋珪认为“柔然驱畜产奔走数日，至水必留；我以轻骑追之，计其道里，不过三日及之矣”，于是询问诸将：“若杀副马，为三日食，

---

① 《资治通鉴》卷一百八《晋纪三十》，孝武帝太元二十年九月。

② 《资治通鉴》卷一百八《晋纪三十》，孝武帝太元二十年九月。

③ 《十一家注孙子校理》卷下《九地篇》。

足乎？”诸将皆曰：“足。”[①] 拓跋珪遂命尽杀副马以供三日兵食，终于追及并大破柔然，俘虏其半部，柔然首领率领余众逃遁。拓跋珪不失时机地派遣部将长孙嵩、长孙肥率轻骑继续穷追，于平望川（今蒙古国哈拉和林西）击斩柔然首领之一屋击，于涿邪山（今蒙古国境内满达勒戈壁以南一带）追降其东部大人匹候跋，俘西部大人组纥提之子曷多汗以下数百人，组纥提率余众降。

在参合陂之战中，燕军在内外交困中被迫于十月撤退。拓跋珪得到燕军撤退的消息后，立即命令各部做好出击准备。但因黄河没有封冻，渡河船只又少，魏军一时无法渡河。十一月初，气温骤降，天气骤然变冷，河面冻结。拓跋珪抛下辎重，指挥两万魏军精锐轻骑迅速渡河，急追燕军。因为风大，加之统军不力，燕军行军速度很慢。行至参合陂，大风骤起，尘埃黑天。沙门支昙猛向慕容宝建议“宜遣兵御之”[②]。慕容宝遂派慕容麟率骑兵三万殿后掩护，以备非常。慕容麟不信支昙猛之言，纵骑游猎，不加戒备。魏军昼夜兼程，于数日后的黄昏抵达参合陂西。此时，燕军在陂东，安营于蟠羊山南。拓跋珪连夜部署，令士卒口衔枚，束马口，暗中前进。次日清晨，魏军登山，下临燕营。燕军正准备东归，忽见魏军，顿时惊乱。拓跋珪纵兵击之，燕军争相涉水逃命，人马相践踏，压死溺死者数以万计。拓跋遵率军在燕军前截击，燕军弃械投降者四五万人，仅慕容宝等数千骑逃走，参合陂之战以魏军大获全胜宣告结束。性格果敢的拓跋珪善于把握战机，当燕军烧船夜遁之时，率军尾随燕军千里奔袭，穷追猛打，致使后燕精锐部队丧失殆尽，一举扭转了燕强魏弱的战略态势，为之后北魏攻灭后燕、统一北方创造了条件。

四、因机制胜，掌控战争主动权

《六韬》指出：“善战者见利不失，遇时不疑。”[③]《将苑》也提

① 《资治通鉴》卷一百七《晋纪二十九》，孝武帝太元十六年十月。

② 《资治通鉴》卷一百八《晋纪三十》，孝武帝太元二十年十一月。

③ 《六韬》卷三《龙韬·军势》，《中国兵书集成》编委会：《中国兵书集成》第一册，解放军出版社、辽沈书社，1987 年。

出："善将者，必因机而立胜。"① 拓跋珪在指挥作战中善择战机，能够在瞬息万变的战场环境中分析并顺应形势，把握战机，从而克敌制胜。登国十一年（396）八月，拓跋珪挟参合陂之战战胜之余威，率步骑四十余万大举攻燕，对后燕发动战略进攻，冀图一举克之。拓跋珪率领魏军南出马邑，越句注山，遣左将军李栗率五万骑兵为前驱，派将军封真等从东道出军都关（今北京居庸关），袭燕幽州。南进魏军在晋阳城外大败后燕名将、并州牧慕容农，攻克晋阳，慕容农只身逃归中山。魏出军都之步骑亦攻克渔阳（今北京市密云区西南）。拓跋珪取并州后，继续率军东进，直指后燕国都中山。燕王慕容宝修城贮粮坚守中山，派慕容农出兵安喜（今河北定州东）作为警戒，一切军务皆委于赵王慕容麟。魏军很快攻取常山，常山以东各郡县守宰或逃或降，只有中山、邺、信都三城为燕军所守。拓跋珪命东平公拓跋仪率五万骑兵攻邺；冠军将军王建、左将军李栗攻信都；自率大军攻中山，镇守中山城的是后燕名将慕容隆。慕容隆坚守不出，拓跋珪急攻，魏军死伤数千人。拓跋珪认为"急攻则伤士，久守则费粮，不如先平邺、信都，然后还取中山，于计为便。若移军远去，宝必散众求食民间，如此，则人心离阻，攻之易克"②，遂率军南向。

皇始二年（397）正月下旬，拓跋珪集中力量进攻信都，燕守将慕容凤弃城奔走，信都遂降。因城中缺粮，中山守将慕容麟率两万骑兵进驻新市（今河北正定东北新城铺）。拓跋珪与慕容麟在义台坞会战，魏军大获全胜，斩杀九千余人，慕容麟率数十骑逃奔邺城，后被慕容德杀死。拓跋珪乘势攻入中山，燕降魏的公卿、尚书、将吏和士卒达两万人。燕将张骧、李沈、慕容文等先后来降，拓跋珪皆赦而不究。攻克中山后，拓跋珪派骑兵三万增援拓跋仪进攻邺城。皇始三年（398）正月，后燕范阳王慕容德从邺城率户四万南徙滑台（今河南滑县东南城关镇）。拓跋仪率军进入邺城，随即追慕容德至

---

① 《诸葛亮集·文集》卷四《将苑·机形》。

② 《魏书》卷二《太祖纪》。

黄河而归。至此，北魏伐后燕之战结束。在一年又五个月的连续作战中，北魏充分利用参合陂之战后的有利态势，调集大军展开战略决战。拓跋珪在作战中紧紧抓住各种有利机会，努力掌握战争主动权，最终彻底击败了强大的后燕，原属后燕的黄河以北广大地区遂归魏有，北魏一举成为北方势力最强大的国家。

在群雄割据且纷争不已的严峻态势下，拓跋珪冷静分析各方情势，采取军事、外交为主的一系列策略，区分轻重缓急，灵活结盟，在消灭敌人的同时不断发展壮大。在具体战争实践中，拓跋珪善谋全局，富有战略眼光，能够事先对战争局势的发展做出一个较为符合客观实际的基本判断，因而在指挥作战行动时做到了进退自如，当攻则攻，该守则守；在筹划战争、制定作战策略时，虚心听取各方意见建议，集思广益，尤其是重用汉人张衮，吸纳中原兵学思想，并成功运用于战争实践，诸如后发制人、攻心为上等。拓跋珪性格果敢，在复杂形势和关键时刻善于决断，在指挥作战行动中能够做到因机制胜，不论是战役战术上的千里奔袭、穷追猛打，还是战略决战中的连续作战、一举克之，都充分体现了一名优秀统帅的气魄与远见卓识。正是在其领导下，北魏由一支在夹缝中生存的地方部落，最终发展成为基本统一北方的强国。在此过程中，拓跋珪军事思想逐步形成并走向成熟，形成了注重实战、灵活多变、崇谋与尚武并用的鲜明特色，在中国古代兵学史中理应占有一席之地。

第十一节　宇文泰的军事战略思想

宇文泰（505或507—556），一名黑獭，代郡武川（今内蒙古武川西东土城）人，鲜卑宇文部后裔，西魏丞相，北周政权奠基者，南北朝时期杰出的军事家和改革家。

宇文泰所在的宇文部，其先祖为南匈奴，后融入鲜卑族之中，在北方诸强族的兼并战争中颠沛流离，最后归顺北魏，迁居武川，世代守之。据《周书》记载，宇文泰虽生逢乱世，但“少有大度，不事家人生业，轻财好施，以交结贤士大夫”①。北魏正光五年（524），北方六镇内乱，宇文泰跟随父亲宇文肱参加鲜于修礼在河北领导的起义军。后鲜于修礼被其部将葛荣所杀，尔朱荣又擒获葛荣，宇文泰被收编在尔朱荣的首领贺拔岳麾下。因跟随讨伐北海王元颢迎回孝庄帝有功，升任镇远将军、步兵校尉。北魏永安三年（530），宇文泰跟随贺拔岳入潼关，镇压关陇起义首领万俟丑奴，功劳居多，升任征西将军、金紫光禄大夫，加授直阁将军，行原州刺史事。北魏永熙二年（533），宇文泰为使持节、武卫将军、夏州刺史。三年（534），贺拔岳为秦州刺史侯莫陈悦所害，宇文泰率帐下轻骑驰赴平凉，安定贺拔岳部众，并上表魏孝武帝。孝武帝以宇文泰为大都督，统领贺拔岳部，由此掌控了武川军团。同年三月，宇文泰集结几路大军屯驻原州。四月，率大军向隆地进发，出木峡关后在大雪中挥师急进，斩杀侯莫陈悦，恢复对秦陇地区的控制。孝武帝进宇文泰为“侍中、骠骑大将军、开府仪同三司、关西大都督、略阳县公，承制封拜，使持节如故”②。由此，宇文泰逐步掌握北魏军政大权。十月，大丞相高欢立元善见为帝（孝静帝），迁都邺城，建立东魏。十二月，宇文泰在长安立南阳王元宝炬为帝（西魏文帝），自以都督中外诸军事，总揽朝政，是为西魏政权。由此，北魏分裂为东魏和西魏。

此后，高欢把持的东魏与宇文泰控制的西魏展开了长期的战争，先后有西魏大统三年（537）一月击退东魏进攻的潼关之战，十月伏击高欢二十万大军的沙苑之战。后宇文泰又将战线向东推进到河桥、邙山、洛阳一线。大统四年（538），双方围绕洛阳展开争夺，互有胜负。大统九年（543）二月，高欢率十万大军渡过黄河，进至洛阳北邙山一线列阵，宇文泰率军交战不利，损失六万余众。战后，考虑到鲜卑族的兵源不足以补充军队，宇文泰开始征募关陇地区的豪

---

① 《周书》卷一《文帝纪上》。

② 《周书》卷一《文帝纪上》。

强地主武装，并由当地有名望的人物来统领，这样既加强中央对军队的控制，又削弱了地方武装的势力，促成了武川军人集团与关陇地区豪强的联合。大统十二年（546），高欢率十余万大军围攻西魏据守的玉壁（今山西稷山西南），遭到并州刺史韦孝宽的顽强抵抗，被迫退兵，损失七万多人。第二年，高欢病死，力量对比的转化开始有利于西魏。高欢死后，宇文泰利用东魏朝政分裂和南梁萧氏兄弟争帝之机，夺得汉东、益州、襄阳等地，控制了长江上游和汉水。554 年，宇文泰派于谨、宇文护率兵攻克江陵，处死梁元帝，挑选百姓十余万人驱归关中，将西魏的疆域扩至长江中上游，为以后北周统一北方奠定了基础。为采用鲜卑原有的部落组织建立府兵，宇文泰在西魏恭帝元年（554），以有战功的鲜卑将领继承鲜卑族的三十六国和九十九姓，所统领的士兵皆以统帅的姓氏为姓。“魏氏之初，统国三十六，大姓九十九，后多绝灭。至是，以诸将功高者为三十六国后，次功者为九十九姓后，所统军人，亦改从其姓。”①

西魏恭帝三年（556）四月，宇文泰北巡，途中染病，于十月病逝于云阳（今陕西泾阳西北），时年五十岁，谥号文公。次年，其子宇文觉称帝，国号周，是为周孝闵帝。“孝闵帝受禅，追尊为文王，庙曰太祖。武成元年，追尊为文皇帝。”②

纵观宇文泰的军事生涯，其战略思想和军事指挥艺术可归纳为以下几点。

一、以贺拔岳部为基业，雄踞关中和秦陇地区

北魏前期，在都城平城以北自西而东设置六个军镇，分别为沃野镇、怀朔镇、武川镇、抚冥镇、柔玄镇和怀荒镇。北魏末年迁都洛阳后，六镇鲜卑、鲜卑化贵族及军镇将士的待遇升迁等不如洛阳鲜卑贵族，最终引发叛乱。③ 继六镇起义后，关陇地区和河北地区

---

① 《周书》卷二《文帝纪下》。

② 《周书》卷二《文帝纪下》。

③ 参见《陈寅恪魏晋南北朝史讲演录》，第 277—278 页。

亦先后发生叛乱，一些主要军事集团通过镇压叛乱趁机控制北魏政权。军事生涯早期，宇文泰就认识到了控制关陇地区的重要性。在自请使晋阳以观高欢为人后，宇文泰向贺拔岳汇报说："高欢非人臣也。逆谋所以未发者，惮公兄弟耳。"① 而后详细分析了整个战略形势，提出了移军近陇，扼守要害，西辑氐羌，北抚塞外，最后还军长安、匡扶魏室的具体战略，即"然凡欲立大功，匡社稷，未有不因地势，总英雄，而能克成者也。侯莫陈悦本实庸材，遭逢际会，遂叨任委，既无忧国之心，亦不为高欢所忌。但为之备，图之不难。今费也头控弦之骑不下一万，夏州刺史斛拔弥俄突胜兵之士三千余人，及灵州刺史曹泥，并恃其僻远，常怀异望。河西流民纥豆陵伊利等，户口富实，未奉朝风。今若移军近陇，扼其要害，示之以威，服之以德，即可收其士马，以实吾军。西辑氐羌，北抚沙塞，还军长安，匡辅魏室，此桓文举也"②。

等到贺拔岳被侯莫陈悦谋杀，贺拔岳部立即成为各方觊觎的对象，对宇文泰来说更是一个不容错过的机会。当夏州吏民苦劝其"愿且停留，以观其变"时，宇文泰认为"难得易失者时也，不俟终日者幾也，今不早赴，将恐众心自离"③。随后，宇文泰率轻骑途经安定，正逢高欢派遣长史侯景来招揽贺拔岳部众。在宇文泰"贺拔公虽死，宇文泰尚存，卿何为也?"④ 的喝问下，侯景中途返回。孝武帝同样派遣武卫将军元毗宣旨慰问，召贺军回洛阳。初掌军权的宇文泰委婉地拒绝了孝武帝，理由是"高欢之众，已至河东，侯莫陈悦犹在水洛。况此军士多是关西之人，皆恋乡邑，不愿东下"⑤。如果强求，那么后果就是"今逼以上命，悉令赴关，悦蹑其后，欢邀其前，首尾受敌，其势危矣"，"乞少停缓，更思后图，徐

---

① 《周书》卷一《文帝纪上》。
② 《周书》卷一《文帝纪上》。
③ 《周书》卷一《文帝纪上》。
④ 《周书》卷一《文帝纪上》。
⑤ 《周书》卷一《文帝纪上》。

事诱导，渐就东引”。[①] 迫于情势，孝武帝只好认可宇文泰对于贺拔岳军团的统领关系，并提升宇文泰官职以对付高欢：“贺拔岳既殒，士众未有所归，卿可为大都督，即相统领。知欲渐就东下，良不可言。今亦征侯莫陈悦士马入京。若其不来，朕当亲自致罚。宜体此意，不过淹留。”[②] 特别是授予关西大行台一职，使宇文泰享有指挥关西地区军事行动、征发关西诸州兵力的权力。宇文泰灭掉侯莫陈悦，入上邽后，一方面“收悦府库，财物山积，皆以赏士卒，毫厘无所取”[③]，笼络士众，收服人心。另一方面，当时正值凉州刺史李叔仁被他的百姓抓住，举州骚扰。“宕昌羌梁（企）[仚]定引吐谷浑寇金城。渭州及南秦州氐、羌连结，所在蜂起。南岐至于瓜、鄯，跨州据郡者，不可胜数。”[④] 宇文泰于是令李弼镇原州，夏州刺史拔也恶蚝镇南秦州，渭州刺史可朱浑元还镇渭州，卫将军赵贵行秦州事。征豳、泾、东秦、岐四州粟以给军，借此对关陇地区实现全面控制。

到了永熙三年（534），孝武帝不敌高欢，率轻骑从洛阳入关，迁都长安，加授宇文泰大将军、雍州刺史，兼尚书令。后宇文泰毒杀孝武帝，立元宝炬为帝，建立西魏，并“控制了西魏朝廷所在地雍州和行政中枢尚书省，成为西魏朝廷地位最高的官员”[⑤]。对外，宇文泰以关陇为基业，北连柔然稳定周边，集中兵力于临潼要冲，占险扼要，“然后坐观形势，见易而进，知难则守，诚当时霸业最佳之基地也”[⑥]。

二、以“匡扶魏室”为旗号，联合武川军团与关陇豪强

宇文泰最大的对手无疑是高欢，两人相争数十年，互有胜负。

---

① 《周书》卷一《文帝纪上》。

② 《周书》卷一《文帝纪上》。

③ 《周书》卷一《文帝纪上》。

④ 《周书》卷一《文帝纪上》。

⑤ 薛海波：《武川镇豪强酋帅在西魏北周府兵体系地位考论——兼析陈寅恪府兵制研究的相关观点》，《文史哲》2016 年第 1 期。

⑥ 《中国历代战争史》第六册《南北朝》，第 375 页。

高欢出身于怀朔镇兵户之家，早年参加杜洛周领导的反魏起义，失败后即投靠葛荣义军，后又归附北魏大都督尔朱荣，被重用为统领亲兵的亲信都督，后趁尔朱荣被北魏孝庄帝诱杀的机会保存实力。统领六镇降兵后，高欢于普泰二年（532）彻底击败尔朱氏，入洛阳，任大丞相、天柱大将军，执掌朝政。宇文泰接管贺拔岳部时，高欢已经是北魏朝政的实际控制者。

宇文泰在与侯莫陈悦的战争中，即打出“匡扶魏室”的旗号，这与三国时期的曹操一样。消灭侯莫陈悦后，宇文泰继续举起扶助正主、兴复魏室的旗号巩固自身力量，同时也以此团结反高欢势力。夏州长史于谨的献言迎合了宇文泰的战略图谋：“明公据关中险固之地，将士骁勇，土地膏腴。今天子在洛，迫于群凶，若陈明公之恳诚，算时事之利害，请都关右，挟天子以令诸侯，奉王命以讨叛乱，此桓、文之业，千载一时也。”① 此时，高欢以晋阳为根基，东有太行山屏障，北有句注山要塞雁门，西有云中及黄河，南有太岳山脉阻隔，挟持洛阳的魏武帝以号令州郡。得知宇文泰大胜侯莫陈悦占据关陇后，高欢派遣使者前来，“甘言厚礼，深相倚结”。宇文泰不但没有接受，反而派都督张轨将其书信献给了魏武帝。但在实际行动上，宇文泰没有倾全力给深处洛阳的孝武帝以支持，后者被迫退入关中，沦为宇文泰的傀儡。诚如当时率军到洛阳勤王的东郡太守裴侠所指出的，“宇文泰为三军所推，居百二之地，所谓己操戈矛，宁肯授人以柄！虽欲投之，恐无异避汤入火也”②。随后的政局发展正如裴侠所料，宇文泰毒杀孝武帝，另立西魏政权，逐步实现了由“匡扶魏室”到“挟持魏室”的转变。

在与高欢的实力对比上，宇文泰仍处于明显劣势。首先是军事力量上，高欢继承了原六镇军人的绝大多数，占据着经济、文化发达的山东地区；而宇文泰以贺拔岳旧部中的鲜卑或鲜卑化北镇武将为主，后吸收了追随孝武帝入关的洛阳鲜卑禁卫军约万人，且所辖

① 《资治通鉴》卷一百五十六《梁纪十二》，武帝中大通六年四月。
② 《资治通鉴》卷一百五十六《梁纪十二》，武帝中大通六年六月。

的关陇地区经济、文化相比东魏较落后。其次是内部稳定方面，东西魏对峙之初就进行了多次争霸战争，兵力不足的宇文泰只能靠吸纳战俘补充人力。如大统三年（537）的沙苑之战，前后俘虏士卒七万，充实了己方力量。但这也有非常大的隐患，即“大军之东伐也，关中留守兵少，而前后所掳东魏士卒，皆散在民间，乃谋为乱”①，出现了俘兵赵青雀、雍州民于伏德等的谋反事件。最后是人心不稳，宇文泰把持西魏政权不久，战事吃紧，人心未定，而且在关中的六镇将领及随孝武帝入关的山东人中，大部分人的家属依然留在东边。因此，宇文泰从 543 年开始，“广募关陇豪右”，以此来壮大和巩固自己的力量。当时，生活在关陇的大族有京兆韦氏、陇西李氏、弘农杨氏等，“对于关陇豪右来说，加入宇文泰阵营可使他们获得重新发展的机遇”②。在相互倚靠、互为借重这一点上，双方一拍即合，“关陇本地豪右通过加入宇文泰政治军事集团提高了其政治军事地位，得到了建功立业的机会，而宇文泰则通过笼络关陇豪右，吸收其武装力量壮大了自身政治军事集团的实力，提升了威望”③。

三、创建府兵制，稳定和扩大兵源

府兵制是宇文泰和苏绰创建的一种重要兵制形式，是特定历史时期适应政治经济形势和军事需要的产物。夏商周时期实行的是民军制，将兵役与田制挂钩，有田之人就要为国服役，平时为农，战时为兵，这与当时人口少、生产力水平低、战争规模小的情况相适应；秦汉时期，战争频仍，井田制遭到破坏，民军制逐步解体，为满足国家对常备军的需要，采取征兵制的形式，成年男子都要登记，接受选拔和服役；东汉末年，国家分裂，地方豪强割据一方，发展

---

① 《周书》卷二《文帝纪下》。

② 吴佳临：《宇文泰政治军事集团发展壮大的历程探讨》，《开封教育学院学报》2018 年第 1 期。

③ 吴佳临：《宇文泰政治军事集团发展壮大的历程探讨》，《开封教育学院学报》2018 年第 1 期。

私人武装，统一征兵制无法维持；到三国时期，为了把人员固定在土地上和避免士兵逃散，实行父子世代为兵的制度，兵家户籍统一由军府管理，这就是“兵农分离”的世兵制。而宇文泰创建的府兵制，是一种“兵农合一”的制度，府兵平时为农耕种土地，战时为兵征战四方，全国各地设立的折冲府负责府兵的选拔和训练事宜。

府兵制的产生，与宇文泰所处的军事斗争形势和兵制条件有直接的关系。在东西魏的紧张对峙中，西魏属于比较弱势的一方，仅能够凭借崤山、函谷关的险要地势御敌于关外。且关陇地区的鲜卑人本就不多，随着长期征战，减损严重，因此只好征召大量汉人作为兵员补充，并由当地的关陇集团将领来统领。陈寅恪先生在《隋唐制度渊源略论稿》中说“高欢、宇文泰俱承此反对汉化保存鲜卑文化之大潮流而兴起之枭杰也。宇文泰当日所凭借之人材地利远在高欢之下，若欲与高氏抗争，则惟有于随顺此鲜卑反动潮流大势之下，别采取一系统之汉族文化，以笼络其部下之汉族”①，就是这个意思。

府兵制的前身可追溯到北魏的“府户”。“府户”的主要任务是负责边镇防卫，由中原地区大的宗族子弟和鲜卑的高门子弟组成，实行的是世袭制。世袭制的一个重要考虑，就是要使边镇的兵将边镇化，以保持稳定。“当日北方各镇，地广人稀，北人只乐南徙，便不得不简选亲戚，配以高门子弟，作一种劝奖。有时还征发中原强宗子弟作镇，自然也希望他们成为土著百姓。”② 后由于北魏迁都，实施重南轻北的政策，边镇军人便叛乱起来，导致了国家权力的分裂。宇文泰在接掌贺拔岳部后，便着手整编军队，“置十二军，简诸将以将之”③。大统八年（542），宇文泰把流入关中地区的六镇军人

---

① 陈寅恪：《隋唐制度渊源略论稿》，《陈寅恪集》，生活·读书·新知三联书店，2001 年，第 140 页。

② 谷霁光：《谷霁光史学文集》第一卷《兵制史论》，江西人民出版社、江西教育出版社，1996 年，第 366 页。

③ 《周书》卷十七《刘亮传》。

和原在关中的鲜卑诸部人组织起来，“初置六军”，由六柱国大将军统领，这也是府兵制的萌芽。次年与东魏作战，败于洛阳邙山，损失很大，宇文泰“以邙山之战，诸将失律，上表请自贬”①。为了补充和扩大队伍，“广募关陇豪右，以增军旅”②。这样，关陇汉族豪强及其所统率的乡兵武装，就被吸收到六军之中。大统十六年（550），宇文泰模仿鲜卑拓跋部早期的八部兵制，设立了八柱国大将军。其中宇文泰实为全军统帅，总揽大权，另一柱国将军元欣仅挂虚名，实际分统府兵的只有六柱国大将军，每个柱国大将军统领一军，即当时的“初置六军”。柱国下设二大将军，大将军下设二开府，每个开府各领一军，即二十四军。开府下又设二仪同，仪同下设大都督、帅都督、都督等领兵长官，由此，府兵制正式建立。

西魏恭帝元年（554），朝廷按照北魏早期所属大小部落的姓氏赐诸将姓，他们作为这些早已“灭绝”了的部落的继承人，所统兵士也改从各自主将之姓。“宇文泰所创建府兵制，是为了用早期部落组织的血缘关系来维系鲜卑族与其他族的感情，协调胡汉以及将帅与士兵间的关系，改善北魏末年以来兵士地位低下的状况，以达到提高军队战斗力的目的。”③

第十二节　陈霸先的军事谋略思想

陈霸先（503—559），字兴国，小字法生，吴兴长城（今浙江长兴）人，南朝梁名将，南朝陈开国皇帝。

陈霸先家世寒微，少年时“读兵书，多武艺，明达果断，为当

---

① 《周书》卷二《文帝纪下》。

② 《周书》卷二《文帝纪下》。

③ 《两晋南北朝军事史》，第 373 页。

时所推服”[①]。早年，陈霸先在广州刺史萧瑛手下任中直兵参军。梁大同八年（542）任西江督护、高要（今广东肇庆）郡守。九年（543），交州土豪李贲联合数州豪强同时造反，梁武帝派兵镇压过程中又发生兵变，广州震恐。陈霸先率领三千精兵卷甲兼行前往，大败叛军。梁武帝叹其不凡，功拜直阁将军。后任交州司马，领武平太守，率兵南讨李贲部，屡有战功。李贲死后，其兄李天宝又叛，率众围攻爱州（今越南清化西北）。陈霸先率众讨平之，加封振远将军，督七郡诸军事。

太清二年（548），东魏降将侯景因不满梁和东魏和解，起兵反叛，是为侯景之乱。是年冬，侯景兵寇京师。大宝元年（550）正月，陈霸先率军自始兴（今广东韶关西南）出发讨伐侯景，抵达大庾岭。时南康蔡路养起兵据郡，陈霸先率兵大破之，占据南康（今江西赣州西），斩杀响应侯景反叛的高州刺史李迁仕，进兵江州，仍授江州刺史。551年，陈霸先率兵三万北上，与征东将军王僧辩合势讨伐侯景。次年，陈霸先的征讨大军从豫章出发，水陆俱下，与王僧辩会师白茅湾（今江西九江东北）。三月，陈王联军进围建康，“高祖即于石头城西横陇筑栅，众军次连八城，直出东北”[②]，大败侯景。因平侯景之乱有功，陈霸先被授征虏将军，镇京口。五月，齐遣辛术率兵七万围攻秦郡，陈霸先率万人解其围，“纵兵四面击齐军，弓弩乱发，齐平秦王中流矢死，斩首数百级，齐人收兵而退。高祖振旅南归，遣记室参军刘本仁献捷于江陵”[③]。

承圣三年（554）十一月，西魏攻陷江陵，梁元帝萧绎被杀，陈霸先与王僧辩等“请晋安王以太宰承制，又遣长史谢哲奉笺劝进”[④]。555年五月，北齐扶植贞阳侯萧渊明为梁帝，王僧辩纳之，改元天成，以晋安王为皇太子。陈霸先苦劝王僧辩，遣使往返数次，不为王僧辩所接受。九月，陈霸先与徐度、侯安都和周文育等自京

---

① 《陈书》卷一《高祖纪上》。
② 《陈书》卷一《高祖纪上》。
③ 《陈书》卷一《高祖纪上》。
④ 《陈书》卷一《高祖纪上》。

口起兵攻入石头城，袭杀王僧辩，废黜萧渊明，拥立萧方智为帝，改元绍泰，是为梁敬帝。陈霸先任尚书令、都督中外诸军事、车骑将军，领扬州和南徐二州刺史，由此掌握朝政大权。时秦州刺史徐嗣徽举州降北齐，并趁机与豫州刺史任约共袭京师建康。十一月，北齐遣兵五千渡江，占据姑孰（今安徽当涂），以支援徐嗣徽、任约。陈霸先于冶城（今江苏南京朝天宫一带）立栅以阻绝援军，至次年先后两次在建康附近大败北齐军。557 年至次年，陈霸先又先后平定了曲江侯萧勃的叛乱和湘、郢二州刺史王琳的进攻，在逐步消灭异己中不断巩固自己的政治军事地位。557 年十月，陈霸先接受萧方智禅位称帝，改元永定，定国号为陈，是为陈武帝。永定三年（559）六月病卒，时年 57 岁。群臣上谥曰武皇帝，庙号高祖，葬万安陵。

在南北朝乱世中，皇帝或荒淫，或怯懦，或为傀儡，或暴虐无度，而陈霸先是得史学家青睐的为数不多者。姚察评价陈霸先“英略大度，应变无方，盖汉高、魏武之亚矣”，姚思廉也评价他“智以绥物，武以宁乱，英谋独运，人皆莫及，故能征伐四克，静难夷凶”①。梁太清二年（548）的侯景之乱，成为改变南北朝政治军事形势的重要事件，也为陈霸先提供了走上历史舞台的契机。围绕侯景之乱，陈霸先举义兵、观时势、兴王师、成基业，整个过程体现了其高超的军事谋略思想。

一、趁侯景之乱举义兵勤王

南北各方势力互为牵制消长，为侯景之乱提供了契机，后者也是梁建国未久已呈衰亡之势的肇因。侯景是鲜卑化的羯人，以狡黠多叛著名，早年被选为北镇戍兵，跟随北魏柱国大将军尔朱荣镇压葛荣起义。后高欢做了北魏的丞相，“景复以众降之，仍为神武所用”②。永熙三年（534），北魏分裂，侯景随高欢入东魏。武定五年

① 《陈书》卷二《高祖纪下》。
② 《梁书》卷五十六《侯景传》。

(547）正月，高欢病卒，侯景叛投西魏。六月，因不愿受宇文泰节制，侯景又转投南梁，而其投梁的真正原因不外乎梁最为衰弱。侯景决计投梁也为以后的反叛埋下了伏笔。次年八月，以不满梁与东魏议和为借口，侯景在寿阳起兵反梁，率军攻入建康，把持朝政。此时，整个梁朝的统治秩序已经崩溃，萧姓宗族子弟及地方长官皆趁机巩固势力，并做长远图谋。混乱局面下，陈霸先虽兵危将寡，却能够毅然而起，打出了举义兵勤王的旗号。

546 年，陈霸先在大庾岭接到诏命，被封为交州司马，领武平太守，与刺史杨倩南讨李贲，陈霸先“益招勇敢，器械精利”，被杨倩“委以经略”。番禺发兵后，定州刺史萧勃知军士都不愿到远方打仗，用钱财收买和言语劝阻杨倩和陈霸先。陈霸先从国家大义的角度，力劝众人以国家大义为重，不要为宗室利益左右：“定州复欲昧利目前，不顾大计。节下奉辞伐罪，故当生死以之。岂可畏惮宗室，轻于国宪？今若夺人沮众，何必交州讨贼，问罪之师，即回有所指矣。”① 侯景之乱爆发后，陈霸先联合成州刺史王怀明、行台选郎殷外臣等密议实行戒严，以防备心怀异志的广州刺史元景仲。“集义兵于南海，驰檄以讨景仲”，致使“景仲穷蹙，缢于阁下”②。此后，陈霸先迎萧勃镇广州，自己屯兵岭上，结交始兴地区的豪杰同谋义举，准备讨伐侯景。这时萧勃派遣使者钟休悦劝其“且住始兴，遥张声势，保此太山，自求多福”，陈霸先泣而谓之，“仆本庸虚，蒙国成造。往闻侯景渡江，即欲赴援，遭值元、兰，梗我中道。今京都覆没，主上蒙尘，君辱臣死，谁敢爱命！君侯体则皇枝，任重方岳，不能摧锋万里，雪此冤痛，见遣一军，犹贤乎已，乃降后旨，使人慨然。仆行计决矣，凭为披述”③。自此，陈霸先与偏于私利、不顾大局的萧勃彻底决裂，转投梁湘东王萧绎帐下，获得了很大的行动自由。

---

① 《陈书》卷一《高祖纪上》。

② 《陈书》卷一《高祖纪上》。

③ 《陈书》卷一《高祖纪上》。

二、自始兴南下待机讨伐侯景

大宝元年（550）正月，陈霸先自始兴发兵，大破蔡路养，进顿南康。在扫除了进军障碍后，陈霸先没有急于北上与侯景交战，而是修葺崎头古城，在这里驻扎下来。此后的一年半时间里，陈霸先命周文育和杜僧明击破响应侯景的高州刺史李迁仕，巩固自己的势力。梁朝廷也“承制授高祖通直散骑常侍、使持节、信威将军、豫州刺史，领豫章内史，改封长城县侯。寻授散骑常侍、使持节、都督六郡诸军事、军师将军、南江州刺史，余如故”①。此一时间段，侯景大军正溯江西上，相继占据江州和郢州等长江中段要地，水军号称二十万，联旗千里，势头正盛。大宝二年（551）六月，时局发生重要逆转，征东将军王僧辩率领讨伐大军赢得巴陵城守卫战的胜利，侯景为王僧辩军用火阵、围长栅列舸舰等办法击退，烧营夜遁，王僧辩也顺江东下进击。几乎与此同时，陈霸先兵发南康，进军顿西昌，至八月与王僧辩会师。“时西军乏食，高祖先贮军粮五十万石，至是分三十万以资之。”② 陈霸先用三十万石粮食打消了王僧辩的猜忌，赢得了后者的信任，这也说明陈霸先在此前的时间里进行了充足的军粮物资储备。第二年正月，陈霸先从豫章出发，率甲士三万人、强弩五千张、舟舰二千乘。三月，陈霸先与王僧辩会师白茅湾，登岸结坛，刑牲盟约。随后进军次芜湖，到三月，联军攻克姑孰，最后在建康彻底击败侯景。由此，陈霸先确立了平叛功臣的政治地位。

三、袭杀王僧辩以成基业

侯景被消灭后，陈霸先与王僧辩成为南梁所仰仗的两股力量，而两人随着对北齐态度的分歧，也走向了最后决裂的边缘。此时，陈霸先不仅拥有了一支举足轻重的军事力量，而且也赢得了民众的

---

① 《陈书》卷一《高祖纪上》。
② 《陈书》卷一《高祖纪上》。

支持。大宝三年（552）七月，北齐要求南梁割让广陵之地，王僧辩应允。“高祖于是引军还南徐州，江北人随军而南者万余口”①，可见陈霸先的支持者已经颇具规模。554年十一月，西魏攻破江陵，梁元帝被处死，王、陈二人商定立元帝之子萧方智为帝，是为梁敬帝。第二年，北齐对王僧辩施压，推梁武帝侄子萧渊明为帝，以为傀儡，并以大军渡江相胁迫。王僧辩不顾陈霸先的劝阻，答应了北齐的要求，二人矛盾激化。“高祖居常愤叹，密谓所亲曰：‘武皇虽磐石之宗，远布四海，至于克雪仇耻，宁济艰难，唯孝元而已，功业茂盛，前代未闻。我与王公俱受重寄，语未绝音，声犹在耳，岂期一旦便有异图。嗣主高祖之孙，元皇之子，海内属目，天下宅心，竟有何辜，坐致废黜，远求夷狄，假立非次，观其此情，亦可知矣。’”②此一事件促使陈霸先终于定下消灭王僧辩的决心。为准备周全，陈霸先一方面“密具袍数千领，及锦彩金银，以为赏赐之具”，另一方面“召徐度、侯安都、周文育等谋之，仍部列将士，分赏金帛，水陆俱进”。③趁着夜色，陈霸先的军队突入城中，袭杀王僧辩。在立萧方智为帝后，陈霸先可“甲仗百人，出入殿省”④，完全掌控了对萧梁的生杀大权，取而代之就是早晚的事情了。到了梁太平二年（557）十月，梁敬帝萧方智禅位于陈霸先，南梁灭亡。陈霸先称帝，改元永定，国号陈，建立南朝陈国政权。

① 《陈书》卷一《高祖纪上》。
② 《陈书》卷一《高祖纪上》。
③ 《陈书》卷一《高祖纪上》。
④ 《陈书》卷一《高祖纪上》。

结语　胡汉军事思想的交流与融合

三国两晋南北朝是中国古代第二次民族大融合时期。北方战乱，少数民族内迁，导致的结果就是匈奴、鲜卑、羯、氐和羌族等边疆民族纷纷向中原腹地发展，民族大迁徙先后经历了三国时期至西晋末年、十六国时期和北魏时期三个阶段。在北民南迁、南方的大开发和不断战争的背景下，各民族之间的相互交往和影响不断加强。军事上，为竞争和战争的需要，胡汉在对抗中互相借鉴，增进了军事思想上的融合与交流。

首先是少数民族取得了军事上同台竞技的机会。在中国古代的传统中，人们一直秉持着夷夏有别的观念。“世界是由‘地之中’开始向外一环一环延展开来的，甸、侯、绥、要、荒，这样的安排对应了政治影响上的层层降低和文化辐射上的逐步减弱，也符合地理方位的愈行愈远。”① 特别是秦汉实现大一统后，确立了儒家政治秩序观，将天下范围正式划定为九州，周边的少数民族及其活动区域被看作“中国”统治核心区域的边缘，核心与边缘、夷与夏的区分日益确定。如《晋书·四夷传》的开篇叙述即可为明证：“夫恢恢乾德，万类之所资始；荡荡坤仪，九区之所均载。考羲轩于往统，肇承天而理物；讯炎昊于前辟，爰制地而疏疆。袭冠带以辨诸华，限要荒以殊遐裔，区分中外，其来尚矣。九夷八狄，被青野而亘玄方；七戎六蛮，绵西宇而横南极。”②

---

① 钱云：《从“四夷”到“外国”——正史周边叙事的模式演变》，《复旦学报》（社会科学版）2017年第1期。

② 《晋书》卷九十七《四夷传》。

在中央王权式微的总体背景下，少数民族掀起了内迁潮，在为中原地区提供兵源和劳动力的同时，也打破了“内诸夏而外夷狄”的传统秩序，加快了民族互通融合的步伐。如北方最主要的少数民族匈奴，《晋书》描述其“地南接燕赵，北暨沙漠，东连九夷，西距六戎。世世自相君臣，不禀中国正朔”①。西汉末年，匈奴内乱，五单于争立，南匈奴首领呼韩邪单于失其国，率部臣于汉，汉割并州之北界以安之，与汉人杂处，“多历年所，户口渐滋，弥漫北朔，转难禁制”。汉末，曹操分其众为五部，“部立其中贵者为帅，选汉人为司马以监督之”。魏末，改帅为都尉，左、右、南、北、中五部都尉分居太原故兹氏县、祁县、蒲子县、新兴县和大陵县，所统部落从三千到万余人不等。晋武帝时，又有塞外两万多人归附，“使居河西故宜阳城下。后复与晋人杂居”，“其后稍因忿恨，杀害长史，渐为边患”。太康五年（284）后，又前后有十余万匈奴归附。这一时期是匈奴内迁最频繁、归附人数最多的时期。同期，鲜卑族首领檀石槐统一漠北后，也开始向西北和中原地区迁移。原居于西域一带的羯族为匈奴征服后，也向中原内迁，《魏书》就有“其先匈奴别部，分散居于上党武乡羯室，因号羯胡”② 的记载。氐族和羌族也在这一时期由西北大量向关中腹地迁徙。多民族杂居渐成常态，就连作为汉族文化中心的关中地区也不能幸免。时人江统因关陇屡为氐、羌所扰，“深惟四夷乱华，宜杜其萌，乃作徙戎论”③。

不同民族处于同一生存环境中，经济、政治、军事和文化上的冲突与对抗日益显现，矛盾日益激化。加之同期中央王朝政治腐败，胡人受到严重的经济剥削和人身压迫，甚至被贩卖为奴。统治政权内部各势力和地方割据政权纷纷收买、拉拢胡人，加剧了胡汉矛盾。在乱世的夹缝中，胡人趁机崛起，通过民族大起义（如西晋氐族齐万年领导的民族大起义）或军事叛乱的形式加入逐鹿中原的战争中，

① 《晋书》卷九十七《匈奴传》。
② 《魏书》卷九十五《羯胡石勒传》。
③ 《晋书》卷五十六《江统传》。

由此也得到在军事竞技场与汉族政权同台竞争的机会。

其次是胡汉民族在谋略思想和军兵种建设等方面互为影响。少数民族处于部落制阶段，以骑兵为基本兵种，骑战为主要作战形式，这使他们在北方平原地区作战占据了很大的优势。因此，自秦统一以来，中央王朝对付少数民族的办法，无外乎利用天然地形和制造工事以为屏障，以九服之地外御四夷，形成了内诸夏而外戎狄的军事地理结构。西晋的江统总结少数民族的特点是“弱则畏服，强则侵叛”，认为“羌戎狡猾，擅相号署，攻城野战，伤害牧守，连兵聚众，载离寒暑矣”。① 为适应与匈奴等少数民族作战的需要，秦汉时期开始大力发展和使用骑兵，骑兵成为主要兵种。三国时期以后，为增强骑兵的冲击力和防护力，重装甲骑兵即“甲骑”开始普遍应用于战场。特别是西晋以后，匈奴、鲜卑等少数民族在长期的战争中，将其部落制的组织结构与中原的氏族门阀制度相结合，形成了以重装甲骑兵为核心的氏族门阀武装。“‘甲骑’的大量编入军队，并成为军队的核心力量，标志着我国古代骑兵发展的一个新阶段。它是民族门阀制度和游牧民族氏族军事组织相结合的产物。”②

三国时期，随着东吴政权的建立和巩固，江南得到大开发。偏安长江下游的东吴基本上采取守势，视长江中下游水道为战略防御的生命线，大力发展水军。同期，北方的政权为完成统一大业，也放弃骑兵传统，转而大规模编练水军，尝试向东吴长江防线发起挑战，最为著名的就是赤壁之战。而曹操之所以在赤壁惨败，就军事原因而言，水军不够强大是一个重要原因，也为后世所谨记。魏晋以后，北方政权每欲南征，必先编练水军。南方政权北伐，也必先加强骑兵。南征与北伐，在反映南北政治军事力量消长的同时，也是促进军事思想融合发展的重要方式，“南船北骑”既是时代特征，也是军事思想融合发展的产物。同时期，为适应割据形势和统一战

① 《晋书》卷五十六《江统传》。

② 《中国军事史》编写组：《中国历代军事思想》，解放军出版社，2007 年，第 158 页。

争的需要，各军事集团纵横捭阖，涌现出了如诸葛亮、羊祜、王猛等一批卓越的战略家，大战略思想和谋略思想也得到了极大发展。而北方少数民族入主中原后，在复杂紧迫的军事压力下，统治者或学习、运用传统兵家思想和历史经验，或重用汉人谋士和将领，其战争指导与战术运用日趋成熟。比较著名的，如王猛辅佐苻坚统一北方，石勒重用张宾建立后赵等。

最后是传统兵制与少数民族部落兵制都迎来新变革。秦汉大一统后，军队实行职业化，实行的是兵民分治，特点是军专事打仗，民专注生产。军队基本上是分为中央和地方两级结构，一个是中央派出的都督统率的驻屯军，另一个是太守、刺史统率的地方军，即州郡兵。这种二元军事体制暗含着两点矛盾：一是中央军与地方军的比例问题，地方军过于弱小则无法控制地方豪强，稳定社会秩序，过大则对中央构成军事威胁；二是从经济角度考虑，因战乱、天灾等导致生产破坏、经济萧条的情况下，供养大量军队会占用农业劳力。因此，自东汉到西晋，在国家统一、政治稳定后，常有削弱和废除州郡兵的政策。东汉光武帝时期，曾罢郡县兵。到了东汉黄巾起义后，朝廷征发各州郡兵对付起义军，由此各州郡在讨董卓的旗号下扩充军队，地主豪强也组织个人武装，“州郡县乡到处有兵，十分混乱，当然也就谈不上什么定制”①。三国时期，为解决粮食供应问题，军队又开始屯田，驻屯军开始普遍化。晋武帝灭吴后，废州郡兵制。继之而起的是八王之乱，晋室宗族争斗不休，而州郡无兵亦无力加以制衡，因此又变成了汉末豪强割据的局面。而草原部落不同，其都是由部族组织组成，平时狩猎，战时出征。入主中原后，少数民族由部落兵制发展成胡汉分兵制，再到后来的府兵制，是一个不断摸索的过程。府兵制延续到隋唐，成为一种国家性的兵役制度。

---

① 唐长孺：《魏晋南北朝史论拾遗》，中华书局，1983年，第141—142页。

主要参考文献

司马迁. 史记［M］. 北京：中华书局，1959.

陈寿. 三国志［M］. 北京：中华书局，1964.

魏收. 魏书［M］. 北京：中华书局，1974.

房玄龄. 晋书［M］. 北京：中华书局，1974.

李延寿. 南史［M］. 北京：中华书局，1975.

李延寿. 北史［M］. 北京：中华书局，1974.

沈约. 宋书［M］. 北京：中华书局，1974.

李百药. 北齐书［M］. 北京：中华书局，1972.

萧子显. 南齐书［M］. 北京：中华书局，1972.

姚思廉. 梁书［M］. 北京：中华书局，1973.

姚思廉. 陈书［M］. 北京：中华书局，1972.

令狐德棻，等. 周书［M］. 北京：中华书局，1971.

魏徵，令狐德棻. 隋书［M］. 北京：中华书局，1973.

欧阳修，宋祁. 新唐书［M］. 北京：中华书局，1975.

司马光. 资治通鉴［M］. 北京：中华书局，1956.

脱脱，等. 宋史［M］. 北京：中华书局，1977.

马端临. 文献通考［M］. 北京：中华书局，1986.

杜佑. 通典［M］. 王文锦，等点校. 北京：中华书局，1988.

诸葛亮. 诸葛亮集［M］. 北京：中华书局，1960.

曹操. 曹操集［M］. 北京：中华书局，1974.

黎靖德，编. 朱子语类［M］. 王星贤，点校. 北京：中华书局，1986.

王夫之. 读通鉴论［M］. 北京：中华书局，1975.

孙武，撰；曹操，等注. 十一家注孙子校理［M］. 杨丙安，校理. 北京：中华书局，1999.

顾祖禹. 读史方舆纪要［M］. 贺次君，施金和，点校. 北京：中华书局，2005.

《中国兵书集成》编委会. 中国兵书集成［M］. 北京：解放军出版社，沈阳：辽沈书社，1987—1998.

军事科学院，主编. 中国军事通史［M］. 北京：军事科学出版社，1998.

《中国军事史》编写组. 中国历代军事战略［M］. 北京：解放军出版社，2002.

《中国军事史》编写组. 中国历代军事工程［M］. 北京：解放军出版社，2005.

《中国军事史》编写组. 中国历代军事思想［M］. 北京：解放军出版社，2007.

蓝永蔚，黄朴民，等. 五千年的征战：中国军事史［M］. 上海：华东师范大学出版社，2001.

宋杰. 三国兵争要地与攻守战略研究［M］. 北京：中华书局，2019.

宋杰. 中国古代战争的地理枢纽［M］. 北京：中国社会科学出版社，2009.

方诗铭. 曹操·袁绍·黄巾［M］. 上海：上海社会科学出版社，1995.

李零. 吴孙子发微（典藏本）［M］. 北京：中华书局，2014.

黄水华. 中国古代兵制［M］. 北京：商务印书馆，1998.

吕思勉. 两晋南北朝史［M］. 上海：上海古籍出版社，1983.

何炳棣. 读史阅世六十年［M］. 桂林：广西师范大学出版社，2005.

黄仁宇. 赫逊河畔谈中国历史［M］. 北京：生活·读书·新知三联书店，1992.

钮先钟. 中国历史中的决定性会战［M］. 合肥：安徽教育出版

社，2005.

钱穆. 国史大纲（修订本）[M]. 北京：商务印书馆，1994.

顾颉刚，史念海. 中国疆域沿革史 [M]. 北京：商务印书馆，1999.

谭其骧. 长水集续编 [M]. 北京：人民出版社，1994.

葛剑雄. 统一与分裂：中国历史的启示 [M]. 北京：商务印书馆，2013.

袁庭栋，刘泽模. 中国古代战争 [M]. 成都：四川省社会科学院出版社，1988.

于汝波，主编. 孙子兵法研究史 [M]. 北京：军事科学出版社，2001.

万绳楠，整理. 陈寅恪魏晋南北朝史讲演录 [M]. 贵阳：贵州人民出版社，2007.

许保林. 中国兵书知见录 [M]. 北京：解放军出版社，1988.

王汝涛. 琅邪居文集 [M]. 天津：天津人民出版社，1993.

王仲荦. 魏晋南北朝史 [M]. 上海：上海人民出版社，2003.

杨宽. 中国古代冶铁技术发展史 [M]. 上海：上海人民出版社，2004.

赵国华. 中国兵学史 [M]. 福州：福建人民出版社，2004.

钟少异. 金戈铁戟：中国古兵器的历史与传统 [M]. 北京：解放军出版社，1999.

周一良. 魏晋南北朝史十二讲 [M]. 北京：中华书局，2010.

陈玉屏. 魏晋南北朝兵户制度研究 [M]. 成都：巴蜀书社，1988.

劳榦. 魏晋南北朝简史 [M]. 北京：中华书局，2018.

台湾三军大学，编著. 中国历代战争史 [M]. 北京：中信出版社，2013.

唐长孺. 魏晋南北朝史论拾遗 [M]. 北京：中华书局，1983.

饶胜文. 布局天下：中国古代军事地理大势 [M]. 北京：解放军出版社，2002.

张鹤泉. 魏晋南北朝史：分裂与融合的时代［M］. 北京：中信出版社，2017.